本书为国家社会科学基金项目"文献信息机构服务智库功能与能力研究"（16BTQ014）结项成果及黑龙江省社会科学院创新工程成果文库资助成果。

文献信息机构服务
智库功能与能力研究

WENXIAN XINXI JIGOU FUWU
ZHIKU GONGNENG YU NENGLI YANJIU

刘伟东◎著

中国社会科学出版社

图书在版编目（CIP）数据

文献信息机构服务智库功能与能力研究 / 刘伟东著.
—北京：中国社会科学出版社，2024.3
ISBN 978-7-5227-3009-7

Ⅰ.①文… Ⅱ.①刘… Ⅲ.①图书馆管理—研究 Ⅳ.①G251

中国国家版本馆 CIP 数据核字(2024)第 037543 号

出版人	赵剑英
责任编辑	刘　洋
责任校对	冯英爽
责任印制	王　超

出　版	中国社会科学出版社
社　址	北京鼓楼西大街甲 158 号
邮　编	100720
网　址	http://www.csspw.cn
发行部	010-84083685
门市部	010-84029450
经　销	新华书店及其他书店
印　刷	北京明恒达印务有限公司
装　订	廊坊市广阳区广增装订厂
版　次	2024 年 3 月第 1 版
印　次	2024 年 3 月第 1 次印刷
开　本	710×1000　1/16
印　张	26.25
插　页	2
字　数	366 千字
定　价	139.00 元

凡购买中国社会科学出版社图书，如有质量问题请与本社营销中心联系调换
电话：010-84083683
版权所有　侵权必究

目　　录

第一章　绪论 …………………………………………………… 1
第一节　选题背景 …………………………………………… 2
一　2016年以前人们对文献信息机构与智库关系的认识 ……… 3
二　见证了图书馆从服务科研到服务智库的转型 …………… 5
三　编辑智库成果的启示 ……………………………………… 5
四　参与智库工作，了解文献信息机构与智库的关系 ……… 6
第二节　研究内容、技术路线和方法 ……………………… 7
一　研究内容 …………………………………………………… 7
二　技术路线 …………………………………………………… 8
三　研究方法 …………………………………………………… 8
第三节　研究的难点和创新点 ……………………………… 10
一　研究的难点 ………………………………………………… 10
二　研究的创新点 ……………………………………………… 11
第四节　框架结构 …………………………………………… 13

第二章　概念 …………………………………………………… 17
第一节　关于智库 …………………………………………… 17
一　智库起源 …………………………………………………… 17
二　智库概念的界定 …………………………………………… 24
三　智库功能、类型及特点 …………………………………… 34
四　中国特色新型智库 ………………………………………… 46

第二节　文献信息机构的内涵及相关概念 …………………… 61
　　一　文献信息机构 ………………………………………… 61
　　二　图书馆 ………………………………………………… 62
　　三　情报机构 ……………………………………………… 74
　　四　档案馆 ………………………………………………… 78
　　五　博物馆 ………………………………………………… 83
　　六　纪念馆 ………………………………………………… 85

第三章　国内外文献信息机构服务智库研究述评 ……………… 87
第一节　国外文献信息机构服务智库研究述评 ………………… 87
　　一　国外智库研究现状分析 ……………………………… 87
　　二　国外文献信息机构服务智库研究分析 ……………… 91
第二节　国内文献信息机构服务智库研究述评 ………………… 100
　　一　国内智库研究现状 …………………………………… 100
　　二　国内文献信息机构服务智库研究现状 ……………… 106
　　三　国内文献信息机构服务智库研究评述 ……………… 120

第四章　文献信息机构为什么要服务智库 ……………………… 125
第一节　文献信息机构与智库的关系 …………………………… 125
　　一　文献信息机构具有智库功能但不是智库 …………… 126
　　二　文献信息机构是具有智库潜质的机构 ……………… 127
第二节　智库信息需求特点 ……………………………………… 129
　　一　智库需要信息保障 …………………………………… 129
　　二　从智库信息需求的时效性看 ………………………… 130
　　三　从智库需求信息范围看 ……………………………… 131
第三节　文献信息机构服务智库的必要性与可行性分析 ……… 132
　　一　文献信息机构服务智库的必要性 …………………… 132
　　二　文献信息机构服务智库的可行性 …………………… 134
　　三　文献信息机构拥有平台优势 ………………………… 135

第五章 文献信息机构服务智库问卷调查分析 ……………… 136
第一节 调查问卷设计 …………………………………… 136
一 研究方法 ……………………………………… 136
二 调查内容 ……………………………………… 136
三 数据收集 ……………………………………… 137
四 数据分析 ……………………………………… 138
第二节 文献信息机构情况分析 …………………………… 138
一 文献信息机构的组成 ………………………… 138
二 文献信息机构信息服务情况 ………………… 140
第三节 文献信息机构与智库关系调查分析 …………… 144
一 文献信息机构与智库的关系认知 …………… 144
二 文献信息机构是否能成为智库 ……………… 145
第四节 文献信息机构服务智库功能的调查分析 ……… 147
一 智库功能分类 ………………………………… 147
二 智库服务机构类型 …………………………… 148
三 部门智库服务情况 …………………………… 149
四 文献信息机构服务智库优势分析 …………… 150
第五节 文献信息机构服务智库能力调查分析 ………… 150
一 文献信息机构不具备服务智库能力的原因 … 150
二 智库服务的内容 ……………………………… 151
三 文献信息机构开展智库服务的路径 ………… 151
四 文献信息机构服务智库的方式 ……………… 152
五 购置文献信息资源经费情况 ………………… 152

第六章 文献信息机构服务智库功能与能力演进 ……………… 158
第一节 社会科学院系统服务智库功能与能力演进 …… 159
一 从智库评价报告中看社会科学院的智库地位 … 159
二 社会科学院系统文献信息机构服务对象
及其信息需求 ………………………………… 162

三　社会科学院文献信息机构定位 …………………………… 163
　　四　社会科学院文献信息机构是中国特色新型智库的
　　　　重要支撑 …………………………………………………… 168
　　五　社会科学院智库对文献信息机构工作人员能力的要求 …… 171
　　六　更新服务理念　找准着力点 …………………………… 172
　　七　提高社会科学院信息机构自身能力，服务中国特色
　　　　新型智库 …………………………………………………… 173
第二节　公共图书馆系统服务智库功能与能力演进 ………… 178
　　一　服务对象及服务对象的信息需求 …………………… 179
　　二　主要服务内容及信息保障 …………………………… 180
　　三　服务能力影响因素 …………………………………… 181
　　四　服务理念 ……………………………………………… 183
　　五　案例分析 ……………………………………………… 184
第三节　高校文献信息机构服务智库功能与能力演进 ………… 194
　　一　高校图书馆与智库的关系探讨 ……………………… 195
　　二　高校图书馆参与智库建设和服务的机遇与挑战并存 …… 198
　　三　服务对象及服务对象的信息需求 …………………… 200
　　四　服务内容及信息保障 ………………………………… 204
　　五　服务能力及影响因素 ………………………………… 216
　　六　服务模式 ……………………………………………… 220
　　七　服务理念 ……………………………………………… 221

第七章　文献信息机构服务智库功能定位及方式方法 ………… 223
第一节　文献信息机构服务智库功能定位 …………………… 223
　　一　了解智库信息需求 …………………………………… 223
　　二　明确自身功能定位 …………………………………… 225
　　三　主动承担信息服务职能 ……………………………… 226
　　四　构建信息资源保障体系 ……………………………… 229

第二节　文献信息机构服务智库的方式方法 …………… 230
　一　重视组建服务智库的信息团队 ………………………… 231
　二　通过嵌入服务开展互动式服务 ………………………… 231
　三　通过二、三次文献为智库提供精准推送服务 ………… 232
　四　利用"互联网+"赋能图情机构信息采集与服务 …… 233
　五　通过参与课题使文献信息机构与智库有机融合 ……… 233
　六　构建服务智库的信息共享平台 ………………………… 234
　七　做智库与政府的桥梁和纽带 …………………………… 235

第八章　文献信息机构服务智库常见功能与能力 ………… 236
第一节　参考咨询功能与能力 …………………………… 236
　一　参考咨询工作在文献信息机构的演进 ………………… 236
　二　参考咨询服务功能 ……………………………………… 241
　三　文献信息机构通过参考咨询服务智库的能力 ………… 244
第二节　定题服务功能与能力 …………………………… 255
　一　定题服务概念解析 ……………………………………… 255
　二　如何开展定题服务 ……………………………………… 259
　三　定题服务应具备的能力 ………………………………… 262
　四　特色数据库建设案例分析 ……………………………… 272
第三节　舆情监测分析功能与能力 ……………………… 277
　一　概念解析 ………………………………………………… 278
　二　舆情传播特点 …………………………………………… 279
　三　舆情监测系统应具备的功能 …………………………… 281
　四　文献信息机构舆情监测分析能力的现状 ……………… 282
　五　文献信息机构开展舆情监测分析的优势与不足 ……… 284
　六　文献信息机构提升舆情监测分析能力的方法 ………… 287
第四节　竞争情报服务功能与能力 ……………………… 287
　一　概念解析 ………………………………………………… 288

二　文献信息机构提供竞争情报服务的优势 …………………… 289

　　三　文献信息机构竞争情报分析人员能力的提升 ……………… 291

第五节　立法决策服务功能与能力 …………………………………… 293

　　一　文献信息机构的立法决策服务 …………………………… 293

　　二　立法决策服务应具备的能力 ……………………………… 294

　　三　我国文献信息机构开展立法决策服务现状 ……………… 295

　　四　文献信息机构立法决策服务存在的问题 ………………… 297

第六节　文献信息机构服务智库功能与能力提升的路径 ………… 298

　　一　通过组建团队提升服务智库能力 ………………………… 298

　　二　通过高质量特色专业收藏提升服务智库能力 …………… 298

　　三　通过与政府及智库机构共建共享网络平台提升服务能力 … 299

　　四　通过建设虚拟图书馆提升服务智库能力 ………………… 300

　　五　通过开通微信公众号提升服务智库能力 ………………… 301

　　六　利用图情档融合提升服务智库能力 ……………………… 302

第九章　以信息联盟促进文献信息机构服务智库功能提升 ……… 304

第一节　概念解析 ……………………………………………………… 304

　　一　相关概念 …………………………………………………… 304

　　二　信息联盟与图书馆联盟的异同 …………………………… 308

第二节　信息联盟理论基础 …………………………………………… 312

　　一　资源共享理论 ……………………………………………… 312

　　二　博弈论思维 ………………………………………………… 319

　　三　互利共赢新思维 …………………………………………… 320

　　四　互利共赢与"一带一路" ………………………………… 322

　　五　"一带一路"与智库联盟 ………………………………… 323

第三节　智库与信息联盟 ……………………………………………… 324

　　一　智库联盟与信息联盟的内涵 ……………………………… 324

　　二　信息联盟服务智库的必要性 ……………………………… 327

三　信息联盟服务智库的可行性 ………………………………… 329

第四节　信息联盟建立的路径选择 …………………………………… 341
　　一　按地区建立信息联盟 ……………………………………… 342
　　二　按区域自治形式建立信息联盟 …………………………… 342
　　三　按馆藏特色资源建立信息联盟 …………………………… 343
　　四　按资源互补的形式建立信息联盟 ………………………… 343
　　五　联合其他系统建立信息联盟 ……………………………… 344

第五节　信息联盟服务智库的尝试 …………………………………… 344
　　一　文献信息机构以信息联盟的方式参与"一带一路"
　　　　课题研究 …………………………………………………… 344
　　二　文献信息机构与企业携手服务智库 ……………………… 345

第十章　文献信息机构服务智库人才的培养 ………………………… 348

第一节　文献信息机构服务智库人才匮乏及其原因 ………………… 348
　　一　人才匮乏制约了文献信息机构的智库服务 ……………… 348
　　二　原因分析 …………………………………………………… 350

第二节　文献信息机构工作人员应具备的素质及培养方式 ………… 351
　　一　情怀培养 …………………………………………………… 352
　　二　沟通能力培养 ……………………………………………… 353
　　三　信息素养培养 ……………………………………………… 355
　　四　数据素养培养 ……………………………………………… 357
　　五　利用现代信息技术的能力 ………………………………… 359
　　六　注重人才积累 ……………………………………………… 360

参考文献 ………………………………………………………………… 362
附　录 …………………………………………………………………… 406
后　记 …………………………………………………………………… 409

第一章 绪论

在"智库"一词广为人知之前,现在作为智库成员的很多研究人员实际上是在各自的岗位上做学术研究或是教学研究工作,是信息需求方。文献信息机构作为信息提供方,服务对象是研究单位的科研人员、高校教师,或是与其他读者相比有着某些更高信息需求的公共图书馆读者。现在,很多科研人员都加入了智库,对信息的需求也从满足自我研究转向到为自己的服务对象(决策咨询机构)服务。从文献信息机构的角度出发,要服务的对象没有变,服务对象的研究范围也没有变,但是,服务对象的身份变了,导致其信息需求有了变化。文献信息机构必须适应这个变化,工作人员不仅要知道曾经的服务对象现在的需求有了哪些变化,同时,也要了解智库的服务对象有哪些信息需求,尽快转变思维,找准自己的定位,以适应服务对象的新需求。

中国特色新型智库的建设,离不开文献信息支撑。但因为对智库概念理解得不透彻,导致部分智库和文献信息机构找不准自身定位。部分智库不知以何种形式服务政府,一些文献信息机构不知如何为智库提供服务,还有一些文献信息机构误认为自己只要拥有足够多的信息资源就可以成为智库。因此,本书从"提供方"和"需求方"的角度,来探索政府、智库、文献信息机构三者间的关系,希望可以厘清智库概念和功能,厘清文献信息机构的功能与能力,使作为信息"提供方"的文献信息机构能更好地为智库提供信息服务,也使身兼信息

"需求方"（对文献信息机构而言）与"提供方"（对政府决策机构而言）双重身份的智库能更好地为国家和地方政府服务。在中国特色新型智库建设过程中，"需求方"的信息需求就是文献信息机构的努力方向。

在我国，大多文献信息机构面临的最大困境是经费短缺、购买信息资源的资金不足，这种情况极易导致服务智库信息资源种类不全，甚至重要信息缺失。因此，本书认为，信息联盟等理念的提出有利于保障智库信息需求。信息联盟理念不仅加深了文献信息机构之间的联系，而且使彼此对其他单位的信息储备有了相应的了解，打开了一扇通过其他信息机构馆藏了解省情、国情及国际局势的窗口，方便在未来服务智库的过程中清楚相关信息去哪里查找更准确、快捷，有利于全方位、多角度、更全面、更好地保障智库的信息需求。

如果能充分利用网上资源，配合组建信息联盟等多种服务手段，不仅有利于文献信息机构根据自身特点，联合其他机构，培养和发挥文献信息机构的核心能力，弥补文献信息机构因经费不足而造成的困境，尽可能保障文献信息机构资源充足，而且有利于保证文献信息机构已有资料的连续性和完整性，担当起服务智库的重任。如此，不仅有利于智库提出高水平、高站位、可资借鉴的对策建议，而且有利于提高政府决策的力度和准确性，也有利于国家建设少走弯路、多出成绩。国家建设好了，资金充足，自会加大资金投入，促进信息资源建设。

第一节 选题背景

2012年11月，党的十八大报告首次提出了"思想库"这一概念；2013年4月，习近平总书记明确提出了建设"中国特色新型智库"的目标；2013年7月，习近平总书记在考察中国科学院工作时对中国科学院提出了"率先建成国家高水平科技智库"的要求；2015年1月，中共中央办公厅、国务院办公厅印发了《关于加强中国特色新型智库建设的意见》,明确提出加强中国特色新型智库建设的指导思想、基本原则和总体目标;2015 年 11 月,中央全面深化改革领导小组第十八次会议决定全国 25 家智库机构入选首批国家高端智库建设试点单位。[①]

一 2016 年以前人们对文献信息机构与智库关系的认识

自"智库"一词在中国出现以来,关于文献信息机构与智库的关系就众说纷纭,大致形成了以下几种观点:第一种观点是文献信息机构就是智库,图书馆、档案馆等一些文献信息机构也自称智库;第二种观点是文献信息机构是服务智库的;第三种观点是认为文献信息机构与智库是融为一体的;第四种观点是文献信息机构与智库没有任何关系。

从全球范围看,前三种观点所论及的情况实际上都是存在的。从国外智库的发展来看,知名智库是有强大的信息机构做支撑的,在其信息机构中不仅有丰富的、数十年连续的关于某一项或某一领域信息资源的收藏,而且具有多专业的各种人才为智库提供信息的搜集、翻译、查找和筛选服务,可以说,每一个智库后面都有一个强大的、馆藏丰富的、人才济济的信息机构做支撑,那些知名智库的文献信息机构更是完全融入了智库。

在我国,在 2016 年以前,持第一种观点的人特别多,而工作实践让笔者更认同第二种说法。个人认为,在相当长的一段时间内,在我国除了国家图书馆、中国社会科学院图书馆、上海社会科学院图书馆、中国科学院图书馆等极少数文献信息机构可以承担智库工作外,绝大多数文献信息机构是为智库提供其所需的信息资料,协助智库开展各项研究的,是服务于智库的。未来,当文献信息机构在软硬件上具备较强实力时,可能会与智库融合发展,但文献信息机构的性质决定了

---

① 初景利、唐果媛:《图书馆与智库》,《图书情报工作》2018 年第 1 期。

它不能成为智库。

　　笔者长期在文献信息机构从事最接近智库的工作，所以觉得有必要通过一些研究来证明"文献信息机构是服务于智库的"这一观点。文献信息机构和智库是有很大差别的。由于历史原因，很长一段时期，图书馆不被重视，图书馆工作被认为就是守住书、看住书，因此学识渊博的人留在图书馆工作的比较少。一方面是有些有学识的人会被单位调到觉得更适合他的岗位；另一方面是因为长期以来人们对文献信息机构的认识不足，有学识的人在图书馆等文献信息机构不被重视，自身才能发挥不出来，不得不另择高枝。20 世纪 80 年代以后，随着各高校逐步设立了图书馆学、情报学、档案学、图书情报学等专业，图书馆专业人员逐步增多，图书馆工作渐渐向现代化、标准化靠拢。但因长期不被重视，当经费紧张时，图书馆又成为最先被削减经费的地方，加之图书涨价，很多图书馆由于经费短缺，收藏的资料也难以满足读者需求，导致人才更加匮乏。进入 21 世纪，图书情报专业教育水平不断提高，为国家培养了一批图书馆学专业的硕士生和博士生，涌现出一些从事图书馆学研究的大家。尤其是 2020 年以来，信息化加速发展，也促进了文献信息机构的现代化进程，图书馆重新被大家重视。可若想让文献信息机构承担起智库的任务，除个别资金充裕，有图书馆学、情报学人才支撑，且有其他学科如政治学、经济学、社会学、历史学、计算机学等专业优秀人才匹配的文献信息机构可以担此重任外，多数文献信息机构还是心余力绌。随着社会的发展，当人们对文献信息机构重要性的认识逐步深化，高学历人才逐渐愿意流向文献信息中心时，文献信息机构就会融入智库，成为智库不可分割的一部分，部分文献信息机构工作人员还会成为智库的主力。在相当长的一段时间内，国内绝大多数文献信息机构更适合从事为智库提供信息服务的工作，近期目标应该是发挥资源优势，在智库建设中提供支持和发挥前端作用。

二 见证了图书馆从服务科研到服务智库的转型

由于在文献信息机构工作三十余年，笔者亲历了图书馆从20世纪末到现在的飞速发展变化：见过图书馆人手工抄写书袋卡、用口取纸粘贴书标的辛苦；经历了用传统打字机按标准著录规则将编目打在蜡纸上，用小刷子刷在卡片上，再分别按书名、作者和分类号排入书名目录卡片箱、作者目录卡片箱、分类目录卡片箱的烦琐；更享受到了如今计算机联合编目的方便快捷、省时省力。最主要的是上述发展使读者服务工作发生了巨大的变化。从最初通过卡片帮读者查找图书、手捧报刊索引为读者搜集资料；到互联网技术出现后查找范围扩大而在计算机上为读者搜集查找资料；再到如今借助现代化设备、通过各种可利用的检索途径为普通读者、科研人员、智库查找他们需要而又没有时间或不知从何处查找的各类资料，尤其是在为科研服务的过程中，见证了一个单位由科研机构到智库的转变、单位大多数科研人员由自我兴趣领域研究到服务政府、服务社会研究的转变。

三 编辑智库成果的启示

2002年年底，笔者接到与智库成果编辑相关的第一项重大而艰巨的任务就是在当时黑龙江省社会科学院党委直接领导下编辑《来自脑库的思考》（内部出版物）。说其"重大"，是因为其内容包括黑龙江省社会科学院1995—2002年《要报》创办以来刊发的被省委省政府领导同志批示及被有关单位转化的重要对策建议、院学者在历次省社会科学优秀成果评选中被评为一等奖以上奖励的文章和调研报告、院学者2000—2002年度在国家一级报刊上登载的重要文章等。说其"艰巨"，是因为其核心内容——《要报》既没有纸质版原件，也无作者手稿，更无电子版存档，一切需要自己搜集整理并编辑成册。在当时，计算机尚未普及，绝大多数科研人员的稿件都是手写的，所以笔者就尝试把图书情报专业所学知识运用到《要报》编辑整理工作中，经过半个月的搜集、复印、打印、整理、排版、存档等工作,最终不仅完成了院里交办的专家精品成果集的编辑工作,也通过这件事,建立了《要报》从收稿、改稿到定稿的纸质文档与电子文档相结合的收藏体系。这是一次运用图书情报知识为现代意义的智库服务的尝试。尽管当时我们还不知道"智库"这个词,但是我们使用了"地方政府的智囊团、思想库"这样的词句来形容省社会科学院中服务于省委省政府的科研人员。当时的目标就是有效地发挥地方社会科学院的智囊团、思想库作用,从国外思想库的运营经验中吸取精华,缩小自身与国外知名思想库之间的差距,努力成为省委省政府不可或缺的决策咨询机构。也就是从那时起,笔者知道了文献信息机构服务智囊团、思想库与服务科研其实是有很多相似之处的,文献信息机构很适合做智囊团、思想库与省委省政府之间的桥梁。

四 参与智库工作,了解文献信息机构与智库的关系

几十年来,笔者参与和主持的课题加起来有近百项。初衷是通过参与科研、了解科研需求,进而更好地服务科研。回想起来,与科研人员一起调研,并通过协助科研人员查找相关资料,为科研人员提供理论支撑和数据佐证,最终完成调研报告——其中很多报告就是呈送给领导,为领导决策服务的,这件事情本身就是为智库服务,只是当初"智库"这词并未广为人知。根据领导们的反馈,笔者发现那些有说服力、有价值的对策建议绝大多数出自学术功底深厚的老专家和学者通过调查研究撰写出的研究报告,因而深知智库要向领导提供有说服力的对策建议,必须进行调查研究。有调查研究才有发言权。如果不调研,那等于闭门造车。然而只有调研,没有学术研究功底,不能把看到的事情与大的国际国内环境相联系,不能利用相关的学术理论,不从学术角度去分析现象,就不能为政府提供行之有效的对策建议。因此,好的对策建议也需要撰写人具有深厚的理论研究功底。

正常情况下，智库获取信息的路径之一肯定是图书馆。但是智库的信息需求不同于一般科研人员，一篇好的智库报告，一定要考虑到问题的方方面面。在确定选题之后，智库第一时间会选择利用图书馆、文献信息（数据）中心，很多时候也需要去档案馆、博物馆、展览馆等进行原始资料的查证和佐证实物的寻找，有些涉及少数民族问题的信息可能还需要去民族宗教事务局等部门查实，更有一些关于非物质文化遗产或民间传承的传统技艺的信息只能到地方文化馆（站）或纪念馆去调查寻找，对于涉密信息可能必须通过实际调研的方式到个人手中去了解、搜集。因此，文献信息机构在为智库服务的过程中，绝不是仅依靠图书馆就可以解决所有问题的，必须尽可能多角度、全方位地搜集资料。仅从资料搜集这一点，我们就完全可以肯定文献信息机构是服务于智库的。

从目前我国智库的发展情况看，多数智库与文献信息机构是脱节的。当智库拿不出像样的成果时，总是抱怨文献信息机构信息资源匮乏及信息提供不及时，给人的感觉就是信息服务不到位。而文献信息机构也一直在呼吁"建设一流智库必须有一流的文献信息机构做支撑"，但因缺少足够的经费支持导致文献信息机构对智库支撑不利。什么样的文献信息机构才是一流的文献信息机构？大家都在努力，结果却不尽如人意，问题出在哪里？我们觉得，解决问题的关键是文献信息机构要找准自己的定位；明晰自己应该做什么，怎么做。

第二节　研究内容、技术路线和方法

一　研究内容

本书主要研究什么是智库，什么是文献信息机构，文献信息机构的功能与能力有哪些，智库需要文献信息机构提供怎样的服务，文献信息机构应如何为智库提供服务。

（一）厘清概念

研究文献信息机构服务智库的功能与能力，我们必须清楚什么是智库，智库是干什么的，成为智库需要哪些条件，智库需要哪些服务；什么是文献信息机构，文献信息机构包括哪些部门，文献信息机构各部门分别具有哪些功能与能力，文献信息机构与智库是什么关系，文献信息机构如何发挥自身优势提升自己的能力而使自己服务智库的功能发挥到极致。

（二）梳理出智库及文献信息机构发展现状

通过对国内外智库及文献信息机构服务智库发展史的梳理，搞清楚国内外智库及文献信息机构服务智库的现状，弄清两者的关系，找出两者关系方面存在的问题、原因和发展趋势。

二 技术路线

通过对智库及信息机构服务智库学术史研究的梳理，结合问卷调查、网络调查、面对面调查结果，将文献分析、案例剖析及统计分析等方法与大数据相结合，对智库和文献信息机构的概念及功能进行分析梳理，找出智库对文献信息机构的需求点，明确当前我国文献信息机构服务智库的定位，探寻一条文献信息机构服务中国特色新型智库的路径，明确文献信息机构适合中国特色新型智库的服务站位、服务方式及服务方法。

三 研究方法

（一）问卷调查法

为更全面地了解人们对于信息机构服务智库功能与能力的认识，我们设计了一份调查问卷，通过网络向高校、专业智库、公共图书馆、研究机构、博物馆、纪念馆、政府机关及企业等与智库和文献信息机构相关部门的人员发送。共收回问卷375份，除2份无效问卷外，373

份为有效问卷。本书在调查问卷数据分析过程中，采用了 SPSS 20.0 和 Excel 等数据分析工具，对主要影响因素间的变量关系和比例进行了量化分析，并用图表的形式，直观呈现文献信息机构服务智库的功能和能力主要因素的相互关系。

（二）文献调研法

广泛收集国内外有关文献信息机构服务智库的功能，图书馆、档案馆、博物馆等机构服务智库的方法，以及它们服务智库的能力等相关领域的研究文献，并跟踪相关领域理论与实践研究的新动态，较为全面地把握这一领域的发展趋势和动态。在调查与阅读大量文献的基础上，获得国内外相关研究成果，寻找到本书研究的起点，并在整个研究过程中证明和修正自己的观点和认知。

（三）比较分析法

通过对文献信息机构服务智库沿革的回顾，找出传统文献信息机构的服务功能与文献信息机构服务智库的功能的不同，并对文献信息机构服务智库与传统图书馆读者服务能力进行比较分析，找出文献信息机构服务智库应具备的功能与能力，夯实本书的立论。

（四）网站调研

对中国知网、维普、万方等大型资源网站及各类文献信息机构网站的信息进行搜集与调研，了解文献信息机构服务智库的功能与能力。

（五）专家咨询法

走访本书研究领域及相关领域的专家学者和实际工作者，或通过电话、微信等方式与他们取得联系，就课题的一些学术观点和问题进行交流与讨论，进一步了解课题的构思与论点是否合理。在课题写作过程中就一些具体问题向他们咨询，了解相关情况。此外，通过咨询专家和实际工作者，为课题调查确定数据权重，保证课题调查问卷的有效性，增强结果的权威性。

(六) 理论联系实际的方法

通过案例分析和调查问卷分析，找出事实与认知的差距，总结出文献信息机构服务智库应该采取的方法。用事实与调查分析结果证明文献信息机构具有哪些服务智库的功能与能力。

(七) 实地调研法

课题组前期走访了黑龙江省、吉林省等大部分文献信息机构，利用出差机会实地走访了北京、上海、江苏、河南、辽宁、云南等地数十家图书馆、博物馆、档案馆，实地调研各馆为智库服务的情况。

第三节 研究的难点和创新点

一 研究的难点

难点一：起初，观点不能被多数人认可，调研进展缓慢。"智库"一词刚在国内兴起时，多数文献信息机构都认为自己就是智库，所以当调研"如何为智库提供信息服务"这一选题时，大家都比较纠结，因为如果对方认为文献信息机构就是智库，回答这一问题就等于回答"文献信息机构如何为自己服务"。随着时间的推移，人们越来越认识到文献信息机构要想成为智库，除人才外，资金保障也很重要。所以大多数文献信息机构越来越认可"文献信息机构服务智库"这一观点。在我国，从目前情况看，大多数文献信息机构是为智库服务的，只有个别国家级、资金充足、资源丰富、人员学术水平较高的文献信息机构可以成为智库，如国家图书馆、中国社会科学院信息情报研究院、中国科学院文献情报中心、上海社会科学院图书馆、国务院发展研究中心等。这一观点从我们对中国知网文献的调研以及 2020 年回收的调查问卷中也可以得到佐证。

难点二：现代技术迅速发展带来的对思维理念更新的恐惧。前期撰写的相关研究成果因为调研不顺利搁置了一段时间，再回顾时，曾经的展望很多已变成了现实，甚至出现了更先进的技术。随着网络信息技术的快速发展，智能服务迅速走进文献信息机构，文献信息机构的一些现代化设备更新速度较快，之前想要的设备尚未申请下来，同类产品已更新换代。曾设想利用机器人在图书馆从事简单的、重复性较强或是需要消耗大量体力的工作，结果，现在的机器人不仅可以较好地完成上述任务，还可以精准地完成图书查找、上架、排序等工作，甚至可以为读者导读并推荐相关书籍。2020年，突如其来的疫情、网络电商的发展，让人措手不及，甚至不得不重新思考未来文献信息机构服务智库的方式和方法，思考如何借助现代化技术使原有服务方式能更方便、快捷、准确、及时地为智库提供服务。在本书的撰写过程中，我们发现新技术为我们带来恐惧也带来机遇，新技术、新软件的运用更有利于文献信息机构服务智库，如果我们能很好地驾驭它，文献信息机构在以前服务智库过程中遇到的很多问题都可以迎刃而解。

二 研究的创新点

本书使用的研究方法和研究软件，均是在前人已有的成果基础上，根据课题需求从新的角度和维度进行运用，即使有创新，也是因为站在了前人的肩膀上。主要表现在以下方面。

一是提出将"情报思维"+"工匠精神"作为图书情报机构服务智库的理念，认为图书情报机构应将"情报思维"+"工匠精神"作为服务智库的理念，充分利用现代信息技术，通过"互联网+"赋能图书情报机构信息采集和服务，尤其是在建立人类命运共同体的大环境下，应通过建立信息联盟促进图书情报机构对智库服务质量的提升。

二是通过以东北亚信息联盟服务东北亚智库理论的实践，论证以信息联盟促进文献信息机构服务智库的理念的可行性。黑龙江、吉林、辽宁、内蒙古三省一区与东北亚各国无论是在历史上还是在地理环境上都有着千丝万缕的联系，这三省一区的省级社会科学院的图书情报机构、公共图书馆、档案馆等文献信息机构都收藏有大量的与东北亚各国相关的文献信息资源。可以先将东北三省一区的文献信息机构联合起来，由他们负责本省（自治区）内及与俄罗斯、日本、韩国、蒙古、朝鲜等东北亚各国相关合作伙伴信息联盟的构建，组成"东北亚信息联盟"；也可以借助已有的"东北亚智库联盟"，与其成员国协商建立信息联盟。目前来看，与智库联盟内各单位合作建立信息联盟的做法，应该很适合在已有的区域性智库联盟的现有成员中推广实施。依此模式可以建立东亚信息联盟、长三角信息联盟、珠三角信息联盟、东南亚信息联盟等。据此，在文献信息机构服务智库过程中，建议以智库信息需求为主线，由图书馆牵头，根据信息需求联合文化馆、档案馆、情报研究所、博物馆、文献信息中心等各类文献信息机构，或借助已有智库联盟，按合作区域组成国内的或者跨国的信息联盟。信息联盟是站在图书馆联盟这一巨人的肩膀上成立的，它扩大了信息服务机构成员的范围，组建形式灵活，成员流动性较强，以智库信息需求为主线，成员间合作既可以是长期的也可以是短期的，合作目标是满足智库的信息需求，完成为智库提供信息服务的任务。

三是提出以信息"需求方"与"提供方"为智库和文献信息机构定位。从信息需求与供给的角度看政府、智库和文献信息机构之间的关系。文献信息机构是收集、整理、保存信息的部门，是信息的提供方；智库需要文献信息机构的信息资源来充实、完善和论证自己的观点，是信息的需求方。智库的观点以对策建议的形式表达出来，呈送给政府相关部门，智库又成了政府部门的信息提供方；而政府相关部门需要参考智库的观点进行分析并做出决策，政府部门是智库信息的需求方。在三者中，文献信息机构是信息提供方，政府部门是高层次的信息需求方，而智库既是信息需求方又是信息提供方。也就是说，文献信息机构是服务智库的，智库是为相关政府部门服务的。这种关系适用于我国绝大部分文献信息机构和智库。这是课题组在理论上对智库与文献信息机构关系定位的一种尝试。

四是知识图谱的运用。本书利用 CiteSpace 软件，为国内外智库研究绘制了知识图谱，以更加直观的方式展现文献信息机构与智库的研究脉络、研究热点及国内外研究不同之处。这种方法在文献信息机构服务智库的研究中是一种新尝试。

五是问卷调查、实地走访和文献调研相结合。本书采用问卷调查、实地走访和文献调研等研究方法，将它们结合起来用于了解受访者对文献信息机构服务智库功能和能力的认识，并对三种研究方法的结果进行比较。由于研究重点是剖析文献信息机构服务智库的功能和能力，而这些内容又具有难以量化分析的复杂性特征，所以研究中先利用实地走访和网上论文查询方法，获取了大量的文本资料，有针对性地搜集专家观点，并对问卷调查设计的内容进行反复论证，力求全面准确地了解用户对文献信息机构服务智库的认知；然后采用问卷调查法，利用问卷星收集文献信息机构工作人员、用户等对智库的理解的第一手材料，探讨文献信息机构服务智库功能和能力的影响因素及其影响机制。问卷调查结果与实地走访结果大体一致，甚至比实地调研更乐观。文献信息机构已经开展少量智库服务，积极探索智库服务方式和内容。文献调研的结果比实地走访和问卷调查都要乐观，说明文献信息机构人的理念还是可以跟上社会发展的，但受人才、资金等因素制约，产出成果与智库要求差距较远。

第四节　框架结构

全书分为十章。

第一章"绪论"。主要介绍选题背景。通过介绍申报课题时人们对文献信息机构与智库关系的认识，以及笔者在文献信息机构工作的经历、服务智库的经历、参与智库课题研究及智库成果编辑的经历等，介绍课题研究的背景及研究的意义。此外，还介绍了研究的主要内容、技术路线、研究方法、难点和创新点等。

第二章"概念"。从智库起源、智库、中国特色新型智库、文献信息机构等概念界定入手,通过分析国内外学者对智库功能的定位,找出中国特色新型智库与国外智库的不同之处;再通过对中国智库功能、类型特点的分析,为中国智库定位,并明确其信息需求,为文献信息机构定位打下基础;同时通过对文献信息机构概念内涵和功能的梳理,为进一步研究文献信息机构如何服务智库打下基础。

第三章"国内外文献信息机构服务智库研究述评"。利用 CiteSpace 软件,为梳理后的国内外智库研究现状、国内外文献信息机构服务智库的研究现状绘制知识图谱,以更加直观的方式展现文献信息机构与智库的研究脉络、研究热点及国内外研究的不同之处。

第四章"文献信息机构为什么要服务智库"。通过文献信息机构与智库的关系,智库信息需求特点,文献信息机构服务智库的必要性与可行性分析等方面论证文献信息机构为什么要服务智库。

第五章"文献信息机构服务智库问卷调查分析"。调查问卷共设计了19个问题,有单选题、多选题及填空题等形式。一共分为四个部分,一是受访者的个人信息和特征,包括单位、部门、年龄、学历等基本信息,主要目的是了解不同机构或学历、年龄等因素对服务智库认识的影响;二是受访者对文献与智库关系的认识,包括文献信息服务内容、是否开展过智库服务及文献信息机构能否成为智库等问题,了解受访者对文献信息机构与智库关系的认知程度;三是文献信息机构服务智库的功能调查,从智库具有哪些功能、哪些文献信息机构可以成为智库等方面进行调查;四是文献信息机构服务智库的能力调查,主要从服务智库能力的体现、为智库提供的服务内容、服务智库的路径和方式等方面进行调查分析。

第六章"文献信息机构服务智库功能与能力演进"。在"智库"一词广为人知之前,现在的很多智库研究人员实际上是在各自的岗位上从事学术研究或是教学研究工作的。文献信息机构的信息参考咨询服务对象主要是研究单位的科研人员、高校教师。当很多科研人员加入智库时，文献信息机构服务的对象就变成了智库的研究人员，这些研究人员也有了自己要服务的对象——决策咨询部门。文献信息机构要服务的对象没有变，服务对象的研究范围也没有变，但是服务对象的身份变了，导致其信息需求有了变化，文献信息机构必须适应这个变化，尽快转变思维、转变服务方式，以适应服务对象的新需求。在智库刚刚兴起时，人们用"转型"来形容这种转变，导致很多文献信息机构不清楚自己到底该如何转型，有的甚至以为自己也可以直接转为智库。本章通过三类文献信息机构服务智库功能与能力的演进，证实文献信息机构的转型是思维的转型、服务方式的转型，而非身份的转型，以帮助文献信息机构找准自己定位同时，了解曾经的服务对象变为智库后需求有了哪些变化，文献信息机构如何为智库提供更好的服务。

第七章"文献信息机构服务智库功能定位及方式方法"。通过研究，帮助文献信息机构了解智库信息需求，明确自身功能定位，并通过组建服务智库的信息团队、嵌入服务、二三次文献精准推送、"互联网+"赋能、构建服务智库的信息共享平台、充当桥梁和纽带等方式，使文献信息机构主动承担服务智库的职能。

第八章"文献信息机构服务智库常见功能与能力"。通过对文献信息机构参考咨询功能与能力、定题服务功能与能力、舆情监测分析功能与能力、竞争情报服务功能与能力、立法决策服务功能与能力等的研究，明晰了文献信息机构服务智库的功能与能力。

第九章"以信息联盟促进文献信息机构服务智库功能提升"。信息联盟理念是在图书馆联盟的资源共享理念基础上发展起来的，以与我国"一带一路"倡议相一致的互利共赢新理念为基础，以信息为主线，联合文献信息机构及一切可以为智库提供信息服务的部门，为智库提供所需的信息资源。本章论述了信息联盟建立的路径选择，以及以信息联盟服务智库的尝试，得出以信息联盟服务智库是必要的也是可行的，它是一种共赢模式。

第十章"文献信息机构服务智库人才的培养"。人才是文献信息机构的软实力，与文献信息机构的信息资源同等重要。本章探讨了传统服务理念对文献信息机构人才成长的制约，指出大数据为文献信息机构服务智库带来机遇的同时，也考验着文献信息机构工作人员驾驭信息的能力、辨别信息真伪的能力、运用现代化技术和软件加工处理信息的能力。文献信息机构工作人员要学会借助互联网、大数据进行知识挖掘、数据挖掘、大数据分析、情报分析，更好地服务智库。这些要求文献信息机构必须注重人才的培养，尤其是跨学科人才的培养。

第二章 概念

第一节 关于智库

一 智库起源

智库起源众说纷纭，有说起源于第一次世界大战时期的，有说起源于第二次世界大战时期的，多数学者认为"Think Tank"一词起源于二战期间用于讨论作战计划和战略的保密室，后来以此为基础在西方公共生活中逐渐流行起来。同时，也有很多学者承认"智库"一词应该是现代词，但它又绝非在现代横空出世的一个概念。从笔者掌握的资料看，如果寻根溯源，那么在中国古代已有类似现代智库的机构，如稷下书院、翰林院等；以及类似辅助决策的人员，如谋士、翰林等。

（一）智库在中国古代发展溯源

从所起的作用看，古代很多人物所起的作用与现代智库专家的作用是相同的。中国古代常称足智多谋，有才学智慧，为别人建议、谋划乃至实施的人为智囊，他们的官方称谓有师爷、谋士、军师、幕僚、幕宾、谏议大夫、养士以及翰林等。[1]

---

[1] 李国强：《对"加强中国特色新型智库建设"的认识和探索》，《中国行政管理》2014年第5期。

1. 谋士

谋士是用奇思妙计为主公谋得战争胜利或谋取大业的智者，也指有智谋、擅于设谋献计的人，他们的职责是为他人出谋划策。通俗地讲，谋士就是古代的幕僚、军师、门客，他们为自己的主人分析形势，并根据形势给出一些应对策略和方法，使他们的主人可以从容应对复杂的情况。他们只负责谋划，不参与具体实施。

谋士在春秋战国时期是个热门职业，直到秦、汉、三国时期，人们对谋士的热衷依然不减。汉唐时期，在朝堂上的谋士可官拜丞相、宰相；在军中效力的谋士被尊为军师，职位相当于我们现在军中的参谋长。古代谋士一般都精通天文、地理、军事、政治，通晓医卜星象、诗歌辞章，所学繁杂，知识多源于以《易经》为代表的古典科学及前人所作的各类兵书典籍，古代知名的谋士大多因对战争的谋划而闻名。

战国时期，齐国统治者更是求贤若渴，从齐桓公养游士、招揽贤士称霸天下起，齐国统治者便逐渐形成了养士用士的传统。"稷下书院"也有史料记载称"稷下学宫"，应该是现代智库的鼻祖。历史上对其确切的建立时间说法不一。《史记》中记载，它是公元前318年前后，齐国统治者为寻求治国良策、提振国威而设立的世界上第一所由政府主办的私立特殊高等学府。稷下书院包容百家，对各家各派来者不拒。不在官员序列内的学者，却拥有对政务民生发表见解的资格，即学者们可以"保持思想的独立性与人格尊严"[①]，不必为迎合统治者而投其所好。任恒在其论文《论作为智库雏形的稷下学宫》一文中将稷下学宫的运行机制概括为四个方面：兼收并蓄的人才招纳机制、优待贤士的人才奖励策略、自由开放的学术论辩氛围、建言献策的参谋咨询角色。这些机制使列国名士齐聚稷下学宫，"在研究学问、授徒论辩之际，同时也承担向政府就全局性、战略性、针对性、前瞻性的问题提供形势研判与对策研究的任务"，"实现了学术研究与政策分析之

---

① 刘亚敏：《早期形态大学的精神面貌》，《大学》（研究与评价）2007年第2期。

间的连接与转化"。① "稷下学宫拥有一定的独立性，并作为齐国统治者的决策'外脑'形式而存在"，"具备现代智库的若干特征"。② 从上述特点看，稷下书院的学士们在书院研学的是谋略，传承的是在中国历史上占据独特地位的谋略文化。稷下学宫是现代智库的雏形。谋略文化在中国两千年经久不衰，与现代智库有着异曲同工之妙。春秋战国之后，随着封建制度的稳固和确立，统治者在选人用人上也越来越大度。《史记·高祖本纪》中记载的刘邦夸赞子房、萧何、韩信的经典句子，表面意思是刘邦谦虚、客观地评价了自己的能力单从某一方面讲都有不如手下三员大将的地方，实际上他是向人们展示了自己任人唯贤、知人善用的领导风范，展示了他的智囊团——能坐镇帐中、擅长以谋略指挥千里之外战场的张良，能保后方安宁和前方粮草的萧何，能统领百万大军、战功显赫的韩信。随着统治者对智囊作用的认识进一步加深，国家政体中的咨询决策机构日益兴起。汉朝时为加强皇权而设置的"中朝"就是一种政治咨询决策机构，有些资料上也称作"内朝"，是由皇帝提拔身边一批中下层亲信近臣作为自己的高级侍从和助手，参与朝政，替皇帝出谋划策，以限制丞相权力。这个新的决策机构在宫廷内以尚书令为首，由尚书、侍中、常侍等组成。东汉初年，刘秀为笼络人心，对决策机构进行改革，进一步扩大了尚书台的权利，使尚书台逐渐成为事实上的中枢决策机构。从三国时期的魏到西晋均在宫禁内设散骑省，南朝宋时改散骑省为集书省，至齐、梁、陈、北魏、北齐均在效仿。③ 在三国两晋南北朝时期，无论是散骑省还是集书省，都是皇帝的主要顾问和参谋机关。④ 到了隋唐时代，秘书省才上升为与尚书省、门下省等平级的部门。在宫廷有为皇帝服务的

---

① 任恒：《论作为智库雏形的稷下学宫——兼论其对当代中国特色新型高校智库建设的经验》，《社会科学论坛》2017年第8期。
② 任恒：《论作为智库雏形的稷下学宫——兼论其对当代中国特色新型高校智库建设的经验》，《社会科学论坛》2017年第8期。
③ 碧莲：《古代的中央参谋机关与文秘单位》，《文史杂志》2020年第3期。
④ 碧莲：《古代的中央参谋机关与文秘单位》，《文史杂志》2020年第3期。

"谏臣""谏议大夫",而下级官吏则有"师爷"为其出谋划策。实际上,这些"谏臣""谏议大夫""师爷"就是统治者的"内部顾问",是为统治者提供咨询建议的人。

2. 翰林

"翰林原为官名,唐玄宗初置翰林待诏,为文学侍从之官。至德宗以后,翰林学士职掌为撰拟机要文书。明清则以翰林院为'储才'之地,在科举考试中选拔一部分人入院为翰林官。清制翰林院以大学士为掌院学士。"① 学士社会地位优越,从唐朝开始设立翰林院可见一斑。唐朝自安史之乱后,国内战事频发,贵族阶层为了保护自己的地位和利益设立翰林院,网罗当时知识分子中的精英为翰林学士,专事出谋策划、草拟密诏等要事。在草拟诏制上分去了中书舍人之权,又在战略参军上分去了宰相之权。唐宪宗以后,翰林学士承旨后往往可以晋升为宰相。学士院有两名翰林院使,在皇帝与翰林学士间起传达联系的作用,在政治上有很大影响。宋代翰林院的翰林学士实际上是皇帝顾问,宰相多从翰林学士中选拔。宋代学士院有时也被称为翰林院。元朝设翰林兼国史院及蒙古翰林院。明代和清代也均设翰林院。翰林院制度以清代最为完备,不仅资料丰富、机构庞大而且规模最为壮观,是集历代之大成者。②

翰林院的职责之一是稽查理藩院档案。理藩院的档案关系重大,须随时整理,按例由翰林院派翰林官稽查,以示重视。翰林院内部设有待诏厅与典簿厅。待诏厅掌管缮写、校勘之事。典簿厅掌管奏章、文书及吏员、差役的管理事务,并保管图书。③ 典簿厅类似现代的图书馆和档案馆。

3. 幕府

中国的幕府制度从春秋到清末历时 2600 多年。幕僚是在将军府管

---

① 辞海编辑委员会编:《辞海》,上海辞书出版社 1980 年版,第 1994 页。
② 邱永君:《千年沧桑话翰林》上,《秘书工作》2011 年第 8 期。
③ 龚延明编著:《宋代官制辞典》(增补本),中华书局 2017 年版,"前言"第 14 页。

理文书、档案，并从事书记等工作，很像我们现在文献信息机构所做的工作。但实际上幕府中的幕僚各个学识渊博、身怀绝技，有的人还文武兼具。历史上的幕府与国家的兴衰、个人的沉浮有着密切的联系，有的具有浓烈的地域色彩，有的具有武力色彩，有的具有明显的政治色彩。幕府以各自的形态，服务于自己所生活的社会，为领导者政治生活服务，深刻地影响着当时的政治格局。在中国历史上，幕府数不胜数。一般幕府的规模都比较小，能有几十个幕僚的幕府已是较大的了。从我们掌握的资料看，在中国历代幕府中，规模最宏大的应该属曾国藩的幕府。曾府有幕僚400多人，号称"神州第一幕府"，在中国历史上也算空前绝后。曾国藩的幕府在镇压太平天国、推进洋务运动、创办中国第一家大型使用机器生产的工厂江南制造局等方面都发挥了至关重要的作用。容闳在他的《西学东渐记》中曾写道："当时各处军官，聚于曾文正之大营者不下二百人。大半皆怀其目的而来。总督幕府中亦百人左右。幕府之外，更有候补之官员，怀才之士子，凡法律、算学、天文、机器等专门家，无不毕集，几于全国之人才精华汇集于此。"[①] 可见曾国藩道德之高尚，成就之显著，个人魅力之巨大。

当代，人们偶尔也会称智库的工作人员为谋士、幕僚，但与历史上的称呼有着很大区别。随着社会的进步，各学科、各专业相互交叉、融合，现在的"谋士"必须具有胸怀国家、放眼全球的大格局。不仅知识面要广，而且思想也要成熟，在思想和思维方式上能够把中国传统思想和思维模式与西方思想和思维模式相融合，并将这种行为模式融入现代生活、工作的方方面面，并将此扩展到科技、政治、军事等方面。也就是说，现代的谋士必须具备大的格局和长远的眼光以及非同一般的洞察力，以天下为盘、以众生为弈，对国家资源、国际关系

---

① 刘建强：《曾国藩幕府的演变、特色与影响》，《湖南工程学院学报》（社会科学版）2005年第4期。

和战术优劣了然于胸，如此，方可为国家、为政府"谋"。

（二）智库在国外发展溯源

关于智库的起源，西方也众说纷纭。

1. 16—17 世纪说

根据历史学家雅各布·索尔的说法，"智库"一词是现代的，但它可以追溯到 16 世纪和 17 世纪的人文学院和学术网络。在欧洲，16 世纪就已经出现了智库的雏形，当时皇帝和国王开始与天主教会就税收问题进行争论，他们雇用独立的律师团队为其提供内容建议。索尔写道，独立的"研究团队在 16 世纪末和 17 世纪初变得普遍，当时各国往往依赖独立的学者及其专业知识"[①]。

2. 19 世纪初期说

一是被认为是美国思想库研究鼻祖的保罗·迪克森（Paul Dickson）在其研究思想库的开山之作——《思想库》[②] 一书中，将 1832 年美国财政部与费城富兰克林研究所签订的关于解决汽船上蒸汽锅炉问题的研究合同看作智库诞生的标志，认为这开了政府利用外脑解决问题的先河。但是这一结论被学术界认为经不起推敲。

二是有人认为 1831 年由惠灵顿公爵在英国伦敦创立的英国皇家联合军种国防研究所（RUSI）才是智库的雏形。我们更倾向于第二种说法。因为从 Royal United Services Institute 网站看，英国皇家联合军种国防研究所最初是从事海战和军事理论研究的，现在的定位就是国防和国际安全的主要论坛，是一个从事尖端国防和安全性研究的独立智库。

3. 19 世纪中后期说

美国智库研究专家詹姆斯·艾伦·史密斯（James A. Smith）在他的著作 *The Idea Brokers*: *Think Tanks and the Rise of the New Policy Elite*

[①] "How Think Tanks Became Engines of Royal Propagand", *Tablet Magazine*, Retrieved 2021 - 02 - 05.

[②] Paul Dickson, *Think Tank*, New York: Atheneum, 1971.

中认为现代思想库的起源应追溯到19世纪60年代。当时有近百位科学家、教育家、作家、记者齐聚马萨诸塞州议会大厦，聚会的主题是研究尽快恢复当地战后经济和社会秩序的措施，该事件使"知识界开始认识到共享知识所带来的好处"①。

也有人认为1884年在英国希望通过循序渐进的知识教育改革社会的费边社的成立是思想库的起源。他们宣称："纯粹只是一个教育团体，不想成为一个政党，应该继续灌输思想的政策，使每一阶级、每一个人受到我们的影响。"②《费边论丛》于1889年出版后，肖伯纳主编肇其端，费边"四巨头"乔治·肖伯纳、格雷厄姆·华莱士、悉尼·奥利维尔和悉尼·韦伯与其他社员共同出版了无数宣传费边主义的小册子。美国社会学和心理学家G. 威廉·多姆霍夫（G. William Domhoff）在1970年出版的著作 The Higher Circles: The Governing Class in America 中认为，专业协会的创立促进了社会科学家们的联系，芝加哥市民联盟（成立于1894年）及取代它的全国市民联盟（成立于1900年）是与地方、州和联邦政府部门建立正式的机构性联系的第一批研究机构。③

4. 20世纪初期说

有人认为在1910年由慈善家安德鲁·卡内基成立于华盛顿哥伦比亚特区的卡内基国际和平基金会是美国历史最悠久的智库，其宗旨是消除威胁文明的战争。④ 此后不久，罗伯特·S. 布鲁金斯于1916年创立的布鲁金斯学会被设想为一个两党合作的"以学术机构为模型，专注于解决联邦政府的问题的研究中心。"美国宾夕法尼亚大学詹姆斯·

---

① James A. Smith, *The Idea Brokers: Think Tanks and the Rise of the New Policy Elite*, Free Press, New York, 1990.

② 卢毅：《平社与费边社渊源初探——兼论拉斯基学说在中国》，《学术研究》2002年第3期。

③ 师智峰：《关于思想库研究现状的综述及评论》，《社会科学管理与评论》2007年第3期。

④ Edmund Jan Osmanczyk, Anthony Mango, *Encyclopedia of the United Nations and International Agreements*, London: Routledge, 2004.

麦甘认为，出现于 20 世纪早期的公共政策研究机构就有了现代智库的雏形，他认为智库的起源是布鲁金斯学会于 1916 年成立的第一个专门从事公共政策研究的独立组织。以此为起点，麦甘将公共政策研究行业的历史划分为四个时期：1900—1929 年、1930—1959 年、1960—1975 年和 1976—1990 年，这些时期催生了当今的许多智囊团。在这四个时期，每一次时期都有一次重大的国内或国际动荡，引发了新一代公共政策研究机构的诞生。[①] 1945 年后，政策机构的数量增加了，许多新成立的小机构开始表达各种问题和政策议程。直到 20 世纪 40 年代，大多数智库都只被称为"机构"。

从历史的角度看，发展变化是永恒的，并且发展变化中事物自身会不断得到提升。在事物发展提升的过程中，无论是形态还是功能都会发生一些变化，因为只有变才可能有发展。如果从这个角度看，智库在其发展过程中，无论是职能还是形态都会有不同。时间越久远，不同越明显。想要知道古代的那些书院、翰林院是不是智库，要看古代的类智库机构有哪些，它们的主要功能是什么，它们与现代的智库有哪些相同点和不同点。目前学术界普遍认可智库起源于 20 世纪初的观点。

二 智库概念的界定

（一）智库概念

智库（Think Tank）又称思想库、脑库、大脑盒子、外脑、头脑企业、智囊团、智囊机构、顾问班子等。在"智库"一词广泛应用之前，"智囊团""脑库"所起的作用与智库其实是一样的。

1. 智囊团（Brain Trust）

对于 Brain Trust 一词，网络的解释是"思想库、政府的智囊团、军师团、外来智囊团"。搜狗翻译给出的答案是"智囊团；顾问班子"。

[①] James G. McGann, "Academics to Ideologues: A Brief History of the Public Policy Research Industry", *Political Science and Politics*, Vol. 25, No. 4, 1992.

韦氏在线词典的解释是"a group of official or unofficial advisers concerned especially with planning and strategy"（一群特别关注计划和策略的官方或非官方的顾问）。《牛津词典》的解释是"N. Amer. a group of experts appointed to advise a government or politician"（北美政府或政客的智囊团、顾问班子）。有道词典的解释是"智囊团（brain trust）就是这样一班人，由善于动脑、勤于动脑、智慧超群的专家组成，他们出谋划策，提供咨询"。《柯林斯英汉双解大词典》给出的解释是"N – COUNT A brain trust is a group of experts who advise important people in a government or organization"（智囊团是一个为政府或组织中的重要人物提供建议的专家小组）。

据《大美百科全书》介绍，"智囊团"一词源于1932年美国总统大选期间罗斯福的亲密顾问团，该顾问团成员大都来自学术界。罗斯福就职后，解散此团体，但其成员仍拥有白宫政府官员的职位。[①] 智囊团一般被认为是负责总统新政计划的主要推动者，后来变得通俗化且广泛被应用在非政府机关的顾问专家身上。[②] 小罗斯福总统任期内（1933—1945）则将许多大学教授请至其政府内担任顾问，罗斯福昵称其为"智囊团"，其中有部分出任阁员，其他则为非正式职务。[③]

智囊团最初还有一些别称。

在《大美百科全书》中有一个词"厨房内阁"（Kitchen Cabinet），该词是美国杰克逊总统任期内（1829—1837）所创的名词，其后用以指由美国总统的非正式顾问和亲信所组成的团体。在杰克逊第一个任期中，他的咨询团队都是与他私人关系好的亲信，而非正式的内阁成员，如国务卿范布伦、多位国会议员以及三位报纸主编等。杰克逊的

[①] 查泉：《美国学术界的赫伯特·胡佛研究》，《史学理论研究》2018年第2期。
[②] 光复书局、大美百科全书编辑部编译：《大美百科全书》4，台北：光复书局企业股份有限公司1990年版，第266页。
[③] 光复书局、大美百科全书编辑部编译：《大美百科全书》16，台北：光复书局企业股份有限公司1990年版，第333页。

政敌为批评他们的咨商角色的非正式性,而称其为"厨房内阁"。罗斯福总统任期内(1901—1909),身边就有一个被他称为"网球内阁"的亲信团,包括两名将军、林业所所长和其他人。他借这些友人获得政策建议和友情。小罗斯福总统任期内(1933—1945)则将许多大学教授请至其政府内担任顾问,其中只有部分人出任阁员,罗斯福昵称其为"智囊团"。① 二战时期,智囊团有"大脑盒子"之称,因为"智囊团"一词在当时的美国俚语中指的是战略家讨论战争计划的房间。随着时间的推移,"智囊团"一般代指那些提供有关军事战略建议的组织。如兰德公司起源于1946年道格拉斯飞机公司承接的为美国军方提供调研和情报分析服务的"兰德计划项目",进而在1948年成为一家独立的公司。

2. 脑库

在《图书情报词典》中,"思想库""智囊团"的解释都指向"脑库"。词典里对"脑库"的解释是"思想库""智囊团"。它是利用研究人员的知识和智慧为政府或委托部门服务的研究开发机构。特征是开展大型、综合性的跨学科研究;以接受调研任务为主,并注重政策性研究;强调设计未来、开发软件和系统论的分析方法。"脑库"一词最早由美国前总统杜鲁门(Harry S. Truman)在20世纪60年代中期提出。② 从20世纪80年代开始,全球化的结果、冷战的结束,以及跨国问题的出现,导致世界各地出现了名副其实的"智囊团"。

3. 智库

关于智库的定义,不同机构给出的定义不尽相同。

(1)维基百科定义

维基百科的解释:智库(英语:Think Tank)或称智囊团,也有许

---

① 光复书局、大美百科全书编辑部编译:《大美百科全书》16,台北:光复书局企业股份有限公司1990年版,第333页。

② 王绍平、陈兆山、陈钟鸣等编著:《图书情报词典》,汉语大词典出版社1990年版,第760页。

多智库以"基金会""研究所""研讨会""论坛""学会"或"协会"等名称称呼,智库是对政治、商业或军事政策进行调查、分析研究与研发策略,并致力于将学术研究与策略影响落实为政府政策的机构。[1] 智库一般由政府、政党或商业公司出资组建,大部分的智库是非营利组织,这种营运的形态在美国与加拿大等国家可以免缴税金,有些智库借由咨询顾问与研究报告赚取佣金。优良的智库应该全面、完整且深度介绍主题,并确保内容基于事实与内容正确性。[2]

(2) 各类智库报告中的定义

2016年出版的由中国社会科学院中国社会科学评价中心的荆林波主编的《全球智库评价报告(2015)》中给出的定义为"通过自主的知识产品对公共政策的制定产生影响的组织"[3]。

美国宾夕法尼亚大学在2016年发布的《全球智库报告2015》中给出的定义:"智库是参与和分析公共政策研究,对国内国际问题进行政策导向研究、分析并提出建议的组织,从而使得决策者和公众对公共政策做出明智的决定。"[4]

上海社会科学院智库研究中心2016年在其发布的《2015中国智库报告》中给出的定义:"智库是指对制定公共政策有影响力的专业组织。"[5]

2016年上海社会科学院出版社出版的金彩红、黄河所著《欧美大国智库研究》中提到,美国的McGann在2007年的表述为:"智库往往充当学术界实践研究和决策团体,国家和社会公众之间的桥梁,为服务公众利益发出独立的声音,将相关的实用研究和基础研究转化为决

---

[1] 翁明源、陈先才:《当前台湾地区"台独"组织类型研究》,《台海研究》2019年第2期。
[2] T. W., "What Do Think-Tanks Do?", The Economist, 2017-01-05.
[3] 荆林波:《全球智库评价报告(2015)》,中国社会科学出版社2016年版。
[4] 唐果媛:《中美三份智库评价报告的比较分析》,《智库理论与实践》2016年第2期。
[5] 王文:《如何评价智库的优劣》(上),《对外传播》2016年第7期。

策者和公众易懂的、可信的和易获得的语言和形式。"①

（3）学者们给出的定义

国外学者有以下定义。

美国学者保罗·迪克逊在其著作《思想库》中将智库称为独立于立法、行政、司法之外的"第四种权力"，他认为："智库是一种稳定的相对独立的政策研究机构，其研究人员运用科学的方法对广泛的政策问题进行跨学科的研究，在政府、企业及大众密切相关的问题上提出咨询。"②

美国学者瑞奇认为："智库的性质是具有独立性的非营利性机构。他们主要生产知识和思想，并依靠知识和思想对政治制定过程产生影响。"③ 美国兰德公司创始人科尔博姆认为："智库就是一个'思想工厂'，一个没有学生的大学，一个有着明确目标和坚定追求，却同时无拘无束，异想天开的'头脑风暴中心'，一个敢于超越一切现有智慧，敢于挑战和蔑视现有权威的'战略思想中心'。"④ 美国学者凯莱认为："智库是一种组织结构的安排，在智库中，政府、企业以及社会公众，拿出数百万的经费交给智库的研究人员，而这些研究人员必须花费时间来完成研究方案，最后研究者与机构将其研究成果以调研报告或专著的形式公开或不公开呈现。"⑤

加拿大学者唐纳德·E. 埃布尔森认为："智库是由关注公共政策问题的个人组成的独立的、非营利的组织。"⑥

国际著名的政策科学权威专家叶海卡·德罗尔将智库定义为"权

---

① 金彩红、黄河等：《欧美大国智库研究》，上海社会科学院出版社2016年版，第2页。
② 张伟：《智库能力评价与创新》，中共中央党校出版社2017年版，第2页。
③ 姚雨楠：《美国智库的发展对中国特色新型智库建设的启示》，硕士学位论文，华北理工大学，2016年。
④ 姚雨楠：《美国智库的发展对中国特色新型智库建设的启示》，硕士学位论文，华北理工大学，2016年。
⑤ 姚雨楠：《美国智库的发展对中国特色新型智库建设的启示》，硕士学位论文，华北理工大学，2016年。
⑥ 张伟：《智库能力评价与创新》，中共中央党校出版社2017年版，第2页。

力与知识的桥梁",他认为智库具有六个方面的特色：使命、富有批评精神的大众、方法、研究的自由、客户依赖、产出和影响。联合国开发计划署对智库的定义也沿用了德罗尔的思路，认为："智库是从事与公共政策相关研究和倡议的组织，是现代民主政治制度中连接知识和权力的桥梁"。"从本质上看，智库正是连接公共权力与知识理论的桥梁"，实现公共权力与知识理论的有机结合是智库的本质属性。[1]

在英国，"智库"最初特指爱德华·希思首相于1970年在内阁建立的中央政策评论部（CPRS）。此后，"智库"一词包含的范围逐渐扩大，它将不属于政府的、由民间成立的为政府决策提供思想支持的政策咨询研究机构也囊括其中。英国学者 Blackstone 和 Plowden 认为："真正的'智库'应具有超前意识，能提出从长远看切实可行的政策建议。"[2] 原英国"六人顶尖智囊"成员 Steven Windmil 认为："'智库'就是以从事多学科研究为依托、以对公共政策施加影响为目的、以提供思想为支持的非营利组织或机构。"[3] 英国学者詹姆士认为："智库是一些独立的组织，这些组织主要从事可能对公共政策产生影响的研究。"[4]

国内学者有以下观点。

我国学者对智库的定义也不尽相同。李侦认为："思想库是一个国家、一个地区软实力的重要标志，思想库是由不同学科背景的专家学者组成，为政府、企业等组织及其决策者处理经济、社会、军事、外交等公共事务和应对突发事件出谋划策，提供处理事务和解决问题的方法方案、战略策略、理论思想等智力产品的公共研究机构。"[5] 吴天

---

[1] 赖先进编著：《国际智库发展模式》，中共中央党校出版社2017年版，第5页。
[2] 王静：《关于加强天津高校智库建设的研究》，《理论与现代化》2016年第1期。
[3] 王佩亨、李国强：《海外智库：世界主要国家智库考察报告》，中国财政经济出版社2013年版，第44页。
[4] 姚雨楠：《美国智库的发展对中国特色新型智库建设的启示》，硕士学位论文，华北理工大学，2016年。
[5] 李侦：《发挥智库作用，推进智库建设》，《厦门特区党校学报》2010年第1期。

佑、傅曦在合著的《美国重要思想库》中对智库的界定是指有别于一般学术和纯科技研究机构，"为统治集团在政治、外交、经济、军事、科技、社会等各个领域进行调查研究，出谋划策，并为之培养、储备和输送人才的机构"[①]。清华大学的薛澜、朱旭峰在《"中国思想库"：涵义、分类与研究展望》一文中认为"智库是一种相对稳定的且独立运作的政策研究和咨询机构"[②]。李刚等人认为，智库是"以咨政启民为目标，以科学、专业的方式进行公共政策研究、分析、咨询和评估，从事政策传播、舆论引导和执行协调的独立的非营利性机构"[③]。中国科学院研究员张志强等认为智库是专业型的战略与政策问题研究机构。[④] 孙哲认为智库是主要从事国内和对外政策重大议题研究，由各领域专家组成的决策服务和咨询机构。[⑤] 黄可等学者认为："智库是指为政府部门或大的社会集团、企业在各个领域、各个层面的决策进行调查研究、出谋划策，提供各种咨询，为其解决具体问题，并为之培养、储备和输送人才的一种社会组织形式。"[⑥] 中央党校穆占劳认为智库是"以公共政策研究及影响决策为其首要目标，以国家机关及各类社会组织、集团为主要服务对象，工作内容涉及政治、经济、外交、军事、科技、社会等公共领域，以调查研究、出谋划策、提供各类咨询和建设性的参考意见或政策报告为主要工作形式，其工作性质是为了解决各种与决策有关的问题，一般具有非营利性"[⑦]。有学者认为，智库是学界与决策者之间的桥梁，"为决策者献计献策、判断运筹提出各种设

[①] 吴天佑、傅曦编著：《美国重要思想库》，时事出版社1982年版，第8页。
[②] 薛澜、朱旭峰：《"中国思想库"：涵义、分类与研究展望》，《科学研究》2006年第3期。
[③] 李刚、王斯敏等：《智库评价理论与方法》，南京大学出版社2019年版，第279页。
[④] 张志强、苏娜：《一流智库战略研究成果的质量管理机制》，《中国科学院院刊》2016年第8期。
[⑤] 孙哲：《中国外交思想库：参与决策的角色分析》，《复旦学报》（社会科学版）2004年第4期。
[⑥] 黄可等：《国外思想库的发展特点与趋势》，《现代情报》2009年第2期。
[⑦] 穆占劳：《美国智库建设及其启示》，《中国领导科学》2018年第2期。

计；反馈信息，对实施方案追踪调查研究，把运行结果反馈到决策者那里，便于纠偏；进行诊断，根据现状研究产生问题的原因，寻找解决问题的症结；预测未来，从不同的角度运用各种方法，提出各种预测方案供决策者选用"[1]。薛澜和朱旭峰认为，智库之所以受到政府和大型企业的重视，是因为它的服务对象和服务目标具有特殊性。智库一般由学有所长的专家学者组成，技术手段先进，运转经费充足。因此，智库能获得丰富的信息，并对这些信息进行分析研究，从而产出高质量智库产品，使政府或企业获得优质决策咨询服务。总之，智库在对政治经济运行情况进行调查研究的基础上，组织高层次学者专家对数据和案例进行分析研究，这样形成的对策、建议、报告是政府和大型企业所欢迎的[2]。汪廷炯认为："思想智库是提供卓越的全部整理有序的科学思想使决策者能深化改进，犹如在权力与知识间架设一主要桥梁。思想库从各种途径提供政策有关的信息（知识）。到达决策者（权力）的耳眼，以增强政府决策的能力。"[3]

（二）各国对智库的共识

无论国内外学者如何描述智库，但在以下几方面是有共识的。

1. 关于"智库"的名称

我们现在所说的智库（Think Tank），从其功能上看与曾经的幕府、翰林院、论坛、研究所、厨房内阁、网球内阁、研讨会、顾问班子、智囊机构、协会、智囊团、学会、头脑企业、外脑、基金会、思想库有很多相似之处，应该是从这些机构演变而来的。

2. 智库是一种常设机构

智库是一种常设机构，可能隶属于政党、政府、利益集团、私企，

---

[1]《为期刊智库喝彩 为教管智库开篇——访中国人生科学学会会长关山越》，《管理观察》2019年第2期。

[2] 薛澜、朱旭峰：《"中国思想库"：涵义、分类与研究展望》，《科学研究》2006年第3期。

[3] 汪廷炯：《论思想库》，《中国软科学》1997年第2期。

也可能是独立的非政府组织。①

3. 智库是一种服务机构

智库最初是指为公共管理者在制定政治、经济、社会、科技、军事、外交等各方面政策提供理论、策略、方法、思想等产品和服务的机构。② 其主要职责是就全球性及国内重要问题进行分析研究，并提出应对措施，在政治科学、经济学、公共行政和国际事务等方面为社会政治经济发展提供咨询。

4. 智库是一种专业性研究机构

智库是一种主要以经济、社会、政治、军事、科技、外交等方面的重大问题为研究对象并提出分析与建议的专业性研究机构。

5. 智库是一种专业的决策咨询机构

智库是一种以决策机关为主要服务对象，以做出最适合的应对策略为目的，以其专业的研究成果为目标客户提供对策的专业决策咨询机构。它可以影响决策机关对重大问题及公共政策的决断。

6. 智库是学术界和政府之间的桥梁和纽带

现在是一个信息太多的年代，也是一个信息太少的年代。之所以这么说，是因为人们每天都会接收到大量信息，而其中无用信息太多，有用信息太少。学者可以利用其渊博的学识，筛选出对于政府有用的、准确的信息，经过他们的梳理、提炼、总结，再用文字清晰明了地表述出来，通过智库这一绿色通道传递给政府及有关部门。因此我们说，智库是学术界和政府之间的桥梁和纽带。

7. 智库是非营利性机构

智库是非营利性机构。

综上所述，我们总结出智库的概念：汇集各领域内有深入研究的

---

① ［美］詹姆斯·G. 麦甘：《美国智库与政策建议：学者、咨询顾问与倡导者》，肖宏宇、李楠译，北京大学出版社2018年版，第15页。
② 赖先进编著：《国际智库发展模式》，中共中央党校出版社2017年版，第5页。

精英，将他们的智慧用科学的方式整合，对政府公共政策进行研究、分析、咨询和评估，通过座谈会、研讨会的形式同决策者、政府官员或进行面对面的讨论，或以论文、专著、报告、简报、对策、建议为媒介，为政府制定军事、经济、政治、文化、外交、社会和科技等各方面政策提供理论方法和战略思维的非营利性研究机构。

（三）智库的差异性

据统计，在2011年之前的智库有三分之二是在19世纪70年代后建立的，超过一半成立于20世纪80年代。① 智库最初的建立是为战略家讨论战争计划。在20世纪的大部分时间里，智库开始成为进行公共政策研究并提供关于公共政策建议的独立机构，当时这类机构主要在美国，而在加拿大、英国和西欧数量少得多。同一时期，尽管智库在日本已经存在了一段时间，但它们多与政府部门或公司有密切联系，普遍缺乏独立性。冷战时期建立的智库大多将重心放在全球性问题、国土安全及对外政策上。全球化对扩大智库在非洲、东欧、中亚和东南亚的部分地区的影响最为明显，由于国际社会协助，这些地区建立了一批具有独立性的公共政策研究机构。

智库因意识形态、观点、资金来源、主题重点和服务对象而有差异。以美国为例，美国进步中心主张自由，传统基金会则提倡保守主义的原则，特鲁斯研究所更注重强调社会和环境问题。

智库"专家"有时被描绘成没有任何意识形态倾向的中立者，其实这是误解。事实上，"中立"只代表他们必须采用特定的中立视角。② 在美国，由国家教育政策中心的智库专家对关于教育的智库出版物进行审查。智库的运作也是由其资金来源和目标消费者决定的。

---

① McGann, James, "Think Tanks and the Transnationalization of Foreign Policy"，豆丁网 2016-05-22, https：//www.docin.com/p-1591728178.html，2021-01-01.

② "What's in a Label？", 2016-07-29, http：//www.fair.org/index.php？page=1425. FAIR. Retrieved，2020-12-31.

一些智库接受政府的直接援助，而另一些则依靠私人或公司捐助。这不可避免地会影响每个智库内部的学术自由程度，以及该机构认为自己对谁或对什么负责。全球化带来的一个新趋势是不同国家的政策机构之间开始建立合作关系。例如，卡内基国际和平基金会在华盛顿特区、北京、贝鲁特、布鲁塞尔和莫斯科设有办事处。① 由詹姆斯·麦甘博士领导的宾夕法尼亚大学智库和民间社会项目（TTCSP）从2006年起每年对世界各地的政策机构进行多种分类的评级，并在全球智库评级指数中公布其调查结果。目前，TTCSP研究编写的《全球智库报告》已被业内视为权威性最高的为全球智库做综合排序的专业报告。

三　智库功能、类型及特点

挖掘提炼出智库的核心功能，可以有效确定文献信息机构服务智库应具备的功能和能力。王文曾提出资政、启民、伐谋、孕才等智库的四大功能②。王延飞等将出对策、出思想和出声音概括为最能体现智库特色的功能③。初景利等认为具备公共政策、战略规划、公众认知功能的机构才是智库④。王世伟从思想库、指南针、研究者等方面介绍了国家高端科技智库的十大功能⑤。金学慧等提出政策研究（出思想）与咨询（出对策）是智库的核心功能。智库的关键要素体现在其主要功能上，智库应为具备政策咨询、战略规划、决策分析等核心功能的机构。

---

① Singer, Peter, "Washington's Think Tanks: Factories to Call Our Own 'Own'", https://web.archive.org/web/20100821094149, 2020-12-31.
② 高妍蕊：《王文：影响力是智库的生命源泉》，《中国发展观察》2017年第11期。
③ 王延飞、闫志开、何芳：《从智库功能看情报研究机构转型》，《情报理论与实践》2015年第5期。
④ 初景利、栾瑞英、孔媛：《国外高水平 高校智库运行机制特征剖析》，《图书馆论坛》2017年第4期。
⑤ 王世伟：《略论国家高端科技智库的功能定位》，《情报学报》2018年第6期。

(一) 智库功能

智库是战略研究和公共政策咨询机构。它服务的用户主要是政府，服务政府决策是它的核心功能。如果从需求与供给关系看，政府是需求方，智库是提供方。提供方想要得到需求方的认可，必须了解对方的需求，并拿出有思想有创意的文章吸引需求方。为此，智库就要组织资深研究人员对国家的政治、经济、外交和公共管理等方面的重大议题进行调查和研究，并取得创新性成果，以供政府决策采纳或参考。除了提供决策咨询的核心功能外，智库还有创新思想和对外宣传等功能。

中共中央办公厅、国务院办公厅2015年联合下发的《关于加强中国特色新型智库建设的意见》指出，中国特色新型智库的功能包括"咨政建言、理论创新、舆论引导、社会服务、公共外交等"[1]。它"是党和政府科学民主依法决策的重要支撑；是国家治理体系和治理能力现代化的重要内容；是国家软实力的重要载体，越来越成为国际竞争力的重要因素，在对外交往中发挥着不可替代的作用"[2]。因此，要"以科学咨询支撑科学决策，以科学决策引领科学发展；充分发挥智库在治国理政中的重要作用；发挥中国特色新型智库在公共外交和文化互鉴中的重要作用，不断增强我国的国际影响力和国际话语权"[3]。

国务院发展研究中心主任李伟提出智库有四大功能。第一是咨政辅政的功能；第二是启迪民智、教育公众的功能；第三是选贤聚才、储备人才的功能；第四是平衡分歧的功能。[4] 上海社会科学院智库研究

---

[1] 《中共中央办公厅、国务院办公厅印发〈关于加强中国特色新型智库建设的意见〉》，《中华人民共和国国务院公报》2015年第4期。
[2] 《中共中央办公厅、国务院办公厅印发〈关于加强中国特色新型智库建设的意见〉》，《中华人民共和国国务院公报》2015年第4期。
[3] 《中共中央办公厅、国务院办公厅印发〈关于加强中国特色新型智库建设的意见〉》，《中华人民共和国国务院公报》2015年第4期。
[4] 李伟：《建设中国特色新型智库，推进国家治理现代化：在"国研智库论坛2014"年会上的主题演讲》，《中国发展观察》2014年第10期。

中心专家认为，中国特色新型智库的基本功能是"弥合知识与政策鸿沟"。此外，还有咨政、启智、制衡、聚才、强国等功能，具体而言中国特色新型智库功能包括咨政建言，服务决策；提供民生政策方案和理念；集聚人才、储备人才；引导社会舆论和国际话语；开展民间外交和"二轨外交"；参与思想市场建设等。[1] 中国社会科学评价研究院专家提出，智库的核心功能是以自主的知识产品去影响公共政策的制定。[2] 此外，智库还有产出新的思想理念、教育公众和汇聚人才等功能。中国与全球化智能智库专家王辉耀指出，美西方的智库功能包括产出新的思想、影响政府决策、引导舆论、教育公众、储备并输出人才、开展"二轨外交"等。智库有国家"第四种权力"之称，排在立法、司法、行政权力机构之后。复旦大学教授任晓提出，美西方智库具有八大功能：产出政策思想、提出政策方案、储备和输出人才、教育公务员和公众、知识创新、进行民意调查、到国会作证、安排决策者到智库发表政策演讲等。[3]

国外学者对智库功能的认识多种多样，但普遍注重知识与政府权力的关系。美国智库学者詹姆斯·麦甘提出，智库是知识与政策之间的桥梁，认为智库有六大功能，即分析和研究政府政策难点；针对政府政策的关切点提出建议；评估政府政策；通过媒体解读政府政策，以使公众理解和支持政府政策；助力建立"问题网络"；向政府输出优秀人才。[4] 詹姆斯·麦甘在他的另一本书中借用了杜克大学的克劳福德·古德温关于当代美国社会智库作用的界定及它们如何构成智库的第五阶层的分类，他认为智库发挥了第五阶层的很多功能，"包括为公众辩论提供纪律和严谨度、产生新知识、弥补政府治理方面的不足、

---

[1] 栗琳、孙敏、李平等：《情报与智库关系透析》，《情报学进展》2020年第13期。
[2] 吴田：《国内社会智库发展综合评价研究：基于AMI指标体系》，《中国社会科学评价》2018年第2期。
[3] 任晓：《第五种权力：论智库》，北京大学出版社2015年版。
[4] MCGANN J.,"Think Tank Second Thoughts", *Foreign Policy*, No. 171, 2009.

加强对本国利益的认知、助力媒体、构建社会和政治共识"[1] 等。学者皮特·海斯所概括的智库功能包括建立政府与公众之间的联系,对当前重大议题进行阐释和评估,向政府提供政策建议,独立评价政府政策,召开学术研讨会,讨论政府政策的制定,从事公共政策研究。学者戴安娜·斯通总结智库功能主要有三点:一是把学者研究与政府政策连接起来;二是为公众利益服务;三是积累知识。[2]

综上所述,我们可以把国内外学者有关智库功能的观点归结为三个方面:一是支持政府决策,二是服务公众,三是影响信息环境。

(二) 智库类型

各国智库类型千差万别,名称多种多样,如何对其分类,国内外专家学者看法不尽相同。有的按智库政治倾向分类,有的按智库职能分类,有的按智库的研究领域分类,有的按智库的隶属关系分类,有的按智库的服务对象分类,有的则按智库的组织方式分类,还有的按经费来源分类等,不一而足。如,在美国,智库类型按不同标准可分为以下几种:一是按组织形式,分为作为非营利组织建立的独立民间社会智库、大学附属政策研究所、政府创建或国家赞助的智库、公司创建的智库、商业附属智库、政党智库、遗产或个人智库、全球(或区域)智库等;二是按资金来源,分为个人智库、公司智库、基金会智库、政府智库等;三是按商业模式,分为独立研究智库、合同工作智库、宣传智库等。魏登鲍姆在其《思想的竞争:华盛顿智库的世界》中将智库按规模和重点分为大而多样化、大而专业化、小而专业化。按发展阶段的演变分为:第一阶段,小型智库阶段;第二阶段,小型到大型承担复杂项目阶段;第三阶段,智库类型较大,对政策造成一定影响阶段。比较通行的方法是按政治倾向和隶

---

[1] [美]詹姆斯·麦甘:《第五阶层:智库·公共政策·治理》,李海东译,中国青年出版社2017年版,第Ⅶ—Ⅷ页。

[2] 栗琳、孙敏、李平等:《情报与智库关系透析》,《情报学进展》2020年第13期。

属关系进行分类。

1. 按政治倾向分类

按政治倾向对智库进行分类在美西方比较流行。他们一般把智库分为保守派的、中间派的和自由派的。保守派的智库对内支持自由市场和有限政府，肯定传统家庭价值，提倡个人自由至上等；对外倡导实用主义、新现实主义及单边主义，主张实行以优秀军事力量为后盾的强硬外交路线。这类智库以胡佛研究所传统基金会和企业研究所为代表。中间派的智库在政治倾向上取中间立场，主张客观中立地进行政策研究。[①] 中间派对内支持政府对经济社会事务进行干预、增加社会福利，还强调政府必须重视环境保护，重视维护社会公平正义；对外主张各国间交流与合作，同时主张对国际事务进行有限干预，强调大国要承担更多国际责任，包括维护国际秩序、推动国际合作；还主张发达国家扩大对发展中国家的经济救援。美国的中间派智库主要有卡内基国际和平基金会、布鲁金斯学会以及对外关系委员会等。[②] 自由派的智库政治上偏左，他们主张政府依法治理国家，强调"弱社会强政府"，认为政府要有社会责任感，应关注、介入社会各个领域；主张革新政治，认为政府要维护社会公平正义、重视自然环境保护、重视经济可持续发展、重视提高社会福利。自由派的智库主张对外采取宽容温和的政策，强调国际交流、国际合作的重要性，支持裁军和控制军备。美国自由派的智库以美国进步中心为代表。

2. 按隶属关系分类

按智库的隶属关系，可以把智库分为四种，即官方智库、半官方智库、大学依附型智库和民间智库。[③] 官方智库是直接服务于政府决

---

① 姚雨楠：《美国智库的发展对中国特色新型智库建设的启示》，硕士学位论文，华北理工大学，2016年。

② 张欣：《智治之维——智库在公共治理中的功能研究》，博士学位论文，中国矿业大学，2016年。

③ 李婉芝：《智库在公共政策过程中的作用分析》，硕士学位论文，湖北大学，2012年。

策的政府内设机构。由于政府层级不同，官方智库又分为中央政府智库和地方政府智库。我国各级政府内设的研究机构也属于官方智库，比如发展研究中心、政府各部门设立的各种对口专业的研究院所等。在美国，这类智库主要存在于国会和总统府（白宫）内。按服务对象，美国学者把官方智库分为联邦中央政府智库、国会智库和总统智库。官方智库由于地位特殊，能够直接对政府决策产生较大影响。官方智库运行经费来自政府财政拨款，一般由政府官员对智库进行管理。

半官方智库是一种存在于政府机构之外的智库，但与政府关系也很密切，也是政府决策的重要助手。半官方智库按经费来源又可分为两种：一种是由政府资助运营的智库，它们多由政府出资建立。这种以兰德公司、斯坦福研究所等为代表的智库主要为政府决策服务，但也为各类企业服务。另一种是没有政府资助的智库，其运营经费主要靠各种基金会和企业的赞助。这类智库以美国对外关系委员会为代表。半官方智库与政府的关系虽不像官方智库那样密切，但也是相互依存的，而且有些智库还需要政府资助。半官方智库一般与政府保持长期合作关系，双方要订立合同，还要随时互通信息，并具有畅通的沟通渠道。

大学依附型智库，顾名思义是大学中设立的智库，是大学的下属单位。这种智库大多由大学建立，也有的由大学与赞助单位合作建立。这类智库运营经费主要靠校方拨款和基金会、企业、社会名流等捐助，智库的研究人员主要是本校教授、专家学者，也有外聘专家。这类智库深处大学校园，学科齐全、人才济济、学术氛围浓郁、文化积淀深厚，具有先天优势。其研究课题十分广泛，研究成果更具创新性。美国大学依附型智库以耶鲁大学经济发展研究中心、哥伦比亚大学国际动态研究所等为代表。

民间智库主要是由民间团体、企业或私人建立的。其运营要自筹经费，没有政府资助，因而独立于政府，不受政府干预。这类智库可以自主选择研究和服务对象。所聘用的研究人员有专家、学者，也有现任或退休的政府官员。民间智库着重开展民间政策需求方面的研究，也可以与政府签订合同，为政府决策服务。值得一提的是，由于美国实行"旋转门机制"，政府四年一换届，有研究能力的卸任官员会流转入智库——主要是民间智库从事研究工作，一些民间智库也由于这些官员的加盟而使自己对政府决策的影响力大为增强。如美国卡内基国际和平基金会、传统基金会和国际问题研究中心等就是"旋转门机制"的受益者。

中国是社会主义国家，中国智库绝大多数都是由国家建立的，其经费也由国家拨付。这就决定了中国的智库类型不如美西方那么多。在中国，按国家机构体系一般把智库分为四类：党政军智库、高校智库、社会科学院智库和社会（民间）智库①。高校智库在网络影响力方面远远领先于其他三家；社会智库则在新媒体影响力方面表现较好；党政军智库在网站影响力方面有优势；地方社会科学院智库在综合实力上处于落后地位。

3. 中国智库类型

(1) 党政军智库

党政军智库，是指国家各部委，各地方省委省政府、市委市政府，自治区、直辖市的党委、政府，各地方党委、政府，以及部队和各种军事院校内部依法依规建立的决策咨询机构和政策研究机构。如国务院发展中心，各省委的政策研究室、省政府的信息研究室等。纵向上，它包括中央级和地方级党政军智库；横向上，它包括各类军事院校、部队智库，各级各类发展研究中心、政策研究室、经济研究院等智库，以及各类党校、干部学院智库。这些智库在各自领域充分发挥了为政府服务的"内脑"及智囊团的作用，其研究成果具有前瞻

---

① 袁晗：《我国社会智库参与政府行政决策问题研究》，硕士学位论文，湖北大学，2019年。

性、战略性、全局性、长期性、综合性等特点。党政军智库由于其更接近政府权力机构，彼此间的通道较其他智库更为畅通，其了解党政机关最新需求可能比其他智库早一些，所提对策建议被采纳的概率也更大一些。

（2）高校智库

高校智库也称大学智库。有些由各个大学独自创建，有些与其他机构合作创办。由于高校在各领域的人才聚集优势，他们在进行跨学科研究时可能要比党政军智库更方便集思广益。同时，很多高校还有与海外高校交流的机制，因此，他们的思维方式及思考问题的角度更容易与国际接轨。更由于其在计算机、数学、技术建模等领域有着雄厚的人才资源，所以，他们服务智库的领域也更宽泛，服务效果更容易有创新。

（3）社会科学院智库

社会科学院智库可追溯到1955年成立的中国科学院哲学社会科学部，在此基础上，中国社会科学院于1977年正式组建之后，各地方社会科学院纷纷组建，并逐渐成为党中央国务院和各地方省委、省政府的重要的思想库和智囊团。因为社会科学院人员专业研究水平较高，且设立了很多重点学科，其人才结构比较合理，学术研究有较好的延续性，所提建议的历史脉络清晰，对未来发展趋势把握较准确，其前瞻性成果很容易受到领导重视。它的服务对象不仅限于党政机关，也包括企业、行业协会等，其所提建议为我国人文社会科学整体水平的提高发挥了巨大作用。[1]

（4）社会智库

社会智库也叫民间智库，由于其广泛吸纳了各领域的专家、学者以及前政府官员，多以退休人员为主体，所受约束较少，接触民众的机会更多，因此其对策建议多可以反映基层民众呼声，也更敢说真话。

---

[1] 陈辛未：《我国新型智库建设研究》，硕士学位论文，郑州大学，2016年。

但是有时也会因为经费来源不稳，个别的社会智库容易受利益驱使而被人蛊惑或利用。

（三）智库特点

西方学者基本上认同智库是一种具有独立性、稳定性，且不以营利为目的的公共政策研究机构。在中国，智库除具有稳定性、不以营利为目的外，中国社会科学院副院长李扬在《皮书研创与智库建设》的总论中认为，科学性、独立性、建设性、影响力对智库也特别重要。

1. 稳定性

智库的稳定性表现为研究人员的稳定性及研究内容的稳定性。研究人员的稳定性指智库的研究队伍相对稳定，有利于看问题视角、思维方式、思考理念的连贯和统一。研究内容的稳定性是指一个智库不可能把所有领域的问题都研究了，多数智库都有一个自己固定的重点研究领域，他们致力于找出相应领域的社会问题的正确解决方案，有利于问题研究的可持续性，使相关问题能够得到持续关注，有利于提高智库工作的质量。

2. 科学性

智库的科学性表现为智库选题的科学性及智库所提对策建议的科学性。选题的科学性是指智库选择的要向领导提出的问题、对策和建议要以人为本，以全面、协调、可持续的科学发展观为指导，用科学的思想，选择具有科学理论基础的课题。对策建议的内容要以事实为依据，符合客观实际，能够反映出事物的本质和内在规律，论点要正确，论据要充分。如果涉及调研报告或实验报告，其中所涉及的实验材料、数据、结果必须真实可靠。中国的智库建设的科学性，离不开习近平新时代中国特色社会主义思想的科学引领，离不开所使用资料获取手段及收集整理方式的科学性，更离不开政府的科学技术支持。如今"我们实现了第一个百年奋斗目标，在中华大地上全面建成了小康社会，历史性地解决了绝对贫困问题，正在意气风发向着全面建成社会主义现代化强国的第二个百年奋斗目标迈进"①。在今后的智库建设过程中，一方面我们要用马克思主义的立场、观点、方法科学地武装自己的智库头脑；另一方面，我们可以借鉴国外科学性比较强的智库建设经验，如美国的研究和发展中心（FFRDCs），它是由美国政府资助的独立非营利性实体，汇集了政府、行业和学术界的专业知识和观点来解决复杂的技术问题，以协助政府机构进行科学研究和分析、系统开发和系统获取。

3. 独立性

独立性一方面指智库科学研究的独立性；另一方面指智库应独立地发表意见，对自己的意见负责任。研究的独立是指在充足的资金支持下，允许研究人员自由选择他们的研究问题和方法。它可能是长期的，可能强调"大想法"，而没有直接的政策相关性。但是，它可以解决一个需要进行彻底研究和行动投资的重大政策问题。国外智库基本上都有自己的独立性。如伊拉克的中东研究所（MERI）是一个独立的非政府政策研究组织；法国特拉诺瓦基金会是一个独立的"左"倾智库。法国的 GenerationLibre 智库独立于所有政党；德国大西洋社区是一个独立的、无党派的、非营利的组织；爱尔兰的经济和社会研究所（ESRI）是一家独立研究机构；荷兰国际关系研究所是一个独立的智库和外交学院，研究国际关系的各个方面；Contraditorio 是一个非营利、独立、无党派的智库；土耳其的 TESEV 是一家独立的非政府智库；等等。因此，中国社会科学院学部委员、国家金融与发展实验室理事长李扬重点强调智库的独立性。他觉得中国在智库建设中要注意把为党的事业，为人民的事业以一种负责任的态度来研究，研究成果要向党

---

① 习近平：《在庆祝中国共产党成立 100 周年大会上的讲话》，《光明日报》2021 年 7 月 2 日第 2 版。

中央和其他相关部门反映。① 值得说明的是，我们强调智库的独立性，并不是说要让智库发出的声音与政府相悖，而是说智库要有自己的独立思考，上能影响政府决策，下可以获得公众信任，建起公众与政府有效沟通的渠道，成为政府联系公众的纽带。

4. 建设性

建设性是指智库成果一定要有建设性，要说清楚"怎么办"。智库要想提出有建设性的意见和建议，必须首先扩大自己的格局，正如习近平总书记在中国共产党与世界政党领导人峰会上所说："大时代需要大格局，大格局呼唤大胸怀。"② 只有提高自己的站位，才能提出有建设性的建议。智库发展历史证明，很多大的智库都是一开始定位时就包括了建设性这一条。如西欧第三古老的智库——法国国际关系研究所（IFRI）1979 年成立时，就定位为发展与国际问题有关的公共政策领域的应用研究，并促进研究人员、专业人员和意见领袖之间的互动和建设性对话；阿塞拜疆经济和社会发展中心（CESD）2005 年成立时就给自己定位专注于政策倡导和改革，并参与政策研究和能力建设。笔者从近 20 年的《要报》编辑工作实践中也总结出，凡是被领导圈批或是被有关部门采纳的稿件，都是提出了至少一条有真知灼见的对策建议。

5. 影响力

智库既然能够影响政府做出的政策决策，那么影响力肯定就是它的重要特性，也是其重要的考量指标。智库的影响力体现在三个层面，即对决策者的影响力、对社会公众的影响力、对国际社会的影响力。美西方智库展现自己影响力的方式多种多样，最常见的提高自身影响力的方式是辅助政府决策。如，美国唐纳德·阿贝尔森对智库影响力的判断标准是：如果国防部或国务院官员在撰写提交高层的备忘录时，

---

① 谢曙光主编：《皮书研创与智库建设》，社会科学文献出版社 2014 年版，第 6 页。
② 习近平：《加强政党合作　共谋人民幸福》，《人民日报》2021 年 7 月 7 日第 2 版。

"你的报告是打开着的,也就是说,他正在采用你的思想和你的分析,你就具有了影响力。①"

美国纽约城市大学副教授安德鲁·里奇认为,当今活跃在美国政坛的智库数量比20世纪70年代多了4倍多,但智库的影响力却与其数量发展产生了背离。其原因是智库把专家转变成宣传者。② 笔者认为,安德鲁·里奇对智库影响力下降原因的判断是正确的。专家善于用脑思考,不善言辞;而让不善言辞的人去当演说家、游说家时,不仅是难为他,而且是在扼杀他的天赋,是在逼他舍弃自己的优势去做他不擅长的事情,必将导致事倍功半甚至功亏一篑,也必然导致专家的可信度降低。让专家去当宣传者只会导致两种情况:一种情况是由于专家表达力较差,无法说服决策者相信他的调研结论,导致智库在政府那里失去或降低影响力;另一种情况是专家为了提高自己的表达水平而减少甚至放弃思考,导致对本领域相关问题的研究水平下降,进而导致影响力下降。众所周知,英国智库就比较擅长也非常重视通过宣传智库成果来扩大影响力。为了进一步证明让专家变为宣传者这个方法不科学,笔者在网上查阅了2014年、2019年和2020年世界智库前十强国的分布情况:2014年全球智库前十强中有两家英国智库,分别排第2名和第9名;2019年全球智库前十强中有1家英国智库,排第8名;2020年全球智库前十强中已不见了英国智库的影子,其最好排名是第12名。也许这种证明方法不科学,但是至少可以证明让专家转做宣传者对智库影响力的提升是没有太大帮助的。但是英国智库敢"想政府不能想"之事,经常会对社会重点问题提出预警,为政府纠偏防错,加上其凭借强大的宣传功能,通过对公众舆论的影响,并充分利用自身在政府和公众间的桥梁与纽带作用,使得其自身地位和影响力

---

① 卢凌宇、章远:《理论如何影响政策?——基于国际关系学的分析》,《国际观察》2016年第1期。
② 吕东:《提升中国智库对公共政策影响力的对策研究》,硕士学位论文,湖北大学,2013年。

在国内不断提高，并对政府政策产生影响——这一点还是非常值得学习的。

四 中国特色新型智库

（一）中国特色新型智库内涵及定位

2013年4月习近平总书记建设中国特色新型智库指示的发出，标志着中国智库发展进入一个新的时代。中共中央办公厅、国务院办公厅印发的2015年《关于加强中国特色新型智库建设的意见》中提到，支持"中央党校、国家行政学院把建设中国特色新型智库纳入事业发展总体规划，推动教学培训、科学研究与决策咨询相互促进、协同发展，在决策咨询方面发挥更大作用"[①]。2016年5月17日，习近平总书记《在哲学社会科学工作座谈会上的讲话》中指出："各级党委和政府要发挥哲学社会科学在治国理政中的重要作用。党的十八届三中全会提出，要加强中国特色新型智库建设，建立健全决策咨询制度。党的十八届五中全会强调，要实施哲学社会科学创新工程，建设中国特色新型智库。2015年11月，我主持中央深改组会议，通过了国家高端智库建设试点工作方案，第一批高端智库已经建立并运行起来。我在那次会议上强调，要建设一批国家急需、特色鲜明、制度创新、引领发展的高端智库，重点围绕国家重大战略需求开展前瞻性、针对性、储备性政策研究。"[②]

对于中国特色新型智库，我们可以将其分为"中国特色"和"新型"两部分来理解。"中国特色"是要立足国情，突出中国智库与美西方智库的差异。"新型"是突出与中国原有智库的差异，要有新定位、新机制和新模式。而将"中国特色"与"新型"相结合就是未来中国

[①] 《中共中央办公厅国务院办公厅印发〈关于加强中国特色新型智库建设的意见〉》，《中华人民共和国国务院公报》2015年第4期。

[②] 习近平：《在哲学社会科学工作座谈会上的讲话》，《人民日报》2016年5月19日第2版。

智库的发展方向。也就是说，中国智库建设要以"中国特色"为基础来创新发展。

"中国特色"的智库，就是要坚持党的领导。我国是一个社会主义国家，这就决定了中国智库的政治属性，即是社会主义性质的智库。无论以任何借口提出要效仿美西方智库独立性的做法都是错误的，也是行不通的。但是我们各级领导要尊重智库研究人员的调查和研究工作，鼓励他们独立思考，创新思想，提出独创性见解。

"中国特色"的智库，要立足国情，打造特色，紧跟时代步伐，以实现"两个百年"为奋斗目标，为实现中华民族伟大复兴中国梦提供智力支持，做出"智"的贡献。新型智库要与时俱进，在中国特色社会主义进入新时代的形势下，在数字经济、"互联网+"时代，给自己以新的定位。随着中国国际地位的提高，中国面临的国内外形势越来越复杂，政府对智库产品的需求越来越旺盛。智库要完成使命就必须更新机制、完善管理。课题研究模式也要更新，如多学科协作、各个专业智库联合攻关、采用最先进的技术手段开展研究等。总之，创新是智库的生命线，好的智库往往要走在时代的前面，这样的智库才是政府和企业所需要的，而因循守旧的智库必然被淘汰。

建设中国特色新型智库是适应国内外形势发展变化的正确选择。从国内来看，2020年中国如期实现了全面脱贫，建成了小康社会，实现了"第一个百年"奋斗目标，开始向实现"第二个百年"奋斗目标——建成社会主义现代化强国迈进。新的形势下，政治、经济、社会各领域都会出现大量新的问题。从国际来看，百年未有之大变局已然出现，中国已进入世界舞台的中央，面对美西方的围攻、打压，中国如何发挥负责任大国作用，应对错综复杂的国际局势，时刻都在考验着中国决策层的智慧和能力。在处理前所未有的纷繁复杂的国内外事物时，单靠领导层来决策是远远不够的，必须有新型智库的辅助。百年来美国智库在政府决策中的地位和作用就证明了这一点。可见中国特色新型智库建设是十分必要的。

建设中国特色新型智库是实现国家治理体系和治理能力现代化的需要。要提高国家治理水平,需在提高全民文化水平基础上,充分发挥智库的智力优势,集思广益,久久为功。新型智库是社会主义各方面人才的聚集地,他们在长期跟踪研究基础上提出的咨政报告、对策建议,被政府决策层参考或采纳,将释放出无穷的力量。

提高国家治理水平,就要提高政府决策的科学化、民主化。所谓科学化,就是要在充足事实基础上,遵循事物的内在联系,整理、分析大量数据,依据科学程序和逻辑推理,进而做出正确决策。而决策民主化是要对重大事项进行专家论证,广泛听取各方意见,并展开决策评估。事关群众切身利益的事项,要进行公示和听证,即扩大公众的参与度,这是决策民主化的重要内容。新型智库的作用在这方面也是不可或缺的。①

(二) 中国特色新型智库的功能

中国特色新型智库除具备支持政府决策、服务公众、影响信息环境的基本功能以外,还有自己的特色。

1. 开展重大问题的基础性研究

智库在政府决策系统中主要起辅助和咨询作用,以自己的研究成果对决策产生影响,从而达到为决策服务的目标。互联网、大数据时代对政府决策提出了更多要求。科学准确决策离不开对内政外交各领域的全面系统的基础性研究,各领域的专家学者就是从事这种研究的主力。这种研究与学术研究有所不同,它更注重研究战略性、前瞻性问题;从战略性高度出发,持续关注国家未来发展的重点领域、重点产业;对可能出现的问题和变化进行分析、预判,从而提出创新性的对策建议,助力政府决策科学化。

---

① 林志鹏:《我国公共决策制度创新问题研究——公共治理理念与互动式民主决策》,博士学位论文,吉林大学,2005 年。

2. 解读和评估国家重大政策

建立政策评估制度和健全舆论引导机制，是国家对建设中国特色新型智库的明确要求。关系国计民生的重大政策出台后，对其进行解读是政府分内的事，也是智库的功能之一。向公众解读党和政府的政策，重点在于解读政策具体的内容和精神实质，说明政策出台背景，以便使公众深入了解政策。这样做，还有助于各级政府在实施政策过程中减少盲目性，采取切实可行的措施。智库还可参与对政策执行情况的第三方评估工作，以及开展公众对政策意见的调查等工作。

3. 保障政府重大决策的国际化视野

作为举足轻重的世界大国，中国在国内外各领域的重大决策，无不引起世界各国普遍关注。这就要求决策具有科学性、周全性，而要做到这一点，决策者一定要有国际化视野，要从全球化和多边主义角度思考问题。智库在这方面的作用尤为突出。智库聚集了众多学贯中西的专家学者，国际交流频繁，还有信息资源优势。他们可以通过比较分析，借鉴国外的先进经验，推出可以弥补政府决策短板和不足的对策建议。

4. 服务国家重大战略规划

从世界各国的智库发展史中可以发现，著名的智库无一例外地直接或间接地参与了自己国家重大战略规划的制定。这也是中国智库的重要功能之一。如上所述，没有智库的参与，国家的重大战略规划的科学性和操作性就难以保障。智库的前瞻性研究在这方面大有用武之地。我国五年规划以及更长期规划的制定，都离不开智库的基础性支撑。智库参与国家重大规划，既可以与政府合作研究并开展规划前的基础性工作；也可以直接参与编制规划；还可以通过自己的前瞻性研究成果影响决策者，间接参与规划制定。

5. 产生新的思想和理念。

探索和产生新的思想和理念是智库最重要的职能之一。基于长期深入研究得出的新的思想和理念,只有被社会认同或被政府决策者接受才能发挥作用。因此智库要以各种手段宣传自己的新思想和新理念,就像商家推销产品一样。智库作为提供方,其新思想、新理念必须通过宣传,让作为需求方的政府了解,它才能引导决策层转变观念,在维护国家利益、制定与实施国家发展规划、对重大事件定性和处理等方面起补充、提醒、引领作用。智库产出的新思想、新理念贯穿在为政府制定的各种规划方案和对策建议中,有助于政府决策层以新的眼光看待内政外交方面的复杂问题,增强解决这些问题的能力。如果这些新的思想和理念被吸纳进入法律法规或国家重大政策中,发挥的作用将更大。因此,能否产生新的思想产品是衡量智库水平的重要标准。

6. 人才储备和培养

智库是人才荟萃之地,有人才"储水池"之称。一般来说,智库选人用人的条件是非常严苛的,不但要学历高,还要有真才实学。中国智库会给年轻研究人员提供进修机会,包括出国进修;还会有老专家的"传帮带"。人才的培养使用是智库苦练内功、提升研究水平的重要一环。人才储备,一方面是智库本身可持续发展的需要,另一方面有助于随时向政府部门输出人才,即发挥智库"旋转门机制"作用。这是一种双向互动,政府官员可转为研究人员进入智库工作,智库人才也可转为行政人员进入政府部门任职。尤其是一些有丰富实践经验的政府官员卸任或退休后进入智库工作,对智库的工作大有裨益。有的智库还设立了附属教学机构,如中国社会科学院和一些省级社会科学院都有自己的研究生院。由智库研究人员参与硕士、博士研究生的培养工作。这样做,既能为智库培养人才、发现人才,也可为国家培养和输送人才。

7. 为政府决策提供建议和方案

中国特色新型智库的核心功能就是为政府决策服务,直接向政府部门提交对策建议和各种方案是主要形式。智库长期专注于一些领域的研究，能发现该领域的核心问题，为解决这些问题提出最佳方案，供政府部门参考。中央和地方在一些重大政策制定之前，各级政府部门都会主动征求智库意见。政策执行过程中，智库也会跟踪研究，为出现的偏差及时提出纠正意见，同时还要对政策实施效果进行评估。智库的建议受到政府部门采纳或部分采纳，或者其思想精华被写入国家政策、法规或规划等，产生了好的效果，这是智库运作成功的重要标志。

8. 开展"二轨外交"活动

美国外交学者蒙特贝尔在1982年首次提出"二轨外交"一说，是相对于政府间的"第一轨"外交而言的。"二轨外交"属于非官方外交，由非官方人士，如学者、现任或退休官员、社会活动家、公众人物、非政府组织等开展对外交流，是官方外交的重要补充。这种多渠道的灵活交流，可以增进互信，帮助"二轨外交"顺利进行。智库中的专家学者是"二轨外交"的重要参与者。中外智库之间也可以会议论坛方式进行交流。由于智库与决策层之间都有特定联系渠道，因此智库专家参与"二轨外交"取得的成果，如双方的共识与分歧、对方的民间舆情信息等，都能很快进入"一轨外交"决策层视野，从而对"一轨外交"产生一定影响。

（三）中国特色新型智库的发展

2015年中央印发《关于加强中国特色新型智库建设的意见》，提出中国特色新型智库建设的总体目标："到2020年，统筹推进党政部门、社科院、党校行政学院、高校、军队、科研院所和企业、社会智库协调发展，形成定位明晰、特色鲜明、规模适度、布局合理的中国特色新型智库体系，重点建设一批具有较大影响力和国际知名度的高端智库，造就一支坚持正确政治方向、德才兼备、富于创新精神的公共政策研究和决策咨询队伍，建立一套治理完善、充满活力、监管有力的智库管理体制和运行机制，充分发挥中国特色新型智库咨政建言、理论创新、舆论引导、社会服务、公共外交等重要功能。"① 近年来，以习近平同志为核心的党中央高度重视中国特色新型智库建设，提出了一系列新理念、新思想、新战略，形成了"加强中国特色新型智库建设"的习近平"智库观"。这一观点使我国智库建设得到突飞猛进的发展，2020 年我国已成为当前世界上智库数量最多的三大国家之一，为我们国家实现"两个一百年"奋斗目标和中华民族的伟大复兴发挥了重要作用。

1. 中国特色新型智库发展概况

美国宾夕法尼亚大学编写的《全球智库报告 2018》显示，2018 年中国拥有 507 家智库，位居世界第三。该报告根据全球智库综合排名、分布区域、研究领域和特殊成就，共列出了 51 个分项榜单，其中，中国智库共上榜 39 项。② 而《全球智库报告 2020》显示，按国家统计排名，美国继续位列榜首，有 2203 家智库机构。中国有 1413 家智库机构，位居次席。③ 中国现代国际关系研究院、中国社会科学院、国务院发展研究中心、清华—卡内基全球政策中心、中国国际问题研究院、全球化智库（CCG）、北京大学国际战略研究院（IISS）、上海国际问题研究院等 8 家中国智库机构连续三年进入全球百强智库榜单。其中，CCG 上升 12 位，全球化智库（CCG）在 14 个榜单中获得高度认可，并在 2020 年全球顶级智库百强榜单中排在第 64 位，是入选全球百强榜单的唯一社会智库④，也是百强榜单中排名上升幅度最大的中国智库。

---

① 《中共中央办公厅国务院办公厅印发〈关于加强中国特色新型智库建设的意见〉》，《中华人民共和国国务院公报》2015 年第 4 期。

② 《2018 年中国拥有 507 家智库 位居世界第三》，2019 年 1 月 31 日，人民网，http://world.people.com.cn/n1/2019/0131/c1002 - 30603723.htm，2019 年 3 月 9 日。

③ 谢莲：《〈全球智库报告 2020〉：中国智库数量居世界第二》，2021 年 2 月 1 日，新京报网，https://www.bjnews.com.cn/detail/161217725915343.html，2021 年 5 月 6 日。

④ 谢莲：《〈全球智库报告 2020〉：中国智库数量居世界第二》，2021 年 2 月 1 日，新京报网，https://www.bjnews.com.cn/detail/161217725915343.html，2021 年 5 月 6 日。

南京大学中国智库研究与评价中心、光明日报智库研究与发布中心联合研发的中国智库索引 CTTI 系统数据显示，"当前，CTTI 系统收录来源智库 941 家"①，其中"高校智库在来源智库中比重最大，共 663 家（占比 70.5%）；党政部门智库 73 家（占比 7.8%）；社科院智库 51 家（占比 5.4%）；党校行政学院智库 46 家（占比 5.4%）；社会智库 39 家（占比 5%）"②。此外，《CTTI 智库报告（2019）》数据显示，我国有"军队智库 6 家、科研院所智库 36 家、企业智库 10 家、媒体智库 15 家"③。

2. 中国特色新型智库发展中存在的问题

（1）概念不明晰，导致定位不准确

"智库"对于中国可以说是一个外来词，由于每个人自身所处场景、所站角度不同，对智库概念的理解、功能的取舍也会不同，导致很多人在谈论智库，但又有很多人不明白智库到底是干什么的。很多人以智库身份向领导递交的对策建议，却根本解决不了任何问题。所以，若要有效贯彻习近平中国特色新型智库思想，当务之急是厘清智库概念，概念不清就容易造成定位不准，定位不准就易导致工作徒劳无效甚至误国误民。

（2）智库独立属性不够突出

在建设中国特色社会主义过程中，中国各类智库坚持以人民为中心的根本立场，在中国共产党各级党委领导下开展工作，发挥了不可替代的作用。中国智库在中国政治经济和文化土壤中伴随着中国特色

---

① 南京大学中国智库研究与评价中心、光明日报智库研究与发布中心联合课题组：《"数"说成长　为中国智库画张像——以中国智库索引 CTTI 来源智库为样本》，《光明日报》2020 年 12 月 28 日第 16 版。
② 南京大学中国智库研究与评价中心、光明日报智库研究与发布中心联合课题组：《"数"说成长　为中国智库画张像——以中国智库索引 CTTI 来源智库为样本》，《光明日报》2020 年 12 月 28 日第 16 版。
③ 南京大学中国智库研究与评价中心、光明日报智库研究与发布中心：《CTTI 智库报告（2019）》，2019 年 12 月。

社会主义事业的发展，也形成了自己的"中国特色"。尽管中国智库经过多年发展已日臻完善，但远非尽善尽美。比如还存在着独立属性不够突出的问题。需强调的是，这里所说的独立属性是党领导前提下的独立属性，主要是指在选题、研究过程和提炼观点等方面的独立自主性。下面就从智库经费来源、选题、研究开展和观点提炼等方面对中国新型智库的独立属性进行论述。

从经费来源看，中国官办智库主要由三大系统智库构成，即党政军系统智库、社会科学院系统智库和高校系统智库。其中，党政军系统智库属于各级党政部门的下设机构，他们享受政府拨款待遇。社会科学院系统智库是各级社会科学院的下属机构，也享受全额拨款事业单位待遇。高等院校系统智库，绝大多数存在于公办高校，其经费自然来自国家教育经费。而民办高校建智库的如凤毛麟角。可见，上述三类智库经费基本来自政府拨款，也就是说，其运营经费，包括研究人员工资等，都由政府负责提供。在这种情况下，智库如何运行，怎样考核研究人员，如何激励研究人员的积极性，都是由上级主管部门来决定的。这必然导致智库的独立属性缺失，使智库的主动性和创新性受到一定影响。社会智库属于民办智库，不享受政府拨款，需自筹资金，独立属性较强。须注意的是，这类智库有可能受资助者喜好或利益驱动的影响，而为其发声代言，也使智库的独立属性大打折扣。

从选题看，中国智库经常出现被动选题的情况，很多课题都是命题作文性质，主动、自主、独立设立议题的能力和勇气较欠缺，对前瞻性问题关注不够，对事物的变化、新问题的出现缺少预见性，研究问题时科学探索精神还需加强。

从研究过程看，美国及西方国家智库的研究工作较少受外界干扰，独立属性较强。中国智库以公办为主，受到多重部门监管，"长官"意志、领导喜好等都有可能影响研究过程，从而使研究成果的含金量大打折扣。个别领导对本单位下属智库的具体研究工作也要

"具体"指导，或者无视研究工作规律，急于要成果。这些都是对课题研究过程的干扰，不仅会影响研究人员独立思考，使研究人员无所适从；也势必会固化科研人员的思维模式，导致其难以提出真知灼见。

从观点提炼看，中国智库的研究成果——智库产品主要是为党和政府决策服务的，政策性很强。因此，有人因怕犯错误而报喜不报忧，或者人云亦云。这样的研究成果很难起到启迪思想、指导实践的作用。智库研究人员要从事实出发，按照马克思主义的思想方法提出自己的观点和意见，这是政策建议和咨询报告的灵魂所在。在提炼观点时，是需要独立思考的。在这方面，领导因为其偏好或者出于维护政绩的考虑，有时会干扰智库的研究工作，这也是一些智库产品创新性不足、实际价值不高的原因之一。

（3）智库成果质量有待提高

有些智库只满足于解释国家政策，证明其如何正确，很少能提出值得政府决策层采纳的、有针对性和前瞻性的对策建议，这与研究人员缺少深入实际的调查研究、理论素养低有关系。有的智库研究人员比较浮躁，急于找门路发文章，奔走于各种研讨会，寻找热门题目，或去揣摩领导意图，窥探政府决策动向，而不愿踏踏实实地钻研理论、深入调研，这样做的结果是永远也拿不出有分量的咨询建议。还有的研究人员热衷于玩弄新的名词概念，看似前卫，实际毫无意义。

习近平总书记非常重视中国特色新型智库的建设质量问题。2014年，习近平总书记在中央会议上指出，随着形势发展，智库建设跟不上、不适应的问题也越来越突出，尤其是缺乏具有较大影响力和国际知名度的高质量智库。[1] "要统筹推进党政部门、社科院、党校行政

---

[1] 《"党史上的今天"10月27日》，2021年10月27日，光明网，https：//politics.gmw.cn/2021-10/27/content_35262565.htm，2022年1月2日。

学院、高校、军队、科技和企业、社会智库协调发展,形成定位明晰、特色鲜明、规模适度、布局合理的中国特色新型智库体系,重点建设一批具有较大影响和国际影响力的高端智库,重视专业化智库建设。"① 在2016年召开的全国哲学社会科学工作座谈会上,习近平总书记再次指出中国特色新型智库建设过程中存在的一些突出问题:有些地区智库发展重数量轻质量,有些智库重视形式传播而忽视质量建设,出现智库媒体化趋势。有的智库大搞形式主义,热衷于搭台子、请名人、办论坛等活动。明确要求"智库建设要把重点放在提高研究质量、推动内容创新上"②。智库若不能产出具有独创性、创新性的思想产品,其建言献策助力政府决策的作用就无从谈起。因此,提升智库产品质量是智库建设的重中之重。只有理论与实践相结合,才能产出优质的智库产品。在这一点上,国外一些知名智库的经验值得中国借鉴。

如:美国等西方智库经过长期发展,形成了一套较稳定的运行机制,秉持"独立、非党派、尊重事实"的理念。据此研究精神,美国著名智库布鲁金斯学会百年来一直伴随着国家经济社会发展,为历届美国政府制定税收改革、国家预算、债务政策等方面的方案草案。这些具有独创性和创新性的智库产品被政府采纳后发挥了重要作用。世界闻名的兰德公司是美国政府所倚重的咨询机构,是影响美国政府决策的主要智库,主要研究国际政治、国际关系、恐怖主义国家安全等重大课题,在美国对华关系研究方面成果颇丰,且具有前瞻性。例如兰德公司较早提出"承认一个中国"的建议,苏联解体后又提出"对华遏制与接触"战略设想。这些政策建议对于美国政府调整对华政策起了很大作用。时至今日,在台湾问题、俄乌战争、美国与俄罗斯的

---

① 《"党史上的今天"10月27日》,2021年10月27日,光明网,https://politics.gmw.cn/2021-10/27/content_35262565.htm,2022年1月2日。

② 习近平:《在哲学社会科学工作座谈会上的讲话》,《人民日报》2016年5月19日第2版。

战略竞争等方面，兰德公司的预测建议仍发挥着重要作用。此外，兰德公司的研究还体现在环境保护、能源交通、基础设施、人口老龄化社会、儿童政策、社会政策、科学与教育等方面。在老牌资本主义国家英国，政府外交政策方面最主要的咨询机构是英国皇家国际事务研究所。该研究所的研究涵盖欧洲、美洲、亚洲、非洲等广大地区，在研究国际法、可持续发展、世界经济等方面多有建树。该研究所对日益复杂多变的世界进行全面研究，其很多咨询报告得到英国政府采纳，极大地影响了国家对外政策的制定。

纵观我国智库建设，近些年虽在数量上增长迅速，但能够产出的理论与实践相结合的精品却很少。以地方社会科学院系统智库为例，2016—2019年全国31家省级地方社会科学院的智库成果以研究关注短期问题为主，多关注本地区目前经济社会发展问题，主要对正在实施的重要决策或战略进行研究；而对未来中长期发展战略问题研究较少。当然，短期问题需要研究。一项重大政策实施后，其效果如何，出现了哪些新问题，需采取何种补救措施，这方面的研究成果，政府决策部门也是需要的。但政府更需要那种具有前瞻性、预见性的研究成果。对本地区社会经济发展进行科学预测，咨政建言，是智库亟须加强的。因此，提高服务政府决策的能力是地方社会科学院系统智库建设的重要方向。[1] 提高服务政府决策的能力，首先要提升自身智库产品建设质量。

为此，要加强智库的理论建构，要认清智库研究离不开学术研究，学术研究是智库研究的基础。要扎实打好这个基础，不能耍小聪明。要时刻牢记在科学研究的道路上没有捷径可走。学术研究的基础不牢，智库产品就会缺乏客观性和科学性。这样的智库产品怎么能有应用价值呢？因此，智库研究人员要克服浮躁心理、惰性思维，安下心来搞

---

[1] 黄晋鸿、曲海燕：《新时代中国特色新型智库的行为评价研究——基于2016—2019年全国31家省（市）级社会科学院的调查数据》，《情报理论与实践》2021年第7期。

好研究。

(4) 成果有效转化不够顺畅

我国智库研究成果转化方式单一，以政府采纳机制为主。我们知道研究成果转化为政府政策是智库研究的最终目标，舍此不能实现智库功能。因此，多层次、成系统的智库成果交流平台和成果转化机制及渠道对智库至关重要，其中就包括智库与政府之间的人才流动机制。因为这种流动有助于智库成果质量的提升，更有助于实现智库成果的有效转化。在这方面，中央直属智库走在了前面。如国务院发展研究中心就吸纳了一些退休的政府官员参加智库研究工作，他们了解政府决策的全过程，具有参与决策的丰富经验。他们的加盟，提高了智库成果的现实性和实用性。中央直属智库，如中国社会科学院、新华社、中国科学院、中国工程院等也有人才进入政府决策部门工作。他们会给政府决策带来新的思想、新的思路和新的决策路径，从而提高决策的科学性。这种人才流动方式受到中央的肯定。在国务院 2015 年《关于加强中国特色新型智库建设的意见》中提出，要"推动党政机关与智库之间人才有序流动。推荐智库专家到党政部门挂职任职"[①]。现在来看，这种"旋转门机制"在中国尚未得到全面推广。

(5) 优秀人才不足，信息保障能力弱

我国各种智库大多存在人才不足，尤其是优秀人才不足的问题。

这一方面是由于我国智库发展的时间比较短，智库人才培养能力不足；另一方面是由于各地、各部门之间人才竞争激烈，有些智库薪酬待遇较低，在人才竞争中处于不利地位。"在信息保障机构方面，大多智库已以类似信息中心的机构取代了图书馆，并且建立了

---

① 《中共中央办公厅国务院办公厅印发〈关于加强中国特色新型智库建设的意见〉》，《中华人民共和国国务院公报》2015 年第 4 期。

专门的沟通部门，但数据分析部门、区域研究中心或工作站缺乏。"①随着科技的迅速发展，大数据、云计算、数字化迅速进入科研领域。适应这种急剧变化的复合型人才短缺是各类智库都存在的问题，人员结构优化的压力骤增。这就要求智库重视研究人员与信息人员的再学习，跟上时代发展，摒弃单一陈旧的研究方法，开辟新的研究路径。

（四）解决办法

通过对中国特色新型智库存在问题进行分析，我们发现问题的关键在于人们对"智库"这一概念的认识不清，导致智库定位不准，独立属性不够突出，信息供给不能很好地满足智库的信息需求。

解决办法包括以下几步。

1. 厘清智库概念，找准智库在中国的定位

从智库角度，一方面，我们要不断学习国内外先进经验，在实践中不断摸索；另一方面，我们也可通过寻根溯源，从智库发展历程的角度总结它能够一直为决策者所需的关键所在。从文献信息机构角度，要从了解智库、政府的信息需求入手，找准自身在中国特色新型智库建设中的定位。

2. 从信息"需求方"与"提供方"入手，为智库和文献信息机构定位

从信息需求与提供的角度，政府、智库、文献信息机构既都是信息需求方，也都是信息提供方，但各自的需求与提供的内容是有差别的，如图2-1所示。文献信息机构作为信息的保存机构，需求的是最原始、最完整的信息。智库作为战略研究和公共政策咨询机构，服务的对象主要是政府，服务政府决策是其核心功能，因此需求的信息是有针对性和时效性的。政府作为决策部门，其需要的信息是可以直接拿来做决策参考使用的，是有前瞻性、战略性的研究成果。

---

① 贺晓丽、杜芳：《中国特色新型智库的信息保障机制构建——基于美国智库信息保障经验的启示》，《行政与法》2019年第8期。

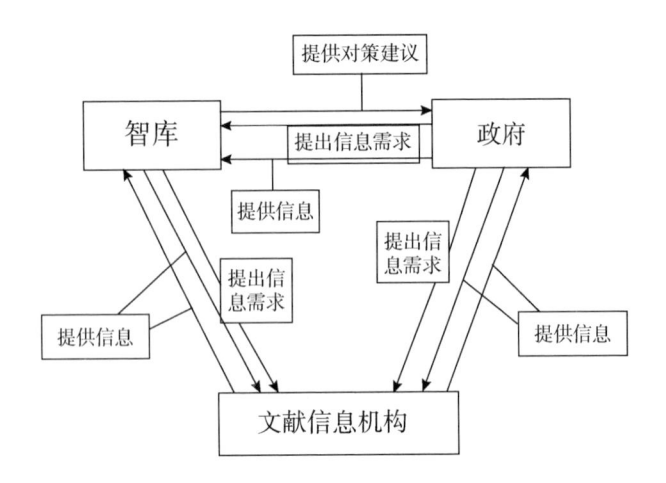

图 2-1 政府、智库、文献信息机构信息需求与提供关系

从作为"提供方"的智库与政府之间的关系及作为"需求方"的智库与文献信息机构的关系入手，对智库进行定位：当政府是"需求方"，智库是"提供方"时，"提供方"要想得到"需求方"认可，必须了解对方的需求，并拿出有思想有创新的文章吸引"需求方"。为此，智库就要组织资深研究人员对国家的政治、经济、外交和公共管理等方面的重大议题进行调查和研究，并取得创新性成果，以供政府决策层采纳或参考。作为"提供方"，智库的服务对象是政府，政府的需求是智库努力的方向；作为"需求方"，智库的信息需求是文献信息机构努力的方向，文献信息机构是为智库提供信息服务的，是智库信息的提供方。方向对了，不仅可以厘清智库的概念和功能，而且有利于智库更好地为国家和地方政府服务。

厘清政府、智库、文献信息机构之间信息需求与提供的关系，文献信息机构在今后收集信息时就不要错过政府信息及智库研究成果。政府在公开信息的同时，对有些灰色信息或文件可以适当向智库和相关文献信息机构倾斜，以确保智库写作对策建议时能有第一手信息做抓手，同时也可保证文献信息机构信息的准确性。智库撰写的对策建议也应在密级允许的情况下在文献信息机构有所备份。

第二节 文献信息机构的内涵及相关概念

随着人类社会的发展，信息资源已经成为社会发展的决定性要素，如何更好地开发、利用现有信息资源，为社会、经济、政治、文化、科研服务，是人类社会发展中需要直面的难题。因此，文献信息机构应运而生。以图书馆、情报所为代表的文献信息机构，不仅是社会发展的历史产物，更是社会的重要组成部分：文献信息机构搜集、整理、存储各领域的信息资源，并将信息传播给寻求社会发展、追求知识创新的人们，帮助人们更好地开发、利用信息资源，为经济建设、社会文化发展、科学研究提供系统性的支撑。可以说，文献信息工作是科学系统链中的重要环节，文献信息机构是科学系统的重要枢纽，是组成科学系统必不可少的部分。一个智库能否有效运行，成果可靠性是否有保障，与为其服务的文献信息机构的信息资源关系重大。

一 文献信息机构

信息机构是"指致力于搜集、加工、传递、存储相关信息，提供信息服务的机构"[1]。文献信息机构一般包括公共文献信息机构和专业文献信息机构。公共文献信息机构以公共图书馆、档案馆和博物馆为主，旨在为公众提供综合性信息服务。专业文献信息机构一般指科研系统、各级政府及各部门、事业单位、高校系统所属的专业图书馆及各类情报机构等，这些机构多数隶属于特定的机构，接受定向经费资助，馆藏信息资源往往侧重具体的学科或专业；服务专业且特殊，服

---

[1] 图书馆·情报与文献学名词审定委员会编：《图书馆·情报与文献学名词》，科学出版社2019年版，第32页。

务对象、服务手段以及服务项目一般与母体组织的业务内容相近，为其业务活动提供专业的知识和信息服务。传统文献信息机构是以文献信息为中心，围绕着文献收集、加工、储存、整理、收藏以及向读者推荐等有计划、有组织地进行工作，一般局限于单个机构，以传统的检索和咨询服务为主。随着社会的发展、科技的进步、互联网的普及，文献信息管理的重点不再仅仅局限于对所藏文献的管理，通过网络建立满足读者信息需求的信息资源中心，已经成为文献信息机构发展、拓展文献信息机构社会功能的必由之路。社会各个领域的研究和建设，对文献信息准确性、专业性、及时性等方面的需求与日俱增。在智库建设过程中，文献信息机构作为信息提供方，为满足政府决策机构与智库的信息需求，正努力将传统的以馆藏图书文献资料为主的信息服务模式升级为以现代信息技术手段，对文献信息资源进行整理、储存，以数字化信息服务模式，重新架构信息资源与用户之间的桥梁，更好地将专业信息资源传递给用户。

二　图书馆

图书馆既是最常见的文献信息机构，也是信息机构最关键的部门，它负责信息资源的整合分析，是信息加工的枢纽。早在公元前 3000 年，中国古代人民就赋予收藏图书的地方以"藏书阁""藏书院""藏书殿""藏书楼"等雅称。"图书馆"一词是 1896 年引入我国的。1904 年，湖北省和湖南省建立图书馆时，正式用"图书馆"一词，分别命名了湖北省图书馆和湖南省图书馆。

不同国家、不同时代对图书馆给出了各具代表性的定义。

（一）图书馆的定义

1. 国外对于图书馆的定义

《苏联大百科全书》的解释：图书馆是组织社会利用出版物的文化教育和科学辅助机关。图书馆系统地从事搜集、保藏、宣传和向读者借阅出版物，以及进行图书情报工作。①

《英国百科全书》从图书馆作用的角度将其定义为：很多书收藏在一起，这些书是为了阅读、研究和参考用的②。

日本《広辞苑》的解释：图书馆是搜集、保管大量书籍，供公共阅览的设施。③

法国《大拉鲁斯百科全书》站在图书馆任务的角度，认为图书馆是收藏、保存用多种方式表述的人类各种思想资料的场所，这些资料是采用多种表述方式、用各种不同文字写成的，这些资料被组织存放在图书馆，用于学习、研究或作为一般的情报信息供人使用。④

美国贝克将图书馆的收藏称为情报，认为"图书馆是收集各种类型的情报资料、系统地加以整理并根据需要提供使用的地方"⑤。

美国巴特勒提出："图书馆是将人类记忆移植于当下人们的意识中去的社会装置"⑥。

2. 国内关于图书馆的定义

《辞海》1979 年版解释为"搜集、整理、收藏和流通图书资料，以供读者学习和参考研究的文化机构"⑦。

北京大学图书馆学系和武汉大学图书馆学系合编的《图书馆学基础》认为："图书馆是搜集、整理、保管、传播和利用图书情报资料，为一定的社会政治、经济服务的科学、教育、文化机构。"⑧

---

① 史学彬：《"图书馆"定义简评与探讨》，《图书情报知识》1987 年第 1 期。
② 史学彬：《"图书馆"定义简评与探讨》，《图书情报知识》1987 年第 1 期。
③ 北京大学图书馆学系、武汉大学图书馆学系编：《图书馆学基础》，商务印书馆 1981 年版，第 20 页。
④ 张润生、胡旭光、王忠等主编：《图书情报工作手册》，黑龙江人民出版社 1988 年版，第 15 页。
⑤ 黄宗忠：《图书馆学导论》，湖北高校图书馆杂志社 1985 年版，第 211 页。
⑥ 吴慰慈、董焱编著：《图书馆学概论》，国家图书出版社 2019 年版，第 57 页。
⑦ 张润生、胡旭东、王忠等主编：《图书情报工作手册》，黑龙江人民出版社 1988 年版，第 15 页。
⑧ 北京大学图书馆学系、武汉大学图书馆学系编：《图书馆学基础》，商务印书馆 1981 年版，第 20—21 页。

谭迪昭主编的《图书馆学基础知识》认为："图书馆是对图书资料进行收集、整理、存贮和传递的专门机关，也是积聚知识转化知识和向社会提供知识的信息中心。"①

文化部图书馆事业管理局编写的《图书馆专业基本科目复习纲要》中说图书馆是"搜集、整理、保管、传播和利用书刊资料，为一定社会的政治、经济、文化服务的科学、文化、教育机构"②。

1985 年吴慰慈、邵巍编著的《图书馆学概论》中对图书馆的定义，曾被认为是对图书馆最准确、最经典的定义，即"图书馆是搜集、整理、保管和利用书刊资料，为一定的社会政治、经济服务的文化教育机构"③。计算机在图书馆的应用，使图书馆迅速跨入现代化。虽然古代藏书楼可以历经几百年甚至上千年仍保持原样，但当计算机被人类社会广泛应用后，短短几十年，当年图书馆人期望得到的现代化的技术和设备，有的已经被淘汰了。如 20 世纪，计算机尚未普及，3.5 寸盘是人们心目中最省时、省力、省空间的保存资料的载体。每个人都希望拥有一个属于自己的 3.5 寸盘，里面可以存放一些需要保存的资料，随身携带，无论在任何地方，只要找台计算机，将 3.5 寸盘插入磁盘驱动器，计算机就可以自动读取软盘中的数据。虽然 3.5 寸盘的容量仅为 1.44M，在现在可能显得微不足道，但在当时，它确实是一个神奇的存在。小小一张 U 盘，不仅可以解决电脑软件安装问题（那时电脑软件非常小），更可以将科研人员、作家等的百万级字节的大部头作品存储在上面。20 世纪 80 年代末到 21 世纪初期，是 3.5 寸盘最辉煌的时期。现在人们不仅找不到 3.5 寸盘，连可以读 3.5 寸盘的插口都很难找到。从被人广泛认知到变为"古董"，3.5

---

① 转引自张润生、胡旭东、王忠等主编《图书情报工作手册》，黑龙江人民出版社 1988 年版，第 15—16 页。

② 文化部图书馆事业管理局编：《图书馆专业基本科目复习纲要》，书目文献出版社 1982 年版，第 1 页。

③ 吴慰慈、董焱编著：《图书馆学概论》，国家图书出版社 2019 年版，第 58 页。

寸盘在大众视野中仅存在了20年左右。而在2000年左右出现并逐步取代3.5寸盘的U盘，其内存更是以几何倍数快速增长。当时拥有几十兆、几百兆的U盘已是十分令人羡慕的事情，1G存储量的那得是移动硬盘；而现在TB级单位的U盘已经普及，价格更是便宜到几十年前的人不敢想的地步——2TB才百余元，跟当年32MB的U盘价格差不多。由于见证了图书馆的变化，吴慰慈认为在给某一个学科的基本事物下定义时，要考虑到社会的发展，定义要具有较强的适应性，既要适合传统又要适应未来。简言之，就是几十年后仍不过时。因此在他与董焱编著的《图书馆学概论》（第4版）中，他给了图书馆一个普适的定义："图书馆是社会记忆（通常表现为书面和其他形式的记录信息）的外存和选择传递机制，换句话说，图书馆是社会知识、信息、文化的记忆装置、扩散装置。"① 以普适的观点回头看曾经的图书馆学定义，下面一些观点更有先见之明。

刘国钧认为："图书馆乃是以收罗人类一切思想与活动之记载为目的，用最科学最经济的方法保存它们，管理它们，以便社会上一切人使用的机关。"②

卢震京认为："图书馆系根据其特点需要，搜集一切或一些人类文化在科学、技术、艺术及文学各方面所创造的精华记载，用科学的经济的方法，整理保存，以便广大人民使用，并进而帮助其接受马列主义为完成社会主义建设所必需的知识的文化中心。"③

黄宗忠在《图书馆学导论》一书中提出："图书馆是对信息、知识的物质载体进行收集、加工、整理、积聚、存贮、选择、控制、转化和传递，提供给一定的社会读者使用的信息系统。"④

南开大学图书馆学系等编写的《理论图书馆学教程》认为："图书

---

① 吴慰慈、董焱编著：《图书馆学概论》，国家图书出版社2019年版，第58页。
② 转引自黄宗忠《对图书馆定义的再思考》，《图书馆学研究》2003年第6期。
③ 转引自黄宗忠《对图书馆定义的再思考》，《图书馆学研究》2003年第6期。
④ 黄宗忠：《图书馆学导论》，武汉大学出版社1988年版，第121页。

馆是对文献收集、整理和开发利用的教育科学文化机构。"[①]

这些关于图书馆的定义，启示我们，在为图书馆、文化馆、博物馆、档案馆等文献信息机构做定义时，应尽量避免只就眼前所见存储介质来下定义，要考虑其未来发展，要把因技术发展我们能想到和没想到的方面都包含进去，这样的定义才是普适的、不过时的。

（二）图书馆的功能

图书馆的功能分为基本功能和社会功能。基本功能包括对知识、信息的物质载体进行收集、整理和提供使用的功能。图书馆的社会功能主要是保存文化遗产，进行社会教育，传递科学情报，开发智力资源。2019年9月8日，习近平总书记在给国家图书馆老专家的回信中高度概括了图书馆的功能："图书馆是国家文化发展水平的重要标志，是滋养民族心灵、培育文化自信的重要场所。"[②]

（三）图书馆分类

厘清图书馆分类有利于我们准确判断哪些图书馆可以成为智库，哪些图书馆更适合作为服务智库的文献信息机构。

国际上对于图书馆的类型并没有统一的规定，我国图书馆的分类一直没有统一标准。国际标准化组织1974年颁布了ISO 2789—1974（E）《国际图书馆统计标准》，把图书馆分为国家图书馆、高等院校图书馆、其他主要的非专门图书馆、学校图书馆、专门图书馆、公共图书馆六大类。中国公认的图书馆类型有三大类，即公共图书馆、高等学校图书馆、专业图书馆。

1. 公共图书馆

我国公共图书馆系统包括国家图书馆，各省、市、自治区、直辖

[①] 转引自张润生、胡旭东、王忠等主编《图书情报工作手册》，黑龙江人民出版社1988年版，第1—15页。

[②] 习近平：《坚持正确政治方向　弘扬优秀传统文化》，《光明日报》2019年9月10日第1版。

市图书馆，各县、区图书馆等。在中国，公共图书馆由文化部管辖。国家图书馆与各省、市、自治区、直辖市图书馆及各县、区图书馆组成三级纵向的图书馆领导关系，并联合构成我国公共图书馆网。

（1）国家图书馆

国家图书馆担负着国家总书库的职能，是一个国家收藏国内外出版物最全的图书资料中心，也是一个国家的情报中心、国家书目中心、资源共享中心和馆际协作中心。不同国家，国家图书馆的类型也不同。第一种是公共性的中央图书馆。中国和俄罗斯均属此类。值得一提的是，由于新中国成立初期很多事情都向苏联老大哥学习，所以20世纪中国图书馆的很多建设方法、服务理念都与苏联有相似之处。在西方，公共性的中央图书馆还有澳大利亚国家图书馆、法国国家图书馆和英国不列颠图书馆等。第二种是政府性的国会图书馆兼作国家图书馆，如日本国立国会图书馆、美国国会图书馆等均属此类。第三种是由大学图书馆承担国家图书馆任务，如芬兰赫尔辛基大学图书馆、挪威奥斯陆大学图书馆、丹麦哥本哈根大学图书馆等。第四种是科学图书馆兼作国家图书馆，如美国国立医学图书馆和美国国立农业图书馆、美国科学院图书馆和罗马尼亚科学院图书馆等。[1]

中国的国家图书馆由原北京图书馆发展而来，它是我国规模最大、藏书最多的综合性图书馆。国家图书馆注重全民素质提高，不放弃任何一个人。在其官网可以看到，不仅有少儿数字图书馆，而且有中国盲人数字图书馆、中国残疾人数字图书馆。习近平总书记在给国家图书馆老专家的回信中谈到国家图书馆的作用："110年来，国家图书馆在传承中华文明、提高国民素质、推动经济社会发展等方面发挥了积极作用。"[2] 打开国家图书馆网页，在"华夏记忆"专栏里，我们不仅

---

[1] 吴慰慈、董焱编著：《图书馆学概论》，国家图书出版社2019年版，第103—104页。
[2] 习近平：《坚持正确政治方向 弘扬优秀传统文化》，《光明日报》2019年9月10日第1版。

可以看到"古籍图书馆""书籍博物馆",同时也会看到一个"文君书院"专栏,这里不仅有掌故,也有对古籍工作、古籍数字化、古籍出版物的研究,由此可以很清楚地了解到国家图书馆传承中国古典文化的功能。此外,其科研参考平台向大家推荐了很多免费资源和开放获取存储资源。国家图书馆同时也是政府信息发布的平台,它也是为数不多的可以被称为智库的图书馆之一。

(2)各省、市、自治区、直辖市图书馆

各省、市、自治区、直辖市图书馆是国家创建的综合性的公共图书馆。此类图书馆在中国是各省、市、自治区、直辖市爱国主义教育基地,也是当地学术性社会服务机构。这类公共图书馆免费向本地区的群众开放,是我国科学文化事业的重要组成部分,也是各省、市、自治区收藏地方文献和文化典籍最全的机构,同时负有对所辖下级市(地)、县(区)图书馆进行业务辅导的义务。一般省级图书馆学会都设在这类图书馆中,他们在本地区开展图书馆学理论和技术研究,为推动本地区各系统图书馆间的协作、交流发挥了重要作用。

在中国,公共图书馆采取的是总分馆制度,公共图书馆常会通过中国图书馆学会组织一些研讨会、论坛、研修班等方式来提高图书馆人员的学术水平,并通过各省、市、自治区、直辖市公共图书馆向本区域内各级各类图书馆发送通知并负责召集相关事宜。如我们通过黑龙江省图书馆门户网站可以看到近十年来由中国图书馆学会发起的研讨会、研讨班等活动有:数字图书馆前沿技术研讨会,全国地方文献工作学术研讨会,高校图书馆工作社会化综合管理研讨会,全国少年儿童图书馆研讨会,全国图书馆新型服务能力建设学术研讨会,区域协作与图书馆可持续发展研讨会,社区、乡镇图书馆发展战略研讨会,自助图书馆建设与服务专题研讨班,构建现代公共图书馆服务体系研讨班,现当代图书馆学理论问题的回顾与探索研讨班,现代图书馆与科技融合研讨班,社会力量参与图书馆建设研讨班,图书馆对公众开展信息素养教育研讨班,全国图书馆总分馆制暨城市书房建设研讨班,基层图书馆创新服务与高质量发展研讨班等。图书馆学会也会通过召集学术论坛、举办培训班或研修班的形式，提高各级各类图书馆人的服务水平，如青年学术论坛、海峡两岸图书馆馆长交流季论坛、大学生阅读推广高峰论坛、私藏书与经典阅读论坛、图书馆与民族文献阅读推广学术论坛、民国时期文献保护工作研修班、革命文献与民国时期文献保护计划专题培训班、基层文化和旅游公共服务队伍线上培训、公共图书馆创新发展系统培训班等。同时，学会也会通过组织一些与国外图书馆的交流活动来开阔图书馆人的眼界，如组织图书馆人参加美国图书馆协会年会，组织公共图书馆、社会教育与市民终身学习国际研讨会。因为公共图书馆肩负教育职能，所以也会开展各种活动增加民众对图书馆的了解和喜爱，如全国图书馆未成年人服务工作阅读推广公益行动——"扫码看书，百城共读"活动；全国少年儿童中华经典读物诵读视频大会；我听·我读全国少儿读者朗诵大赛；我与图书馆的故事；我心中的一本好书；阅美@图书馆视觉推广活动；全国图书馆未成年人服务提升计划暨阅读推广人培育行动；社区、乡镇图书馆建设与发展典型事例征集等。

2. 高等学校图书馆

高等学校图书馆归教育部管辖。各高等学校的图书、资料、情报、信息中心，主要负责配合学校的政治思想教育工作，根据学校的性质和任务搜集、收藏各种类型的文献信息资料，并通过开展馆际互借、参考咨询及其他信息服务工作，为高校教学和科学研究提供学术性服务。有些高校图书馆还是图书情报专业进行图书馆学、情报学实践教学的基地，如，吉首大学图书情报专业硕士点就分别在贵州民族大学图书馆、贵州商学院图书馆建立了研究生实践教学基地，既可以促进吉首大学图书情报硕士点对于高层次研究生人才的培养，又可以推进贵州民族大学和贵州商学院的图书情报学科建设，是一种积极有益的尝试。有些高校图书馆是图书馆学、情报学人才的专业培养基地。如复旦大学图书馆的学科馆员通过嵌入教学讲座，向复旦大学的学生们介绍与他们学科相关的馆藏文献信息资源的使用和检索方法，与各个专业的教师共同帮助学生提升专业信息素养。同时，图书馆还承担一部分图书馆专业硕士研究生的教学任务。高校图书馆也是全校的文献信息中心，其服务对象是全校师生和工作人员。很多高校会设立院（系）资料室，这些资料室是高校文献信息系统的重要组成部分，资料室直接服从于所在院（系）领导，有的也会同时归院（系）及高校图书馆双重领导，相当于高校图书馆的分馆。院（系）资料室主要负责本院系教师和学生相关学科专业文献的收集、整理、保管和借阅，并为本专业的学术研究和智库活动的开展提供信息服务。随着社会的发展，目前很多高校图书馆也担负起了提供咨询服务的重任。如复旦大学图书馆情报研究部就担负着为校内外提供基础数据和决策咨询服务的重任。他们通过数理统计、数据挖掘、多源数据融合等方法，出具各类与科研成果相关的分析与评估报告；并借助情报信息挖掘与分析服务，为校领导、机关部处和院系提供有关各类型的学科、人员影响力的分析报告。

3. 专业图书馆

专业图书馆也称"专门图书馆""科学和专业图书馆"。在《国际图书馆统计标准》中，国际标准化组织将政府部门、议会、研究机构（大学研究所除外）、学术性协会、专业性协会、博物馆、商业公司、工业企业商会及其他组织团体所支持的图书馆统称为专业图书馆。《图书馆·情报与文献学名词（2019）》中，专业图书馆的定义为"致力于某些学科或主题领域专业文献的收集、整理和加工，为相关领域人士提供深度信息服务的图书馆"[①]。有些专家学者也将专业图书馆称为"科学和专业图书馆"。吴慰慈、董焱编著的《图书馆学概论》对科学和专业图书馆的定义是科学研究院所属科学图书馆及政府各部门所属研究机构的专业

---

① 图书馆·情报与文献学名词审定委员会编：《图书馆·情报与文献学名词》，科学出版社2019年版，第32页。

图书馆，包括科学院系统图书馆、社会科学院系统图书馆、党校系统图书馆、医学科学院系统图书馆、农业系统图书馆、军队系统图书馆、地质科学院系统图书馆、政府部门及其所属研究机构的专业图书馆，以及大型厂矿企业中的技术图书馆和其他一些专业性的图书馆。①

这些机构的共同点在于，收藏的信息资源以某一特殊领域的书刊资料为主，为相关领域专业智库提供信息服务。如中国农业科学院图书馆，该图书馆由中国农业科学院农业信息研究所主办，馆藏资源以农业科技文献信息资源为主，是国家唯一重点支持的国家级农业图书馆，为中国农业发展提供权威信息咨询服务；又如承担地球系统科学和自然资源文献资源保障与服务的中国地质图书馆（中国地质调查局地学文献中心）同时也承担国内外自然资源领域情报分析研究与服务工作，在促进国际自然资源文献交流合作、科技成果转化、技术服务和咨询方面发挥着重要作用。

专业图书馆是为科研和生产服务的学术性机构，他们的工作与所在部门的研究工作密不可分，常常与所在部门的情报所一起组成本部门的文献信息中心。专业图书馆在充分调查研究国内外科学技术的发展状况和趋势的基础上，结合本单位的科研任务和方向，搜集、整理、收藏、保管国内外可以供本单位人员进行科技和学术研究的文献，并运用现代化手段为本单位科研和智库提供学术情报服务。如中国医学科学院/北京协和医学院医学信息研究所/图书馆，就是由中国医学科学院医学科学情报研究室和中国医学科学院图书馆合并而成的。作为国家级医学信息研究、医学信息资源保障与服务机构，在医学科技情报领域也承担了大量的研究工作，在为医学科技持续发展提供数据信息服务的同时，也为医学科技不断创新提供决策咨询。

（1）科学院系统图书馆

以中国科学院文献情报中心为代表的科学院系统图书馆，主要

---

① 吴慰慈、董焱编著：《图书馆学概论》，国家图书馆出版社2019年版，第116页。

"为自然科学、边缘交叉科学和高技术领域的科技自主创新提供文献信息保障、战略情报研究服务、公共信息服务平台支撑和科学交流与传播服务"①。中国科学院文献情报中心集文献信息服务、情报研究服务、科学文化传播服务和图书馆学情报学高级人才培养功能于一身。省一级的科学院系统图书馆常以为本省科技厅等政府部门提供决策支持、为本省同类型专业领域的科技单位提供科技文献保障为主。

（2）社会科学院系统图书馆

社会科学院系统图书馆由于历史原因，经历比较复杂。初期基本都经历了独立的图书馆时期，20世纪90年代之前，几乎每家社会科学院都有图书馆和情报所两个部门。图书馆专门负责社会科学院各研究所科研人员所需信息的收集、整理和保存工作，情报所主要从事国内外相关领域最新信息的翻译研究工作。21世纪初，地方社会科学院盛行图书馆与情报所合并成为文献信息中心，在服务科研的同时兼具服务智库的功能（如黑龙江省社会科学院文献信息中心），也有的社会科学院图书馆与网络中心合并为文献信息（数据）中心，除了服务科研、服务智库外，还肩负全院网络、网站建设与维护功能（如四川省社会科学院文献信息中心）。

中国社会科学院图书馆承担了"国家哲学社会科学文献中心"的具体建设工作，为服务全院科研和各类智库，图书馆引进各类电子资源数据库160余个，整合国际组织开放资源90余个。各省、直辖市、自治区的社会科学院，除承担本院各学科科研服务所需信息资源外，在有些有研究生的单位，图书馆还负责学生所需各类图书及信息的保障工作，同时也要满足本院各类智库信息需求，并为省党政领导的科学决策提供信息服务。

4. 党校系统图书馆

以中央党校图书馆为代表的党校系统图书馆是党校图书资料情报

---

① 张莉、辜军：《国家图书馆科技参考咨询服务定位的再思考》，《新世纪图书馆》2013年第7期。

中心，是党校教学和科研的重要组成部分。作为服务于党的干部教育的学术性机构，党校系统图书馆主要是为各省、自治区、直辖市以及各地市培养具有更高理论水平、更强党性、更优良作风的党政领导干部和理论骨干服务的。其藏书以宣传马列主义、毛泽东思想，宣传党和国家政策法规为重点。党校系统图书馆根据党校的教学安排，致力于党政干部读者群的阅读辅导和参考咨询工作，会围绕服务党政干部来进行文献信息资料的收集整理和交流，并通过文献情报研究、编译教学参考资料等服务党校教学和读者培训，服务党校科研工作；同时，也会通过开展图书馆学、目录学、情报学理论、图书馆现代化技术手段应用研究等学术活动，培养图书资料情报的专业人员，指导地、市，县（区）党校图书情报部门的业务工作。

其他类型的专业图书馆还有军队图书馆、工会图书馆、儿童图书馆、中等专业学校图书馆、中小学图书馆、街道图书馆（室）、乡村图书馆（室）等。

上述各类图书馆都可以成为我国智库发展潜在的信息源。

（四）图书馆性质

无论时代怎么发展，图书馆的服务性都不会变。图书馆"为人找书""为书找人"的理念也没有变，只不过过去是找纸质书，现在是纸质书、电子书、影像资料、网络资料、微信资料等一起找。过去为读者服务，图书馆人和读者必须面对面对话；现在的图书馆人不仅可以和读者隔空对话，而且可以无接触地把信息传递给读者。

随着网络环境的不断升级、手机的普及，信息获取更加方便、快捷，用户对图书馆的信息需求也发生了变化。这迫使图书馆的服务内容和方式也不断变化，传统的文献服务已经无法满足现代化的信息需求，信息资源的开发和利用已经成为图书馆新的工作重点。传统的文献服务内容主要是由图书馆向读者提供具体文献，工作人员通常根据读者提供的书刊名称或者内容分类在馆藏中进行检索，对文献中的信息知识知之甚少。随着图书馆内涵的调整，提升文献信息服务水平意味着工作人员需要深入了解文献中的知识，根据读者的不同需求，将知识传递给读者。信息的来源不再局限于书本，工作人员需要扩大信息来源，随时更新知识，主动将最新的科研成果提供给读者。

综上所述，图书馆是智库研究必不可少的重要信息支撑，各级各类图书馆为各级各类智库提供着相应类型的信息保障，没有图书馆，智库的所有论证都将缺少论据支撑，图书馆已成为智库的重要组成部分。图书馆对于智库，就像智库对于政府一样重要。

三 情报机构

根据1988年重庆出版社出版的《社会科学新辞典》中的定义，情报机构是从事情报工作的专门机关及其分支机构的总称，一般包括情报研究所、情报中心、文献中心、文献信息中心。此外，情报机构还有综合情报机构、专业情报机构和地区情报机构之分。

（一）概念

情报研究所也称情报所，是从事情报工作并在情报学方面开展研究的学术型研究机构。它必须依托专业的图书情报机构开展信息加工与服务，并可进行相关技术研究。

情报中心是指就预先确定的范围开展情报服务的常设或临时的情报机构，通常对直接或间接统辖的情报分支机构的工作进行组织和协调。情报中心既负责对包括图书馆在内的所有情报机构进行组织、协调；又负责管理某个分支情报机构在特定领域内的情报工作。不同的情报中心，在功能和性质方面具有较大差异。专业的情报中心，需要围绕某一学科或多个学科进行专业的情报搜集、整理、翻译和加工工作，将信息资源进行储存，并为服务对象提供信息查询和分析的服务。建立情报中心的目的在于建立集中输出知识情报的渠道。情报的交流渠道并不单一，覆盖面较广，如果没有情报中心进行系统的整理规划，就会造成情报资料分散，部分资料重复搜集，甚至可能造成重要情报遗漏。此外，建立情报中心，可以帮助服务对象进行统筹规划，为上级部门提供意见和建议。

文献中心也称信息中心、文献信息中心、文献情报中心。现实中，文献中心与信息中心还是有区别的。文献中心主要从事文献信息的收集存储、加工整理和深度分析，是为社会和科研机构提供文献信息资源服务的专门机构。[①] 它是所有信息的集合地，这里不仅有纸质的文献，还有电子文献，及各种载体的包含人类创造的各种信息的一切物品，如光盘、影碟、录像带、各式各样的新老胶片等。信息中心是指承担信息化技术体系建设和运行维护管理的部门。2017年12月1日发布的《公共服务领域英文译写规范》中，明确规定信息中心的标准英文名为Information Center，明晰了信息中心的职能，就是建立和完善实施单位的系统信息化技术体系，包括完善硬件设备，优化网络，利用系统和软件工具等基本技术设施更加高效地完成工作。信息中心是信息时代的产物，能够有效推动社会发展，促进社会转型，建立以知识为基础的社会。信息中心的运行将"信息化"作为核心目标，信息化的核心在于，通过中心工作人员的努力，将基于现代信息技术而生的先进生产工具应用到工作的每个领域，形成信息时代的社会生产力，提升综合实力。中心工作人员将充分利用现代信息技术，利用系统技术体系开发信息资源，改变知识的生产和传播途径，建立数字化的传播方式，提高信息交流的质量，最终达到资源共享、知识共享的目的，有效提升实施单位的工作效能。

数据中心，即一种主要处理和提供数值型数据的机构。

(二) 情报机构与智库相互作用

智库建设离不开情报的支持，情报机构在支持和推动智库建设方

[①] 图书馆·情报与文献学名词审定委员会编：《图书馆·情报与文献学名词》，科学出版社2019年版，第32页。

面有着天然的优势。情报机构凭借其数据分析和信息处理能力，发挥引领和导向作用、数据分析作用及情报传送作用。然而，我国情报机构在智库建设过程中的优势并没有得到充分有效的发挥，这也成为制约我国智库发展的不利因素。以情报机构的情报研究流程为基础，将智库功能与情报机构功能融合在一起，可以充分发挥情报研究在智库建设中的支撑作用，也可以体现情报机构服务智库的能力。

1. 情报机构与政策咨询

情报机构通过信息、情报、知识及数据服务，以情报研究报告的形式向政府机关提供政策咨询保障。目前，情报机构已经提供基于研究与分析的决策咨询建议或报告，开展面向科技、产业、经济、社会与管理等创新领域的研究，以及面向管理与决策层的战略与决策支撑研究。例如：世界观察研究所的《世界报告》等报告，国际和战略关系研究所的《战略年鉴》等年鉴。

2. 情报机构与战略规划

对战略思想的跟踪与分析也是情报研究机构的日常工作内容，例如对外部环境变化进行监测，总结和发现各种变化规律和发展趋势，以辅助政府、企业等开展创新决策为核心，构建集战略前瞻与预测、政府规划研究制定、科技评估评价等于一体的战略情报服务体系，为政府决策层提供咨询服务。例如，广东省科学技术情报研究所已经面向政府开展战略研究、区域规划等前瞻性与全局性高端咨询研究。

3. 情报机构与决策分析

情报机构可以跟踪国内外社会、经济、科技发展动态，根据可能的风险制订各种预案，为用户决策分析提供情报服务，为高新技术企业、投资人/机构和产业主管部门提供专业竞争情报服务，增进用户对竞争环境的了解，降低决策风险。例如：北京市科学技术情报研究所将面向企业的竞争情报服务作为公益服务的重要延伸，2008 年成立

"竞争情报与创新评估"重点实验室，设有电子信息、高端装备制造、智能交通等业务组。

(三) 情报机构与智库的关系

情报机构的主要职责是对信息进行收集、加工、整理和分析，进而筛选和深加工，为决策层提供情报信息等。虽然情报机构与智库在性质、研究对象等方面存在明显的差异，但情报机构与智库在功能特点上存在密切联系，被称为智库之智库。情报机构与智库的关联，包括情报机构与智库在角色定位和服务对象、研究方法和各自功能方面的关联性，如图2-2所示。

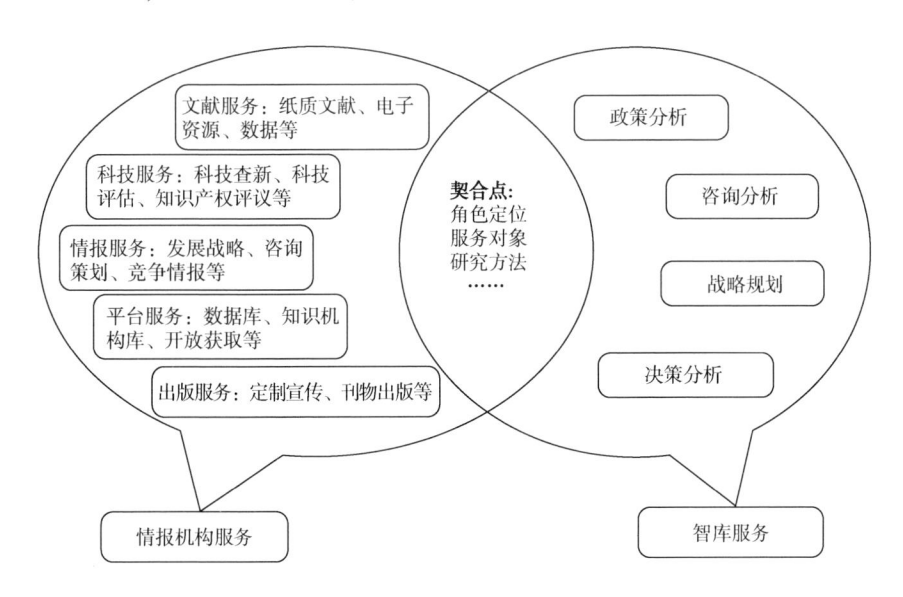

图2-2 情报机构和智库功能与服务契合点

情报机构具有拥有信息资源与工具的先天优势与条件，但需要将资源能力转化为服务能力。情报机构用户服务的强烈意识，不断提升其用户服务的层次、水平、深度与能力。情报机构具有强大的信息工具运用分析能力，能够进行数据挖掘、关联分析、可视化展现与知识发现。

情报机构擅长情报研究与分析，用定量定性相结合的方法，成为智库研究的核心力量。情报机构内部可以跨学科协同与合作，重组业务架构、布局和体系。情报机构拥有客观中立的研究立场，没有利害冲突，具有第三方的独立性，不受委托方（出资方）左右。情报机构在服务和参与智库建设时，需要将文献潜力转化为服务优势，需要以用户、需求和服务为中心，需要将服务延伸到管理和决策领域。情报机构是智库发展的重要支撑，服务和参与智库建设是情报机构的职责。情报机构与智库对科技创新至关重要，两者相互关联。

值得注意的是，随着新时期情报工作发展方向的变化，信息和情报工作之间的概念差距也逐渐明晰。信息是经过加工整理的文字和数据，反映客观事物的变化和特征；而情报是向人们传递的有价值的新知识、新信息。情报不等同于信息，信息具有重复性，而情报具有针对性和实效性；信息的保密性不是很强，而有些情报是具有保密性的。相较于图书馆的信息开发，情报研究工作具有更强的专业性，需要专业的情报研究人员向更深的层次进行拓展和加工。情报机构可以说是最早开始为智库服务的单位，所以，智库对于情报机构的依赖可能要高于图书馆的依赖。如果要从文献信息机构各组成部分中选择一个可以真正成为智库的部门，那一定非情报所、情报中心莫属。

四　档案馆

档案馆，也可以被称为"档案机构"或"手稿库"，这取决于它们所掌握的文献资料的类型以及获取方式。档案馆是对确定具有永久或持续价值的非流动文件材料进行法律和实物保管的机构，简单来说，档案馆就是存放档案和手稿的地方。"档案馆"传统上是负责长期保管其所属组织或机构的历史记录的机构，是负责保存政府或机构持续性有价值的记录的公共机构。例如，同为国家级公共档案馆，美国称为美国国家档案和记录管理局（U. S. National Archives and Records Administration），加拿大称为加拿大公共档案馆（the Public Archives of Canada)。在中国，中央档案馆与国家档案局是一个机构两块牌子，履行档案保管、利用和全国档案事业行政管理职能，为中共中央直属机关副部级机构。公共档案也可以在其他各级政府中找到，包括省、市和县级。非公共或非政府档案馆主要负责管理他们所属机构或组织的记录。例如，教会档案馆管理宗教教派或会众的历史记录，大学档案馆负责大学行政管理的记录。档案馆通过法律行为或通过内部制度规范或政策获取历史资料。

我国档案馆由来已久，早在周代就可以发现它存在的痕迹。众所周知，档案馆是收集、保管档案的机构，主要负责档案的接收、征集和管理，并开展档案利用服务。根据《档案法》和有关文件的规定，档案馆属于党和国家的科学文化事业机构，是永久保管档案的基地，是科学研究和各方面工作利用档案史料的中心。[①] 在中国，大多数档案馆是统一保管党和政府机关档案的部门，其中部分档案是有机密性的。所以档案馆不同于其他文献信息机构，它具有机要性，既是党的机构，又是国家的机构。它的主要职责是集中统一地管理党和国家需要长久保管的档案和史料，维护历史的真实面貌，为中国特色社会主义现代化建设和历史的长久需要服务，为党和国家工作大局及社会各方面提供档案服务。

(一) 档案的定义

对于档案的定义，由于国别不同、历史条件不同、社会条件不同、观察角度不同、实际需求也不同，因此，给出的定义也不同。

一称"记录"。美国国家档案和技术管理局网站上对记录的解释为：记录是由组织（无所谓是政府机构、教会、企业、大学或其他机构）制作或接收并维护的任何形式的文件。一个组织的记录通常可能包括该组织制作的信件、备忘录、账目、报告、照片和其他材料的副

[①] 刘秋萍：《基于现代档案管理的档案馆建筑设计探讨》，《兰台世界》2012年第17期。

本,以及收到的信件、收到的报告、其他部门的备忘录和该组织档案中保存的其他文件。

二称"个人文件"。持此观点的人认为,个人文件是由个人或家庭在生活过程中创建、接收、维护的日记、新闻剪报、个人财务记录、照片、收到的信件以及个人或家庭书写和发送的信件副本等常见的材料。从传统意义上讲,记录和个人文件是有差异的,他们各自有明确的定义和特征。然而,人们更愿意强调这两者之间的相似性,认为"记录"和"个人文件"都是相互关联的材料的主体,这些材料由于其功能或用途相近而被放在一起。

三称"材料"。持此观点的人认为,档案是记录个人或组织在社会活动中形成的可供后人查考的文字资料、录音资料、影像资料等各种不同载体的原始记录材料。

四称"文献资料"。指一个组织或机构所保存的有持续价值的、可作为历史记录的文献资料,以备将来查考。

五称"文化遗产和写照"。持此观点的人认为,档案是人类社会实践活动的写照和历史文化遗产。[①]

笔者认为档案是"文件和信息资料的总和",是人们在工作中产生的记录各种事件的起源、经过和结果或结论的文件及信息资料,当使用完毕后,由档案部门按照一定的原则和方法将对国家和社会发展有价值的文件和资料进行归档收藏,留作将来考证和参考之用。档案可以是任何形式的文字资料,如文件、图书、杂志、文献、手写原稿等;可以是图片、绘画作品;可以是录音带、录像带;可以是网页文件;可以是微信公众号文章;可以是某些实物,如不同时期的公章等;也可以是其他电子产品,如存储软盘、移动硬盘、光盘等。

档案收藏不同于一般的图书收藏,一般图书买来分类上架就可以流通使用,档案收藏一定要记录档案的生命周期,即记录档案资料经

---

① 刘萌:《文书与档案管理》(电子版),电子工业出版社2010年版,第660—663页。

历的一系列可识别的阶段：创建→维护→使用→销毁或转移到档案机构，或保存在记录中心。

（二）档案的特点和作用

档案是一种文献，它记载的内容是最原始、最真实的。它是人们社会实践活动的真实记录，是人类在生产生活中保留下来的有价值的信息。

机关、企业、事业单位的档案，可以反映一个机关、企业、事业单位的建设轨迹和历史沿革。一个民族的档案，能够反映一个民族的兴衰历史，也可以记录一个民族的文化传承。有些少数民族的非物质文化遗产就可以通过这个民族的档案资料进行了解，如赫哲族的非遗传唱伊玛堪。一座城市的档案，可以让人们了解这座城市的历史、城市的人物，以及这座城市的风土人情等。如，四川档案局为纪念建党百年推出的"解码巴蜀红色珍档"系列可以让人们了解巴蜀地区的红色文化传承及先烈们的事迹；上海市档案局以馆藏珍贵照片为依据制作的"上海婚姻习俗——城市系列展之一"可以让人们了解这座城市的民风、民俗，"潘汉年档案图片实物展"可以让人们真实了解潘汉年这个人。档案作为信息载体，也具有信息性和知识传递性，它有助于宣传一个地区的文化，让更多的人了解一个地区。如西藏自治区档案部门与上海档案部门联合举办的"走近西藏——来自档案馆的精品"展览就向人们展示了内涵丰富的西藏文化。还有一些档案具有一定的保密性，在解密之前一般人是不能看的，更不允许拿出来展览。但正是这些未解密的档案可能会在智库研究中帮上大忙，起到大作用。综上，可以得出结论：档案具有信息性、知识性、真实性、可信性、价值性、传递性以及保密性等特点。

档案馆的内涵在于信息的积累、加工和传播。积累和加工是信息传播的基础。各种不同形式的档案，是信息和知识的载体，记录了人们创造知识的过程。谢伦伯格曾说，档案"经过自然的进程逐渐汇合在一起，达到最终的排列顺序，它是一种生长的结果"[①]。档案馆通过将收集的档案进行科学系统的整理，在深入研究内容的基础上进行科学研究，编写相应的参考资料，将档案中零碎的知识进行提同性整合，从而方便借阅人进行知识的查找使用。

此外，档案信息能够为工作的顺利开展提供参考依据。以机关单位为例，其档案馆（室）收集的档案中记录了单位的历史情况，包括该单位处理行政事务和行使行政职权的过程和依据，可为后续的事务处理提供相应经验。可以说，档案中记载的经验教训是当代社会各项生产活动的参考依据，能够有效促进生产力发展，为工作人员处理事务提供启示。如果将档案运用在科研中，过去受限于时代的、不成熟的设想和假说，能够成为科研人员在研究道路上的基石，为他们提供灵感，帮助他们选择正确的研究方向，完善和丰富现有知识体系，取得新的科研成绩。

（三）智库对档案馆信息的需求

一是资料性信息需求。智库专家去档案（室）馆，最主要的目的还是获取资料性信息资源。如想了解城市历史，就可以去档案馆查找当年的档案或报纸。又如，为纪念建党百年，黑龙江省档案馆将革命先烈马骏的照片档案数据交接给了东北烈士纪念馆，充实和丰富了烈士纪念馆宣传共产党人马骏的资料。这都说明档案馆在保存史料方面有着图书馆和情报机构无法比拟的优势。

二是情报性信息需求。如想了解某一年某条江会不会引发洪水，就可以去档案馆查阅相关或相似年份河流的水位情况，并撰写出有预测性的报告。新冠疫情刚刚开始时，人们也会到档案馆（或查找专门的病毒库档案）查找之前一些疫情的资料，并与当前疫情进行比对，总结新冠疫情与以往疫情的不同，从而找出应对办法或对未来疫情作

[①] 赵爱国：《也谈馆藏结构——向方习之先生请教》，《档案》1991年第6期。

出预测。

三是查证信息需求。如想证实某个人物与一座城市的关系到底是不是人们所了解的那样,就可以去档案馆查找、核实。如,笔者曾经需要核实手中一篇稿件所描写的冯仲云在黑龙江从事革命活动的时间和事情是否准确,就去档案馆进行了查证核实。又如,智库在研究一些历史事件时,经常需要核实已发表的一些作品,尤其是判断文学作品中的事件是否与事实相符,最好的办法就是去档案馆查找当时的档案。如,智库在研究20世纪犹太人在中国哈尔滨的生活时,想核实文学作品中20世纪参与马迭尔绑架案的各方势力的真实情况,首选的文献信息机构肯定就是档案馆,因为那里肯定会有关于这起轰动一时的案件的档案,或是当时报道这一事件的报纸。

五 博物馆

博物馆是人们最为熟知的文献信息机构,相较于学术氛围浓厚的专业文献信息机构,博物馆是面向大众的社会公共机构,主要通过征集、典藏、陈列和研究代表自然和人类文化遗产的实物,为公众提供文化教育。[①] 大多数博物馆是非营利机构,它的雏形是公元前3世纪的缪斯神庙。神庙中收藏文化珍品,内设专门的研究机构。区别于如今博物馆面向公众进行社会服务的职能,缪斯神庙是学者们进行天文、医学和文化艺术等多个领域研究的专门机构。相传,著名物理学家阿基米德和著名数学家欧几里得都在神庙中从事研究工作。另有人认为,最早的博物馆应追溯到中国的孔庙。公元前478年,孔子的弟子为纪念恩师,将孔子旧居改为庙宇,采用庙学合一的体制进行文化传播。他们将孔子穿过的衣物、乘过的车、用过的琴等遗物收集起来,布展于孔庙之中,既祭祀了孔子,又传承了孔子的思想。在西方,博物馆发端于皇室和宗教机构。公元前208年,亚历山大博物馆(Mouseion of

---

① 李健:《浅谈中外博物馆异同》,《中国纪念馆研究》2013年第2期。

Alexandria）在马其顿亚历山大帝国的首都落成，被认为是第一座以"博物馆"命名的机构。[①] 直到1946年，国际博物馆协会在法国巴黎成立，在协会章程中提出，"博物馆是指向公众开放的美术、工艺、科学、历史以及考古学藏品的机构，也包括动物园和植物园，但图书馆如无常设陈列室者则除外"[②]。并于1974年正式对博物馆进行明确定义："博物馆是一个不追求营利的、为社会和社会发展服务的、向公众开放的永久性机构，为研究、教育和欣赏的目的，对人类和人类环境的见证物进行搜集、保存、研究、传播和展览。"[③] 公益性为博物馆的首要职责。1979年版《辞海》缩印本记载："博物馆是陈列、研究、保藏物质文化和精神文化的实物以及自然标本的一种文化教育事业机构。博物馆的类型主要分为革命、军事、民族、历史、地质、自然、艺术、医学、科技等。"[④] 2022年第26届国际博物馆协会通过了新的博物馆定义："博物馆是为社会服务的非营利性常设机构，它研究、收藏、保护、阐释和展示物质与非物质遗产。向公众开放，具有可及性和包容性，博物馆促进多样性和可持续性。博物馆以符合道德且专业的方式进行运营和交流，并在社区的参与下，为教育、欣赏、深思和知识共享提供多种体验。"[⑤]

在我国，大众对于博物馆的认识，是一个逐步深入的过程，直到1979年，全国博物馆工作座谈会通过的《省、市、自治区博物馆工作条例》中才明确规定："博物馆是文物和标本的主要收藏机构、宣传教育机构和科学研究机构，是中国社会主义科学文化事业的重要组成部分。博物馆通过征集收藏文物、标本，进行科学研究；举办陈列展览；传播历史和科学文化知识；对人民群众进行爱国主义教育和社会主义

[①] 龚良、蔡琴：《博物馆与公众》，《东南文化》2010年第2期。
[②] 陈国宁：《从21世纪博物馆社会作用反思博物馆定义》，《博物院》2017年第6期。
[③] 金锦萍：《漫谈博物馆的"非营利性"》，《中国文物报》2015年3月10日第4版。
[④] 辞海编辑委员会编：《辞海》，上海辞书出版社1980年版，第145页。
[⑤] 《国际博物馆协会公布博物馆的最新定义》，《客家文博》2022年第3期。

教育，为提高全民族的科学文化水平，为中国社会主义现代化建设做出贡献。"① 随着社会的发展，博物馆的职能不断发生变化，如今已经成为多职能的文化复合体，越来越多的人选择走进博物馆，将目光投注在藏品的搜集、保存和修护上，研究藏品背后的历史，寓教于乐，提升文化素养。随着社会的发展、信息化网络的覆盖，全球的博物馆也构筑了一张网络，将过去、现在和未来相连，在保护人类文化遗产的同时，将全球的文化多样性和生物多样性更好地呈现在大众面前。

据统计，截至2019年年底，全国有博物馆5132座[②]，这些博物馆是智库研究党史、党建、中国社会主义建设、环境保护、人与世界和平相处、碳中和等关乎社会发展、文化进步与传承的问题最好的信息来源机构。

六 纪念馆

纪念馆是纪念性博物馆的简称，是为纪念有卓越贡献的人或重大历史事件，依托于相关纪念建筑或遗址而建立的纪念地，通过对声、光、电、图、实物等资料的运用，来表现事件或人物精神，是相关历史遗迹和文物资料的收藏保护机构，具有面对大众进行宣传教育的职能，有助于人们进行相关知识的研究。纪念馆的类型，根据划分标准有所区别。根据基本性质划分，纪念馆可分为综合性纪念馆和专题性纪念馆。

相较于其他类型的博物馆，纪念馆的内涵更侧重于其纪念、教育的意义。在中国，纪念馆多为公益性文化单位，是开展爱国主义教育、进行革命传统教育的重要活动基地，旨在通过对历史的反思，进行社会道德建设。党中央、国务院对此十分重视，早在2009年就已经将由文化系统管理的博物馆和爱国主义教育基地面向大众免费开放。根据

---

① 黄琛：《国家博物馆宣教模式的新思考》，《中国博物馆》2011年合刊第1期。
② 国家统计局：《2020中国统计年鉴》，中国统计出版社2020年版。

国家文物局统计数据，2021年，全国革命博物馆、纪念馆超过1600家。中国博物馆协会前理事长张柏对此表示："中国的纪念馆具有浓厚的中国特色，几十年来纪念馆除了探讨博物馆自身的特质，对现实社会的关注也很多，影响也很大。"①

由于信息时代带来的变革，网络环境使得纪念馆藏概念发生了延展，许多纪念馆建立了网络纪念馆，以视频和文字的方式在网络公共空间进行纪念展示，主题分类繁多，囊括个人纪念、主题纪念等。人们在虚拟的网络空间里记录历史，让更多的人通过网络了解历史，使得纪念馆从传统陈列转成网络化，进一步推动了资源共享，履行了教育的职能。

---

① 中国人民抗日战争纪念馆编：《中国纪念馆集萃·学术文萃》，北京出版社2010年版，第1页。

第三章 国内外文献信息机构服务智库研究述评

本章利用陈超美教授的 CiteSpace 软件,为国内外智库研究绘制了知识图谱,以期用更加直观的方式展现文献信息机构与智库的研究脉络、研究热点及国内外研究的不同之处。

第一节 国外文献信息机构服务智库研究述评

一 国外智库研究现状分析

智库诞生于 20 世纪初的美国,在第二次世界大战中崭露头角,于 20 世纪 70 年代后期迅速发展,并在全球范围内扩散。魏晨等将全球智库的发展大致划分为 20 世纪初至二战爆发的智库雏形出现、二战开始至结束的独立智库兴起、20 世纪 50—80 年代的智库进一步扩大、20 世纪 90 年代至今的全球智库合作加深四个阶段。[1] 本书选择 Web of Science 核心合集数据库作为数据来源,检索条件设定为:主题 = ("Think tanks"),时间跨度限定为 1968—2021 年,文档类型(Document Type)

---

[1] 魏晨、卢絮、马燃等:《国外智库研究的进展概述与扼要评析》,《情报杂志》2019 年第 10 期。

限定为文章（Article），共检索到1064篇期刊文献。之后，选用SPSS和CiteSpace作为分析工具，对智库领域的研究动态和发展趋势进行分析。

（一）国家/地区分类文献统计

如图3-1所示，图中"年轮"的大小可反映该国家论文发表的数量，即年轮越大说明发表文章越多。其中，美国发表论文435篇，在所有国家中发表数量最多；排名第二至第十的分别是英国（160篇）、加拿大（106篇）、德国（83篇）、澳大利亚（67篇）、新西兰（63篇）、法国（57篇）、意大利（49篇）、日本（47篇）、中国（39篇），发表论文数量前十名中只有中国一个发展中国家。

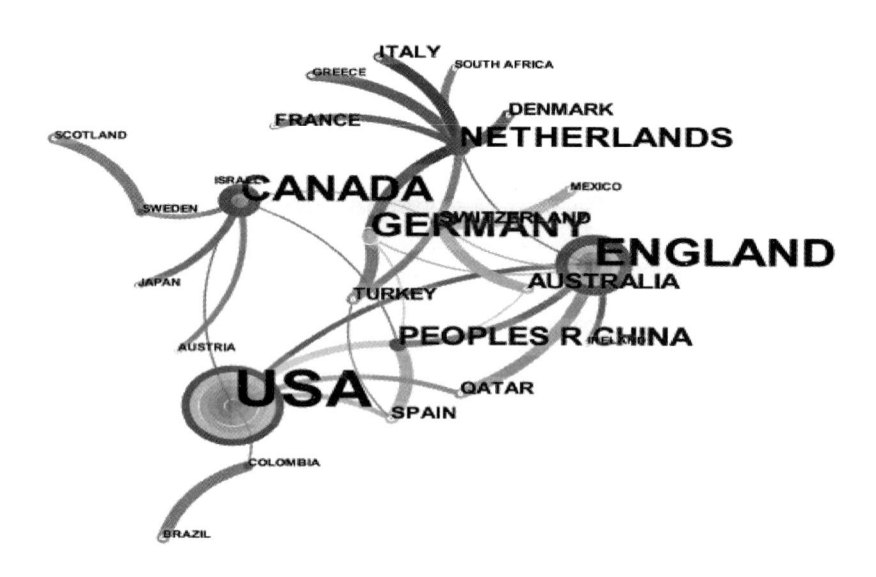

图3-1 SCI数据库中智库研究网络地域图谱

（二）年度发文数量分析

自1968年第一篇关于智库的文献发表以来，国外有关智库研究的发文量基本呈现逐年增长趋势。近十年，每年发文量都在40篇以上，2020年多达81篇，说明国际上越来越关注对智库的研究，高质量的研究成果也越来越多,如图 3-2 所示。

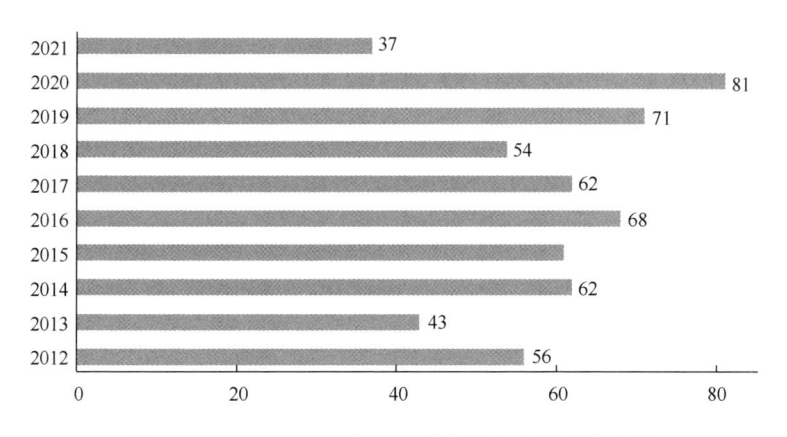

年份	发文量
2021	37
2020	81
2019	71
2018	54
2017	62
2016	68
2015	60
2014	62
2013	43
2012	56

图 3-2 2012—2021 年 SCI 数据库智库研究发文量

(三) 研究机构统计分析

根据统计,杜克大学发文 64 篇、哈佛大学发文 57 篇、加利福尼亚大学发文 56 篇、美国国立医疗研究所发文 47 篇、约翰霍普金斯大学发文 44 篇、宾夕法尼亚大学发文 39 篇、伦敦大学发文 38 篇、美国食品药品管理局发文 34 篇、德克萨斯州立大学发文 33 篇、斯坦福大学发文 31 篇。以上为发表论文数量排前十名的机构,共发表 443 篇,占全部发文量的 41.64%。其中,杜克大学在智库领域研究成果最为丰富,发文量明显高于其他研究机构,足见杜克大学对智库研究的重视。

(四) 学科分布对比分析

从学科分布看,排在第一位的研究主题是工程学,发表论文数量为 124 篇。其次为内科学、环境科学与生态学、社会科学、公共管理、国际关系、经济学、教育学等。智库研究广泛存在于各学科中,以社会学、经济学、管理学、医学、教育学、生命科学及工科等为主,体现了智库研究范围和应用价值的广泛性。图书情报学也涉及智库的研究，多为信息服务、数据服务的定量研究，对国内研究具有一定的借鉴意义。

(五) 研究者对比分析

1991 年 Diane 发表了第一篇智库研究成果，分析了当时背景下的美国智库转型。SCI 数据库中收录发文数在 3 篇以上的作者共 112 位，共发表论文 228 篇。排名第一的是发表 30 篇的 Anonymous；发表 10 篇以上的共 9 位作者，其余 8 位分别是 Cardozo, L. 和 Iacobucci, G. 各发文 16 篇，Douglas, PS. 发文 13 篇，Abrams, P.、Krucoff, M. W.、Stockbridge, N. 各发文 11 篇，Borruso, M. 和 Dmochowski, R. 各 10 篇。

根据普赖斯定律，通过公式 $N = 0.749(\eta max)^{1/2}$ 可得出核心作者的论文下限，其中 ηmax 代表发文最多作者的论文数，从而得出核心作者发表的论文数量[①]至少应为 $N = 0.749 \times \sqrt{30}/2 \approx 11.2$，由此本书将发文量为 12 篇以上的作者定为核心作者，通过统计分析确定 4 人为核心作者，核心作者发表的论文共 75 篇，占论文总数的 1.32%。如图 3－3 所示，最大合作网络为 Adolfo Ramirezzamora 等学者组建的研究团队，它是目前该领域最大的合作团队；此外还有 Aysegul Gunduz 等学者的合作网络，对智库研究也具有一定的影响力。

(六) 国外智库研究热点分析

国外智库研究的热点主要聚焦于智库的概念界定与内涵阐释、智库的功能剖析与影响力评定、智库的组织属性与类型划分，以及智库的国别研究与案例分析等方面，而由于各国政治制度、经济环境和文化传统等因素的差异，对于智库的定义、角色功能及运行机制的理解亦呈现多元化特征。

[①] 冯晶、马晓书、冯炜炜：《我国科技查新研究主题的可视化分析》，《现代情报》2015 年第 8 期。

图 3-3　SCI 数据库中智库领域研究者合作网络图谱

（七）国外智库研究前沿分析

通过对 1024 篇国外近年智库研究文章中出现的关键词频数和中心度进行统计分析，共获得原始关键词约 935 个。中心度较高的关键词为系统、网络、模式、管理、设计、影响力、政策研究、风险，代表了智库领域的研究趋势。

二　国外文献信息机构服务智库研究分析

（一）对智库报告进行效果评价的功能

智库报告对决策者及其政策观点产生影响的程度，就是一个智库的影响力。每个智库都希望自己有较大的影响力。评价一个智库总体上有没有影响力，一直是一个难题。于是人们想出各种办法获取影响力评价数据。

一是看智库在决策者心目中的地位。有的文献信息机构通过向政府高级官员发放调查问卷，获取其心目中智库影响力的主观数据，以此来评价智库影响力。安德鲁·瑞奇在 2004 年所著《智库、公共政策和专家治策的政治学》一书中记载，他曾向各类官员、议员和新闻工作者等政治和媒体精英发放过一份有 60 个美国智库名单的问卷，请他们根据各自心目中的影响力排序。

二是看智库间的评论。即文献信息机构直接向智库机构发放调查问卷，获取智库之间相互评价的客观数据，以此来评价智库影响力。如詹姆士·麦甘在《公共政策研究产业中经费、学者和影响力的竞争》一书中记载，他曾向 7 个美国智库发放调查问卷，收集并描述性地比较了机构层面的第一手数据。

三是采用收集公开行为数据的方法，利用真实记载的各类活动资料的信息，对智库进行评价。如 2002 年出版的《智库能发挥作用吗？公共政策研究机构影响力之评估》一书的作者唐纳德·埃布尔森，将引用率、被引频次、影响因子、他引率等作为智库报告影响力的评价指标，对智库报告效果进行评价。

(二) 大量有价值的信息采集

信息资源采集是指信息机构根据特定的目的和任务，遵循一定的原则和标准，并通过一定的途径和方法，对众多的信息资源进行有目的的选择收集和组织管理，以满足其用户的信息需求，并形成具有特定保障能力的信息资源体系的全部活动过程。

智库研究离不开信息资源的支撑。首先，为保证智库决策研究的科学性，信息要准确全面。其次，智库决策咨询的前瞻性，多要以倾向性信息为入手点，因而世界上著名的智库在长期发展过程中都建立了完善可靠的信息资源体系。比如，英国国防智库皇家三军联合研究所（RUSI）作为英国顶级军事智库，主要研究英国和国际安全与防务问题。其军史图书馆收藏着 18—21 世纪，从克里米亚战争到冷战时代不同时期的军事典藏,也正是因为拥有这些珍贵的文献资料,RUSI 的图书馆在业内一直享有盛名。

瑞典斯德哥尔摩国际和平研究所(SIPRI)是瑞典研究和平与安全等重要问题的学术机构。研究领域是技术军备竞赛、军费和武器贸易、化学武器、裁军和军控谈判与建议,以及军事活动对环境的影响。该研究所的图书馆藏书 1.8 万册,有 525 种期刊和专辑。

斯坦福大学胡佛战争、革命与和平研究所(The Hoover Institution on War, Revolution, and Peace)简称"胡佛研究所"(Hoover Institution),是美国西海岸著名的公共政策智囊机构,为世界上最大的政治、经济和社会变化史料文献收藏地之一。现今已经拥有 160 万册藏书,6 万多个微缩影片文件,4300 类约 4000 万件档案和 25000 多种期刊,供学者研究调用。该所的研究和收藏主要围绕"战争""革命""和平"三个主题,因此这里的研究员大多主攻历史学、经济学、政治学和社会学等学科。

(三)信息检索与信息分析

智库竞争力的提升和保持离不开信息这一基础性资源,世界高影响力的智库尤其重视信息管理和信息运行机制的畅通。在大数据时代,信息基础结构领域是智库提升信息获取与搜集效率的重要"后台",德国科学与政治基金会(Stiftung Wissenschaft and Politik,SWP)的信息基础结构是由信息服务部、国际关系和地区研究领域专业信息联盟(FIV)以及图书馆三个部门组成的。FIV 是由德国 10 家国际政治、地区关系和外交领域的独立研究机构共同组成的信息联盟网络,通过资源整合和信息共享提升研究协同效率。图书馆仅提供内部服务,负责对研究成果进行整理和存储,同时采购、编目、借阅专业文献,尤其是电子期刊和纸质期刊乃至"灰色文献"来支持研究。[①] 为了在制定研

[①] 陈威龙:《德国科学和政治基金会创新研究与成果管理经验启示》,《智库理论与实践》2019 年第 4 期。

究框架时充分参考学术专家和政策实践意见，SWP设有8个专门研究室，与之对应下设8个信息研究室，涵盖全球问题和国际经济与政治、国际安全问题、美国和跨大西洋问题、欧洲事务、俄罗斯与独联体、亚太地区、中东和非洲等各区域信息以及跨学科信息管理和统计信息等，通过对信息进行精心过滤、合成及系统整理，以中立的判断、评价，为智库研究人员提供相关的信息检索与整理分析服务，为决策者提供可靠、有用、易懂、易得的信息。

（四）构建专业数据库和检索平台

几乎所有的国外知名智库都在研究的基础上建立了各类专业特色数据库，这为智库项目的进一步研究提供了强有力的信息，其通过在线数据库等平台向用户提供信息系统和数据服务，同时其数据库平台还提供跨库检索服务。

英国简氏信息集团是一个庞大的信息集团公司，除在英国设有总部外，分支机构也遍布美国、日本、澳大利亚、印度以及新加坡等地。简氏的信息服务主要涉及三大领域：防务、安全和交通。简氏的宗旨之一是成为各国政府、各大企业在风险和安全方面所需的电子信息的首要提供者，防务是该公司的主打产品，构建了多个军用数据库为政府和军方提供全面系统的信息和数据服务以及跨库检索服务。简氏军事数据库包含了军事装备与技术、国防工业与市场情报、国际风险与军事能力、恐怖主义与叛乱、市场项目及预算、交通报告系统、核生化评估等众多领域，具有权威性、公正性、深入性等特点，被各个国家的智库、政府机构、学术机构广泛采用。在我国，被当作中国现代关系研究院最重要的信息源之一。

瑞典斯德哥尔摩国际和平研究所（SIPRI）是一家从事和平与冲突，尤其是军控与裁军的国际性研究机构，它的武器工业数据库创立于1989年。从1990年起，SIPRI一直公布全球100家最大的武器生产商的武器贸易数据。它拥有4个自建的专业数据库：武器转移数据库、

SIPRI 武器工业数据库、SIPRI 多边和平行动数据库及 SIPRI 军费开支数据库。每个数据库中都公开了来源与方法，并对数据库可用于解决哪些问题、更新的时间、数据覆盖区域、与数据库内容相关的专业名词的定义与缩写、使用的条款约定等进行了说明。数据库内容翔实，来源丰富，且具有很高的可信度。这为该研究所的研究奠定了坚实的信息数据基础，也为外界有需求人员提供了大量权威数据。①

（五）信息服务联盟

国内外政治、经济形势的日趋复杂，导致智库个体的信息资源难以满足智库的扩展研究需求，智库间信息资源协作成为发展趋势。

美国企业公共政策研究所，简称"美国企业研究所"（AEI），是美国保守派的重要政策研究机构，与布鲁金斯学会并称为美国华盛顿的"两大思想库"，有"保守的布鲁金斯"之称，与以保守著称的传统基金会、国际战略研究中心、胡佛研究所及美国战略研究学会等研究机构有密切联系。2000 年美国冗长而充满争议的总统选举使国会通过了《2002 选举援助法条》，政府和联邦立法者建议补充法案和修订案。为了对学者们针对美国选举改革提出的一系列研究、报告和建议成果进行资源整合，美国企业研究所与布鲁金斯学会以共建网络资源平台的方式合作开展了选举改革项目。②

德国国际政治与安全研究所（Forschungsin – Stitut Fuer Internationale Politik und Sicherheit）是德国最重要的国际问题研究所之一，是德国科学与政治基金会的国际问题研究机构。德国科学与政治基金会是由德国一批著名科学家和政治家于 1962 年共同发起建立的。研究所与德国 12 家研究机构共同开发了欧洲国际关系与地区研究信息网络，并与全球 50 多个国家和地区的大学及各类研究机构都有合

---

① 王丽南、田丽、邓志超：《斯德哥尔摩国际和平研究所的运行机制和发展动态》，《智库理论与实践》2019 年第 1 期。
② 吴育良：《国外智库信息服务的分析及启示》，《情报杂志》2015 年第 2 期。

作，主要采取联合研究和合办会议的形式，定期与美国、法国、英国等的智库召开年度会议，有英国—德国展望、德国—以色列对话、德国—土耳其对话、德国—西班牙对话等项目组，并同以色列、伊朗、巴基斯坦、印度和日本等国具有相近研究领域的智库保持密切对话。①

还有一种联盟模式是"主题式信息资源共享模式"，这种模式按照特定的主题组织与发展馆藏资源，用户可以很方便地从特定的主题途径获取资源。瑞典大学和研究图书馆联盟是这一模式的典型代表，该联盟由6个主要科技图书馆组成，通过协调活动，建设国内的科技文献资源。②

（六）建立国际性的沟通网络

国外著名智库除先进的研究方法和研究手段外，大多拥有健全的情报信息网络，在世界各地设立了专门的情报服务机构。如日本著名的研究机构——野村综合研究所，为了贯彻向海外发展的方针，配合日本经济对外发展的需要，在英国伦敦、美国华盛顿、美国纽约、新加坡及中国香港等地都设有各种事务所，负责搜集有关的信息和情报。野村纽约办事处调查研究美国经济、证券市场、企业经营管理等。野村伦敦办事处收集欧洲和中东的政治、经济情报。野村香港、新加坡、上海办事处和巴西野村综合研究所的设立，反映了日本为打开国际投资局面，对东南亚、中南美等地区政治、经济情势的关注。此外，它还设有藏书20余万册的图书馆，建有自己的"信息银行"，专门收集日本经济、产业方面的情报资料，领域广阔，规模宏大。

美国的斯坦福国际咨询研究所是美国最大、最著名的民间研究机构之一，在美国国防、外交、经济、科研等方面都发挥着重要作用。

---

① 张景豪：《德国国际政治与安全事务研究所对我国智库建设的启示》，载《中国智库经济观察（2016）》，社会科学文献出版社2017年版，第413—418页。

② 章红：《信息资源共建要求与方法初探》，《图书馆工作与研究》2007年第3期。

它与世界各国、各地区的政界、企业界以及著名的战略、政策和学术研究机构往来密切，在美国、欧洲、亚洲、澳大利亚均设有许多办事机构，在世界各地还有近四百个"合伙公司"，已逐渐成为一个国际性的研究咨询机构。[①]

兰德公司是美国最重要的以军事为主的综合性战略研究机构，被誉为现代智囊的"大脑集中营""超级军事学院"以及世界智囊团的开创者和代言人。它最初以研究军事尖端科学技术和重大军事战略闻名，逐渐发展成为一个研究政治、军事、经济科技、社会等各方面问题的综合性思想库。公司总部设在美国加利福尼亚州的圣莫尼卡，在华盛顿设有办事处，负责与政府联系，在荷兰、德国和英国均设有工作机构。[②]

日本文部省学术情报中心（NACSIS）是日本高等教育文献保障体系的核心，是由政府建立起来的"书目利用共同体"。虽没有自己的藏书体系，却已覆盖了日本从南到北的所有大学。它通过标准化、书目控制等各种管理手段，把现有的各成员图书馆藏书等一次文献的书目和各种二次信息集中起来，建立了一个中心的联合目录数据库。该中心的文献信息资源共建共享服务始于1985年，不仅承担着大学图书馆收藏文献共享的职能，而且还通过因特网为全社会提供书目服务。同时它还是连接英国图书馆文献提供中心（BLDSC）、美国联机计算机图书馆中心（OCLC）和韩国教育研究信息服务（KERIS）的通道，美、英、法、德、澳和韩国的大学、图书馆都能利用 NACSIS。[③]

（七）信息服务产品

智库产品是智库生存和发展的基石，其影响力是智库影响力的重

[①] 古松：《美国斯坦福国际咨询研究所》，《城市问题》1988年第1期。
[②] 仇华飞：《美国智库对当代中国外交战略和中美关系的研究》，《国外社会科学》2013年第4期。
[③] 姚晓霞、朱强：《日本、韩国等国高等教育文献信息资源共享概况》，《中国教育网络》2014年合刊第1期。

要内容和关键影响因素，是衡量一个智库地位和价值的首要标尺。① 国外智库的研究产品种类繁多，过去，他们通过传统的著作、论文、研究报告等出版物推销智库的思想。② 现在，他们越来越多地依靠在社交媒体上出镜、发声，在数字网络上进行宣传推介。③

美国传统基金会是美国新右派的主要政策研究机构，曾支持并影响过里根政府。1981年基金会出版的政策分析书《领导授权》是倡导有限政府的一个里程碑；其出版的《政策评论》《传统基金会宪法指南》《美国军力指数》《文化与机会指数》等杂志影响较大。基金会每年公布一次《预算图表书》，通过可视化图形和图表展示联邦开支、收入、债务和赤字以及福利项目的增长情况，并免费向公众提供这些数据。④

美国兰德公司的旗舰杂志《兰德评论》（*Rand Review*），一年出版3次，提供符合公共利益的非营利性新闻并且报告兰德公司的最新研究成果。1998年后，该公司有关公共方面的研究成果大部分都以PDF格式存放在其网站上。这些资料分类细致、查找方便，公众可以免费使用。⑤

布鲁金斯学会是美国历史上第一个私立公共政策研究机构，也是美国历史最悠久的智库，被称为美国"最有影响力的思想库"。该学会自称遵循"独立、非党派、尊重事实"的研究精神，旨在充当学术界与公众政策之间的桥梁，向决策者提供"不带任何意识形态色彩"的思想，向公众提供有深度的分析和观点。研究成果有《布鲁金斯评论》

---

① 韩瑞珍、杨思洛：《知识生命周期视角下智库产品影响力形成及提升路径》，《信息资源管理学报》2020年第3期。
② 孟磊：《论美国智库的功能和运行机制》，《外语研究》2019年第6期。
③ 杨亚琴、李凌：《英国著名智库运行特点及对中国智库发展的启示》，《当代世界》2017年第9期。
④ 沈东婧：《美国传统基金会的运行机制、核心价值及发展动态》，《智库理论与实践》2017年第1期。
⑤ 张志新：《美国兰德公司的管理模式》，《国际资料信息》2010年第11期。

和年刊《国防预算》《布鲁金斯贸易论坛》及经济、教育活动论文等。其研究成果对外出售。数据显示，早在1986年，《布鲁金斯评论》就已分发给了接近3.7万个决策者、意见领袖和机构，其影响力可见一斑。布鲁金斯学会还有自己的书店，对外出售学会和研究员们的各种研究成果。①

美国世界观察研究所，简称WWI，是一个独立的国际性研究机构，拥有一个国际性的董事会和多个全球合作伙伴。该所成立于1974年，其宗旨是鼓励与环境相结合的可持续经济发展，同时重点关注能源、水资源、农业和政府管辖等主题。②其研究成果以36种语言被分布在40个国家供150个合作伙伴使用，出版物主要有《世界报告》《世界观察》《世界观察论文》。其旗舰年度报告《世界状况》作为决策者、教授以及关心环境的可持续性的公民所查询的信息资源，收录了该研究所每年发表的研究成果。③

在英国，伦敦国际战略研究所（IISS）是由英国学术界、政界、宗教界和新闻界人士联合发起的，是英国著名的智库，专门研究核时代的国防安全和防务政策。其资金来源于会员的会费、出版物的收入以及各国基金会（如美国福特基金会、洛克菲勒基金会、联邦德国克虏伯基金会等）、企业、团体的捐赠，该研究所有多种出版物，最有名的是《军事力量对比》《军事平衡》和《战略研究》，常被推崇为世界军事方面的权威报告和著作。此外，英国查塔姆学会的《今日世界》是英国政要和社会精英的重要参考资料，《国际事务》是国际关系类研究的一流学术期刊。该研究所的"香格里拉对话"已成为全球首屈一指的亚太区域国防安全讨论平台。④

---

① 徐诺：《美国布鲁金斯学会的运营和科技创新研究》，《竞争情报》2019年第6期。
② 杨振江、王敏、汲奕君等：《北美部分城市绿色发展的启示》，《天津经济》2014年第7期。
③ 焦玉洁：《世界观察研究所》，《世界环境》2012年第4期。
④ 杨亚琴、李凌：《英国著名智库运行特点及对中国智库发展的启示》，《当代世界》2017年第9期。

法国国际和战略关系研究所创建于1990年,是法国国防部6个重要的研究合作伙伴之一,因此在法国国际问题研究领域占有不可忽视的地位。主要出版物有《战略年鉴》(*The Strategic Yearbook*)、《军事平衡》等,对世界各国的军事能力、军费进行评估,详尽地列出了各国军队的体制编制、员额、装备数据,以及相关的经济和人口数据。

透明国际是国际著名的从事反腐败研究的非政府组织,总部设在德国柏林,1993年成立。透明国际用"清廉指数"和"行贿指数"衡量腐败程度。"清廉指数"反映的是一个国家政府官员的廉洁程度和受贿状况。"行贿指数"主要反映一国(地区)的出口企业在国外行贿的意愿[1],其成果获得广泛认可。

第二节 国内文献信息机构服务智库研究述评

一 国内智库研究现状

中国特色新型智库是党和政府科学民主依法决策的重要支撑,是国家治理体系和治理能力现代化的重要内容,是国家软实力的重要组成部分。[2] 2013年4月15日,习近平总书记提出建设"中国特色新型智库"的重大战略部署;2013年11月,党的十八届三中全会通过《中共中央关于全面深化改革若干重大问题的决定》;2015年1月,中共中央办公厅下发了《关于加强中国特色新型智库建设的意见》;2015年11月,中央财政部与中共中央宣传部相继出台《国家高端智库专项经费管理办法(试行)》《国家高端智库建设试点工作方案》和《国家高端智库管理办法(试行)》等文件。目前,国家层面有关智库建设方面的文件多达200余份,部分地方政府也出台了新型智库

---

[1] 张喜华:《丹麦何以成为清廉国家》,《学习与探索》2016年第4期。
[2] 陈家刚:《发挥政协智库作用》,《中国政协理论研究》2020年第4期。

建设相关文件。

表3-1为2011—2020年国家层面政策文本汇总。

表3-1　　　　国家层面政策文本汇总（2011—2020年）

类别	数量(份)	类别	数量(份)
通知	105	方案	5
意见	47	条例	4
报告	8	决定	3
计划	7	建议	2
纲要	5	公告	2
规划	5	其他	2

国家各类科研基金项目指南是引导学术研究方向的重要工具。[①]

2011—2020年，国家社科基金有关智库方面共立项37项，2015年为最多，《关于加强中国特色新型智库建设的意见》等政策的出台对其具有重要影响。学科分布在图书馆·情报与文献学、国际问题研究、政治学、马列·社科、体育学、管理学、世界历史、语言学、哲学9大类，其中，图书馆·情报与文献学立项最多，有11项，在总项目中占比高达30%，可见图书情报学对智库研究的重要性和受关注度；国际问题研究立项9项，占24%；政治学立项6项，占16%；马列·社科立项4项，占11%；体育学和管理学各立项2项，各占5%；世界历史、语言学和哲学各立项1项，各占3%。

表3-2为2011—2020年国家社科基金项目指南与立项课题中智库研究的数量统计情况。

[①] 黄华伟：《1993～2009国家社科基金哲学立项课题数据分析》，《中南大学学报》（社会科学版）2011年第2期。

表3-2　　2011—2020年国家社科基金项目指南与立项课题中
智库研究的数量统计

国家社科基金	2011年	2012年	2013年	2014年	2015年	2016年	2017年	2018年	2019年	2020年
项目指南	1	1	1	2	5	4	6	3	2	1
立项课题	1	2	1	1	10	2	6	9	3	2

（一）国内有关智库发文数量分析

2016年以来，智库研究成果加速增长，研究主题日益多元，逐渐从学术边缘走到了学术前沿。我们以CNKI为数据来源，以篇名"智库"为检索条件，去除编者按、书评、会议通知、征文通知等非学术论文，筛选后共检索出7834篇论文。1996—2020年发文量如图3-4所示。

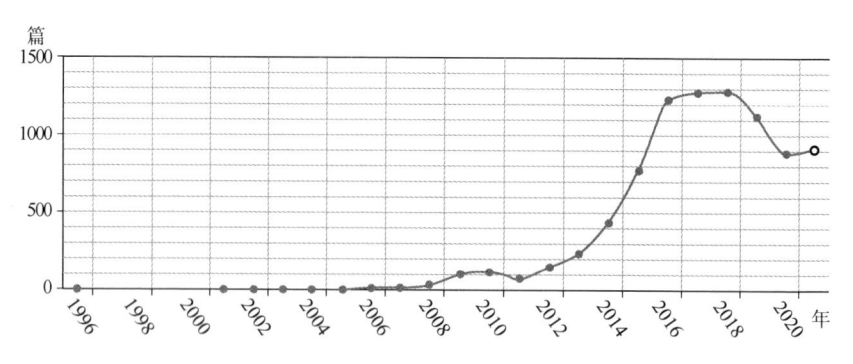

图3-4　发文量年代分布情况

（二）国内有关智库文献学科分布分析

发表论文最多的为管理学，发表3609篇，占42.12%。发文量排在前5位的学科还包括教育学，发表918篇，占10.71%；政治学，发表811篇，占9.47%；图书情报档案学，发表778篇，占9.08%；新闻传播学，发表539篇，占6.29%。

（三）国内有关智库文献期刊分布分析

发文量最多的期刊为《智库理论与实践》，发文量为406；其次为《智库时代》《人民论坛》《社会科学文摘》《中国发展观察》。图书情报档案学相关期刊发文量最多的为《情报杂志》,为 98 篇;发文量排在前 20 位的期刊还包括《图书情报工作》《图书馆工作与研究》《情报理论与实践》。

(四) 国内有关智库文献基金分布分析

根据表 3-3,发表智库文献最多的基金为国家社会科学基金,共发表 368 篇。发文量排在前 4 位的都为国家级基金,表明国家层面十分重视智库研究。在发文量排在前十位的基金中,江苏省是立项有关智库研究基金最多的地方政府,共 48 篇。

表 3-3   国内有关智库文献基金分布 (前 10 位)

基金	数量	基金	数量
国家社会科学基金	368	中国博士后科学基金	25
国家自然科学基金	54	山西省软科学研究项目	21
教育部人文社会科学基金	50	江苏省社会科学基金	21
全国教育科学规划基金	48	黑龙江省社会科学基金	17
江苏省教育厅项目	27	吉林省教育科学规划基金	17

(五) 国内有关智库文献机构分布分析

发文量最多的中国人民大学,发文 132 篇。发表论文最多的 10 家机构中,有 8 个为大学;只有 2 个为研究机构,分别为中国科学院科技战略咨询研究院和国务院发展研究中心。具体情况见表 3-4。

表 3-4   国内智库文献机构分布 (前 10 位)

机构	数量	机构	数量
中国人民大学	132	中国科学院大学	59
南京大学	117	北京大学	56

续表

机构	数量	机构	数量
武汉大学	66	中国科学院科技战略咨询研究院	51
吉林大学	63	华中师范大学	48
清华大学	63	国务院发展研究中心	47

(六) 国内有关智库文献作者分布分析

根据表3-5，发文量排在前十位的作者中来自中国人民大学重阳金融研究院的王文最多，共发表47篇；排在前十位的作者中，李刚、卓翔之、任福兵、曹如中均为图书情报学科学者。

表3-5　　　　　　国内有关智库文献作者分布（前10位）

作者	数量	作者	数量
王　文	47	李　伟	13
李　刚	39	朱旭峰	13
卓翔之	15	王莉丽	12
任福兵	14	柏必成	12
曹如中	14	张志强	12

(七) 国内有关智库文献高被引分布分析

薛澜在2014年发表于《中国行政管理》的《智库热的冷思考：破解中国特色智库发展之道》是有关智库研究的最高被引文献，被引用次数为211。高被引文献发表于《中国行政管理》最多，为2篇。排在高被引前十位的文献中，图书情报学科只有黄如花教授等2015年发表于《图书馆》的《面向新型智库建设的知识服务：图书情报机构的新机遇》，见表3-6。

表 3–6　　国内有关智库文献高被引分布（前 10 位）

文献	作者	期刊	年度	被引次数
《智库热的冷思考：破解中国特色智库发展之道》	薛澜	《中国行政管理》	2014	211
《美国智库的"旋转门"机制》	王莉丽	《国际问题研究》	2010	188
《中国智库影响力的实证研究与政策建议》	李凌	《社会科学》	2014	183
《构建中国特色新型智库研究的理论框架》	朱旭峰	《中国行政管理》	2014	182
《中国智库的基本问题研究》	徐晓虎 陈圻	《学术论坛》	2012	143
《建设中国特色新型智库：实践与总结》	胡鞍钢	《上海行政学院学报》	2014	141
《面向新型智库建设的知识服务：图书情报机构的新机遇》	黄如花 李白杨 饶雪瑜	《图书馆》	2015	139
《国际智库发展趋势特点与我国新型智库建设》	张志强 苏娜	《智库理论与实践》	2016	137
《高校智库服务政府决策的逻辑起点、难点与策略——国家治理能力现代化的视角》	文少保	《中国高教研究》	2015	135
《我国高校智库建设相关问题及对策研究》	秦惠民 解水青	《中国高校科技》	2014	133

（八）国内有关智库文献研究主题分析

与关键词"智库"共现且具有较高中介中心性的词还有"思想库""决策咨询""中国特色""智库建设"等。根据关键词共现图谱，2016 年以前研究主要围绕"智库""思想库""中国特色"等概论性主题以及"布鲁金斯学会""美国智库"等介绍性主题，多为理论研究；2016 年以后，"研究成果""专家人才""智库管理体制""组织工作""公共政策""科技创新"等几个关键词较为突出，表明学界开始注重实践研究。

研究主题大致可分为三个层次：国外智库介绍与理论研究（中国特色新型智库、中国机构、思想库、高校智库、科技智库、评价体系等），智库内部运行机制建设（战略管理、战略驱动、互动关系、激励机制等），智库职能建设和营运模式（决策咨询、信息服务、数据服务、全球治理、服务模式、知识管理、科技创新、公共政策、智能决策等）。

综上所述，虽然我国智库研究与西方相比起步较晚，但新时期中国智库发展进入了"快车道"，智库研究也迎来了蓬勃发展的新阶段。从时间维度来看，2016年是中国智库研究的转折点，受政策影响，项目数量增多，2016年以后文献数量几何式增长。从内容维度来看，我国智库研究已经从国外智库介绍和理论研究转变为中国特色新型智库研究，并转向智库影响力及其评价指标体系研究、智库独立性的系统研究，以及新型智库在知识管理流程、知识服务内容等方面的创新发展研究。[①] 从学科维度分析，主要集中在图书情报学、教育学、社会学等学科，高被引文献和高产作者也多来自上述几个学科。

二 国内文献信息机构服务智库研究现状

（一）国内文献信息机构服务智库研究初期

本书通过中国知网、万方、维普等网站对2016年以前文献信息机构服务智库方面的研究进展情况进行了查阅，并做以下简单梳理。

1. 思想库建设功能研究

图书情报机构由于承担文献信息资源的存储开发职能，与智库有着密切的联系，智库的可持续发展离不开信息资源的支持。因此近年国内图书情报领域的专家学者对图书情报机构如何参与智库建设、开

---

① 石丽、秦萍：《基于CSSCI文献分析的国内智库研究知识图谱和进展述评》，《南京航空航天大学学报》（社会科学版）2019年第3期。

展智库服务展开了深入的研究和探讨。

最早将智囊团和图书馆联系起来的论文是杨彪在1989年发表的《智囊团与高校图书馆领导体制》，他提出要在高校图书馆领导体制中设置智囊团来充当图书馆的参谋机构，为图书馆领导的决策提供选择方案。20世纪90年代初期，部分学者认为图书馆凭借人才密集、数据密集的优势，应建立思想库并发挥智囊团的作用。陈学艳提出："作为情报和信息密集的图书馆应增强参与意识，为党政机关决策服务，发挥智囊团作用"[1]。上海社会科学院信息研究所王世伟认为，图书馆应"对信息进行分析研究，向社会提供各类咨询服务"，以发挥图书馆思想库的作用。[2] 中国科学院成都文献情报中心的萧国华认为，"图书情报机构要根据自身特点，联合其他科研机构，担当起建设思想库的任务，培养和发挥机构整体的核心能力"[3]。也有学者提出，图书馆应为本地企业提供智库服务，如黄唯认为，"高校图书馆应高度重视并有效聚集图书馆'智库'功能，通过深化信息服务工作，通过提供文献传递、企业咨询、专题讲座、行业研究、市场调研等服务，在为本地企业的生存与发展提供'智库'支持，最大限度地满足企业对信息情报的获取和使用，使企业在市场竞争中赢得最大竞争优势的同时自身也获得一定的经济效益，促进高校图书馆自身的可持续性发展。"[4]

2. 情报工作在智库中的前端作用研究

随着"智库"一词的兴起，2010年后更多学者逐步探索图书情报

---

[1] 陈学艳：《县（市）公共图书馆应发挥智囊团作用，为领导决策服务》，《图书馆学研究》1990年第1期。

[2] 王世伟：《建立思想库是当代图书馆管理与服务的重要思想》，《图书馆杂志》1998年第4期。

[3] 萧国华：《建设思想库——对图书情报机构发展的思考》，《四川图书馆学报》1998年第5期。

[4] 黄唯：《发挥高校图书馆的智库功能　推进本地企业发展》，《图书情报工作》2011年增刊第1期。

机构在智库建设中提供的支持和发挥的作用。图书情报界的很多专家学者认为，图书情报机构是智库的信息服务平台，应该在智库研究中发挥前端作用。

王世伟以上海社会科学院信息研究所为例，从社会科学院系统的信息研究和服务机构如何发挥智库中情报工作的独特作用，如何将情报工作在智库的前端效能凸显出来，如何发挥好智库之智库的情报功能等方面论述了情报工作在智库中的前端作用。[①] 浙江省社会科学院吴育良从图书情报机构是智库的信息基源、是智库的信息服务平台、具有对智库报告进行效果评价的功能这三个方面论述作为智库信息资源提供者和管理者的图书情报机构如何在智库研究中发挥前端作用。[②]现在不少单位对智库进行考核时采用的就是吴玉良提到的"文献信息机构通过引用率、被引频次、影响因子、他引率等指标对智库的报告加以分析，来评价智库报告的效果，实现对智库报告的效果的评价功能"[③]。杨蔚琪通过研究党校智库建设，提出"图书馆的角色和服务定位都要因智库理念而转变"，并通过创新知识服务的内容和形式"为'思想库'和'智囊团'作用的发挥提供信息和智力支持"，包括建立智库用户档案、建设专题数据库、为智库用户创建学习空间、以智库建设为契机完成馆员的转型升级、开展成果评价推广、搭建智库联盟的信息平台。[④]

刘爱华从研究党校图书馆在党校智库建设中的作用出发，认为"图书馆是智库的组成部分，为智库提供情报支持、智力支撑和知识保障等方面的服务，发挥信息源和信息服务窗口的前端支持作用，与其他机制体系建设共同推进，保障和促进党校行政学院智库的繁荣与发

[①] 王世伟：《试析情报工作在智库中的前端作用——以上海社会科学院信息研究所为例》，《情报资料工作》2011年第2期。
[②] 吴育良：《图书情报机构在智库中的前端作用》，《图书情报工作》2012年第S2期。
[③] 吴育良：《图书情报机构在智库中的前端作用》，《图书情报工作》2012年第S2期。
[④] 杨蔚琪：《现代智库建设视域下党校图书馆的服务创新研究》，《现代情报》2014年第9期。

展。图书馆要主动嵌入智库科研课题与项目，提供更加具有针对性、专业性、个性化的知识服务"①。闽江学院图书馆王凤满在对我国高校图书馆开展智库型服务现状进行总结和分析的基础上，"分析高校管理层、高校科研团队、当地政府部门以及企业等的智库型服务需求，构建高校图书馆智库型服务体系"②。

3. 基于转型的信息服务研究

处理好图书情报机构与智库的关系，找准图书馆在智库建设中的新定位，有助于顺利开展智库服务。很多学者提出在智库建设中找准定位，转型智库服务。张燕蕾是较早对图书馆在智库建设中的新定位问题进行研究的。她认为，"图书馆拥有丰富的文献信息资源等优势，在当前知识经济时代应抓住机遇，通过建立的信息服务中心，利用多学科专家资源，提供多种决策咨询服务，全面开展智库服务"③。上海海事大学吕长红等学者认为，高校图书馆服务要适应时代的需求，保持竞争力，必须向信息智库进行转型；并以上海海事大学图书馆为例，从定位原则、资源构建、服务构建、机制构建和影响力拓展等方面研究了高校图书馆信息智库构建路径，以便提高高校图书馆的软实力。④他们提出，"高校图书馆必须积极分析自己的优势并加以充分发挥，积极向智库的个性化服务转型，建立机构信息服务中心，加快资源的共享和流通"⑤。王红通过探索图书情报机构利用自身优势向新型的智库模式转型，提出图书馆应"基于智库理念开展咨询服务和机构知识库服务，并从加强智库参与制度化、培养智库服务团队、积累数据助推

---

① 刘爱华：《智库建设背景下党校图书馆服务转型思考》，《中共福建省委党校学报》2015年第12期。
② 王凤满：《我国高校图书馆智库型服务体系研究》，《图书情报工作》2015年第23期。
③ 张燕蕾：《智库：图书馆发展的新机遇》，《图书馆学研究》2009年第11期。
④ 吕长红、陈伟炯、梁伟波等：《高校图书馆信息智库构建研究——以上海海事大学图书馆为例》，《新世纪图书馆》2014年第2期。
⑤ 吕长红、陈伟炯、梁伟波等：《高校图书馆信息智库构建研究——以上海海事大学图书馆为例》，《新世纪图书馆》2014年第2期。

智库、打造高端发布平台、强化学科交叉这5个切入点支持智库建设"①。贺晓勇、侯冬尽通过研究提出，"公安高等院校图书馆在服务新型公安智库中必须明确以下三种角色：一是文献信息情报保障者，二是智库成果收集保存者，三是智库产出成果传播者"②。沈娟以北京电影学院为例，研究了艺术高校图书馆可提供转型智库的服务方式，主要有"对艺术高校图书馆用户进行行为分析、艺术信息内容的整合、艺术高校图书馆联盟的建立、艺术信息素养教育、'真人图书馆'与微课服务等"③。黄如花等学者在分析图书情报机构服务新型智库的可行性的基础上总结出直接提供智库服务、知识咨询服务、情报技术支持、信息计量服务、智库成果复用的五种服务智库的途径。④ 也有小部分学者仍沿用思想库的提法，如赵婧文通过研究大数据思维及技术应用对推动党校思想库建设的作用，提出"以'文献'为主导并兼以'信息'为主导的服务模式是图书馆当前服务思想库建设的主要路径"⑤。但随着"智库"一词越来越火，大部分学者用"智库"代替了"思想库"。

4. 智库、高校、科研机构的学术资源共享研究

一些学者致力于探讨智库、高校、科研机构的学术共享机制，认为在信息化社会的大环境下，各类信息机构应充分利用各自优势，通过各种途径开放学术资源。

南京大学杨友清等基于智库理念，对图书馆知识库服务模式和咨询服务模式进行研究后认为，在信息化社会，图书馆要寻求新的发展

---

① 王红：《图书情报机构在国家智库建设中的使命担当与服务创新》，《图书情报工作》2015年第14期。
② 贺晓勇、侯冬尽：《公安智库：大数据时代公安院校图书馆转型的新机遇》，《公安教育》2015年第12期。
③ 沈娟：《浅议艺术高校图书馆转型智库服务的举措——以北京电影学院为例》，《教育教学论坛》2015年第36期。
④ 黄如花、李白杨、饶雪瑜：《面向新型智库建设的知识服务：图书情报机构的新机遇》，《图书馆》2015年第5期。
⑤ 赵婧文：《知识服务：大数据背景下图书馆助力党校思想库建设的路径选择》，《中国管理信息化》2015年第22期。

机遇。智库在决策咨询中起了很大的作用,图书馆可以借鉴智库的工作特点,"利用馆藏优势,向智库咨询服务模式转型;使智库、高校、科研机构的学术资源能够开放获取并得到共享;保持机构知识库的活力;开展定题推送服务,进行成果推销"①。

5. 个性化信息的定制与推送研究

钱茜认为"'智库'对文献信息体系建设有前瞻性、宏观性、战略性、时效性的基本要求",提出了"文献信息体系建设为'智库'提供一站式服务、个性化信息服务"等对策。② 吴育良等学者以社会科学院图书馆为例,基于智库理念的图书馆信息服务,提出"信息服务不仅限于文献资料采集、信息检索与信息分析、个性化信息的定制与推送,还应扩大至智库成果的推广与评价,以影响社会政治、经济和文化意识形态"③。为更好地开展个性化、知识化服务,很多文献信息机构针对不同服务对象专门设置了不同服务层次的参考咨询部门,有为重点科研、教育、生产单位和社会公众服务的参考咨询部,以及为中央党政军立法决策服务的立法决策部等,可为相关机构提供个性化定制服务。

6. 对国外智库的中国研究信息和成果进行收集整理

随着中国国际影响力的提升,国外各大智库对中国问题的研究步伐日渐加快。当代中国已经成为国外各知名智库研究和关注的焦点,其成果直接影响到各国政府的相关决策和社会舆论。国家图书馆李嘉、卢海燕认为,国外智库中国研究的信息和成果对我国立法与政府决策具有重要参考价值。对国外智库的中国研究信息和成果进行收集整理,

---

① 杨友清、陈雅:《基于智库理念的图书馆咨询服务模式研究》,《图书馆杂志》2012年第10期。
② 钱茜:《文献信息体系建设为"智库"服务的对策初探》,《科技情报开发与经济》2010年第31期。
③ 吴育良、潘志良、韩松林:《基于智库理念的图书馆信息服务研究——以社科院图书馆为例》,《情报资料工作》2014年第3期。

把对国外智库的研究成果运用到决策参考服务中，对于承担决策服务职能的图书馆来说，这既是应为之事，也是可为之事。[①] 国内学术界也开始重视这一趋势，着手搜集、追踪、分析国外智库关于中国研究的进展情况。

7. 构建专业数据库和检索平台

很多文献研究都在探讨文献信息机构为智库提供信息服务的具体做法，尝试通过建立或合作建立支撑智库研究的数据库及知识组织与知识管理系统平台，为智库机构和智库研究提供直接的、专门的文献保障与资源支撑。

2011年1月1日上线的由中国社会科学院主办、中国社会科学杂志社承办的中国社会科学网是高水平马克思主义理论宣传网，以"打造全球最大的哲学社会科学网络平台""成为中国哲学社会科学优秀成果的高端发布平台、全球学术资讯的权威集散地、中国学术走向世界的重要桥梁、主流意识形态的传播阵地"为建设宗旨。2014年，中国社会科学网入选中共中央网络安全和信息化委员会办公室公布的《互联网新闻信息稿源单位名单》，设置资讯、学科、综合和互动四大版块，开设54个频道、1300余个栏目，开办论坛、博客、微博，开通安卓和iPad等移动客户端，吸引学者开设自媒体平台，全面发挥学术互动功能，目前已成为国家级社会科学学术研究网、特大型国内外综合信息网。

（二）国内文献信息机构服务智库研究的快速发展期

党的十八大以来，党中央高度重视发挥智库在科学决策、民主决策中的作用，要求加强中国特色新型智库建设，中国智库建设突飞猛进，已成为目前世界上智库数量排名前三的国家。

2019年1月31日，由美国宾夕法尼亚大学"智库研究项目"

[①] 李嘉、卢海燕：《论国外智库的中国研究对我国政府决策以及决策服务的参考价值》，《情报资料工作》2013年第3期。

（TTCSP）研究编写的《全球智库报告2018》在纽约、华盛顿及北京等全球100多个城市发布。报告根据全球智库综合排名、分布区域、研究领域和特殊成就四大类别，共列出了51个分项榜单，中国智库上榜39项，成绩斐然。该报告显示，2018年中国拥有507家智库，位居世界第三。但这507家智库并不是我国现有智库的全部，还有很多智库没有被计算在内。据最新公布的《全球智库报告2020》显示，2020年，TTCSP全球智库数据库列出的所有智库中，亚洲超过了一直稳居第一的欧洲，成为智库数量最多的区域，共计3389家（占30.3%）。欧洲和北美洲智库数量较2019年也有所增加，分别为2932家（占26.2%）和2397家（占21.4%）。与此同时，中南美洲、撒哈拉以南非洲地区、中东以及北非的智库数量较2019年有所增长，分别为1179家（占10.6%）、679家（占6.1%）以及599家（占5.4%）。从国别来看，美国仍以2203家的数量遥遥领先，是全球拥有智库机构最多的国家。中国以1413家智库位居第二。中国现代国际关系研究院、中国社会科学院、清华—卡内基全球政策中心、国务院发展研究中心、中国国际问题研究院、全球化智库（CCG）、北京大学国际战略研究院（IISS）、上海国际问题研究院等8家中国智库连续三年入选全球百强智库榜单。其中，CCG上升12位，在14个榜单中获得高度认可，并在2020年全球顶级智库百强榜单中名列第64位，是入选全球百强榜单的唯一社会智库，也是百强榜单中排名上升幅度最大的中国智库。

据《光明智库》2017年发布的《中国智库索引来源智库名单（2017—2018）》显示，中国智库机构共计454家，共分9大类，分别为党政部门智库66家、社科院智库46家、党校行政学院44家、高校智库254家、军队智库6家、科研院所智库24家、企业智库2家、社会智库36家、媒体智库11家。

新型智库要具备为党和政府决策提供创新性咨询与服务的能力，需要在理论、实践、制度、文化层面率先创新。图书情报部门一直是智库研究所需重要信息资源的收集、组织、保存、服务机构，其情报信息保障工作是否到位，直接影响着智库能否健康、高效地发展。如何提高为智库提供情报信息服务的能力，是文献信息机构迫切需要解决的问题。

1. 国内文献信息机构服务智库研究的知识图谱分析

本书基于知网数据，对我国文献信息机构服务智库文献进行系统分析，以期为信息服务机构更好地服务智库建设提供参考。

（1）检索途径的确定

选择"主题检索"作为检索途径。中国知网提供了主题、关键词、篇名、作者、摘要、全文等多种检索途径，我们选择主题检索，是基于以下两点考虑。

第一，检索得到的文献结果较非主题词检索全面和准确。主题词的这种检索优势通过主题词智能检索系统实现。

第二，知网支持主题词模糊查询，提供若干主题词以便选择，在主题词项输入检索词，匹配选择"模糊"，可得到包含检索词词素的所有主题词，选择所需主题词进行检索。

（2）检索时间范围的确定

从2016年开始，中国智库建设进入快速发展阶段，涌现出众多的智库，包括党政军及社会科学智库、高校智库、科研智库、单位和企业智库以及民间智库等，而智库建设情报服务研究也已经受到学界的广泛关注，研究力量得到了显著加强。因此我们将后续检索范围确定在2016年1月1日至2021年6月15日，并从中国期刊网全文数据库（CNKI）选取相关文章进行研究。

（3）主题词的确定

如果单独以"智库"为主题词进行检索，结果中包含了大量的新闻、宣传类非学术性文章，这和我们的目标有一定偏差。经过仔细调整，最终把"智库+信息服务"作为主题词，先对研究状况做整体可视化分析；然后再分别以"智库+情报机构""智库+信息机构""智库+图书馆""智库+档案馆""智库+信息中心"为主题词分析相关文献研究状况，共检索出824篇相关文献。

（4）知识图谱分析

知识图谱作者的分布情况能帮助我们识别该领域的高产作者和核心作者群。在高产作者中哈尔滨商业大学图书馆的赵雪岩发表了9篇相关论文，为最多；核心作者群中形成了以张冬梅为核心的团队。机构中哈尔滨商业大学图书馆发表17篇论文，为高产机构；排名前五的高产机构还有黑龙江工程学院图书馆、北京大学信息管理系、吉林大学图书馆、黑龙江大学信息管理学院。

根据关键词和主题分布情况能大致了解该领域当前与过去的热点的不同，了解新的研究热点，有助于把握该领域的发展前沿和关注点，对开展相关研究有着重要的指导意义。主题词排在前三位的是高校图书馆、图书馆、信息服务。这说明在智库建设过程中，作为情报保障机构的图书馆与情报机构的作用已经得到各方的认可，在进行该主题研究时，研究者自然会将图书馆和高校图书馆与智库情报保障联系起来。

从次要主题分布情况可以看出，智库服务排在第一位。学界在智库建设过程中对图书馆等信息机构的定位有两种讨论，一种是完全转型，彻底智库化；另一种是拓展转型，在原有职责基础上，拓展新的服务内容，提升服务层次。[①] 最初学界认可第一种定位的较多，但目前学界基本认可第二种定位，即为智库提供服务。

2. 国内文献信息机构服务智库研究的内容分析

图书情报部门作为文献资料收集、整理、保存及传递的重要场所，是智库获取知识的重要途径，在智库研究中起着基础资源保障作用。

我们首先选定要检索的信息服务机构类型。

信息服务机构按组织形式可以分为以下几种主要类型：情报（信

---

① 秦利、王新、高丽等：《从信息服务机构到智库——国防科技信息机构转型思考》，《情报理论与实践》2016年第9期。

息）研究机构系统、图书馆机构系统、档案管理机构系统、信息咨询机构系统。① 这些信息服务机构是我国信息服务业的基础。

另一种分类方式，"信息服务机构可分为公共信息服务机构和盈利信息服务机构两类。公共信息服务机构包含图书馆、情报机构、档案机构和教育机构；盈利信息服务机构包含出版机构、咨询机构和传播机构"②。

根据我们课题研究的主要内容，选取从事文献信息服务的机构作为检索主题，主题词为"情报机构""信息机构""图书馆""档案馆"。

（1）情报机构与智库服务研究

关于情报机构与智库服务研究，我们共检索出170篇相关论文。

主要研究主题分布：智库建设41篇，图书情报机构26篇，科技情报机构18篇，新型智库16篇，情报机构13篇。

主要文献来源：情报理论与实践17篇，情报科学11篇，情报杂志9篇，中国科技资源导刊7篇，智库理论与实践6篇。

发文最多的作者：中山大学黄晓斌5篇，北京市科技情报所李辉5篇，上海工程技术大学曹如中4篇，吉林大学张一4篇，解放军军事科学院贾琳4篇。

被引最多的文章：

李纲、李阳《面向决策的智库协同创新情报服务：功能定位与体系构建》（《图书与情报》2016年第1期）被引73次，是国家社会科学基金重大项目、武汉大学博士研究生自主科研项目（重点）、教育部人文社会科学研究青年基金项目研究成果之一。文章总结了协同创新视角下智库情报服务的三大功能定位；立足大数据背景下的智库情报服务内容与形式，重视智库协同化情报服务的新"人文价值"，实现工

---

① 王勇：《传统信息服务机构开展网络信息服务初探》，《科技情报开发与经济》2004年第11期。

② 郑荣、肖雪婷：《公共信息服务机构主导的竞争情报服务联盟构建研究》，《情报科学》2015年第8期。

程化思维下智库情报服务模式的基本目标。①

陆雪梅《高校图书馆服务新型智库建设的思考》(《图书馆学研究》2016年第8期)被引63次。文章从新型智库建设的角度，剖析了图书馆服务高校智库建设的可行性，在此基础上，提出推进高校图书馆参与新型智库建设的对策与建议。②该文章是教育部人文社会科学研究规划基金项目研究成果之一。

费晶《面向新型智库建设的高校图书馆服务与发展研究》(《图书与情报》2017年第1期)被引44次，文章指出，大数据时代的到来和新型智库建设的内在要求，为高校图书馆的智库服务提出新要求，开展知识支撑、知识咨询、知识传播、知识评价服务成为高校图书馆面向新型智库建设的新的知识服务增长点。

从基金分布看：国家社会科学基金20项，教育部人文社会科学研究项目4项，国家自然科学基金4项。

除高校图书馆相关研究项目比较多之外，值得一提的还有科研系统的研究成果。

笔者在国家社会科学基金项目研究成果之一的论文《社会科学院图书情报机构服务智库研究》中认为，应将"情报思维"+"工匠精神"作为社会科学院图书情报机构服务智库的新理念，充分利用现代信息技术，通过"互联网+"赋能图书情报机构进行信息采集和服务，尤其是在建立人类命运共同体的大环境下，应通过建立信息联盟促进社会科学院图书情报机构对智库服务质量的提升。

北京市科学技术情报研究所刘如《面向智库转型的科技情报机构知识服务体系构建》是2017年度国家社科基金重大项目"情报学学科建设与情报工作未来发展路径研究"成果之一，文章介绍了目前国内

---

① 李纲、李阳：《面向决策的智库协同创新情报服务：功能定位与体系构建》，《图书与情报》2016年第1期。

② 陆雪梅：《高校图书馆服务新型智库建设的思考》，《图书馆学研究》2016年第8期。

情报机构向智库转型的趋势,基于"互联网+"环境下智能生态的知识服务新范式,通过对国内外相关研究的梳理,构建了面向智库转型的科技情报机构知识服务体系;提出了基于知识组织、知识管理、知识流动、知识服务4个维度展开,由网络层、数据层、团队层、产品层、服务层和用户层6个层级相连,由技术职称人员、情报分析人员、行业专家、客户4种主体参加的知识服务组织结构;最终为政府和企业提供具有前瞻性、时效性和专业化的情报服务。[1]

(2) 图书馆与智库服务

图书馆由于承担文献信息资源开发的职能,与智库有着天然的联系,因此国内学者对不同类型的图书馆如何参与智库建设、开展智库服务的研究成果丰富。如果只用"智库+图书馆"为主题检索,偏离我们研究目的的结果比较多;因而根据我们的研究目的,确定"智库+图书馆+信息服务"为主题检索,最终检索到237篇文献。

主要主题分布:高校图书馆62篇,图书馆53篇,智库建设36篇,信息服务33篇,新型智库24篇。

主要文献来源:图书馆工作与研究18篇,图书馆学刊16篇,河南图书馆学刊13篇,图书馆学研究8篇,图书情报工作8篇。

主要学科分布:图书情报与数字图书馆216篇,管理学15篇,计算机软件及计算机应用10篇,财政与税收3篇,医学教育与医学边缘学科3篇。

发文最多作者:黄长伟4篇,张冬梅4篇,黄晓斌3篇,张旭3篇,乔红丽3篇。

被引最多文章:陆雪梅《高校图书馆服务新型智库建设的思考》被引63次,黄晓斌《地方文献与地方特色新型智库建设》被引52次,张旭《高校图书馆智库信息服务模式研究》被引34次。

---

[1] 刘如:《面向智库转型的科技情报机构知识服务体系构建》,《农业图书情报学刊》2018年第1期。

机构分布：吉林大学9篇，哈尔滨商业大学7篇，中国科学院文献情报中心6篇，南京大学6篇，徐州医科大学6篇，黑龙江省社会科学院4篇。

基金分布：国家社会科学基金13篇，江苏省教育厅人文社会科学研究基金5篇，教育部人文社会科学研究项目4篇，广东省哲学社会科学规划项目3篇，黑龙江省哲学社会科学研究规划项目2篇。

(3) 档案馆与智库服务

检索结果29条，去掉不相关6篇，剩余23篇。

主要主题分布：智库建设6篇，图书情报工作3篇，档案机构2篇，档案馆2篇，档案工作2篇。

主要文献来源：图书情报工作3篇，档案与建设3篇，黑龙江档案2篇，湘潭大学2篇，浙江档案2篇，档案管理2篇。

学科分布：档案及博物馆22篇，计算机软件及计算机应用5篇，图书情报与数字图书馆3篇。

机构分布：上海大学2篇，黑龙江大学2篇，湘潭大学2篇，郑州大学2篇，南京审计大学1篇。

被引最多文章：金波、晏秦《数据管理与档案信息服务创新》，被引30次。该文阐释了数据管理的内涵和特征，分析了数据管理对档案信息服务的影响，研究探索了数据管理背景下档案信息服务的创新内容，包括数据化服务、精准式服务、一站式服务、知识化服务和智库型服务等。[1]

基金分布：河南省哲学社会科学规划项目1项，国家档案局科技项目1项。这两项基金均属李宗富、杨莹莹、王晓燕团队的《综合档案馆参与国家智库建设的SWOT分析与策略选择》（2021年）。它既是国家档案局科技项目"国家综合档案馆公共服务能力评估指标体系构建及实证研究"，也是河南省哲学社会科学规划项目"河南省各级综合档

---

[1] 金波、晏秦：《数据管理与档案信息服务创新》，《档案学研究》2017年第6期。

案馆公共服务能力评估及提升策略研究"阶段性研究成果。作者运用 SWOT 方法深入分析综合档案馆参与国家智库建设的内部优势、劣势以及面临的外部机会和威胁,并对其发展策略等进行分析和选择,以期为综合档案馆拓展服务功能和社会职能,不断提升其公共服务能力和水平提供参考和借鉴。①

(4) 信息机构与智库服务

经检索,得到 22 篇相关成果。

主要主题分布:新型智库 4 篇,信息资源保障体系 3 篇,信息服务 3 篇,国防科技信息 2 篇,政府决策咨询机构 2 篇。

主要文献来源:《现代情报》2 篇,《情报理论与实践》2 篇,《图书情报导刊》2 篇,华中师范大学 2 篇,云南大学 1 篇。

学科分布:图书情报与数字图书馆 8 篇,管理学 5 篇,行政学及国家行政管理 3 篇,科学研究管理 2 篇,计算机软件及计算机应用 2 篇。

机构分布:山东理工大学 2 篇,黑龙江省社会科学院 2 篇,华中师范大学 2 篇,山东社会科学院 1 篇,天津市科学技术信息研究所 1 篇。

基金分布:国家社会科学基金 2 篇,吉林省科技发展计划项目 1 篇,中央高校基本科研业务费专项资金项目 1 篇。

三 国内文献信息机构服务智库研究评述

(一) 对文献信息机构智库服务的理论阐述逐步完善

在我国新型智库建设过程中,文献信息服务机构以及图书情报界的学者积极从智库视角探讨文献信息机构的智库功能,并提出积极参与智库建设是各类图书情报机构发展的新机遇。

大多数学者对文献信息机构智库建设服务的含义阐述大致相同,即文献信息机构助力智库建设,为智库建设提供基础性辅助性服务,

---

① 李宗富、杨莹莹、王晓燕:《综合档案馆参与国家智库建设的 SWOT 分析与策略选择》,《山西档案》2021 年第 2 期。

只能为智库提供信息服务。如：吴建中指出图书馆智库服务属于参考咨询工作，按照图书馆行业的惯例，参考咨询服务主要是提供资源、提供线索和提供指导，即使是各国议会图书馆或美国国会图书馆研究服务部也没有超出这样的范围。江西省科学院科技战略研究所王秋林认为，我国的地方公共图书馆、地方高校图书馆和各级地方科研情报机构等由各部门领导的信息机构作为地方文献收集、整理、保存及传递的重要场所，是地方智库获取信息的重要渠道，在地方智库研究中占据重要地位。吉林大学图书馆田燕妮认为，高校图书馆具有"智库功能"，但不能成为"智库"机构。

少数学者从文献信息机构具有"知识库""信息中心"的功能这一角度进行了探讨研究，并提出文献信息机构可将自身打造成智库的观点。

陕西省科学技术情报研究院任佳妮针对我国科技智库建设现状，从"抓战略""抓规划""抓政策""抓服务"四方面提出了以科技信息服务机构为支撑的陕西省科技智库构建方案。广东省科技图书馆（广东省科技信息与发展战略研究所）魏东原以广东省科技图书馆转化为智库机构为例，从广东省科技图书馆的发展定位、资源构建、服务构建、机制构建等方面对区域科技智库发展提出建议。

（二）高校图书馆智库服务研究文章占比最大

高校智库在我国智库建设中占有重要地位。2018年中国智库索引（CTTI）共收录706家智库，其中高校智库数量增长最快，共441家，占62%。2020年经专家严格审议和评定，又选出99家增补智库，其中高校智库92家。另据《中国经济周刊》统计，目前我国高校智库约为700个，这些智库主要集中在"211工程"及"985工程"高校。简单计算，入围CTTI的高校智库在全国高校智库中占36.4%。[1] 我国对于

---

[1] 王红茹：《高校智库建设是否"过热"？》，《中国经济周刊》2017年第1期。

高校图书馆服务于智库的模式,在理论、整体框架及企业信息需求等方面有着较为成熟的研究。从文献成果数量上看,高校图书馆智库服务研究文章排在第一位,其次是社会科学院(情报所)所属图书馆(信息中心),而各级公共图书馆研究成果相对不多。"虽然有一些公共图书馆已经直接或间接参与了国家新型智库建设,比如国家图书馆、上海图书馆、湖南图书馆、深圳图书馆等,但多数公共图书馆受制于人才、经费和管理等现实困境,对参与智库建设的认识不足。"[①]

(三) 文献信息机构智库服务体系和平台构建研究相对不足

大多数文献研究都是探讨文献信息机构为智库提供信息服务的具体做法,而关于智库服务体系建设的研究成果较少。

吉林大学张旭认为,高校图书馆智库型服务体系构建应遵循一定原则,保障体系构建科学合理、符合实际,具有一定的适用性,以便各高校图书馆能够根据实际情况灵活应用;应具有前瞻性,反映出高校图书馆智库服务的发展方向;要可操作、可执行,有实用价值;要具有系统性,能够客观全面地反映高校图书馆智库服务的实际情况;应遵从共建共享原则。陕西省图书馆胡晓梅认为,省级公共图书馆应充分发挥地域优势,加强与智库机构线上线下的合作交流,建立良好沟通协作机制,提高智库网络资源的积累和储备。河北大学图书馆孙建红认为,应利用高校图书馆学术及人才优势,引入智能化的服务平台以及现代化的科学技术来服务公众,并借此进一步完善高校图书馆自身的功能。笔者认为,社会科学院信息机构应通过独立或合作建立支撑智库研究的数据库及知识组织与知识管理系统平台,为智库机构和智库研究提供直接的、专门的文献保障与资源支撑。哈尔滨商业大学校黄长伟认为,应加强馆藏特色资源建设,建立信息共享平台,加快构建高校机构知识库,构建信息保障协同创新机制,建立以属地高

[①] 陈贝:《公共图书馆智库建设冷思考》,《智库时代》2019年第20期。

校图书馆为依托的智库联盟。

(四) 大胆探索服务路径和策略

大多数文献都提出应充分借助图书馆文献资源和固有信息服务优势，开发相应的智库服务，协调好各机构、部门乃至本系统内和系统外的有效合作，与信息需求者加强沟通，努力帮助智库进行调研和分析，帮其准备好相关报告，为智库撰写决策咨询建议做好前期准备。

哈尔滨商业大学赵雪岩认为，高校图书馆可利用自身的资源优势，合作开展原生数字资源建设工作，为智库提供更加广泛全面的信息资源。浙江省社会科学院吴育良认为，基于智库理念的信息服务要求社会科学院图书馆的信息资源采集内容、信息服务模式都根据智库理念而转变，要深入分析智库用户的信息需求，合理分配信息资源，开发公众、议题、决策三种不同指向信息的服务模式，适时地向社会推广和发布研究成果。南京图书馆丁祖峰认为，公共图书馆要明确在政府智库建设中的角色定位，与政府相关部门建立长期服务关系，顺应数字化趋势，打造具有地方特色的资源库，改变服务模式并拓展服务功能，充分发挥团队的作用，提高专业队伍的服务水平，构建多馆合作、共建共享的服务机制。

随着智库重要性的提升，各国学者开始重视智库的相关研究，涉及多个学科和领域，成果影响力也越来越大。文献信息机构是智库研究不可缺少的重要部门，智库研究也受到了图书情报学科学者的关注，国内文献信息机构为智库发展起到了积极的推动作用。

智库的可持续发展离不开信息资源的支持。孟巍在《图书情报机构对国家智库建设的支持研究》一文中认为，进入大数据时代，数据信息呈几何式增长，数据类型朝着多元化方向发展，交叉文献大量出现，质量差别较大，给很多研究人员利用文献带来不便。最有效的解决办法就是借助文献信息机构对海量数据进行分析与梳理，确保智库研究人员可以更加便捷地获取所需信息资源。① 这对文献信息机构的服务能力提出了新要求。目前，中国新型智库对专家资源建设尤为重视，但对信息资源建设却存在建设不足乃至普遍忽视的问题。因此，需要通过不断完善相关理论研究，并借鉴发达国家智库发展经验，构建完整的中国特色新型智库信息服务支撑体系。

要加强情报服务方式与服务手段创新性研究。"应重视不断创新服务方式与手段，着重研究如何将具体的服务项目与建立服务体系结合起来；如何把无条件服务的宗旨与合理约束智库研究人员期望的策略结合起来，利用新的技术手段进行多元化服务。"②

---

① 孟巍：《图书情报机构对国家智库建设的支持研究》，《河南图书馆学刊》2018年第12期。
② 黄晓斌、王尧：《我国智库建设的情报保障研究进展》，《情报理论与实践》2017年第5期。

第四章 文献信息机构为什么要服务智库

第一节 文献信息机构与智库的关系

文献信息机构与智库的关系，一直是学术界探讨的重点。两者具有何种关系，不同学者有不同的认知。讨论最多的是图书馆与智库的关系。由于图书馆是文献信息机构的重要组成部分，而 20 世纪末又有很多图书馆与情报所合并成文献信息中心，所以，从某种角度讲，研究图书馆同智库的关系也可以在一定程度上反映文献信息机构与智库的关系。比较有代表性的是初景利教授等在《图书馆与智库》一文中提出的"智库离不开图书馆，图书馆也需要走向智库"。"未来一部分图书馆需要朝着智库的方向发展，或应具有智库的部分功能，成为智库型机构，一些大型图书馆应该将智库作为自身重要的功能。"[1] 饶丽莉、徐军华总结出图书馆参与智库建设的三种方式：图书馆隶属于智库、图书馆与智库同属某一机构、智库隶属于图书馆。[2]

笔者认为，绝大多数文献信息机构是服务智库的，文献信息机构具有智库的某些功能，但它不是智库。极少数文献信息机构——主要

---

[1] 初景利、唐果媛：《图书馆与智库》，《图书情报工作》2018 年第 1 期。
[2] 饶丽莉、徐军华：《图书馆参与智库建设调查研究》，《新世纪图书馆》2019 年第 11 期。

是情报机构,有发展成为智库的潜质。

一 文献信息机构具有智库功能但不是智库

文献信息机构本着为科研服务的宗旨,立足所属智库机构,为繁荣发展该机构的科学研究和科学决策提供可靠的文献信息资源保障,在资源建设、数据库建设与情报咨询服务等方面不断取得新的研究进展,促进了文献信息机构服务能力和研究能力的提升。文献信息机构应根据智库研究机构的研究需求,为其提供相对应的文献资料和其他情报咨询服务,参与智库研究项目的前期调查和后续研究进展跟踪,甚至是参与部分项目的具体研究。[1]

文献信息机构作为人类知识、数据的存储、加工、利用中心,应该积极地参与智库建设。文献信息机构的文献服务、信息咨询、数据分析、参考咨询及科技查新等服务与智库有着天然的联系,具有智库功能,完全可以服务智库。随着智库的兴起,文献信息机构开始尝试开展智库服务,为智库提供初级智库产品,特别是高校图书馆、公共图书馆和社会科学院图书馆在服务智库方面已经卓有成效,得到了政府及智库的认可。例如:中共中央党校图书馆、北京大学图书馆、中国人民大学图书馆、清华大学图书馆、中国国家图书馆、中国科学院图书馆、中国社会科学院图书馆等。

吉林大学田燕妮、姚星惠认为,高校图书馆作为高等学校重要组成部分,其基本、主要和核心的功能均在于为高校的教育教学、科学研究、人才培养、学科建设"服务",高校图书馆虽具有"智库功能",但不能成为"智库"机构。[2] 黑龙江大学信息管理学院孙瑞英、马晓伟运用文献分析法与网络调查法研究现有智库评价特点及其主要维度,

---

[1] 饶丽莉、徐军华:《图书馆参与智库建设调查研究》,《新世纪图书馆》2019年第11期。

[2] 田燕妮、姚星惠:《关于发挥我国高校图书馆智库服务功能的几个问题》,《图书馆》2016年第11期。

运用比较分析法对比高校图书馆智库服务与智库的差异，运用德尔菲法与层次分析法（AHP）构建评价体系，并运用帕累托分类法分析该评价体系，开展高校图书馆智库服务能力评价。[1] 郇楠以南京师范大学图书馆为例，全面分析了图书馆服务智库建设的能力、原则以及具体的创新服务模式和途径，认为高校图书馆服务智库建设不仅为智库的研究提供文献支撑和空间服务，同时也可以促进图书馆的建设和发展。[2]

社会科学院和科研院所的智库主要利用机构内的资料室、图书馆或情报机构为其提供信息服务，高校智库则依赖高校图书馆丰富的资源和服务开展决策研究。即文献信息机构是通过为其所属智库机构或为其所属机构建设的智库提供服务，参与智库建设，为智库完善化发展提供全面的信息保障并建设完整的科研成果管理机制。[3]

二 文献信息机构是具有智库潜质的机构

文献信息机构转型为智库机构，必须具备的三种能力：文献、信息和数据资源的收集能力，情报分析能力，服务能力。美国国会研究服务部隶属于美国国会图书馆，是美国国会的重要智库，其主要的智库服务模式为立法咨询、政策研究、研讨培训。[4] 我国省级公共图书馆的智库型信息服务产品可划分为信息专报、政务舆情、数字化服务平台、两会服务产品以及专题咨询与课题研究信息服务。[5] 2019 年 6 月，江苏省公共图书馆智库服务联盟正式成立。国家图书馆的决策咨询和

---

[1] 孙瑞英、马晓伟：《高校图书馆智库服务能力评价》，《图书馆论坛》2021 年第 8 期。
[2] 郇楠：《高校图书馆服务智库建设的策略研究——以南京师范大学图书馆为例》，《智库理论与实践》2021 年第 1 期。
[3] 饶丽莉、徐军华：《图书馆参与智库建设调查研究》，《新世纪图书馆》2019 年第 11 期。
[4] 廖洪辉：《图书馆智库服务研究——以美国国会研究服务部为例》，《图书馆》2021 年第 7 期。
[5] 王婵：《省级公共图书馆智库型信息服务产品调研》，《图书馆理论与实践》2021 年第 4 期。

文化政策研究成效显著，上海图书馆的地方智库地位初步确立。这几家图书馆不仅为国家和各省市两会服务，受到党政部门的欢迎；且提供的应急文献信息服务获得赞誉；更能持续为各类智库提供文献信息服务等。

上海社会科学院信息研究所王世伟提出中国特色公共图书馆新型智库建设未来发展应实现创新转型，在借鉴全球智库发展普遍经验的基础上，充分利用已有制度安排中的各类场所与平台，充分利用图书情报的专业优势，秉持智库建言资政的问题导向，在国家和地区公共文化发展战略和文化治理中发力。① 吉林大学马捷基于"信息—知识—智能"一体化理论，从信息层、知识层、智能层、综合层4个层面给出图书馆提升智库能力的策略。② 张焕敏、黄晨以浙江大学图书馆开展的决策咨询实践为案例，研究了图书馆如何结合自身优势，主动成为决策参与者与合作伙伴，成为智库型的服务机构与研究机构，并总结出研究图书馆构建智库职能的实现策略。③ 张明、张莹、李艳国探讨了高校图书馆智库作为高校智库组织形式所具有的独特优势，高校图书馆智库建设的必要性及优越性，利用文献调查法归纳出高校图书馆智库的矩阵制组织结构和"学科馆员+校内知名教授+博士/硕士研究生"的人才结构，进而对高校图书馆智库的职能给予定位。④

总之，文献信息机构要成为智库，必须利用自身资源和人才队伍优势，以及先进的信息分析和处理技术，开展智库研究，打造属于自己的智库研究机构。

---

① 王世伟：《论中国特色公共图书馆新型智库建设的定位与发展》，《情报资料工作》2020年第5期。
② 马捷、王思、胡漠等：《"信息—知识—智能"框架下图书馆智库职能构建与能力提升》，《图书情报工作》2017年第17期。
③ 张焕敏、黄晨：《研究图书馆的智库职能与实践——以浙江大学图书馆为例》，《大学图书馆学报》2019年第1期。
④ 张明、张莹、李艳国：《高校图书馆智库的组织架构及职能定位研究》，《图书馆工作与研究》2016年第4期。

第二节 智库信息需求特点

从上文对智库的分析和溯源，可以得出初步结论：信息是智库的生命之源。中国特色新型智库存在的问题归根结底是信息供应不足的问题，造成信息供应不足的原因很多，最主要的是文献信息机构不知道智库需要什么信息，因此了解智库信息需求就等于找到了解决问题的关键。智库的信息需求是多元的。在文献信息机构与智库的关系中，智库是需求方，而从智库与政府等决策部门的关系看，智库又是供给方，了解智库的需求首先要考虑智库需要为政府等决策部门提供怎样的情报信息或决策咨询产品。因此，我们说，从不同角度看，智库的需求也会呈现不同特点。

一 智库需要信息保障

智库对信息的需求覆盖面广，需求量大。智库既要为政府提供各种有关决策咨询的分析报告和对策建议，也要从事学术研究。因为没有学术积淀，很难提出科学有效的对策建议。

智库为政府提供的服务涉及国家政治、经济、文化、生活方方面面，每一方面又包括很多内容，必须对党的大政方针及各项决定、决议有深刻了解，同时也要了解政府下发的各种政策法规、文件，了解国情、省情，需要通过对大量跨学科、跨行业、跨区域信息资源的整合与分析，向决策层展示所要说明的事件的重要性、问题和现状，并提出相应的解决方案，以便在为智库提供服务时能紧紧围绕国家和各省重大决策，时刻与国家发展保持一致。同时，国家也需要对政策执行情况进行了解，需要一个机构或部门来做各种评估工作，这恰恰是智库及其信息机构最擅长的工作。因此，智库不仅需要各学科专业理论知识的信息服务，也需要交叉学科的知识信息服务。当前信息技术发展迅速，智库必须掌握最新最前沿的科技发展情况，才能保证智库成果站在科技与学术信息发展的前沿，才能增加其所提观点和对策建议的可信度。

作为服务机构，智库在服务政府机关的同时，也要进行学术研究，同时也需要接受信息机构为其提供的信息服务，需要大量的情报和信息作为支撑。智库不仅需要大量、全面的信息搜集、整理、分析人员，也需要信息搜集、存储的系统路径，如计算机、网络、数据库等。智库需要这样一个功能完善的信息保障体系，来随时满足它的信息需求，确保智库信息及时更新、有效传递。但是智库不负责搜集情报信息，只是以获取到的初级情报产品为支撑展开研究分析。这就需要一个机构为其提供初级情报，来运作庞大的信息系统。文献信息机构因为善于发现信息、擅长搜集和存储信息，恰好可以担此重任，所以由文献信息机构为智库提供信息服务是最好的选择。

二 从智库信息需求的时效性看

智库既需要最新的即时信息资料，也需要历史性的资料作为佐证或借鉴。

（一）对即时信息资料的需求

智库对即时信息资料的需求，主要表现在对应急事件的处理上。最新数据和信息就是生命，智库研究人员只有了解最新信息才能做出正确分析，进而确保领导决策及时、准确和正确。如在处理国际关系问题时，不仅要了解每一个领导人的性格特点，了解他们的政治倾向和价值取向，还要了解整个国际关系的实时变化情况；不仅要通过文献信息、网络信息、调研信息了解情况，更要近距离实地考察，获取最直接的第一手信息。正如美国布鲁金斯学会董事会主席约翰·桑顿在谈到美国对于中国的研究方式时提到的"要把更多的注意力放在对中国发生的情况进行实地考察"，以便他们能够"对中国这样复杂而且不断变化的国家进行切题的及时的和高质量的政策研究"。①

（二）对历史信息的需求

绝大多数的智库课题或所选事件的处理，仅靠最新数据和信息是不够的。决策咨询者不仅需要了解事件发生的背景、形成过程，而且需要了解历史上解决类似事件采取过什么方法、有哪些成功经验与失败的教训，需要可以还原历史的书籍、报刊、磁带、录像带等完备、翔实、准确的信息参考资料，并依据历史文献信息做出判断。文献信息机构能对事件信息提供完整、连续的搜集和保存，可以对智库信息需求做出快速判断，并及时将信息检索出来提供给智库分析专家。

三　从智库需求信息范围看

智库既重视国内信息，理解国情和省情，也重视对国际信息的搜集和整理，如此才有可能提出符合中国国情和本省省情、对国情省情有益的对策建议。智库不仅关注国际国内纸质、数字及其他媒介信息资源，更注重实地研究，注重第一手资料的获取。所以，很多智库十分重视对外交流，不仅会在国内进行各种调研，举办各种讲座，也会经常举办国际性座谈会和演讲会，注意收集整理有关国际问题的资料。如，日本国际问题研究所经常围绕日本外交和安全问题展开各种形式的调查研究，或举办世界知名智库间的政策对话和研讨会，与国内外专家、学者及相关问题的研究人员保持密切联系和信息共享，向政府提供有价值的对策建议。又如，社会科学院智库不仅会经常走出去进行各种调研，也会进行跨省、跨国合作，对一些重要问题进行调研或研讨。一些地方社会科学院不仅协助中国社会科学院进行过本省相关问题的调研，也与中国社会科学院合作建立了中国社会科学院国情调研河南省基地、中国社会科学院国情调研黑龙江省基地、中国社会科

---

① 贺晓丽、杜芳:《中国特色新型智库的信息保障机制构建——基于美国智库信息保障经验的启示》，《行政与法》2019 年第 8 期。

学院国情调研云南省基地、中国社会科学院国情调研甘肃省基地等。此外，中国社会科学院政治学研究所还与四川成都天府新区合作建立了中国社会科学院政治学研究所"公园城市国际化社区治理"国情调研基地等。社会科学院也会经常邀请国内外智库专家莅临社会科学院作报告，或邀请本地区周边各国的专家来社会科学院座谈。例如：黑龙江省社会科学院已连续多年主持召开中俄合作高层论坛、东北亚区域合作与发展论坛、"一带一路"与"欧亚经济联盟"对接高层智库研讨会等，与俄罗斯、日本、韩国、英国、以色列、蒙古等国家智库都建立了广泛深入的联系。由于各社会科学院所处地理位置不同，同样是对外交流，同样是与国外智库建立合作关系，广西社会科学院就会与柬埔寨、老挝、越南等国智库进行合作，承办中国—东盟智库战略对话论坛等。它需要的信息更倾向于柬埔寨、老挝、越南等国家。从社会科学院的角度看，智库不仅要研究国内的政治、经济、文化、社会等方面信息，也要研究国外的相关信息，研究国际形势，研究中国与世界各国的双边和多边经济、政治、文化关系变化方面的信息，地方社会科学院尤其需要与本省相邻国家的各种信息，以为其向政府提供有价值的、可信度高的、可操作的对策建议提供信息支撑。如黑龙江省、吉林省、辽宁省的智库可能更需要俄罗斯、蒙古、朝鲜、韩国、日本等东北亚各国的信息服务，尤其重视本地区与东北亚区域内各国各地区的经贸合作信息，东北亚区域内各国政治、经济、文化、社会发展的信息等。广东、福建、云南等省区的智库可能更需要东南亚各国的信息，包括政治、经济、文化、军事等方面的信息。

第三节　文献信息机构服务智库的必要性与可行性分析

一　文献信息机构服务智库的必要性

自党的十八届三中全会以来，智库作为公共研究机构，为政府提供决策咨询，为更加科学、民主地推进国家治理能力的现代化发挥了重要作用。但由于中国智库建设尚处在起步阶段，如何建设具有中国特色的新型智库，已经成为智库工作者们迫切需要解决的问题。近年来，智库研究的关注点正在发生巨大的变化，如图4-1所示。

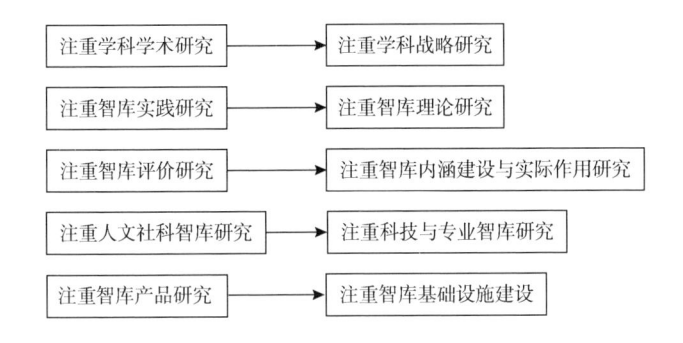

```
注重学科学术研究  →  注重学科战略研究
注重智库实践研究  →  注重智库理论研究
注重智库评价研究  →  注重智库内涵建设与实际作用研究
注重人文社科智库研究  →  注重科技与专业智库研究
注重智库产品研究  →  注重智库基础设施建设
```

图4-1　智库研究关注点的变化

从上述变化我们可以判断，未来智库建设需要更多的战略科学家，智库将更加重视对决策的支持、对政策的影响，文献信息机构需要挖掘科技与专业智库的潜在价值，不仅要提升理论研究水平，更要重视建设面向智库服务的数据库、检索工具及人才队伍。当前，我国各级文献信息机构正在积极进行转型，旨在完成从信息库向思想库的转变，而推进智库建设正是一个机遇，通过满足用户的需求，促进自身转型发展。一直以来，文献信息机构都是信息服务的保障，特别是在网络信息资源匮乏的年代，文献信息机构是科研专家们的"资料库"。传统的文献信息服务以提供容易获得的文献信息为主，然而随着时代的发展，用户们需要的不再只是简单的文献服务，而是能够帮助他们解决问题的深度服务。文献信息机构可以根据用户需求，将服务重点聚焦在帮助用户进行资料筛查和整理方面，通过对用户研究进度的跟进，预判用户需要的信息资源，提前进行搜集和整理。

此外，服务智库有助于文献信息机构完成自身转型。文献信息机构需要向知识服务方面推进，但仅仅立足于信息资源服务是不够的，必须提高服务层次，以智库思维开展工作，比如根据智库专家的研究需求，建设个性化的知识库，主动针对专题信息资源进行搜索，为专家提供信息支持。只有根据智库需求来进行工作设计，才能更好地完成自身转型。

二　文献信息机构服务智库的可行性

（一）文献信息机构拥有多元化的信息资源

文献信息机构涵盖范围广，不仅包括各类图书馆、情报机构，还包括文化馆、档案馆、博物馆等，这些机构信息资源储备丰富，可以满足不同层面、不同类型智库的信息需求。如，公共图书馆系统资源涉及面广，但地方特色明显，收藏有很多研究地方文化的重要史料；高校图书馆收藏的信息资源学科门类齐全，但更多地体现科研和教学功能；科研院所图书馆学术研究特征明显；档案馆收藏有大量第一手史料，信息最为真实可靠；博物馆、展览馆等收藏有大量图片、实物，加之有现代化的技术设备制造出的各种高仿真场景，易使人产生灵感；情报机构因其特殊性，使它拥有很多对智库决策有利的灰色信息，这是其他机构很难得到的。这些文献信息机构的资源，不仅可以为智库提供所需资料，更可因其主题的多元性，保证文献信息机构服务智库有足够的资源。专业的文献信息机构，往往经过几十年的建设，拥有多领域的专业文献资源以及稳定的信息资源交流渠道，特别是在网络时代，工作人员可以利用互联网随时了解各领域的最新学术动态，不断进行资源积累，形成独具特色的馆藏结构，这些信息资源是服务智库、保证智库可持续发展的重要支撑。

（二）文献信息机构拥有丰富的人力资源

文献信息机构工作人员较强的服务能力能够为智库专家的研究提供有力支持。文献信息机构对自己的人员是否毕业于图书情报专业要求并不严格，因为要服务的读者众多，不同学术背景的智库人员对信息的需求也不同，文献信息机构拥有不同专业文化底蕴的人员可以为智库提供精准服务。因此，文献信息机构除了拥有图书情报专业人员外，还应拥有其他专业人才，能够为信息服务提供人才支撑。例如：外语人才可以发挥语言优势，快速查阅外文资料；计算机专业人才可以根据智库需要积极引进前沿分析工具，根据研究人员的需求进行文献分析和预判，为他们量身定做专业知识服务检索终端，开发建设各种专题数据库等。不同专业的人员可以全面发挥学科优势，深挖某一学科信息资源。许多工作人员既有较强的理论水平，又有多年的工作经验，掌握部分领域的国内外发展形势，了解技术沿革，能够洞悉研究人员的需求，及时向智库传递最新的数据和前沿科技动态，为智库提供个性化信息服务。

三 文献信息机构拥有平台优势

传统文献资源，包括图书、期刊、报纸、年鉴、工具书、统计报表、研究报告、评论文章简报等，现在的文献信息机构资源建设主要是复合型资料库的建设，包括数据库、信息库和知识库。文献信息机构的工作人员在长期的工作实践中，不仅拥有搜集整理信息的能力，还能够依靠各类信息资源搭建专业的数据库，方便研究人员检索。工作人员会根据智库研究人员的切实需求，主动将相关知识以及相关领域信息融入知识框架，完善知识体系，支撑智库研究，从而为智库建设提供有力的信息支持。文献信息机构大多有自己独立的门户网站，可以直接通过网络了解其拥有的丰富的文献资源并建立独具特色的数字资源库，包括商业数据库、自建数据库和专业数据库等。有的文献信息机构还拥有自己的微博和微信公众号，不仅方便智库查找馆藏资源，而且有助于智库借助文献信息机构的服务平台宣传自己的建设成果。

第五章 文献信息机构服务智库问卷调查分析

第一节 调查问卷设计

一 研究方法

由于文献信息机构服务智库的功能和能力具有难以量化分析的复杂性特征，所以，本书通过问卷调查和专家访谈，了解受访者对文献信息机构服务智库功能和能力的认识。利用专家访谈法获取大量的文本资料，有代表性地搜集专家观点进行问卷设计，并对调查问卷设计的内容进行反复论证，力求全面准确地了解用户对文献信息机构服务智库的认知。问卷设计完成后，利用问卷星收集文献信息机构工作人员、用户等对智库及文献信息机构服务智库的理解的第一手材料，探讨文献信息机构服务智库功能和能力的影响因素及影响机制。

二 调查内容

本调查问卷共设计了 19 个问题，有单选题、多选题及两道开放式问题。问卷分四个部分：一是受访者的个人信息和特征，包括单位、部门、年龄、学历等基本信息，主要目的是了解不同机构或学历、年龄等因素对服务智库认识的影响；二是受访者对文献信息机构与智库关系的认识，包括文献信息机构的服务内容、是否开展过智库服务，及文献信息机构能否成为智库等问题，了解受访者对文献信息机构与智库关系的认知程度；三是文献信息机构服务智库的功能调查，从智库具有哪些功能、哪些文献信息机构可以成为智库等方面进行调查；四是文献信息机构服务智库的能力调查，主要从服务智库能力的体现、智库服务内容、服务智库的路径和方式等方面进行调查分析。

三　数据收集

于 2020 年 8 月 20 日至 9 月 3 日通过网络向高校、专业智库、公共图书馆、研究机构、博物馆、纪念馆、政府机关及企业办公室等与智库和文献信息机构相关部门的人员发送《关于文献信息机构服务智库的调查问卷》，共收回问卷 375 份，剔除 2 份无效问卷，确定有效问卷 373 份。

其中，通过微信扫码提交 357 份，占总有效问卷的 95.71%；通过网址链接提交 16 份，占总有效问卷的 4.29%。

从单位分布看，373 份问卷中，来自高校的问卷有 153 份，来自专业智库的问卷有 19 份，来自公共图书馆、博物馆、纪念馆的问卷有 32 份，来自研究机构的问卷有 122 份，来自企业的问卷有 28 份，来自政府机关的问卷有 6 份，来自党校、人大及退休公务员等其他从事智库研究与智库服务人员的问卷有 13 份。

从 373 份问卷答题人的工作单位看，有 215 人在图书馆、文献信息（数据）中心、情报中心、档案馆、博物馆等部门工作；有 115 人在研究所（室）、政策研究室、高校从事智库研究工作；有 17 人从事智库服务工作；另有 26 人分别在杂志社、科研处、技术处、企业规划处等部门工作，这部分人虽不直接从事文献信息服务或智库工作，但对智库及其信息需求是了解的。

从 373 份问卷答题人的年龄来看，30 岁以下 12 人，占 3.22%；30—40 岁 97 人，占 26.01%；40—50 岁 99 人，占 26.54%；50—60 岁

147人，占39.41%；60岁以上18人，占4.83%。从年龄分布上看，30—60岁的人占答题人数的96.78%，应是近几年参与智库工作或者是为智库提供信息服务经验比较丰富的群体。

从373份问卷答题人的学历来看，大专学历13人，占3.49%；本科学历155人，占41.5%；硕士研究生学历147人，占39.41%；博士研究生学历56人，占15.01%；其他学历2人，占0.54%。

通过对问卷答题人员的工作、年龄、学历等的分析，我们认为调查问卷抽样比较合理，回答将具有一定的代表性，可以作为课题研究的参考依据。

四　数据分析

对调查问卷进行数据分析的过程中，本书采用了SPSS 20.0和Excel等数据分析工具，对主要影响因素间的变量关系和比例进行了量化分析，并用图表的形式直观呈现文献信息机构服务智库的功能和能力的主要因素的相互关系。

第二节　文献信息机构情况分析

一　文献信息机构的组成

对于"您认为文献信息机构包括哪些部门"这一多选题，在373份有效问卷中，认为文献信息机构应该包含图书馆的有248人次；认为文献信息机构应包含档案馆的有212人次；认为文献信息机构应该包含情报所的有220人次；认为文献信息机构应包含文献信息（数据）中心的有242人次；认为文献信息机构应包含博物馆的有112人次；认为文献信息机构应包含纪念馆的有38人次；认为文献信息机构同时包含图书馆、档案馆、情报研究所、文献信息（数据）中心、博物馆和纪念馆的有221人次；另有9人（其中6人来自高校，3人来自研究机构）认为文献信息机构还应该包括选项之外的一些部门，如民间私人藏书、网络中心、人事处、部分保密机构、咨询机构、信息中介、一些统计部门、研究所、方志办、高校各院系的资料室等，占答题总人数的 2.41%。如图 5-1 所示。

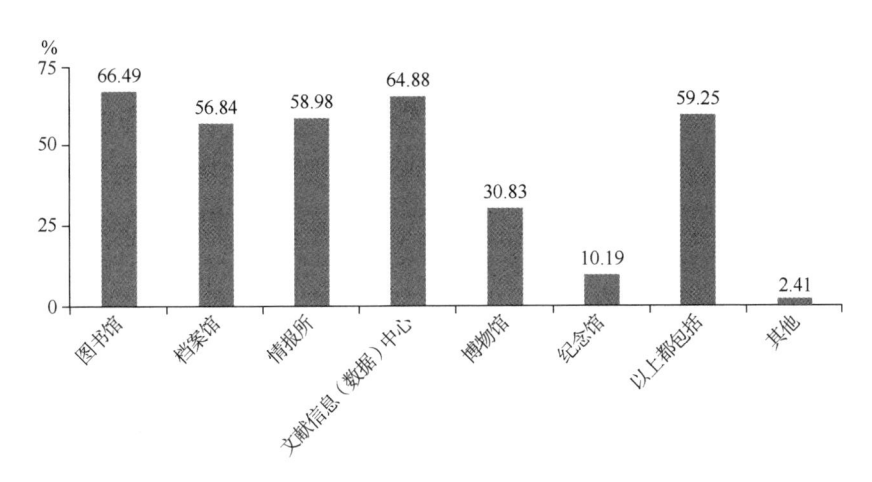

图 5-1　文献信息机构

把"你所在的部门"作为自变量 X，把"您认为文献信息机构包括哪些部门"作为因变量 Y 进行比对，笔者发现：对"文献信息机构应同时包括图书馆、档案馆、情报所、文献信息（数据）中心、博物馆、纪念馆"这一选项，来自高校的 153 人中，有 98 人次（占 64.05%）选择赞同；来自专业智库的 19 人中，有 8 人次（占 42.11%）选择赞同；来自公共图书馆的 29 人中，有 17 人次（占 58.62%）选择赞同；来自研究机构的 122 人中，有 74 人次（占 60.66%）选择赞同；来自企业的 28 人中，有 11 人次（占 39.29%）选择赞同；来自其他部门的 13 人中，有 10 人次（占 76.92%）选择赞同；来自政府机关的 6 人中，有 3 人次（占 50%）选择赞同，见表 5-1。来自博物馆的两个问卷均不认为情报所是文献信息机构，其中 1 人认为博物馆及纪念馆也不是文献信息机构。来自高校的 153 人中，有 6 人次（占 3.92%）认为文献信息机构还应包括部分保密机构、咨询机构、信息中介、研究所、方志办、高校人事处等。来自研究机构的122人中，有3人次（占2.46%）认为文献信息机构还应包括民间藏书、网络中心、统计部门等。

表5-1　不同部门人员对文献信息机构组成认知的变量关系

X\Y	图书馆	档案馆	情报所	文献信息（数据）中心	博物馆	纪念馆	以上都包括	其他	小计
高校	106 (69.28%)	86 (56.21%)	96 (62.75%)	100 (65.36%)	55 (35.95%)	15 (9.80%)	98 (64.05%)	6 (3.92%)	153
专业智库	12 (63.16%)	10 (52.63%)	12 (63.16%)	11 (57.89%)	3 (15.79%)	2 (10.53%)	8 (42.11%)	0 (0.00%)	19
公共图书馆	18 (62.07%)	12 (41.38%)	16 (55.17%)	18 (62.07%)	6 (20.69%)	0 (0.00%)	17 (58.62%)	0 (0.00%)	29
研究机构	81 (66.39%)	72 (59.02%)	68 (55.74%)	78 (63.93%)	37 (30.33%)	10 (8.20%)	74 (60.66%)	3 (2.46%)	122
企业	17 (60.71%)	18 (64.29%)	17 (60.71%)	22 (78.57%)	8 (28.57%)	5 (17.86%)	11 (39.29%)	0 (0.00%)	28
其他	17 (53.85%)	7 (53.85%)	6 (46.15%)	6 (46.15%)	4 (30.77%)	4 (30.77%)	10 (76.92%)	0 (0.00%)	13
政府机关	4 (66.67%)	4 (66.67%)	4 (66.67%)	4 (66.67%)	1 (16.67%)	1 (16.67%)	3 (50%)	0 (0.00%)	6
博物馆	2 (100%)	2 (100%)	0 (0.00%)	2 (100%)	1 (50%)	1 (50%)	0 (0.00%)	0 (0.00%)	3
纪念馆	1 (100%)	1 (100%)	1 (100%)	1 (100%)	0 (0.00%)	0 (0.00%)	0 (0.00%)	0 (0.00%)	1

二　文献信息机构信息服务情况

对于"贵单位开展过下列哪些信息服务"这一多选题，在373份有效问卷中，有200人次回答开展过"定题服务"（占53.62%），有161人次回答有"科技查新"服务（占43.16%），有197人次回答单位有"专题文献开发"服务（占52.82%），有303人次回答单位有"参考咨询"服务（占81.23%），有215人次回答单位有"信息素养培训"（占57.64%），还有16人次选择了"其他"选项（占4.29%），8人次选择没有开展过，另外几人分别回答了课题跟踪服务、二次文献开发、培训、嵌入教学与科研团队资料整理、一般专题调研、协助进行专题调查等，如图5-2所示。

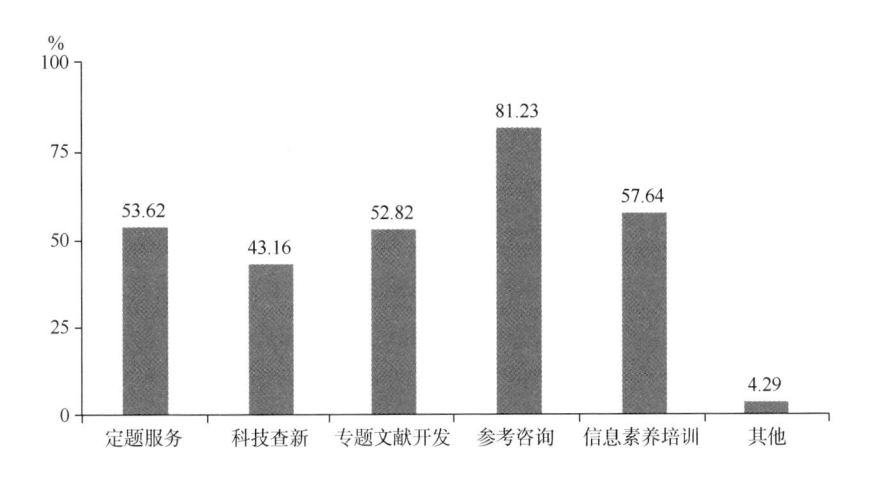

图5-2 文献信息机构信息服务情况

把"你所在的部门"作为自变量X，把"贵单位开展过下列哪些信息服务"作为因变量Y进行比对，笔者发现以下情况。

从问卷的调查情况看，参考咨询工作是文献信息机构（除博物馆外）普遍开展最好的一项信息服务工作。排在第二位的选项：在图书馆系统工作的答题者选择"信息素养培训"；在档案馆、情报中心、文献信息（数据）中心、研究所工作的答题者选择"专题文献开发"。排在第三位的选项：在图书馆、文献信息（数据）中心、研究所工作的答题者选择"定题服务"；在情报中心工作的答题者选择"科技查新"；在档案馆工作的答题者将"定题服务""科技查新""信息素养培养"并列第三。在情报中心工作的答题者将"定题服务""信息素养培养"并列第四。在文献信息（数据）中心工作的答题者将"信息素养培养"

"科技查新"排在第四、第五位。在研究所工作的答题者将"科技查新""信息素养培养"排在第四、第五位。在博物馆工作的答题者因为人数较少（只有1人），选择开展了"信息素养培训""科技查新"两项工作。参与答题的2位政策研究室人员均选择了"参考咨询"这项。详见表5-2。

表5-2 不同文献信息机构工作人员对信息服务内容的认知关系变量

X\Y	定题服务	科技查新	专题文献开发	参考咨询	信息素养培训	其他	小计
图书馆	113(65.70%)	91(52.91%)	92(53.49%)	159(92.44%)	142(82.56%)	4(2.33%)	172
档案馆	1(20%)	1(20%)	2(40%)	2(40%)	1(20%)	1(20%)	5
情报中心	1(20%)	2(40%)	3(60%)	4(80%)	1(20%)	0(0.00%)	5
文献信息（数据）中心	16(50%)	8(25%)	21(65.63%)	26(81.25%)	12(37.5%)	2(6.25%)	32
博物馆	0(0.00%)	1(100%)	0(0.00%)	0(0.00%)	1(100%)	0(0.00%)	1
研究所（室）	45(45.92%)	30(30.61%)	52(53.06%)	72(73.47%)	29(29.59%)	4(4.08%)	98
其他	24(41.38%)	28(48.28%)	27(46.55%)	38(65.52%)	29(50%)	5(8.62%)	58
政策研究室	0(0.00%)	0(0.00%)	0(0.00%)	2(100%)	0(0.00%)	0(0.00%)	2

从上述调查结果看，大多数文献信息机构都在开展参考咨询工作，这与参考咨询工作是文献信息机构最早开展的一项信息服务工作是分不开的，虽然可能存在一些方式和方法上的变化，但是传统的服务理念还是流传了下来。文献信息（数据）中心、情报中心和研究所人员由于平时更接近智库服务，因此，其人员信息素养一般较高，开展信息素养培训较少。图书馆尤其是高校图书馆因为总是要面向公众和学

生，信息素养培训做得较多。

把"你所在单位属于……"作为自变量 X，把"贵单位开展过下列哪些信息服务"作为因变量 Y 进行比对，答案多数与上文中的发现是吻合的。

在 19 名专业智库的答题者中，有 14 人次选择专题文献开发，占专业智库答题人数的 73.68%；有 10 人次选择了参考咨询和定题服务，占专业智库答题总人数的 52.63%；有 8 人次选择了科技查询，占专业智库答题总人数的 42.11%；有 3 人次选择了信息素养培训，占专业智库答题总人数的 15.79%。

在 29 名公共图书馆的答题者中，有 100% 的人选择了参考咨询；有 24 人次选择了定题服务和专题文献开发，占公共图书馆答题总人数的 82.76%；有 16 人次选择了科技查新和信息素养培训，各占公共图书馆答题总人数的 62.07%。

在 122 名研究机构的答题者中，选择参考咨询的有 97 人次，占 79.51%；选择专题文献开发的有 73 人次，占 59.84%；选择定题服务的有 61 人次，占 50%；选择信息素养培训的有 42 人次，占 34.43%；选择科技查新的有 36 人次，占 29.51%。

在 28 名企业答题者中，有 13 人次选择信息素养培训，占 46.43%；有 12 人次选择参考咨询，占 42.86%；有 10 人次选择科技查询，占 35.71%；有 6 人次选择专题文献开发，占 21.43%；分别有 5 人次选择了定题服务和"其他"，各占企业答题总人数的 17.86%。

6 位来自政府机关的答题者中，有 4 人次选择了参考咨询，占政府机关答题总人数的 66.67%；有 3 人次分别选择了专题文献开发和信息素养培训，各占政府机关答题总人数的 50%；有 2 人次分别选择了定题服务和科技查询，各占政府机关答题总人数的 33.33%。

从上述分析看，来自智库和研究机构的人员，因为长期从事某一专业领域研究工作，更需要专题文献开发服务、参考咨询服务和定题服务。可见，在未来文献信息机构服务智库的过程中，这三项服务依然是文献信息机构要长期提供的。来自政府机关的人员因为要长期从事决策咨询服务，首选很自然是参考咨询服务。企业因为人员素质参差不齐，更急需信息素养培训，同时笔者在2022年4月的电话调研中发现，企业因面临行业竞争、产品竞争、市场竞争，压力较大，特别是受疫情影响，更需要文献信息机构为其提供参考咨询服务，尤其是竞争情报服务。

第三节 文献信息机构与智库关系调查分析

一 文献信息机构与智库的关系认知

在问卷调查"您认为文献信息机构与智库是什么关系"时，有68.1%的人（254人）选择"文献信息机构服务智库"；有14.21%的人（53人）选择"文献信息机构就是智库"；有10.19%的人（38人）选择"文献信息机构和智库是相互交融的一个整体"；有5.9%的人（22人）选择"不清楚"；有1.61%的人（6人）选择"两者没关系"。这较2016年人们的认知已经有了很大的转变。

笔者认为有必要了解工作在不同部门的人如何看待文献信息机构与智库的关系，那68.1%选择"文献信息机构服务智库"的人中，到底是从事智库工作的科研人员多，还是在文献信息机构工作的人员多？于是，选择以答题者"所在部门"为自变量X，以"您认为文献信息机构与智库是什么关系"为因变量Y。数据对比结果显示，选择"文献信息机构服务智库"这一选项的人中，在图书馆工作的占69.77%，在文献信息（数据）中心工作的占68.75%，在研究所（室）工作的占69.39%。从这组数据看，文献信息机构与智库工作者的认知是相同的。详细查看选择"不清楚"的22人和选择"两者没关系"的6人的28份问卷，预想中他们肯定是与文献信息机构或智库工作无关的人，结果他们中的多数都在文献信息机构或智库工作。其中，有11人来自高校图书馆，1人在企业图书馆工作，1人在研究机构的文献信息（数据）中心工作，9人来自高校、研究机构、专业智库和企业的研究所（室），只有6人既非来自智库也非来自文献信息机构（6人中只有1人填写"两者没关系"）。而在选择文献信息机构与智库"两者没有关系"的6人中，有3人来自图书馆，2人来自高校的研究处（室），只有1人来自企业。答题者为什么会这样认为？是否与他们所在单位没有开展过智库服务有关？在复查问卷后，我们发现，这28位答题者在回答"您所在的部门做过智库服务吗"一题时，有25人回答单位的文献信息机构没有做过智库服务，2人回答单位的文献信息机构做过智库服务，1人回答单位的文献信息机构正在做智库服务。可见，因为单位的文献信息机构没有做过智库服务，所以他们才会回答"不清楚""两者没关系"。但是我们回头看一下他们对问卷中第6题（贵单位开展过下列哪些信息服务）的回答就会发现，除了3人回答"没有"外，其他25人均给出题中所列的1—5项答案。五项答案分别是定题服务、科技查新、专题文献开发、参考咨询、信息素养培训。其中有3人是5项全选，1人选了其中4项，8人选了其中3项，8人选了其中2项，5人选了其中1项。在5个选项中，"参考咨询"被选19次，"定题服务"被选11次，"科技查新"被选11次，"信息素养培训"被选10次，"专题文献开发"被选5次。从答题者对"贵单位开展过下列哪些信息服务"这道题的选择可以看出，参考咨询、定题服务、科技查新、信息素养培训等已成为人们认知中传统图书馆应该做的工作。

综上，对于文献信息机构与智库的关系，即使是在文献信息机构或智库工作的人，有时也不能很清晰地表述出来。人们对图书馆的传统服务与为智库服务的理解还是模糊的，这从问卷的回答中可以看出来。这也正是课题组进行研究的必要性所在。

二 文献信息机构是否能成为智库

问卷中第9题"文献信息机构会成为智库吗"，回答"会"的有

60人,占16.09%;回答"不会"的有33人,占8.85%;回答"部分会"的有41人,占10.99%;回答"具有智库的部分功能"的有136人,占36.46%;回答"成为智库的一部分"的有103人,占27.61%。

对于此题的回答,其实"会"与"不会"是绝对的。"部分会"则是指有一部分特殊的文献信息机构,具有一定的能力,它可以成为智库,比如中国社会科学院图书馆、中国国家图书馆等;"具有智库的部分功能",指的是文献信息机构不仅仅可以提供文献信息,它还具备智库的某些功能,但它又不从属于智库,仍然是独立的信息机构;"成为智库的一部分"就是说文献信息机构成为智库不可或缺的一个部门,与智库中的其他部门并列。

(一)工作在不同部门的人对"文献信息机构会成为智库吗"这一问题的回答

选择以答题者"所在部门"为自变量 X,以"文献信息机构会成为智库吗"为因变量 Y。

来自图书馆的 172 份答卷中,选择"具有智库的部分功能"的有84份,占48.84%;回答"成为智库的一部分"的有39份,占22.67%,回答"部分会"的有23份,占13.37%;回答"会"的有20份,占11.63%;回答"不会"的有6份,占3.49%。

来自文献信息和数据中心的32份答卷中,回答"具有智库的部分功能"的有7份,占21.88%;回答"成为智库的一部分"的有15份,占46.88%;回答"部分会""不会"的各2份,各占其答题总份数的6.25%;回答"会"的有6份,占18.75%。

回答"具有智库的部分功能"这一问题的有来自图书馆的84份问卷,占其总份数的48.84%;来自档案馆的1份,占档案馆总份数的20%;来自文献信息中心的7份,占文献信息中心总份数的21.88%。如果将文献信息机构答题的总人数加起来,那么回答"具有智库的部分功能"的问卷占文献信息机构总答题份数的45%。

从上面排列 3 位的选项中可以看出，无论是文献信息机构还是智库，大家都对未来文献信息机构与智库的关系持乐观态度，而且相信文献信息机构将会具有智库的一部分功能。同时也有很多人认为文献信息机构将来会成为智库的一部分，也许会有部分文献信息机构直接成为智库。

(二) 不同学历答题者对"文献信息机构会成为智库吗"这一问题的回答

我们选择以答题者学历和所在单位为自变量 X，以"文献信息机构会成为智库吗"为因变量 Y。

在所有答题的大专学历和硕士研究生学历的答题者中，选择"具有智库的部分功能"和"成为智库的一部分"的问卷，在本单位所占的比例相差不多。图书馆和文献信息（数据）中心的大专学历和档案馆的硕士研究生学历人群中选择"具有智库的部分功能"和选择"成为智库的一部分"的均占同类人群的 50%。在情报中心工作的本科生认为"会"的占 100%。

从比例上看，所在单位不是人们对文献信息机构与智库关系认识的决定因素，而工作实践才是关键。真正从事过智库服务工作的文献信息机构工作人员，或是充分利用了文献信息机构的资源，与文献信息机构工作人员有过接触，从文献信息机构工作人员的服务中感受过信息服务工作的重要性，知道智库离不开文献信息机构——这样的答题者会更多地认为文献信息机构会"具有智库的部分功能"或"成为智库的一部分"。

第四节 文献信息机构服务智库功能的调查分析

一 智库功能分类

对于"您认为智库具有哪些功能"这一问题，在 373 份有效问卷中，选择"公共政策"的有 342 份，占答卷总份数的 91.69%；选择"战略规划"的有 345 份，占答卷总份数的 92.49%；选择"公众认知"的有 287 份，占答卷总份数的 76.94%；另有 16 份选择了"其他"，分别为参谋顾问、为政府提供建议、资政参考的智囊团、服务决策和地方发展、为领导决策做参考、课题研究与宣传、心理建设、大数据、舆论导向、为决策者提供服务、咨询、政府服务决策咨询等，占答卷总份数的 4.29%。总之，大家一致认可智库就是政府的智囊团、思想库，是为政府提供资政参考、决策咨询服务的部门如图 5-3 所示。

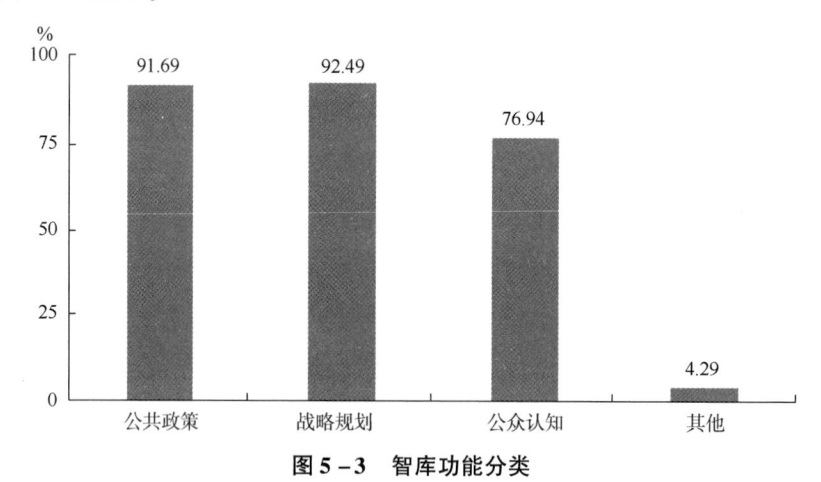

图 5-3 智库功能分类

二 智库服务机构类型

对于"您认为以下哪些机构可以做智库服务"这一问题，在 373 份有效问卷中，选择"图书馆"的有 212 份，占答题总份数的 19.03%；选择"档案馆"的有 138 份，占答题总份数的 37%；选择"情报中心"的有 260 份，占答题总份数的 69.71%；选择"博物馆"的有 71 份，占答题总份数的 19.03%；选择"研究机构"的有 251 份，占答题总份数的 67.29%；选择"以上都可以"的有 146 份，占答题总份数的 39.14%；选择"其他"的有 3 份，占答题总份数的 0.8%，填写的项目分别是民间智库、数据库和高校。

三 部门智库服务情况

对于"您所在的部门做过智库服务吗"这一问题，在 373 份有效问卷中，选择"做过"的有 149 份，占答卷总份数的 39.95%；选择"没做过"的有 176 份，占答卷总份数的 47.18%；选择"正在做"的有 48 份，占答卷总份数的 12.87%。

把"您所在的部门"作为自变量 X，把"您所在的部门做过智库服务吗"作为因变量 Y 进行比对。

172 份来自图书馆的答卷中，有 46 份选择"做过"，占图书馆答卷总份数的 26.74%；有 105 份选择"没做过"，占图书馆答卷总份数的 61.05%；有 21 份选择"正在做"，占图书馆答卷总份数的 12.21%。

5 份来自档案馆的答卷中，有 1 份选择"做过"，占档案馆答卷总份数的 20%；有 4 份选择"没做过"，占档案馆答卷总份数的 80%。

5 份来自情报中心的答卷中，有 1 份选择"做过"，占情报中心答卷总份数的 20%；有 3 份选择"没做过"，占情报中心答卷总份数的 60%；有 1 份选择"正在做"，占情报中心答卷总份数的 20%。

来自博物馆的 1 份选择"没做过"。

32 份来自文献信息（数据）中心的答卷中，有 13 份选择"做过"，占文献信息（数据）中心答卷总份数的 40.63%；有 9 份选择"没做过"，占文献信息（数据）中心答卷总份数的 28.13%；有 10 份选择"正在做"，占文献信息（数据）中心答卷总份数的 31.25%。

98 份来自在研究所（室）的答卷中，有 62 份选择"做过"，占研究所（室）答卷总份数的 63.27%；有 24 份选择"没做过"，占研究所（室）答卷总份数的 24.49%；有 12 份选择"正在做"，占研究所

(室)答卷总份数的12.24%。

58份来自服务智库的部门或杂志社、科研处、技术处、企业规划处等部门的问卷，虽不是直接从事信息机构服务或者智库工作人员回答的，但很明显答题者对智库及其信息需求是比较了解的。他们的答卷中有26份选择"做过"，29份选择"没做过"，3份选择"正在做"。

2份来自政策研究室的答卷中，有1份选择"没做过"，1份选择"正在做"。

四　文献信息机构服务智库优势分析

对于"你认为文献信息机构服务智库有哪些优势"这一问题，在373份有效问卷中，选择"文献资源优势"的有346份，占92.76%；选择"学科服务优势"的有246份，占65.95%；选择"情报分析优势"的有297份，占79.62%；选择"参考咨询优势"的有278份，占74.53%；选择"大数据优势"的有272份，占72.92%；选择"技术优势"的有160份，占42.9%；选择"没有优势"的有1份，占0.27%；选择"其他优势"的有6份，占1.61%，答案包括人才优势、海量信息优势、数据分析优势及信息获得及时快捷的优势等。

第五节　文献信息机构服务智库能力调查分析

一　文献信息机构不具备服务智库能力的原因

对于"您认为文献信息机构不具备服务智库能力的原因是"这一问题，在373份有效问卷中，选择"资金不足"的有175份，占答卷总份数的46.92%；选择"人员能力较弱"的有224份，占答卷总份数的60.05%；选择"理念落后"的有144份，占答卷总份数的38.61%；选择"缺少现代技术设备"的有149份，占答卷总份数的39.95%；选择"以上都包括"的有142份，占答卷总份数的38.07%；选择"其他"的有 18 份,占答卷总份数的 4.83%。

由此可见,文献信息机构不能胜任服务智库的工作,虽有资金不足的原因,但最关键是人员能力的原因,人员的理念、素质提升后,配合现代技术设备,文献信息机构是能够做好智库服务的。

二 智库服务的内容

对于"您认为下列哪些内容属于智库服务"这一问题,在 373 份有效问卷中,选择"政策咨询"的有 322 份,占 86.33%;选择"学术研究"的有 233 份,占 62.47%;选择"数据库建设"的有 250 份,占 67.02%;选择"信息平台建设"的有 237 份,占 63.54%;选择"文献信息保障"的有 216 份,占 57.91%;选择"舆情分析"的有 301 份,占 80.7%;选择"市场调研分析"的有 276 份,占 73.99%;选择"管理咨询"的有 236 份,占 63.27%;选择"战略咨询"的有 295 份,占 79.09%;选择"前沿热点信息分析"的有 273 份,占 73.19%;选择"其他"的有 4 份,占 1.07%,答案包括举办论坛、提供平台等。也有人认为:市场调研分析多是咨询公司在做,需要大量的经济学和数据分析方面的工作人员,而且应该有团队合作,如果市场调研只是流于表面,那么不如不做。

三 文献信息机构开展智库服务的路径

对于"您认为文献信息机构开展智库服务的路径有哪些"这一问题,在 373 份有效问卷中,选择"通过馆藏文献提供智库信息服务"的有 303 份,占 81.23%;选择"面向政府决策机构为智库提供信息集成及推送服务"的有 318 份,占 85.25%;选择"以大数据为智库研究提质增效"的有 305 份,占 81.77%;选择"从文献信息机构向智库转型"的有 224 份,占 60.05%;选择"其他"的,如提出"市场化服务"等建议的共 8 份,占 2.14%。

四 文献信息机构服务智库的方式

对于"您觉得文献信息机构智库服务最好采用何种方式"这一问题，在373份有效问卷中，选择"面对面咨询"的有147人，占答题总人数的39.41%；选择"电话咨询"的有100人，占答题总人数的26.81%；选择"网络咨询"的有200人，占答题总人数的53.62%；选择"提供研究报告"的有231人，占答题总人数的61.93%；选择"以上都采用"的有181人，占答题总人数的48.53%；选择"其他"的有9人，占答题总人数的2.41%（给出的答案有：得到服务对象认可，否则上述方法无效；利用大数据分析方法和网络信息获取优势，根据需求定向推送更多的数据分析结果；也有人认为文献信息机构"做好本职工作"即可）。

五 购置文献信息资源经费情况

经费是支撑文献信息机构开展智库服务的关键因素。对于"您所在单位年购置文献信息资源经费情况"这一问题，在373份有效问卷中，选择"10万元以内"的有39人，占答题总人数的10.46%；选择"10万—20万元"的有28人，占答题总人数的7.51%；选择"20万—50万元"的有42人，占答题总人数的11.26%；选择"50万—100万元"的有25人，占答题总人数的6.7%；选择"100万—300万元"的有48人，占答题总人数的12.87%；选择"300万—500万元"的有20人，占答题总人数的5.36%；选择"500万—1000万元"的有30人，占答题总人数的8.04%；选择"1000万元以上"的有19人，占答题总人数的5.09%；选择"不清楚"的有122人，占答题总人数的32.71%。

把"您所在单位年购置文献信息资源经费情况"作为自变量X，把"您所在单位属于"作为因变量Y进行交叉比对，结果见表5-3。

表 5-3　　　　　　　不同文献信息机构经费比对

X\Y	高校	专业智库	公共图书馆	研究机构	企业	其他	博物馆	纪念馆	政府机关	小计
10万元以内	6 (15.38%)	2 (5.13%)	2 (5.13%)	20 (51.28%)	4 (10.26%)	3 (7.69%)	1 (2.56%)	1 (2.56%)	0 (0)	39
10万—20万元	4 (14.29%)	4 (14.29%)	1 (3.57%)	17 (60.71%)	1 (3.57%)	1 (3.57%)	0 (0)	0 (0)	0 (0)	28
20万—50万元	13 (30.95%)	5 (11.90%)	4 (9.52%)	15 (35.71%)	1 (2.38%)	2 (4.76%)	1 (2.38%)	0 (0)	1 (2.38%)	42
50万—100万元	16 (64%)	1 (4%)	2 (8%)	6 (24%)	0 (0)	0 (0)	0 (0)	0 (0)	0 (0)	25
100万—300万元	36 (75%)	1 (2.08%)	3 (6.25%)	7 (14.58%)	1 (2.08%)	0 (0)	0 (0)	0 (0)	0 (0)	48
300万—500万元	13 (65%)	0 (0)	6 (30%)	0 (0)	1 (5%)	0 (0)	0 (0)	0 (0)	0 (0)	20
500万—1000万元	22 (73.33%)	1 (3.33%)	3 (10%)	3 (10%)	0 (0)	1 (3.33%)	0 (0)	0 (0)	0 (0)	30
1000万元以上	12 (63.16%)	0 (0)	4 (21.05%)	2 (10.53%)	0 (0)	0 (0)	0 (0)	0 (0)	1 (5.26%)	19
不清楚	31 (25.41%)	5 (4.10%)	4 (3.28%)	52 (42.62%)	20 (16.39%)	6 (4.92%)	0 (0)	0 (0)	4 (3.28%)	122

从选择填写经费的机构看，年购书经费在100万元以上的单位占39.41%；年购书经费在100万元以内的文献信息机构占60.59%，而其中低于50万元的占49.35%。从表5-3中可见，研究机构年购置文献信息资源经费多数为50万元以内，高校年购置文献信息资源经费50万元以上的占比较高。经费多少会直接影响文

献信息机构购买信息资源的数量和质量。文献信息机构服务智库信息经费不足会导致智库获取信息的全面性、准确性、及时性不被保障，极易出现所服务的智库出现判断不准、以偏概全等问题，严重的会导致信息误判、决策失误。因此，要想保证智库产出高质量的精品对策建议，应合理加强文献信息机构对文献信息资源购置经费的投入。

回答"不清楚"的122个答题者中，在研究机构的有52人，占42.62%，说明他们可能来自智库，由此判断本次调查问卷中关于智库信息需求的调研，应该是反映了智库对信息的需求。

来自论文的数据分析表明，高校图书馆是所有文献信息机构中经费比例最高的。程焕文教授在《挑战与回应：中国高校图书馆的发展方向》中对17所"双一流"高校2015—2018年的图书馆总经费进行了分析，见表5-4。从表5-4中可以看出，17家高校图书馆经费平均仅占学校总经费的0.502%，高校图书馆经费比例逐年降低。文献信息机构中高校图书馆的经费尚且严重不足，其他机构经费更是严重短缺。从经费保障上，我们也可对文献信息机构服务智库的能力略窥一二。

智库建设是一项长期持续的工作，特别是"中国特色社会主义智库"的提出，让智库建设成为国家战略，也为文献信息机构服务智库提供了思路和新的要求。文献信息机构是智库还是服务于智库的部门，目前学术界尚未达成共识，但文献信息机构与智库协同发展已成共识，这在问卷调查中已经体现出来。目前文献信息机构服务智库的方式、内容等尚未明确，开展智库服务的范围十分有限，缺少顶层设计、缺乏人才、资金等，调查分析过程中可以看出多种因素严重制约文献信息机构服务智库的能力。文献信息机构从业人员已经意识到服务智库的重要性，也积极拓展服务思路，但成果有限，影响力不足。

表5-4　17所"双一流"高校2015—2018年连续四年的图书馆总经费[1]

单位：万元

排名	学校名称	2015年 校总预算（万元）	2015年 馆总经费（万元）	2015年 占比（%）	2016年 校总预算（万元）	2016年 馆总经费（万元）	2016年 占比（%）	2017年 校总预算（万元）	2017年 馆总经费（万元）	2017年 占比（%）	2018年 校总预算（万元）	2018年 馆总经费（万元）	2018年 占比（%）	四年总计 校总预算（万元）	四年总计 馆总经费（万元）	四年总计 占比（%）
1	中山大学	661224.61	4551.84	0.688	739615.85	7609.52	1.029	1164133.21	13334.94	1.145	1349226.28	11132.90	0.825	3914199.95	36629.20	0.936
2	华东师大	359959.26	3370.02	0.936	423465.09	3274.16	0.773	503947.55	3388.38	0.672	570251.60	3491.10	0.612	1857623.50	13523.66	0.728
3	复旦大学	650747.92	4357.23	0.670	778016.74	4421.85	0.568	1004086.76	7709.83	0.768	1089004.98	9390.09	0.862	3521856.40	25879.00	0.735
4	武汉大学	710441.72	4564.13	0.642	782329.49	7611.27	0.973	874927.77	5288.76	0.604	934825.09	5160.93	0.552	3302524.07	22625.09	0.685
5	湖南大学	335394.46	1932.14	0.576	320290.26	2271.90	0.709	406005.32	2259.90	0.557	414320.14	2514.90	0.607	1476010.18	8978.84	0.608
6	华中科大	730623.43	4128.69	0.565	704739.58	5334.28	0.757	842154.87	4027.36	0.478	979742.26	5248.13	0.536	3257260.14	18738.46	0.575
7	东北大学	402000.24	2162.72	0.538	405359.88	2324.31	0.573	477606.74	2717.49	0.569	488083.01	2879.40	0.590	1773049.87	10083.92	0.569
8	四川大学	549292.58	4591.74	0.836	632455.64	2182.14	0.345	762462.94	4675.05	0.613	852797.82	4243.76	0.498	2797008.98	15692.69	0.561

[1] 程焕文、刘佳亲：《挑战与回应：中国高校图书馆的发展方向》，《中国图书馆学报》2020年第4期。

续表

排名	学校名称	2015年 校总预算(万元)	2015年 馆总经费(万元)	2015年 占比(%)	2016年 校总预算(万元)	2016年 馆总经费(万元)	2016年 占比(%)	2017年 校总预算(万元)	2017年 馆总经费(万元)	2017年 占比(%)	2018年 校总预算(万元)	2018年 馆总经费(万元)	2018年 占比(%)	四年总计 校总预算(万元)	四年总计 馆总经费(万元)	四年总计 占比(%)
9	中国科大	340665.53	1548.53	0.455	347661.30	2445.38	0.703	535344.31	2822.02	0.527	576968.46	3004.66	0.521	1800639.60	9820.59	0.545
10	西北农大	273860.79	1589.45	0.580	297254.70	1782.43	0.600	353629.70	2126.41	0.601	373786.00	1522.28	0.407	1298531.19	7020.57	0.541
11	北京大学	1416042.20	5022.04	0.355	1531127.49	8371.20	0.547	1934532.69	9268.39	0.479	255431.67	9852.38	0.785	6137134.05	32514.01	0.530
12	大连理工	430208.83	758.97	0.176	450199.24	2487.01	0.552	530448.47	3255.91	0.614	555910.99	3229.27	0.581	1966767.53	9731.16	0.495
13	同济大学	536401.91	4157.12	0.775	600692.25	3139.17	0.523	766494.99	3505.90	0.457	342121.05	4349.92	0.324	3245710.20	15152.11	0.467
14	西安交大	637752.69	2883.75	0.452	563722.89	2991.67	0.531	704396.19	3242.77	0.460	803945.64	3344.56	0.416	2709817.41	12462.75	0.460
15	浙江大学	1311497.58	4017.67	0.306	1542827.35	5571.38	0.361	1504737.23	6466.99	0.430	546451.06	6613.76	0.428	5905513.22	22669.80	0.384
16	上海交大	1217409.00	3695.09	0.304	1180301.24	3795.83	0.322	1407733.66	4006.13	0.285	1448775.70	4721.15	0.326	5254219.60	16218.20	0.309
17	清华大学	1749478.29	603.52	0.034	1821715.92	4812.45	0.264	2333476.45	5734.80	0.246	2691521.86	6198.22	0.230	8599192.52	17348.99	0.202
	平均	724294.18	3172.63	0.438	771869.11	4142.70	0.537	947418.76	4931.24	0.520	1016244.92	5111.61	0.503	3459826.97	17358.18	0.502

本书在调查中用到了问卷调查法和专家访谈法。前期走访了黑龙江省、吉林省的大部分文献信息机构，利用出差机会实地走访了北京、上海、江苏、河南、辽宁、云南等地方的省图书馆、博物馆及档案馆和社会科学院图书馆等机构，并查阅了大量政府数据和文献资料。前期实地调研走访结果与问卷调查分析结果大体一致，在实地调研中，被调查者对文献信息机构与智库的关系还有以下看法：一是文献信息机构受资金限制，现代信息技术应用不足，技术力量差，很难成为智库。二是缺少专业人士，整合资源的能力不足，没有分析研究能力，难担智库重任。三是工作人员没有较好的政策激励，无论哪个部门，无论做的工作多少，职称一样，待遇一样，工作没有动力。四是文献信息机构不受主管部门的重视，甚至连相关信息都无法获取，很难参与决策。五是现有的考核体系不健全，很难找准选题；现有工作模式不完善，不能形成合力；缺少调研，很难提出接地气的对策建议，但是文献信息机构能很好地总结经验模式，提供经验参考，因此更适合做服务工作。六是认为这是职能分工问题，各自职责不同。智库服务是在特定专业领域作出的内行的判断，文献信息机构提供的是基于文献而不是特定专业领域实践的服务，因此，文献信息机构就是文献信息机构，无法单独满足构成智库的基本要求。事实上，尽管受人才、资金等因素制约，产出成果与智库要求差距较远，但很多文献信息机构还是已经开展了服务智库的工作，而且正在积极探索服务智库的内容、方式和方法。

第六章　文献信息机构服务智库功能与能力演进

　　相对于图书馆、情报机构、博物馆、档案馆等文献信息机构在人们心中的熟悉度，智库是一个新兴的概念。但在"智库"一词广为人知前，现在的很多智库研究人员实际上是在各自的岗位上做学术研究或教学研究的。这些研究人员所需的信息主要来自文献信息机构。文献信息机构也尽量以"满足读者需求""读者就是上帝"等理念为研究人员提供形式多样的信息服务。如今，被服务的信息需求者很多成了智库成员。从文献信息机构的角度讲，其服务的对象没有变，服务对象的研究范围也没有变，但是，服务对象的身份变了，他们也有了自己要服务的对象——政府决策部门。这部分人既要以信息需求方的身份继续从文献信息机构获取自己所需的信息，也要以供应方的身份为决策层提供高质量的对策建议，所以他们的信息需求也会有所变化。文献信息机构面对信息需求方需求的变化，自身在信息提供上也要做出一些调整和转变。这种调整和转变最初被称作转型。很多文献信息机构不清楚自己到底该如何转型，有的甚至以为自己也可以直接转为智库，结果导致真正的智库对文献信息机构不认可，宁可花钱出去购买信息服务，也不会充分利用身边可以为他提供免费信息服务的文献信息机构。随着现代化、网络化技术的进步，文献信息机构及智库碰壁的次数也日渐增多，文献信息机构逐渐发现自己其实更适合从事为智库提供信息服务的工作，智库也意识到还是由了解他们的文献信息机构为其提供服务比较合适。因此，文献信息机构的转型是思维的转型，是服务方式的转型，而非身份的转型。找准自身定位后，文献信息机构的工作人员首先要知道曾经的服务对象现在的需求有了哪些变化，同时，为了更好地服务智库，文献信息机构还要了解智库的服务对象有哪些信息需求。这一章，我们想通过社会科学院系统文献信息机构服务智库功能与能力的演进、高校系统文献信息机构服务智库功能与能力的演进、公共图书馆系统服务智库功能与能力的演进，以及图书情报机构服务智库的功能与能力的演进四个小节来证实我们所说的文献信息机构在服务智库中的定位，并探寻文献信息机构该如何更好地服务智库。

第一节 社会科学院系统服务智库功能与能力演进

社会科学院作为与政府部门有着千丝万缕的联系、对政府政策的制定具有重要影响和推动作用的非政府机构，在《2013年中国智库报告》的中国特色智库分类中，被称为最具中国特色的智库系列。[①] 习近平总书记在党的十九大报告中明确提出，要"深化马克思主义理论研究和建设，加快构建中国特色哲学社会科学，加强中国特色新型智库建设"[②]。国务院原总理李克强在2018年《政府工作报告》中再次讲道："加快构建中国特色哲学社会科学，……建好新型智库。"[③] 从这些话中我们可以感受到社会科学院与智库的密切关系。

一 从智库评价报告中看社会科学院的智库地位

在上海社会科学院智库研究中心《中国智库报告》中，前7年中

---

① 上海社会科学院智库研究中心：《2013年中国智库报告——影响力排名与政策建议》，《中国科技信息》2014年第11期。
② 《决胜全面建成小康社会 夺取新时代中国特色社会主义伟大胜利——在中国共产党第十九次全国代表大会上的报告》，《人民日报》2017年10月19日第2版。
③ 《李克强作的政府工作报告（摘登）》，《人民日报》2018年3月6日第2版。

国社会科学院除 2013 年排名第二外，2014—2018 年一直稳居智库综合影响力排行榜第 1 位。在《2017 年中国智库报告》中，中国社会科学院在中国智库综合影响力、决策影响力、学术影响力、社会影响力、国际影响力中均排第 1 名；在《2018 年中国智库报告》中，中国社会科学院在中国智库综合影响力、学术影响力、决策影响力、国际影响力、社会影响率中均排第 1 名。但决策影响力和社会影响力均下降到第 2 名。2017 年报告中，在全面建成小康社会与精准扶贫研究议题最具影响力的智库前 10 名中，中国社会科学院社会发展战略研究院和湖南省社会科学院分别排第 3 名和第 8 名；在金融创新与金融安全研究议题最具有影响力的智库中排名中，中国社会科学院国家金融与发展实验室排第 1 名；在区域协调发展研究议题最具影响力的智库排名中，北京市社会科学院、广东省社会科学院、江苏省社会科学院分列第 1 名、第 5 名和第 6 名。①

《中国智库索引 CTTI 来源智库发展报告（2017）》中，综合型研究智库 MRPA 测评综合评分前 10 名的智库中有 5 家社会科学院，分别是中国社会科学院和河北、河南、山东、云南 4 家省级社会科学院。②

《中华智库影响力报告（2017）》中，在 2016 年综合影响力、社会影响力和国际影响力表单上，中国社会科学院均名列第一，上海社会科学院分别排第 4 名、第 9 名和第 6 名；在举办会议较多的 6 家地方性智库中，社会科学院占了 5 家，分别是上海社会科学院、山东省社会科学院、贵州省社会科学院、江苏省社会科学院、湖北省社会科学院；上海社会科学院被选为"一带一路"议题活跃智库；热点智库前 20 强中，社会科学院智库有 5 家。③

---

① 上海社会科学院智库研究中心：《2017 年中国智库报告：影响力排名与政策建议》，2018 年。
② 李刚、王斯敏、关琳等：《中国智库索引 CTTI 来源智库发展报告（2017）》，南京大学中国智库研究与评价中心、光明日报智库研究与发布中心，2017 年。
③ 四川省社会科学院中华智库研究中心：《中华智库影响力报告（2017）》，2017 年。

从《中国智库综合评价 AMI 研究报告（2017）》看，30 家参评地方社会科学院（省、自治区、直辖市）智库中，有 10 家入选，分别是北京、重庆 2 个市社会科学院和福建、广东、湖北、湖南、江苏、山东、四川、浙江 8 个省社会科学院。22 家地方社会科学院（副省级城市）智库参评，有 5 家入选，分别是成都社会科学院、杭州社会科学院、深圳社会科学院、武汉社会科学院和郑州市社会科学院。

从美国宾夕法尼亚大学 2013 年《全球智库发展报告》看，2013 年我国共有 6 家智库位列全球顶尖智库前 100 名，中国社会科学院排第 20 位；中国社会科学院在全球顶级智库（非美国）中排第 9 名，在中印日韩地区顶级智库中排第 4 名。在 2015 年《全球智库报告》中，中国社会科学院在全球智库综合榜单百强中，排第 31 位，在亚洲大国智库（中国、印度、日本、韩国）60 强中排第 10 位。在《全球智库报告 2017》中，中国社会科学院在全球智库综合榜单中排第 38 位，在亚洲大国智库（中国、印度、日本、韩国）90 强榜单中排第 12 位。从《全球智库报告》看，中国社会科学院在全球智库发展报告中的排名在下降。

上述几个在国内比较有影响力的智库评价报告，在引领我国哲学社会科学发展走向，掌握学术评价话语权方面起到了重要作用。从这些报告中的排名可见，中国社会科学院不仅是社会科学院智库系列的领头羊，也是中国智库的翘楚，引领国内社会科学院，成为最具中国特色的智库类型。同时，我们也应看到，2019 年，中国社会科学院的决策影响力和社会影响力均有下滑。地方社会科学院进入各评价报告综合影响力前 100 位的数量在减少，社会科学院在中国智库中的优势地位正在被新崛起的其他类型智库赶超。作为地方社会科学院智库重要支撑的社会科学文献信息机构，不能再按以前的思维方式进行工作，而是要尽快弄清自己与智库的关系，摆正自己的位置，义不容辞地承担起为中国特色新型智库提供信息服务的历史使命。

二 社会科学院系统文献信息机构服务对象及其信息需求

（一）服务对象

1. 社会科学院智库人员

社会科学院一开始就是按智库的模式和预想来设计的，只是彼时"智库"这词还不为人所熟知。说社会科学院建院伊始就是智库，理由有三：一是其具有为地方政治、经济、文化发展服务，为党政管理机构提供信息决策咨询服务的功能。判断一个单位是不是智库，这一功能非常关键。二是社会科学院和党校一样，均有服务省委省政府的职能，党校是智库，社会科学院也毫无悬念就是智库。三是社会科学院成立之初，各单位都建有情报研究所，情报研究所的职能就是开展舆情分析、情报分析、舆情监测、信息报送，这些职能也是智库应具备的。据此，可以肯定社会科学院就是智库，社会科学院文献信息机构的第一要务就是服务智库人员。

2. 社会科学院科研人员

社会科学院文献信息机构设立的初衷就是为本院科研人员提供信息服务。目前虽有很多科研人员加入智库，从事为政府决策咨询服务的应用研究，但是，还有很多人在从事着基础研究工作。毕竟很多学术思想还是要有对基础理论的研究才可以更好地传承下去，而且，智库的应用对策研究也是建立在基础理论之上的。

3. 社会科学院研究生

目前，除中国社会科学院外，国内还有5家地方社会科学院招收硕士研究生，分别是上海社会科学院、四川省社会科学院、黑龙江省社会科学院、广东省社会科学院和湖北省社会科学院。这些社会科学院的文献信息机构同时还肩负着为这些单位的研究生提供信息服务和参考咨询服务的使命。

(二) 服务对象的信息需求

1. 社会科学院智库人员的信息需求

社会科学院智库的研究人员主要为省委省政府提供有关社会、政治、经济文化的建设意见及对策建议，他们主要进行应用对策研究，需要的资料强调内容的新颖性、独创性、实用性，要求数据及信息准确、及时，对策建议可操作性强。

2. 社会科学院科研人员的信息需求

社会科学院的科研人员主要从事基础理论研究。他们需要的文献信息资源对时效性要求不是很高，但是对信息的权威性、准确性要求很高，同时他们更需要那些独家信息。因此，文献信息机构在为科研人员购买信息资料时一定要注意购买其学科所需的经典性和代表性著作。

3. 社会科学院研究生的信息需求

研究生的信息需求以所学专业经典书籍和研究生导师推荐的教材为主。

现实中，社会科学院的智库人员与科研人员之间的身份划分并不很清晰，绝大多数人既是科研人员也是智库人员。好的对策建议一定是作者在较深的学术积淀基础上通过调查研究撰写出来的，因此，社会科学院文献信息机构服务对象的信息需求不同于其他系统的读者，他们的需求是应用研究与理论研究兼顾的、全方位的信息需求。遗憾的是，社会科学院系统的文献信息机构又是整个文献信息机构中经费最紧张的一个系统。这就对社会科学院系统文献信息机构信息工作人员服务能力和水平提出了挑战。

三 社会科学院文献信息机构定位

社会科学院的文献信息机构主要是为我国哲学社会科学事业提供重要信息资源保障与信息服务的，包括图书馆、情报研究所、文献信息中心、文献数据中心等。虽然名称不尽相同，但多数都是行使图书馆的职责。社会科学院文献信息机构的功能定位有别于高校、公共图书馆、博物馆、档案馆等文献信息机构，服务智库的属性更加突出。

在不同历史时期，随着服务能力的不断提升，其功能定位也有一定的差别，但其中心工作仍然离不开信息搜集、信息管理和信息服务。总体上是理念越来越先进，服务技术和水平越来越高。社会科学院文献信息机构不仅是我国图书情报事业的重要组成部分，同时对我国哲学社会科学研究有重要支撑作用。由于党和国家对哲学社会科学的高度重视，以及党的十八大以来习近平新时代中国特色社会主义思想的深入人心，特别是习近平总书记"5·17"重要讲话之后，社会科学院文献信息机构纷纷以提升科研信息化水平为目标建设文献信息资源，逐步完善和创新信息服务体系。

（一）分工明确的图书馆和情报所

社会科学院成立之初，图书馆与情报研究所是两个分工明确的部门。

这个时期图书馆主要负责传统的纸质文本和磁带、唱片、微缩胶片等各类文献信息资源的采集、编目、整理、收藏、保存和借阅。其定位是为社会科学院各研究所的科研人员提供信息保障服务。因为这是社会科学院图书馆的起步时期，各院都尽可能优先提供收集资料和购置图书的经费，使得各图书馆都积攒了一些后来可以被称为"镇馆之宝"的家底。很多社会科学院的图书馆都收藏了大量的古籍和满铁资料，有的图书馆还收藏了民国时期的大量报刊、图书，以及家谱、碟片等。有些单位还会收藏全套《东方杂志》合订本，新中国成立前《民报》《申报》的影印本，全套的苏联《真理报》《红星报》，美国的《纽约时报》，20世纪五六十年代出版的人大复印资料，以及目前在俄罗斯都已不多见的一些俄文原版图书等许多珍贵资料，这些都成为社会科学院文献信息机构现在骄傲的资本。这一时期，图书馆人员从事的是最基本的图书馆资源建设及为满足科研人员需求而进行的借阅服务工作，所开展的参考咨询工作也是为人找书等简单的导引式的咨询。

社会科学院建立初期，情报研究所主要负责收集、整理、分析和研究国内外哲学社会科学情报，具有一定的研究功能。除与其他研究所一样利用院图书馆外，情报所还会额外订购大量外文图书及报刊。情报所的工作人员通过对国内外与社会科学院研究发展相关的信息资源进行搜集、整理、翻译和分析，向本院科研人员介绍国内外社会科学研究现状、发展动态及发展趋势，并以文摘、索引、论文及专著等不同形式体现出来。其定位是以信息研究的形式为科研服务，为领导决策服务，为社会公众服务，强调的是"情报研究在整个社会科学研究中起'尖兵'和'耳目'的作用"[①]。如黑龙江省社会科学院成立后，其情报所就创办了学术信息类刊物《学术情报》（双月刊），以图书馆收藏的大量外文书刊为主要信息来源，收集、整理、加工、筛选有利于本省和我国"四化"建设的国外（以苏联和东欧各国为主，兼顾其他国家）社会科学基础理论研究、应用研究的信息与情报，设有经济学、社会学、政治学、教育学、情报学、书评、书介、学术动态等栏目。其中，50%的稿件来自本院、本所，其余来自全国各地。

（二）融合发展的文献信息中心

20世纪80年代中期至90年代初期，各社会科学院图书馆采编、流通和检索基本实现了规范化、标准化和专业化，信息管理能力有了较大提升。而同一时期，社会科学院（尤其是地方社会科学院）的情报所在以"和平发展时期""引进国外先进技术""以市场换技术"等为代表的国家意识形态和国家对外政策的制约下[②]，并没有从事真正意义上的情报学工作，而是更多地从事着为本院科研人员及当地政府部门提供信息资源的服务工作，其在信息管理与服务上与图书馆有很多

---

① 王京清主编：《笃行致远 砥砺前行：改革开放40年全国社会科学院图书馆发展历程》，中国社会科学出版社2018年版，第6页。
② 赵冰峰：《情报学：服务国家安全与发展的现代情报理论》，金城出版社2017年版，第10页。

相交叉的内容。基于此，许多地方社会科学院将图书馆与情报研究所合并，成立文献信息中心，或称图书信息中心，有的单位仍然称图书馆。合并后，图书馆工作与情报工作相融合，重心转向为本院科研工作提供信息保障，为国家和地方经济社会建设提供文献信息支持及咨询服务，图书馆的工作能力、服务范围和水平较之前有了大幅提升。20世纪90年代后期，电脑已经在社会科学院系统的图书情报机构被应用于图书资料的采编、流通和检索。进入21世纪后，国家对哲学社会科学日益重视，哲学社会科学领域的学者们运用自己的知识体系参与社会实践的探索越来越多，哲学社会科学各学科交叉发展日益增多，多学科融合现象越来越突出。为适应学者需求，很多社会科学院图书馆针对采编、检索服务等各项业务，进行图书馆自动化集成系统数据库建设，加快了社会科学院数字化网络化建设进程，数字信息资源不断丰富，在图书馆馆藏中所占比重逐渐加大，很多图书馆启动了局域网门户网站的建设。[1] 图书情报机构之前被动的文献信息服务模式被主动多样的信息服务模式取代，不仅为科研人员提供相关学科的文献信息咨询服务，而且主动编制一些学术剪报、论文索引、资料摘编、信息简报等二三次文献，不少单位还可提供订单式服务。社会科学院图书情报机构服务智库的模式初步形成。

（三）服务新型智库的社会科学院图书情报机构

从智库概念与社会科学院相关联那一刻起，就决定了社会科学院的图书情报机构与社会科学院智库之间服务与被服务的关系。2015年，中央文件要求社科院等部门"协调发展，形成定位明晰、特色鲜明、规模适度、布局合理的中国特色新型智库体系"[2]。2019年3月，习近

---

[1] 王京清主编：《笃行致远 砥砺前行：改革开放40年全国社会科学院图书馆发展历程》，中国社会科学出版社2018年版，第7页。

[2] 《中共中央办公厅国务院办公厅印发〈关于加强中国特色新型智库建设的意见〉》，《中华人民共和国国务院公报》2015年第4期。

平总书记指出，"一个国家、一个民族不能没有灵魂""哲学社会科学工作就属于培根铸魂的工作"①，为中国特色新型智库的功能做了定位，为中国特色哲学社会科学发展指明了方向，也为社会科学院的图书情报机构在新时期的工作找到了定位。中国社会科学院图书馆给自己的定位是"为中国社会科学院的科研工作和智库建设提供文献信息服务、网络安全服务以及全院信息化建设的职责"②。各地方社会科学院图书情报机构据此为自己准确定位，即"作为地方文献信息资源保障体系的组成部分，为地方政府管理决策和经济社会建设提供文献信息支持和咨询服务，为地方文化保护和学术传承进行特色文献收藏和科研数据保存"③。可见，社科院图书情报机构肩负着为政府决策提供信息服务的使命，其工作流程如图6-1所示；社会科学院智库是为政府决策服务的，其工作流程如图6-2所示。

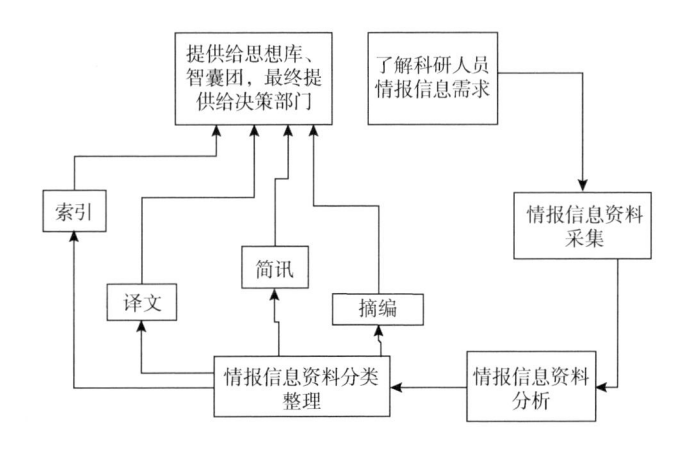

图6-1 社会科学院图书情报机构服务流程

---

① 张旭东、张晓松：《为时代画像、为时代立传、为时代明德——习近平看望政协文艺界社科界委员并参加联组会侧记》，《光明日报》2019年3月6日第4版。
② 王京清主编：《笃行致远　砥砺前行：改革开放40年全国社会科学院图书馆发展历程》，中国社会科学出版社2018年版，第2页。
③ 王京清主编：《笃行致远　砥砺前行：改革开放40年全国社会科学院图书馆发展历程》，中国社会科学出版社2018年版，第2页。

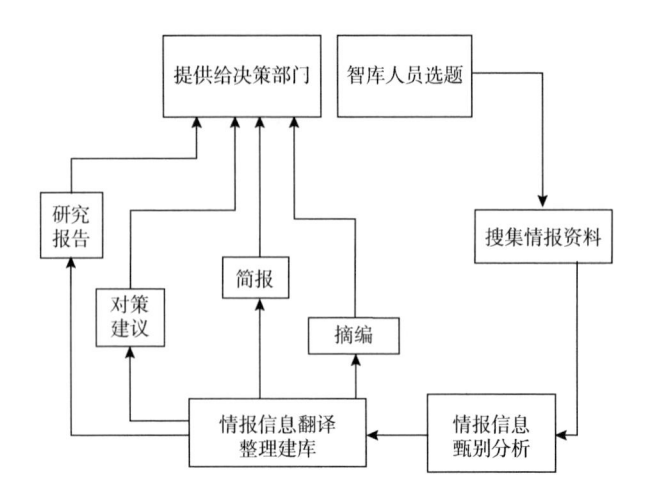

图 6–2 社会科学院智库工作流程

四 社会科学院文献信息机构是中国特色新型智库的重要支撑

理想的智库研究，是集搞好科学研究、服务国家战略、提升公共认知于一体的。① 要以问题为导向，直面每一个与国家发展相关的具体问题。要为国家发展做战略性、前瞻性、储备性研究，是跨学科的团队研究。美国麦甘认为，智库应该涵盖的全部功能是在政策议题上影响政策制定者、媒体和公众；培养人才；为政治公众人物提供活动空间；聚集专家，达成对政策导向的共识；弥合知识和政策间以及政策制定者和公众间的鸿沟；成为政治和经济发展以及政策创新的前瞻者、社会危机的预警人；等等。② 这些恰恰是我国社会科学院智库所应具备的。社会科学院智库最重要的使命是智慧研究，其成果以应用性的研究为主，包括战略规划研究、政策建议、决策咨询研究等。因此，社会科学院的智库是中国特色新型智库的代表。

---

① 丁雅诵：《高校智库，如何与国家发展同步》，《人民日报》2017 年 8 月 10 日第 18 版。
② 金彩红、黄河等：《欧美大国智库研究》，上海社会科学院出版社 2016 年版，第 8 页。

(一) 中国特色新型智库需要社会科学院的信息服务

1. 中国特色新型智库建设和社会科学研究都需要最新最全的信息作保障

学术研究可以独立进行，研究人员可以不用考虑他人的思想观点。但智库是一个团队的工作，没有特色、孤立的学术研究很难形成有独特竞争力的观点和见解，也很难在众多对策建议中脱颖而出。所以，没有学术研究可能就没有智库，没有信息资源保障的智库不会成为政府倚重的智库。两者的共同点在于都需要最新最全的信息来保障研究的顺利进行。

2. 中国特色新型智库与社会科学研究一样离不开历史资料

智库要在政策制定中提供有价值的建议，要帮助政府制定政策问题的框架，提醒政府防止出现重大失误和偏差，为政府提出具有针对性、前瞻性、战略性的对策建议和解决方案。因此，智库与社会科学研究一样需要相关问题的背景信息、历史资料及国际经验，这也是社科学院学者在写智库报告时得心应手的原因。

3. 中国特色新型智库的对策建议有较强的时效性、预见性

中国特色新型智库的对策建议既要"想政府所想"，又要"想政府所未想"，智库工作人员必须时刻关注和紧跟政府需求，广泛涉猎各学科信息，及时掌握政府政策、国内外各种情报信息，最擅长这方面信息搜集整理的恰恰是社会科学院文献信息机构的工作人员。

4. 中国特色新型智库研究应以客观真实的资料为基础

中国特色新型智库研究成果虽然是研究者的智慧、知识积累和价值取向的结晶，但其最初的分析一定以客观真实的资料为基础。或通过客观、真实、精确、缜密的第一手资料，或应用技术系统对所研究的内容进行深度挖掘、关联揭示和知识发现，自主或根据决策者需要，提供解决热点、重点、难点问题的建议或方案。因此，我们说，智库非常需要信息机构提供的专业数据库和网络平台的支撑。

(二) 社会科学院文献信息机构可以保障中国特色新型智库的信息需求

社会科学院文献信息机构可以通过信息资源建设、网络与数据库建设、读者服务、文献整理与开发、信息研究与服务等方式，以其丰富的情报收集和分析经验对社会科学信息进行搜集、加工、整合、传递、储存、提供利用等一系列处理，并通过承接查找文献、提供科研情报素材、二次文献加工等工作，为中国特色新型智库提供一流的信息资源和一流的信息服务，为智库的决策提供分析报告及内参等。文献信息机构在服务智库时应着重进行的文献资源建设是指"依据图书情报机构的服务任务与服务对象以及整个社会的文献情报需求，系统地规划、选择、收集、组织管理文献资源，建立特定功能的文献资源体系的全过程"[①]。这一点，浙江大学图书馆的做法使笔者对图书馆在新时期的功能有了新的认识。在浙江大学图书馆的数据库里，有66个中文资源、198个外文资源、28个试用资源和40个免费资源。2017年11月，浙江大学图书馆的网站上发布了全球智库发现系统的开通试用通知。该系统汇集了全球400家智库机构、8万条机构动态、3万名顶级专家和60万篇研究成果，以智库机构、动态资讯、智库专家、研究成果四大信息数据为一体，为我国各级政策研究室、发展研究中心、社会科学院、高校、党校等从事政策研究的智库机构，专家学者和社会大众提供全球化视野，为解决中国实际问题提供了参考。浙江大学图书馆的做法，启发我们在中国特色新型智库建设中，社会科学院文献信息机构要以深入发掘各种可利用资源为己任，努力为智库、为自己寻找一切可利用的资源。

第一，社会科学院信息机构可以发挥自身优势，在对信息资源进行系统规划、广泛收集、精心选择、采集整理和组织管理的基础上，

---

① 李振华：《数字信息环境下图书馆信息资源建设与共享》，九州出版社2012年版，第37页。

结合参考咨询、情报研究、学科服务等方式，在社会科学院信息机构内建立专门的研究机构，以个人或团队力量，针对某一个或某些问题或特定的任务，开展深入而系统的研究，持续推出有影响力的二次和三次文献，为智库提供解决问题的线索。

第二，社会科学院信息机构可以通过课题情报跟踪服务的方式，对国内外本领域相关智库发展状况、特点、态势、运作模式、建设经验、政策与要求进行搜集整理，为上级领导、决策者、政策研究人员等建设新型智库提供借鉴。

第三，社会科学院信息机构通过建立或合作建立支撑智库研究的数据库及知识组织与知识管理系统平台，为智库机构和智库研究提供直接的、专门的文献保障与资源支撑。

五 社会科学院智库对文献信息机构工作人员能力的要求

信息资源是信息机构生存之本，也是智库研究之基，无论是信息机构还是智库，两者都离不开信息资源。信息机构主要负责信息资源的建设，智库则不仅需要依靠信息资源来充实、完善自己的观点，更要靠信息资源夯实自己的学术底蕴，激发灵感，形成观点。在国家提出繁荣发展哲学社会科学，加强中国特色新型智库建设的今天，我们在讨论社会科学文献信息机构如何对社会科学信息资源进行建设时，信息资源建设的方法、目标、对象都发生了变化，原有的"信息资源建设"理念已无法满足社会发展的需要，信息工作人员不仅要对处于无序状态的纸质文献资源进行选择、采集、组织和开发，而且要站在国家或省市级领导人的角度想国家之所想，急国家之所急，备国家之所需，要对新产生的数字资源和所有媒介信息进行研究，面向决策需求，形成具有前瞻性、全局性和战略性的可以解决问题的建议或方案，方便新型智库利用。因此，社会科学院的信息人员不仅要具备情报人员的信息敏感度，要有较高水平的研究能力，还要具备可以全面、准确搜集信息为智库研究提供参考咨询服务的能力。要有自主或根据决策需要在浩瀚的信息资源中挖掘、寻找出可以对决策层有提醒、参考作用的信息的能力。这与馆藏信息资源是否全面系统有关，更与信息机构人员信息敏感度、信息分析能力、思维的角度和考虑问题的高度及学术研究水平有关。在我国社会科学院系统中，除中国社会科学院、上海社会科学院及北京市社会科学院等少数社会科学院的信息机构由于占据地理位置、信息、资金和人才优势而有幸直接参与智库建设外，绝大多数社会科学院的信息机构仍然履行着新型图书馆的职能，与本单位可以直接为有关部门提供决策建议的智库既相互依存又相对独立。

六 更新服务理念 找准着力点

随着国家对哲学社会科学的重视及建设中国特色新型智库理念的深入人心，社科人的使命感和责任心越来越强，建设一流社科院、打造本地区一流智库的自觉性越来越高。可靠、及时、精确、准确的信息服务是智库成果含金量的重要保障，因此，以新思维重新定位社会科学院图书情报机构服务理念，提高信息素养，建设与一流社会科学院、一流智库相匹配的一流图书情报机构日益成为社会科学院图书情报工作人员的共识。

（一）服务智库的理念定位

理念决定格局，格局决定服务质量。社会科学院图书馆成立之初，图书馆在人们心目中的地位就是藏书楼，专业技术含量并不高，因此工作人员多为没有图书馆专业知识的社会科学院工作人员家属，其服务理念是"为人找书"，即为科研人员提供馆藏文献资料。随着交叉学科的日益增加，图书馆文献数量日渐增多，科研人员希望图书馆工作人员可以按他们的要求提供一些相关的图书资料；加之图书馆和情报机构的合并，接受高等教育人员数量增加，图书馆服务能力增强，社会科学院图书情报机构的服务理念转变成"为人找书"与"为书找人"并举。进入21世纪，文献信息机构工作人员参与课题的机会越来越多，在科研能力提升的同时，服务科研意识也日益增强。伴随着中央关于社会科学院要"重点围绕提高国家治理能力和经济社会发展中的重大现实问题开展国情调研和决策咨询研究"①的要求，图书情报工作人员提供给科研人员和智库的不再是简单的图书馆书目、索引、信息汇总、信息摘编，而是增加了观点综述、信息专报、建专题数据库等内容，文献信息机构工作人员逐渐从文献信息传递者向信息导航员转变。社会科学院的图书情报机构逐步成为为本院智库提供文献信息保障的重要部门，服务理念也逐步转化为利用现代化技术和手段突出重点、精准服务社会科学院智库。

（二）找准社会科学院信息机构为智库提供决策咨询服务的着力点

社会科学院信息机构要明白自己能干什么，从哪里入手。王世伟研究员在重庆图书馆讲座时提出的推动大数据技术服务的创新发展、构建以数据为关键要素的图书馆决策咨询服务链、运用大数据提升图书馆决策咨询管理现代化水平、运用大数据促进保障和改善决策咨询服务等建议，为社会科学院信息机构发展找准了着力点。社会科学院信息机构的工作人员应发挥图书馆参考咨询服务的长处，通过购买和自建的数据库，运用大数据技术，借助互联网和资源共享平台，深度挖掘社会科学所需数据，开发出可供智库决策咨询的数据信息，为中国特色新型智库的建设与研究提供可靠的服务。

七 提高社会科学院信息机构自身能力，服务中国特色新型智库

2015年12月，国家高端智库25家高端试点工作启动。社会科学院系统的中国社会科学院、中国社会科学院国家金融与发展实验室、中国社会科学院国家全球战略智库、上海社会科学院5家智库入选，社

---

① 《中共中央办公厅国务院办公厅印发〈关于加强中国特色新型智库建设的意见〉》，《中华人民共和国国务院公报》2015年第4期。

会科学院作为中国特色新型智库代表的地位再次被确认。国家已经给社会科学院定位，作为社会科学院智库的重要信息来源的社会科学院文献信息机构，目前在很多方面表现出跟不上或不适应中国特色新型智库建设的需求，很多单位对于如何发展决策咨询服务还没有一个清晰的思路；除中国社会科学院和上海社会科学院外，国内尚缺乏具有较大影响力和国际知名度，可为地方社会科学院智库提供决策咨询的社会科学信息机构；能够为社会科学院智库持续提供高质量研究成果的社会科学信息机构还不够多；多数社会科学信息机构在智库建设的决策咨询上还缺乏建言权和话语权；地方社会科学院信息机构在决策咨询方面的领军人物和杰出人才比较缺乏。这些情况直接导致某些社会科学院的文献信息机构在本单位资金分配和人员使用上常常得不到重视，甚至被边缘化。通过提高自身来适应自己的站位，显得迫切而必要。

（一）确立创建一流服务智库的信息机构的发展目标

社会科学院信息机构应当树立创建一流服务智库的信息机构的发展目标。并据此发展目标，优化组合相应的学术梯队，申请承担各类能体现信息机构服务智库核心能力的课题，并形成跟踪研究的积累，及时推出适合本省、市、地区乃至全国，甚至全世界相关智库发展所需的信息服务产品，努力满足智库用户的各种新需求。信息机构要有全球化视野，多参加国际化的交流，争取多参办全国及国际性学术会议和学术论坛，在积累情报信息资源的同时为自己搭建学术交流平台，参与国际对话并宣传信息服务产品，借以在国内外的社会科学情报信息研究领域确立本机构相应的学术地位。①

（二）以情报思维 + 工匠精神服务智库

当今社会是一个融合的社会，没有任何一个学科乃至个体是孤立

---

① 王世伟：《试析情报工作在智库中的前端作用》，《情报资料工作》2011 年第 2 期。

存在的。美国情报专家 Angelo Codevilla 指出，情报的本质属性是决策性。在为社会科学院智库提供信息服务时，社会科学院图书情报机构不仅要提供传统的社会、政治、经济、文化等人文信息资源，也要全面、全方位及时推介最新自然科学与技术发展的动态，避免信息缺失。社会科学院智库之所以能受到政府重视，是因为其提供给政府的对策建议是有深厚的基础理论支撑的。社会科学院智库以基础理论研究带动应用研究，在为领导提供对策建议时，领导能很清晰地知道某项建议可以请哪些部门，利用哪些最新、最前沿的技术加以解决，避免延判、误判、错判。这符合理论联系实际，从实际出发，理论指导实践的唯物主义思想路线。图书情报机构服务理念的转变也会带来思维方式的转变，即对服务智库的思维方式进行调整、重新定位，并及时调整信息获取方式、方法和方向，以情报思维为未来信息获取做出全面而又富有前瞻性的理性分析。因此，文献信息机构工作人员既要以情报分析的方法对未来社会科学院图书情报机构服务智库进行思维定位，也要有精益求精、甘为他人作嫁衣的工匠精神。

情报思维是一种信息分析的方法，是运用情报分析的理论及技术为智库查找、提供信息源。"情报分析是根据特定问题的需要，对大量相关信息或专门领域信息进行深层次思维加工、分析、评估，从而形成有助于问题解决的新信息或为研究与应用提供依据的活动。"[1] 情报分析技术包括情报分析中的数据挖掘技术、面向特定领域的情报分析技术和自动化情报分析平台的构建研究。[2] 情报思维要求严谨的逻辑思维，要有洞察事物本质的能力，以情报学视角分析问题需要有前瞻性、预见性。[3]

---

[1] 李广建、陈瑜、张庆芝等：《新中国70年现代图书情报技术研究与实践》，《图书馆杂志》2019年第11期。
[2] 李广建、陈瑜、张庆芝等：《新中国70年现代图书情报技术研究与实践》，《图书馆杂志》2019年第11期。
[3] 陈超：《谈谈情报思维》，《竞争情报》2017年第1期。

工匠精神是"工匠身上所具有的那种精益求精的态度，那种踏实坚定的气质，那种淡泊宁静的心境，那种干一行爱一行高度负责，一丝不苟，专心致志，追求卓越，不断创新，不断进步，做到极致，力求尽善尽美的特质"①。智库需求的信息注重的是有用数据和有用信息的真实性，在海量信息面前，追求的是信息的"质"。在社会科学院智库服务政府决策中，很多时候文献信息机构工作人员是在幕后做着不为人知的繁杂工作，这需要图书情报工作人员有"功成必定有我"的历史担当和"功成不必在我"的精神境界。"功成必定有我"是指发现问题、查找资料、搜集筛选资料要"有我"存在，不当"看客"，不当局外人，恪尽职守、奋发进取、有所思考、有所作为的责任担当。"功成不必在我"是要有为他人作嫁衣、作铺垫、打基础的胸怀境界。

"情报思维+工匠精神"这一思维定位，有利于增强图书情报工作人员服务智库的信息敏感度，方便文献信息机构工作人员及时了解学科发展动态，甄别信息真伪，尽快获取真实可靠的信息源。既具备社会科学文献信息专业知识，又能熟练操作计算机等现代化设备的图书情报专业人员以"情报思维+工匠精神"对文献进行梳理，有助于在把握主线的基础上，通过找资料、编大纲、设计方案等方法，利用图书馆学、情报学知识和技术，将线上线下资源进行融合，并利用调查、分析预测等方法，编写出摘要、综述、调研报告、分析报告等供智库使用的信息资料，使图书情报机构真正成为社会科学院智库的"耳目"和"导航员"。

（三）通过建立信息联盟加强智库服务

各地方社会科学院的文献信息机构由于经费没有中国社会科学院和上海社会科学院的图书馆充足，在信息资源占有上不占优势。地方

---

① 杨润、史财鸣：《互联网+工匠精神》，企业管理出版社2016年版，第3页。

社会科学院的文献信息机构应发挥政治地缘、人才和信息优势，结合国家"一带一路"倡议，以自身和周边地缘关系相近省份社会科学院的文献信息机构为主体，通过资源共建、信息共享等方式建立相应的信息联盟，为研究国际问题的智库提供信息保障；并结合热点问题，从历史和发展的角度，加强对国际区域政治经济文化的研究，使智库能及时准确了解国际学者和各国领导人对区域问题的思考，帮助智库准确了解各国的战略变化，进而对今后国际局势做出准确研判，在服务国家战略博弈的同时，提升中国智库研究的国际影响力，确保国际地区稳定与中国的和平发展。

(四) 加强对信息人员素养的培养

社会科学院文献信息机构要有一个既懂图书馆参考咨询工作，又能熟练掌握计算机技能，会运用大数据、云服务，又会多种外语的国际化团队。要尽快完成文献信息机构从简单的文献整理与文献服务到为智库提供信息资源与平台建设的转型；工作人员尽快完成从掌握简单的文献整理知识与技能到可以支撑智库研究的情报信息人员的角色转换，努力提高学科服务与咨询服务的能力，尽快成为服务智库的信息专家。信息人员要有团队意识、合作意识，积极参与与智库相关的规划和活动，为智库建设与发展提供信息资源、数据库资源及信息检索工具，尽可能成为智库机构和智库研究人员的合作伙伴，能独立或合作开展智库研究或智库情报研究，为智库提供技术和智力支持，协助智库完成战略规划、政策建议、咨询报告、情报分析等，为中国特色新型智库的建设与研究提供可靠的信息服务。逐步在本单位或社会科学院系统建立一支具有智库研究能力和信息服务能力的高水平专业化信息团队。

(五) 及时精准编辑信息推荐给智库

社会科学院信息机构可以像中国社会科学院图书馆和上海社会科学院图书馆那样，与本单位智库、政府部门或决策管理机构的智库建立合作关系，通过研究国内外重大发展战略，根据报送对象和所选题材的不同，选择不同的体裁类型，通过信息分析、调研报告、建言献策、国外经验汇总、理论梳理等形式，以《要报》《信息简报》《信息参考》《信息专报》《咨政参考》《决策参考》等形式，为国家、省、各系统和有关部门的智库编辑精准信息资料，方便智库对相关问题作出准确研判。① 报送信息可根据保密级别决定发布范围，可以通过纸质媒介报送，也可以电传，还可以通过微信平台或微博进行发布。

总之，社会科学院信息机构提高自身服务中国特色新型智库的能力并非一蹴而就的事情，需要根据每个社会科学院的具体情况，通过创新服务、强强联合等方式逐步实现。

第二节　公共图书馆系统服务智库功能与能力演进

《中华人民共和国公共图书馆法》（简称《公共图书馆法》）规定，公共图书馆"是指向社会公众免费开放，收集、整理、保存文献信息并提供查询、借阅及相关服务，开展社会教育的公共文化设施"②。公共图书馆作为各国、各地保存文献，提供信息服务的重要的文献信息机构，一直把"保障公民基本文化权益"③ "服务全民阅读"④ 等作为自身的重要任务。随着中国特色新型智库建设力度的加大，服务智库也逐渐成为包括公共图书馆在内的文献信息机构研究和关注的热点。

公共图书馆不仅积累了丰富的信息资源，同时也积累了大量的参考咨询服务实践经验，在当前智库理念的时代背景下，有助于为智库

---

① 　王世伟：《智库专报五大要素探析》，《情报资料工作》2017年第4期。
② 　《中华人民共和国公共图书馆法》，《中国文化报》2017年11月6日第2版。
③ 　《中华人民共和国公共图书馆法》，《中国文化报》2017年11月6日第2版。
④ 　《中华人民共和国公共图书馆法》，《中国文化报》2017年11月6日第2版。

提供良好服务。目前正在逐步通过创新服务的内容与管理模式，实现公共图书馆智库服务的转型升级和功能跨越。公共图书馆服务智库功能与能力的演进，基本上是由参考咨询服务演化而来的，尤其是决策参考咨询服务。从发展来看，公共图书馆将来也许会成为智库机构，但目前仍然是服务智库的文献信息机构。

一 服务对象及服务对象的信息需求

（一）服务对象

联合国教科文组织1994年发布的《公共图书馆宣言》中规定："每一个人都有平等享受公共图书馆服务的权利，而不受年龄、种族、性别、宗教信仰、国籍、语言或社会地位的限制。"[①]《公共图书馆法》中也明确规定："公共图书馆应当按照平等、开放、共享的要求向社会公众提供服务。"[②] 综上可以看出，公共图书馆的服务对象是广大社会公众，公共图书馆智库服务的受众群体广义上也是社会公众。但由于"中国特色新型智库是以战略问题和公共政策为主要研究对象、以服务党和政府科学民主依法决策为宗旨的非营利性研究咨询机构"[③]，因而公共图书馆狭义上的智库服务对象应该是从事政策研究的机构和咨询机构。

另据《2018年中国智库报告》显示，目前我国智库的重要组成部分涵盖行政机构、高校和民间智库。[④] 公共图书馆如果把智库机构作为服务对象，除了上面提到的行政机构、高校、民间智库外，企业、科研团队也应该成为公共图书馆提供智库服务的群体。

[①] 沈鸣：《联合国教科文组织公共图书馆宣言（1994）》，《江苏图书馆学报》1995年第4期。
[②] 《中华人民共和国公共图书馆法》，《中国文化报》2017年11月6日第2版。
[③] 《中共中央办公厅国务院办公厅印发〈关于加强中国特色新型智库建设的意见〉》，《中华人民共和国国务院公报》2015年第4期。
[④] 熊伟：《充分发挥图书情报机构的专业智库功能——以陕西省图书情报界专家参与宝鸡市公共图书馆服务体系制度设计课题研究为例》，《当代图书馆》2013年第1期。

（二）服务对象的信息需求

历史上，公共图书馆参考咨询分为馆内咨询、馆外咨询、专项咨询服务以及专题文献加工和展示。包括课题检索服务、定题服务、决策咨询服务等在内的专项咨询服务是参考咨询的深化。公共图书馆提供的各类服务是基于被服务对象的信息需求而开展的，其中的决策咨询主要针对信息需求，为两个层面的用户提供信息服务，"一是为政府领导机关提供决策信息服务；二是为企事业单位的重大项目决策提供信息服务"①。随着时代的发展，当代公共图书馆决策咨询工作如何创新和与时俱进，在新时期应对中国特色新型智库发展需求和新形势下服务对象的新需求，从而使决策咨询工作有新的发展定位、发挥新的功能，是应该及时明晰和准确定位的事情。

国内公共图书馆是现有体制下的国家公益一类事业单位，由国家财政全额拨款，具有经费来源稳定的特点。作为公共文化设施，公共图书馆除了向社会公众提供"文献信息查询、借阅；阅览室、自习室等公共空间设施场地开放；公益性讲座、阅读推广、培训、展览；国家规定的其他免费服务项目"②外，还担负着为社会政治、经济服务的任务。尤其是为国家政府机关提供决策咨询服务的内容被明确写入《公共图书馆法》，即"政府设立的公共图书馆应当根据自身条件，为国家机关制定法律、法规、政策和开展有关问题研究，提供文献信息和相关咨询服务"③。

二　主要服务内容及信息保障

（一）主要服务内容

从现代信息管理角度分析，公共图书馆具备一定规模的信息储备，

---

① 刘煦赞：《省级公共图书馆决策咨询服务现状与思考》，载《福建省图书馆学会·福建省图书馆学会 2013 年学术年会论文集》，福建省图书馆学会 2013 年版，第 6 页。
② 《中华人民共和国公共图书馆法》，《中国文化报》2017 年 11 月 6 日第 2 版。
③ 《中华人民共和国公共图书馆法》，《中国文化报》2017 年 11 月 6 日第 2 版。

但本质偏向于"藏"；而智库更强调信息的整合能力，本质更偏向于"用"，二者不但没有竞争关系，还具有互补属性。① 在我国智库建设的现阶段，公共图书馆要针对智库的类型和需求，选择和确定适合自身发展的智库服务模式，多出智库服务成果，才能成功实现智库服务职能的转型。作为智库服务机构，所提供的服务，无论是参考咨询、定题服务，还是嵌入式服务，都是提供文献信息资源和情报服务等决策信息服务的一种支撑。

有研究表明，智库最重要的内涵是通过科学研究及其成果来支撑或影响公共政策，或参与战略规划制定，或影响公众对政策和战略的认知。② 针对于此，公共图书馆智库服务内容的定位策略是基于智库的内涵而进行选取和调整的，包括为智库提供信息服务、知识服务、检索服务、信息分析与评价等。

（二）信息保障

智库的发展离不开信息资源供给，公共图书馆为智库输出服务也是一种资源供给，要想做得好，就要有资源作为保障。公共图书馆智库服务的资源保障，人、财、物、人力资源、信息资源、资金等缺一不可。纸质文献（包括特色文献）、数字资源（包括特色数据库）中的诸如政府对社会、政治、经济和文化发展采取的相关政策和措施都是图书馆重要的信息来源，尤其是数字资源。随着现代技术的不断发展，数字化资源是智库服务资源的更高要求，灰色文献建设也显现出了重要作用。

三 服务能力影响因素

公共图书馆在信息资源的收集整理、知识咨询、辅助培养智库人

---

① 程煜、徐路、汪征等：《公共图书馆智库服务及其质量要素启示》，《图书馆理论与实践》2019年第1期。

② 马梦丹：《我国图书馆智库建设实践与理论研究进展综述》，《图书情报导刊》2018年第1期。

才以及塑造智库影响力等方面,都取得了一定成效。[①] 智库服务是信息服务、知识管理能力与智慧服务的综合体现,其服务能力是图书馆的核心竞争力。智库服务能力的影响因素很多,经费是服务能力的基础,需要从政府层面加大扶持力度,因此要积极争取地方政府在政策、人才、经费等多方面加大扶持和鼓励力度。其他例如人员配备和培养、资源建设和使用、机构影响力、顶层设计等,也都是影响服务能力的因素。

第一,文献信息机构工作人员的学术能力和水平与文献信息机构服务智库的产品质量正相关。初景利教授等认为,图书馆员应拥有学科服务、知识咨询、情报分析与研究、数据管理与服务、出版服务、智库服务等新型核心能力,可以直接面向用户需求,提供知识性、创造性、增值性服务。[②] 人员学历层次、实践经验、知识储备、检索能力、综合分析水平、职业知识积累、实践经验、专业结构、知识面,以及数据搜集、挖掘、分析研究等方面能力,都直接影响学科服务能力和水平。作为专业信息服务机构,公共图书馆的智库服务是为科学研究和政策决策服务的,其服务要侧重学科、项目要求以及对馆藏特色资源的保障,针对科研主题明确首席专家馆员、学科专家馆员、科研馆员和科研助理馆员等一系列关键岗位职责。[③] 这个可以被看作比较有前瞻性的智库服务人才配备策略。

第二,文献和数据资源收集能力、情报分析处理能力、服务决策的调研和沟通能力、智库产品输出能力等,是提升智库服务质量的关键要素。尤其是在沟通方面,图书馆和政府机关或者某个科室直

---

① 张惠梅:《图书馆参与新型智库建设的现状、问题与对策》,《图书馆论坛》2017年第9期。
② 初景利、唐果媛:《图书馆与智库》,《图书情报工作》2018年第1期。
③ 程煜、朱政鑫:《让研究型馆员成为资政主力——基于〈完善智库管理〉效率篇启示》,《公共图书馆》2018年第12期。

接对接，存在很多困难，且原因很多。比如，馆员不熟悉机关的工作内容、环节、进度，嵌入跟踪程度有限；再者政府机关由于诸多原因主观上可能不愿意机关以外的人介入；还有人员流动现实情况的存在，原本对接上了政府部门，一旦人员调整则会因此中断。所以嵌入式服务的沟通非常关键，公共图书馆智库服务未来发展以嵌入式决策咨询服务模式为主要特点，沟通能力是影响服务能力至关重要的因素。

第三，团队建设直接影响文献信息机构的服务能力。过去很长一段时间，公共图书馆一般咨询工作比较多，其次是课题和定题服务，馆员大多提供一、二次文献信息，分析研究较少。在信息的搜集上，停留在原始陈述层面，提供的信息参考价值不高，深层次的三次文献信息开发更是凤毛麟角。公共图书馆智库服务建设要有一支能够对智库信息需求进行深入研究、综合分析并能够尽快形成服务成果的团队，才能显现出特有的服务能力和水平。

第四，顶层设计是保障实施智库服务的宏观指导。以往的顶层设计中有关宏观统筹方面的规划比较少，大多是着眼于中观和微观方面的设计。我国图书馆智库研究第一篇相关论文《智库：图书馆发展的新机遇》（北京大学医学图书馆张燕蕾）早在2009年就已出现，但从实践领域看，高校图书馆作为科研的中坚力量，相比于公共图书馆对于图书馆与智库的相关研究更多。由于研究和重视不够，目前公共图书馆界有关智库服务方面的相关政策缺失，可持续发展的物质基础和智力支撑等方面同样都缺少顶层设计，致使智库服务的效能不理想。比如智库成果或者智库成果的评估、评审的平台缺失，研究成果应用渠道不顺畅等现象一直存在。

四　服务理念

目前大多数图书馆的智库功能基本停留在信息服务的层面，主要工作是对文献信息进行二次加工处理，离真正的智库功能仍有一定的差距。① 公共图书馆智库服务是一种发展起来的信息服务工作，经过服务意识重组，围绕公共图书馆的现实需求、使命、核心职能、发展前景，制定服务策略等，做到服务既要有战略规划，又要有可操作性，要把提高智库服务利用率作为终极服务理念。随着时间的推移和经验、实力的积累，公共图书馆可以进一步延伸服务，主动和国家、地方的智库机构联系、对接，或者进行调研，也可以将各行业的智库研究成果进行收集，把公共图书馆作为平台，进行智库成果的展示；同时可以尝试引入专家学者，通过问卷调查等方式对智库机构及其成果开展对比分析和评估，从而定期形成智库信息专报，及时上报给决策机关参考。为了提高智库服务利用率，可以多方努力，主动承接项目。在项目的研究过程中可以将相关专家学者，甚至一些咨询公司、资深媒体等社会力量进行整合，在发挥公共图书馆的文献信息资源优势的基础上，通过引入专家学者的专业领域优势、咨询公司的数据分析优势，以及资深媒体的舆情研判优势，共同做好决策咨询服务②，充分实现智库服务职能。

五 案例分析

在我国智库发展的过程中，公共图书馆的智库服务越来越多地被图书情报及其他领域专家学者所重视，并进行了较为广泛和深入的研究。在此仅将哈尔滨市图书馆作为智库服务案例进行分析。之所以选择哈尔滨市图书馆，是因其由于地理位置特殊，其图书馆发展理念与我国图书馆接受的外来图书馆发展理念更接近。新中国的图书馆思想最初是学习苏联，改革开放后逐渐转向接受西方图书馆建设理念，继而由于各种原因，逐渐趋于个性化。哈尔滨市图书馆服务智库案例分

---

① 夏美玲：《图书馆智库建设与服务情况调查分析——以天津市为例》，《渭南师范学院学报》2018 年第 4 期。

② 李月明：《基于新型智库理念的公共图书馆决策咨询服务研究——以湖南图书馆工作实践为例》，《图书馆工作与研究》2018 年第 6 期。

为三个历史时期，即以参考咨询服务为起点的智库服务萌芽期、新时期智库服务意识形成的过渡期，以及将智库服务嵌入图书馆实际工作中的成长期，最终形成目前较为成熟的智库服务初级模式。在探讨的过程中，充分利用客观描述和归纳整理的方法，通过个案为今后的进一步研究积累更多可供参考的素材。

（一）以参考咨询为起点的智库服务萌芽期

哈尔滨市图书馆是一座大型综合性公共图书馆，始建于1926年6月，史称哈尔滨市立图书馆，1950年10月1日改称哈尔滨市图书馆。从创建至今有近百年的历史，尤其自新中国成立后历经七十年的发展，积累了大量的文献资源，目前馆藏总量已经达到358万册（件）。在图书馆事业发展史上参考咨询工作一直占据着重要地位，随着20世纪90年代中国参考咨询工作内容的变化，公共图书馆参考咨询服务也有了三项重要的服务内容，即为领导机关提供决策情报服务、为新技术和重点科技项目提供情报服务、为市场经济和社会生活提供信息服务等。[①] 咨询方式有口头咨询、书面咨询、电话咨询等；咨询范围有馆内咨询和馆外咨询；咨询内容包括信息服务，为决策、科研教学服务等；具体服务产品有《两会信息服务》《舆情监测》《信息专刊》《资料汇编》《专题定题信息》《企业科技情报服务》等。随着计算机技术的普及和网络的发展，2004年1月开始参与网上文献资源的收集、加工与利用工作，并开展网上咨询、远程咨询等。网上咨询包括本馆网上咨询及全国图书馆信息咨询协作网咨询；远程咨询包括采用电话、信件、传真、电子邮件等方式，其中以电子邮件的方式为主。从发展历程上看，早在20世纪90年代，哈尔滨市图书馆就向市政府提供信息和信息摘编服务，从那一阶段起至2015年前后，可以称为基于参考咨询工作的智库服务萌芽期。参考咨询工作主要从以下几个

---

① 李昕：《基于知识管理的图书馆参考咨询服务》，《唐山学院学报》2007年第2期。

方面进行。

1. 信息资源建设

哈尔滨市图书馆除了长期积累的馆藏资源外，还购买了各种印刷型检索工具书刊、各种光盘数据库、网上数据库、自建数据库、书生电子图书和丰富的 Internet 资源构成了整个检索系统，为当时参考咨询工作的开展提供了资源储备。

2. 课题服务

跟踪课题服务一直是参考咨询工作的重要内容，1986—2000 年完成跟踪服务课题 168 项，从数量上看呈现逐年上升趋势，许多课题取得了广泛的社会效益，其中有 4 项课题获得了黑龙江省公共图书馆为经济建设服务"十佳"项目奖励。2005 年完成课题服务 33 项，检索文献数量 1441 条，包括为科研与经济建设服务和为其他事业发展服务两大方面，均取得了明显的社会效益。2005 年以后，课题服务无论是从内容上还是数量上，都有了迅猛的增长。

3. 科技信息服务

2001—2004 年科技参考部与社科参考部合并为参考部，从 2004 年 8 月起，合并的参考部利用 TRS 网络雷达采集系统收集了 12 类有关哈尔滨的地方信息、11 类有关中英文纳米材料及纳米技术及有关公共图书馆业界动态的网上信息。截至 2005 年，采集网上信息 11000 多条，这些信息可以在哈尔滨市图书馆内部信息网上查用。2005 年 4 月，参考部重新划分为科技参考部和社科参考部，科技参考部继续完成网上专题信息汇集工作，比如承担纳米材料及纳米技术的中文专题信息、英文专题信息等多种科技信息服务，并延续至今。

4. 政府信息公开服务

哈尔滨市政府按照《中华人民共和国政府信息公开条例》"公开为原则，不公开为例外"的基本要求，大力推行政务公开工作。2008 年 5 月，哈尔滨市人民政府在哈尔滨市图书馆设立政府信息查询点，并按时下发政府信息公报，在馆内设查询专区和专架，提供政府信息查阅服务，并提供电子查询服务，为读者获取政府信息提供便利。

5. 联合参考咨询

哈尔滨市图书馆早在2010年3月就开始正式加入联合参考咨询与文献传递网。由于黑龙江经济发展比较落后，在经费有限的情况下，为参考咨询部门配备较为先进的计算机设备，同时订购了利用率较高的数字资源。2011年7月开始，"联合参考咨询与文献传递网"更换系统，并且正式命名"全国图书馆参考咨询联盟"，原来系统中的一些可以共享的资源不能继续使用，使咨询工作受到了一定影响。经过多方努力，在原有数据库的基础上，及时增加了数据库的购买数量，新增了中国知网的博士学位论文及硕士学位论文数据库、中国期刊全文数据库（回溯至1911—1979年）等，从而保证了咨询工作顺利进行。联合参考咨询工作的完成数量连续多年在全国名列前茅，多次荣获"全国图书馆联合参考咨询先进单位"称号。

6. 建立企业服务网

2005年，哈尔滨市图书馆决定由科技参考部负责组织建立企业服务网，以便更好地为广大企业及科研机构服务。入网的对象主要是企业及科研机构，可以无限量免费使用哈尔滨市图书馆开放的各种数据库，免费使用哈尔滨市图书馆提供的各种参考咨询服务，免费参加哈尔滨市图书馆提供的企业用户培训活动。当年为哈药集团制药总厂、国家大豆工程技术中心、哈尔滨三乐园生物工程有限公司进行了集体培训，使他们对图书馆的馆藏资源及服务有了进一步的了解，对如何利用图书馆的网上咨询服务有了进一步的掌握，为哈尔滨市的经济发展做出了贡献。

7. 科技查新服务

科技查新是文献检索和情报调研相结合的情报研究工作。由于国家对科技查新单位资质认定要求极为严格,所以哈尔滨市图书馆本身不具备出具查新报告的资质。但是该图书馆并没有因此停止对科技查新服务的探索,而是努力尝试、积极拓展。2012—2013 年派出 2 名咨询员参加培训,取得科技查新员的资质。2014 年同已经具有查新资格的哈尔滨市科技局科技情报所达成合作协议,面向科研用户开展市级科研项目科技查新服务,完成查新课题 13 项,做到了充分发挥专业优势,积极服务于地方经济发展。

8. 地方文献的编撰工作

哈尔滨市图书馆本着对文献信息资源和文化遗产保护、利用的原则,在充分挖掘馆藏资料的基础上,兼顾多方收集,对地方历史资料进行保存、挖掘、开发、传承,先后编撰《东北沦陷时期作家与作品索引》《东北沦陷时期作品选》《馆藏建国前中文地方报纸篇目索引》《哈尔滨四十年回顾史》《滨江特刊辑录》和《伍连德及东三省防疫资料辑录》,参编《中国馆藏满铁资料联合目录》等著作[①],广泛收集文献信息,保存和传承地方文化史料,服务于地方政治、经济和文化等各项事业。

(二) 新时期智库服务意识形成的过渡期

随着中国特色新型智库研究的兴起,国内公共图书馆界也逐渐步入智库研究的行列。2015 年 12 月,国家启动高端智库试点工作时,并无一家公共图书馆进入高端智库试点行列。但随着智库建设的兴起,很多关于图书馆与智库关系的研究纷纷出现,许多公共图书馆服务智库的意识逐渐觉醒,信息服务工作逐渐向更深层次的决策参考咨询服务过渡,这可以看作新时期智库服务意识形成的过渡期。

作为公益性文化事业单位的哈尔滨市图书馆,为党政机关立法决策提供文化服务是义不容辞的职责,进驻"两会"为代表服务一直是

---

① 赵靖:《哈尔滨市图书馆地方文献工作实践与思考》,《农业图书情报学刊》2009 年第 8 期。

哈尔滨市图书馆努力的方向。2015年,通过馆领导的努力,多次去政协、人大宣传图书馆和图书馆的服务,终于取得零突破,实现了多年来图书馆直接为"两会"服务、现场为地方政府提供决策参考服务的愿望。哈尔滨市图书馆首次参会就成为会议服务的新亮点,得到了"两会"服务媒体的广泛关注,哈尔滨广播电台、哈尔滨电视台《都市直通车》及《都市发现》栏目、哈尔滨蓝网(微信平台)等都进行了现场报道。服务现场向代表发放数字借阅证3000余个,投放的歌德电子借书机下载电子图书773册次。同时设立咨询热线,在图书馆网站及图书馆公众微信、微博平台及时推送两会相关信息,并提供参考咨询、数据库检索等信息服务。

哈尔滨市图书馆以哈尔滨市"两会"召开为契机,为"两会"代表、委员在立法决策和参政议政、献计献策中提供专业的信息支持和保障,为政府科学决策、推动地方经济文化发展提供智力保障。利用图书馆资源进行的专题文献服务,为各级领导和相关人员提供决策参考的信息服务是哈尔滨市图书馆智库服务意识形成的过渡期。

(三)将智库服务嵌入图书馆工作实践的成长期

中国特色新型智库建设是国家战略,图书馆参与智库建设不仅是自身业务发展的需要,也是新时期的重要战略。初景利认为,虽然当前绝大多数图书馆不能算作智库,但不等于未来不是,未来的一部分图书馆需要朝着智库的方向发展,或应具有智库的部分功能,甚至可以成为智库型机构。[①] 智库离不开图书馆,图书馆也需要走向智库,这是未来的发展趋势。因此目前阶段,哈尔滨市图书馆将自己的功能定位于智库服务而不是智库,将智库服务作为自身重要的功能,并把智库建设纳入整个图书馆的业务体系,明确了新形势、新任务下的功能定位,将定题服务、课题服务等跟踪服务作为嵌入式服务,完成自身

---

① 初景利、唐果媛:《图书馆与智库》,《图书情报工作》2018年第1期。

的功能转型。尤其是将基于智库服务的决策咨询服务模式进行了业务调整，形成了智库服务的产品形式——专报，打通了智库产品的推广形式——服务于党政机关。

1. 新型智库服务成果实现"零"的突破

哈尔滨市图书馆智库成果《哈图专报》于 2018 年 4 月 23 日"第 23 届世界读书日"阅读推广系列活动启动仪式上进行了首期发布，把为本地区领导机关立法决策提供文献支持保障作为新时期公共图书馆创新服务的重要任务和职能，并形成常态化和制度化，由专业团队固定每月出 1 期专报。

智库服务成果专报的推出，充分发挥了图书馆自身优势。哈尔滨市图书馆积极开展信息资源建设及情报挖掘工作，逐步夯实图书馆服务智库的知识储备，努力为开展更高级的智库服务打下基础，取得了良好效果。《哈图专报》2019 年第 7 期《点亮哈尔滨"夜游经济"——助力文旅融合创新发展》被哈尔滨市政府研究室选中，专门做了一期简报发送给市委市政府主要领导和相关部门阅读参考。

智库专报是智库服务机构非常重要的成果产品，它的推出可以被看作图书馆业务工作的一个拐点。智库专报作为向各级政府部门及领导报送智库研究信息的方式，上报给各行政机关，从而起到影响决策的作用，使新时期智库服务成果实现"零"的突破，实现了哈尔滨市图书馆新型智库服务从无到有的蜕变。

2. 将智库服务纳入业绩考核的工作制度

目前，智库服务团队主要由社科参考咨询部门组成。面对编制相对紧缺、智库研究人才不足的情况，哈尔滨市图书馆采取人才整合措施，对参考咨询队伍进行科学配备。社科参考咨询部现有的 7 名成员中，正高级职称 2 人，副高级职称 5 人；硕士 1 人，本科 6 人；成员专业类型涉及图书情报学、物理学、计算机学等。通过全员聘任，落实岗位责任制，将参考咨询工作进行定人、定岗、定指标，把责任分解到个人；并对参考咨询人员进行激励，制定了"网上参考咨询奖励机制"，充分调动参考咨询馆员的工作积极性，增强其职业认同感和荣誉感。良好的工作机制是开展工作的保障，通过激励与绩效考评机制，将政策保障、领导重视、职责要求、激励机制有机结合起来，加强了图书馆新型服务能力建设，促进了图书馆的用户服务转型。

3. 建立智库服务与智库需求的渠道

积极探询公共图书馆智库服务的建设路径和服务渠道，将编写的《哈图专报》通过交换文件形式呈送到省市相关部门，并通过微信在市决策咨询委专家群里推送，供领导和专家们决策参考。值得一提的是，通过市决策咨询委的资政平台，积极参与资政项目的实例取得明显效果。根据黑龙江省发展热点，《哈图专报》2018年编撰8期，共5万余字；2019年编撰12期，共8万余字，受到市政府、市文化广电和旅游局相关领导以及市决策咨询委专家们的欢迎。目前，哈尔滨市图书馆已建立起了智库服务与智库需求的渠道，使智库服务团队一方面可以扩大政治视野，了解政策走向；另一方面也可及时准确地表达服务的诉求。

4. 通过承担课题项目提供政策建议

2018年，哈尔滨市图书馆馆长作为哈尔滨市专家咨询顾问委员会专家参与了《关于旅游文化特色产品开发的对策研究》课题，通过调研及充分利用哈尔滨市图书馆开发的二、三次文献，不仅提出了全市冰雪文化发展的思路，更为推动哈尔滨冰雪文化产业走向世界起到了宣传作用，受到市决策咨询委员会的点名表扬。由此可见，通过运用参考咨询功能助力课题项目的研究，不仅可以积累较为丰富的知识信息，而且可以提升智库服务团队的应用研究水平，提供更精准的服务。

此外，哈尔滨市图书馆与黑龙江省社会科学院合作撰写的信息专报《采他山之石 助我省抗旱》，得到省政府办公厅的重视，摘编成专送信息《国内外抗旱的先进做法及相关启示》，转发给省政府有关领导；该馆与黑龙江省社会科学院合作撰写的另一篇《以智慧城市建设理念 促进我省物联网产业发展的建议》，被黑龙江省委宣传部《智库专报》采纳,报送给省委常委、省人大、省政府、省政协、省法院、中宣部办公厅、省有关厅局及高校等众多党政机关及省重点智库的负责人参考阅读。这也成为文献信息机构通过联合参考咨询合作成功服务智库的典型案例。

5. 建立符合智库服务的法人治理结构管理机制

按照国家有关政策要求,哈尔滨市人社局于 2014 年 2 月将当时市文新局(现在的文化广电和旅游局)下属的哈尔滨市图书馆列为事业单位法人治理结构建设试点单位,2016 年 12 月 28 日哈尔滨市图书馆理事会正式成立。法人治理结构的管理机制,是新时期公共图书馆的一种运行机制,可以加快构建现代公共文化服务体系,是深化文化体制改革的必然要求,旨在帮助提升图书馆整体专业服务能力。由专家、学者、政府部门人员、读者代表等组成的理事会成员,通过定期召开的理事会,对图书馆事业规划、重大决策等进行审议,提出意见和建议。这种治理结构模式符合现代智库的运作管理机制,也会有助于公共图书馆智库服务能力的发挥。

6. 通过梯队建设完善智库人才培养机制

哈尔滨市图书馆注重领军人才梯队建设,致力于培养一支适应新业务发展需求的复合型智库服务人才队伍。哈尔滨市图书馆人才梯队建设始于 2015 年,同年 12 月被哈尔滨市人力资源和社会保障局正式批准为新建市级领军人才梯队。领军人才梯队建设坚持"德才兼备"和"重成果、重业绩、重贡献"的原则,将业务能力强、思想品德好,并且确有贡献的优秀人才选拔到领军人才梯队中,重点向一线的专业技术人员倾斜,进行梯次配备,将高水平的理论造诣与丰富的实践经验紧密结合,具有学术专长互补、研究能力过硬、中青年结构适当等优势。领军人才梯队建设是智库服务能力和成果影响力的重要保障,在人才队伍建设中,注重培养具有知识创新能力、良好业务素质和爱岗敬业的馆员,使参考咨询员的专业知识、科学素质、逻辑思维、沟通能力都得到了很大提高。

7. 注重智库服务的政府灰色文献资源建设

新时期公共图书馆的智库服务主要着眼于直接或者间接为政府决策提供智力服务，服务过程中用到的重要信息源就是政府出版物，而政府出版物中有大量的灰色文献，多属于内部发行和内部读物。国内图书馆对政府出版物中灰色文献部分重视程度不是很高，也没有稳定的采集渠道，但是对政府出版物中的灰色文献进行收集和保存、利用是非常必要和有价值的。20世纪70年代，灰色文献主要来源于政府机构、学术（教育）机构、企业等。这些灰色文献无疑是今后开展智库服务的宝贵文献信息资源。

8. 通过行业评估促进智库服务工作

在原文化部公共文化司2017年发布的《第六次全国县级以上公共图书馆评估标准细则》中，增加了提供智库服务加分项，分值是5分。明确将"智库服务"纳入知识服务的范畴，并规定"由图书馆提供的专家工作室对外咨询服务可计入智库服务"。新增的智库服务加分项，被纳入副省级以上公共图书馆服务效能中的信息咨询服务内容之一，可以看出国家对公共图书馆智库服务的重视。通过学习和研究行业评估要求、权重标准细则和打分细则，哈尔滨市图书馆更加明确了将智库服务嵌入图书馆工作实践的服务策略。

9. 服务"一带一路"建设

哈尔滨作为黑龙江省会城市，处于东北亚区域中心，文化底蕴深厚，异国风情浓郁。夏季凉爽的气候以及冬季的冰雪世界造就了其优美的生态环境。"一带一路"为哈尔滨与沿线国家的教育、旅游、体育、文化、医疗、农业等方面交流合作创造了条件。哈尔滨市图书馆积极抓住机遇，发挥智库服务功能，及时编制了中国·哈尔滨之夏音乐会、中俄文化艺术交流周、东亚文化之都等活动专题文献，通过对文献信息进行收集、整理，为哈尔滨开展的区域合作进行了文化的保存和传承。

综上所述，国内以国家图书馆等为代表的公共图书馆，已经走在了智库功能开发的前列。公共图书馆智库服务最重要的功能目标是通过决策参考咨询服务影响政策的制定，并将提供高质量的知识服务作为实现目标的手段。在这个过程中，公共图书馆需要将信息资源与知识提供能力二者有机结合起来，做到影响决策抑或决策者。但目前国内公共图书馆大多停留在信息采集、一般咨询与情报分析等服务环节，提供综述、述评等三次文献成果的能力不突出，为决策和科学研究提供服务的作用不显著。如何通过提供客观全面、科学有效、及时精准的智库成果，为智库机构提供服务，充分发挥图书馆的智库服务功能，从而服务于社会的政治、经济、文化等方面发展，将是公共图书馆今后需要加强研究的课题，也是值得努力的方向。

第三节 高校文献信息机构服务智库功能与能力演进

目前，智库发挥着促进社会发展、影响政府决策的重要作用。高校智库为党和政府的民主科学决策提供了强有力保障。高校智库的优势是学科类别齐备，高层次人才汇聚，具有强大的基础研究能力以及广泛的学术和对外交流。作为大学心脏的图书馆以其完备的知识服务体系、多样的文献资源和存储平台，在高校智库建设中起着重要作用。由于信息在智库建设中具有重要作用，高校图书馆有必要将文献信息服务扩展到决策和管理层面，将此作为图书馆的服务制高点和新的业务增长点。为此，图书馆需要重构业务系统并为智库建设提供信息服务。[1] 探索高校图书馆参加智库信息服务支持体系的建设，增强图书馆对高校智库信息服务的支撑作用，具有十分重要的价值。

现在，有关图书馆为智库提供信息服务的研究，国内学者更多地在理论上讨论图书馆信息服务借鉴智库服务的思想，探究融合的可行

---

[1] 初景利、唐果媛：《图书馆与智库》，《图书情报工作》2018年第1期。

性和应用价值，有些根据典型案例实证分析的成果更多地从图书馆学科服务、参考咨询服务或情报分析服务的角度来阐述①，对图书馆参与智库决策支持信息保障协同创新机制建设进行探讨者较少，典型案例也不多。智库决策支持信息保障的数量、范围、质量、服务方法和内容，会涉及影响智库研究成果的水平。引用其方法和经验，探讨国内外智库的信息服务，既是图书馆转型的选择，也是其理念和发展方向的需要。

一 高校图书馆与智库的关系探讨

确切的职能定位是高校智库建设的基础。经过对现有文献和案例的收集整理，在"高校图书馆是否可以成为智库"的研究中，项目组专家提出了高校图书馆智库的概念，并对其组织架构和含义等进行了分析，但究竟怎样建立图书馆智库和要打造什么样的图书馆智库尚无定论，需要今后加强探索。为了在高校智库建设中展示重要的职能，高校图书馆要明晰其职能，尝试从智库和高校图书馆的服务职能、组织模式、人才构成和成果发布等角度来探讨。

（一）从组织模式看：高校图书馆的机制和体制不允许其成为智库

智库就是一群智者的集合。目前概念上的智库具有独特的内涵，智库就是利用专业知识为社会和政府开展决策咨询服务的机构。高校智库是高校附属的决策咨询和政策研究机构。作为高校的文献信息资源中心，高校图书馆是一个服务于科学研究和人才培养的学术机构。它是社会文化和校园文化建设的基地，也是高校校园信息化建设的重要组成部分。虽然高校图书馆能够为智库提供信息支持和文献保障，具备条件的图书馆能够参与智库的建设，但也仅仅是提供服务，大部

---

① 王凤满：《我国高校图书馆智库型服务体系研究》，《图书情报工作》2015年第23期。

分图书馆无法变成独立的智库组织。

(二) 从服务功能看：图书馆的智库功能还不完善

智库具有咨政功能，为公共政策和政府决策提供智力保障，服务职能是为政策咨询、战略研究、公共外交和舆论导向提供智力支撑。智库不仅提出思想和收集信息，还具有教育大众、培养人才和为社会服务的作用。但它的重要功能是在政策研究中以智力成果的形式为政府决策服务，在政策宣传、政策评估和决策咨询等方面为政府决策提供信息支持，加强知识与行动的融合。

图书馆的作用是人才培养、传承文化和社会服务。它的重要功能是信息服务和教育功能。高校图书馆的重要职能是在科学研究、人才培养、社会服务和文化传承方面产生效果。高校图书馆是高校的知识中心和文献资源建设中心、特色资源与文化中心、阅读推广服务与学习中心。虽然高校图书馆具有一些智库职能，但它并不能转型为智库，为智库提供信息服务是高校图书馆参考咨询服务的扩展。

(三) 从人才结构看：高校图书馆智库中的人才短缺

《关于加强建设具有中国特色的新型智库的意见》明确提出，智库要配置有影响力的研究人员和专家。智库要把为决策咨询服务当成核心竞争力，能否成功则取决于研究人员的水平，因此，人才是首要条件。智库需要有一支由跨部门和多学科的研究人员组成的优秀团队。他们相互补充、创新合作，依靠成熟的政策理论、深厚的专业知识和基础研究，为中央和地方政府的思想、策略、理论和方案提供建议和支撑。

在当前的高校图书馆中，几乎没有由稳定的研究团队和领军人物构成的智库组织。国外智库的许多专家都有在高校和政府机构工作的经历，但由于中国独特的国情，"旋转门"体系很难在中国复制。虽然图书馆工作人员具有丰富的图情知识，但缺少政治敏锐度和宏观视野，其社会影响力还远远不能满足智库需求。"以学校知名专家为智库研究团队的核心"和"以学科馆员和研究生为智库的支持人员"的人才结构，说明了图书馆的功能仅仅起到辅助作用，不可能成为智库的主体。

（四）从实践结果上看，高校图书馆缺乏成为智库的实力

智库执行"创新思维"，其最终成果是思想、智慧和观点，它们对决策产生正向影响。生产高质量的思想产品是智库的主要目的。智库人员要具有国际战略眼光，并根据中国国情提出可行性方案。

图书馆提供信息和文献资源服务。图书馆在高校智库建设中要发挥特长，为智库建设提供文献资源保障，并在信息收集、信息挖掘和信息保存中发挥重要作用。

尽管情报机构是"应对措施"的主导，但它具有转化为思想库的良好条件，例如"出思想"和"发声"的潜力，作为学校的信息采集、保存和服务组织，图书馆在学校开展的服务还具有智库服务的特点，但在当前面临着实践和理论准备不足的问题，国内高校图书馆转型成为智库的条件尚不成熟。

尽管高校图书馆变成智库是一项艰巨任务，但为新型智库服务可以成为图书馆的服务策略和内容。在高校智库建设中，图书馆应结合自身实际，根据高校智库的要求，利用图书馆信息服务的优势，为智库建设提供中外文信息资源；协同智库研究，开展文献信息和服务保障工作。第一，提供信息资源服务。第二，辅助智库提高对文献资源的检索能力，比如分析、聚类、集成和其他技术支撑。第三，发挥情报学和图书馆学的特长，利用知识挖掘与发现、文献检索等方法对信息进行组织与利用；提供情报研判和服务，包括前期分析数据、中期挖掘数据、智库项目的后期制作效果图；建立情报分析人才库、公共服务平台、文献信息资源库和高校智库培训机构。此外，支持决策服务也可以提供给学校的人才管理、战略规划、科研管理和研究团队。

二 高校图书馆参与智库建设和服务的机遇与挑战并存

（一）机遇

高校智库是建设具有中国特色新型智库的主要力量。在 2017—2018 年 CTTI（中国智库指数）的 489 个来源智库中，有 255 个高校智库，占 52%。2017 年 6 月，黑龙江省公布了 20 家重点培育智库，其中高校智库 13 家，占 65%。目前，国家正在实施"双一流"发展战略，需要对高校、学科和专业进行科学评价，从而支持决策，这就为高校图书馆参与智库服务与建设提供了良好机遇。

（二）启示

图书馆和智库缺少联系和沟通。图书馆既不清楚智库的需求，也不熟悉智库的工作流程。在传统的"借还书"中，智库仍然缺乏对图书馆提供主题和参考咨询服务的理解和认识，不知道图书馆有能力为智库服务，而宁愿付费与数据库供应商合作。此外，智库对信息资源有特殊要求，如社会数据、科学数据、工业数据和经济数据。尤其对事实数据、客观数据、国际比较数据以及进行了深入挖掘和分析的数据需求更多。

高校智库的信息需求包含六个基本特征：全面性、及时性、权威性、现实性、学科性和连续性。高校智库的信息需求与高校图书馆的信息服务之间有很大区别，如文献信息资源缺乏针对性、高校图书馆信息服务制度不健全、信息服务内容不充分、缺乏信息服务功能以及信息服务的方式。由于技术的落后和服务理念的落后，为高校图书馆提供智库支持的建设和服务还有很长的路要走。

高校图书馆为智库服务要立足本馆实际，不要急躁冒进，要从基础做起，在原来参考咨询和学科服务的基础上，进一步做好知识咨询，进而发展到政策咨询，才能真正发挥服务智库的作用。

高校图书馆应依托高校智库信息服务的需要，进入智库并融入智库，采取大数据技术收集与智库有关的数据，开展情报处理和分析；组建以高校图书馆为基础的智库网络，不断建设机构知识库和各种专门的数据库，强化智库信息服务保障体系建设，增强高校图书馆的社会服务和服务创新职能。

高校智库是国家新型智库的主体，高校通过智库为国家和社会提供知识资源服务，以满足党和国家的迫切需要。在新形势下，高校图书馆是高校文献信息资源的收集、存储和服务部门，是建设高校智库必不可少的因素。建设具有服务特色的新型智库是大势所趋。高校图书馆在建设智库时，必须弄清高校智库建设的主要任务，认识其使命，探索智库服务的多样性，主动参与建设和发展智库，并服务新型智库，努力成为智库研究的积极参与者、高校智库资源提供者以及智库实现良性发展的助推器。

新型的高校图书馆服务智库建设不要停留在理论探讨和概念层面，而要解决智库建设中的实际问题，要结合服务智库建设的实践，从而满足智库服务的多元化要求。

作为具有中国特色的新型智库的主体，高校智库在理论创新、政府咨询、舆论指导、公共外交和社会服务等方面比其他智库更具优势。人才集中、学科全面和频繁的对外学术交流，是高校的三大支柱。高校图书馆依靠其人才、资源和服务优势，积极探索发展智库的方式。图书馆和情报机构是转型成为智库还是只为智库提供信息服务，要依据其客观实际进行实用和现实的功能定位。

高校图书馆要么提供智库型或智库理念服务，要么变成智库为社会或仅为本校智库提供服务，不论何种形式，都不能低估高校图书馆在智库服务和建设中的作用。应该注意的是，高校图书馆提供的三种服务不是截然不同的，而是互相交织渗透在一起的，无法隔离。高校图书馆提高智库的信息服务水平，充分积累从信息支持到"准智库"的经验，然后发展成为智库，最终实现成功转型，提供更高效率和质量的智库服务，这是高校图书馆智库服务的最佳结果。

三 服务对象及服务对象的信息需求

（一）服务对象

1. 直接对象

校内专门智库机构。

2. 间接对象

（1）校内领导决策层

梳理分析国内外高等教育的政策要点和举措，为学校领导提供本校发展建设建议；对国内外高校评价指标和排名进行分析，提出高校评价的基本指标与核心指标，提出学校发展建议；与国外知名高校进行比较，分析国内高校发展与改革的主要趋势，提出本校发展创新的建议。

（2）科研机构

对本校的科研竞争力和优势进行分析，为本校科研规划提供建议。

（3）人事部门

对本校重点专业学科领域的国内外知名专家学者进行遴选与分析，为学校引进人才提供参考意见。[①]

（二）高校智库的信息需求

1. 高校智库信息需求的基本特征

智库生存和发展要依赖信息，智库研究成果的质量和信息支持的水平有很大关系。结合国内外高校智库发展的路径，将高校智库信息需求的基本特征归纳为全面性、及时性、权威性、现实性、学科性、持续性六个方面。

（1）全面性

智库积累的信息涵盖了广泛的主题。互联网和大数据持续生成

---

① 初景利、唐果媛：《图书馆与智库》，《图书情报工作》2018年第1期。

各种数据和信息，包括新闻报道、学术研究、时政热点等关键信息。随时获得所有可能用于信息安全的数据是智库健康发展的先决条件。国内外智库纷纷开发新的工具平台，并提出快速获取综合数据的新思路。

(2) 及时性

在研究过程中，高校智库要结合信息及时性的特点，及时快速地向智库人员提供信息，保证智库研究成果的适用性和前瞻性。这就是高校图书馆信息服务与智库信息需求的根本区别。

(3) 权威性

只有对智库进行权威、准确的信息支持，对外公布的智库报告才会有权威性。智库要保证充分拥有研究项目的核心信息，只有这样才能在智库研究中占据优势。

(4) 现实性

为了进行实证研究，智库项目需要了解现状和服务当前，使用专业的观点向民众和政府提出问题进而解决问题，同时分析政策背景、环境和决策过程。在研究和发展的过程中，这种争论使先进而复杂的观点变得通俗易懂，得到政府和公众认同，并转变为政府执行的决策。

(5) 学科性

高校智库与其他智库不同，提供的信息应彰显学校的主要专业和学科，有必要做好与智库项目和机构知识库有关的图书馆自建数据库。

(6) 持续性

即使智库具备较大的影响力和权威性，要使研究保持较高水准，也必须根据社会发展的变化做出调整，还要涉及新领域的问题。智库必须积累新的文献信息和情报数据。由于情报信息要求具备及时性，信息更新速度快，因此智库为确保准确掌握情况并指导政策制定，有必要及时、全面地收集各种信息，进行连续的收集，并将其变成有价值的信息。[①]

2. 高校图书馆信息服务与高校智库信息需求间的差距

根据高校图书馆信息服务的实际情况，结合高校智库信息需求的六个基本特征，总结出高校智库信息需求与高校图书馆信息服务对照情况，见表6-1。

表6-1　高校智库信息需求与高校图书馆信息服务对照表

类别	高校智库信息需求	高校图书馆信息服务
服务内容	官方网站、统计数据库（经济数据、产业数据、社会数据）、自建专题特色数据库（包括本校机构知识库）和灰色文献	以馆藏纸质文献和电子资源为主
服务对象	智库研究人员	全校师生
服务项目	决策支持、情报分析	查收查引、资源推介、科技查新
服务方式	信息平台、个性化定制或推送、嵌入或融入	电话、邮件、在线咨询
服务手段	通过互联网、社交网络、博客等提供RSS资讯和报告订阅服务	嵌入式学科服务
服务策略	建立协同创新机制	定题跟踪
服务能力	统计与分析、利用大数据采集、信息可视化等工具	参考咨询、信息检索、学科服务
服务模式	集成化、专业化、个性化、协同化和智能化	较为单一的信息服务

由表6-1可以看出，虽然高校图书馆具有学科服务、情报分析、数据挖掘和信息保障的特长，但高校智库的信息需求与高校图书馆的信息服务之间仍然存在不小的偏差。主要表现在以下方面。

---

① 黄长伟、陶颖、孙明：《高校图书馆参与智库信息服务保障体系建设研究》，《图书馆工作与研究》2018年第7期。

(1) 服务理念落后

现在，高校图书馆对于信息服务工作存在刻板印象，对于大数据的概念尚未完全整合，对个性化服务、主动服务和 RRS 推送服务的开发关注不足。

(2) 文献信息资源建设缺乏目的性

高校图书馆提供学科服务和参考咨询等信息服务，使用的只有数据库和纸质文献，网上资源不多。智库项目所涉及的主题与高校智库的信息需求密切相关。这些学科更加专业，仅收集馆内文献是完全不够的，要求对相关信息进行连续、准确和全面的收集。智库要求的文献载体形式多样，如灰色文献、政府文件、机构知识库、互联网资源和特色资源等。

(3) 信息服务内容不够深入

虽然有些高校图书馆的信息服务在以往查收查引、参考咨询和学科服务的基础上，增加了对科研、学科和人才的评估与分析，加强了竞争情报和决策咨询服务，并获得了较好的效果，例如，清华大学、北京大学、西南交通大学、上海交通大学，但是信息服务力度不大，一些图书馆只能进行文档的获取，包括图书查询、借还书和参考咨询等传统服务，并专注于文献资源建设，而对个性化的信息服务内容和读者需求重视不够。

(4) 信息服务能力不足

目前，在大数据和互联网环境中，智库研究项目需要提供创新的知识服务，包括数据挖掘、情报分析和定制推送。为了获得海量数据，及时处理不完整的数据并集成多异构数据，就要求馆员具备较强的信息处理能力。当前，高校图书馆工作人员利用评估工具（舆情分析工具、决策分析工具、信息数据处理工具、信息可视化软件和统计分析软件）能力不足，需要提升情报分析和研究水平。

(5) 信息服务方式和方法落后

高校图书馆的信息服务方式单调。嵌入式学科服务通信工具仅仅依靠电话、在线问答和电子邮件,服务效率低下。高校智库的研究人员具有强烈的信息需求,需要为其提供个性化定制或信息的推送,包括 RSS 和邮件定制。

(6) 信息服务机制不健全

现在,由于受服务对象和范围的制约,高校图书馆还没有全面开展社会化服务。它们还只为本校师生提供信息服务,不能为科研院所、政府和企业提供信息资源和服务,基于数据信息的服务项目还有拓展空间。[1]

四 服务内容及信息保障

(一) 主要服务内容

1. 作为智库的图书馆——侧重理念、人员、成果的建设

(1) 聚集智库专家,组建智库团队

智库专家是智库建设和发展的主体。高校图书馆智库建设的最重要部分是建立一支多学科的专家研究小组,从不同角度研究问题,汇聚为满足国家战略政策需求和促进社会经济发展服务的咨询意见。

根据智库发展的实际,首先要制定完备的管理机制和组织架构,强化人才培养。智库研究人员要熟悉和了解学科领域的最新发展情况,最好是某一学科的学术带头人或专家。他们不仅需要有心理学、法学、人文和社会科学的全面知识素养,还要具备丰富的咨询经验和高尚的职业道德。建立研究人员全方位扫描、思路指导、管理者需求分析、专家指导和咨询的合作框架,以确保发挥情报搜集能力、战略规划能力、综合分析能力和决策能力。

(2) 确定智库建设的研究方向、服务理念和研究方法

智库并非单纯的学术研究组织。智库的社会责任和重要历史使命

---

[1] 黄长伟、陶颖、孙明:《高校图书馆参与智库信息服务保障体系建设研究》,《图书馆工作与研究》2018 年第 7 期。

是使决策和公共政策更加民主化和科学化。高质量的智库需要具有专业的认知和能力，要不断提升站位的高度，提出专业的决策建议，增强智库的决策支持；要不断增强目标准确性，加强智库建议深度、广度、准确度，提升智库影响力。

在研究形式上，结合研究人员的知识结构和专业背景，将理论和实践紧密联系，牢固确立跨学科的综合渗透和扎实的理论基础。

在研究方法和方向上，将政策解释、研究作为根基，重视预测性和前瞻性分析；使用跨学科和比较研究方法来达到整合化、研究专业化和实用化的目标。

（3）提供高质量的智库产品

智库的研究基于学术，提供政策建议和帮助政策决策是智库的目标。智库不同于学术研究机构，提供决策咨询是智库的根本任务。它是较高学术研究水平的咨询和政策研究机构，智库生产的是思想产品，智库产品就是智库的研究成果。智库产品可以是书籍、报告等形式的观点、想法、策略、设计。

高校图书馆作为智库，要把公共政策和战略问题当成研究对象，利用政策咨询进行有针对性、前瞻性和保留性的政策研究，发布适合中国国情并适应世界发展的建议。它遵循客观规律，具有运营战略、计划、布局和政策，以科学建议和科学发展来支持科学决策，从而为社会发展和政府决策提供高水平的服务。

2. 提供智库服务的图书馆——延伸业务领域、提升服务质量

（1）研究数据管理

研究数据是指在科学研究过程中可以储存在电脑上的所有数字形式的数据，以及可以变为数字形式的非数字信息。研究数据管理伴随研究生命周期全过程，是指与数据有关联的一切活动项目内容，例如：规划、获取、归档、组织、分析、共享、保护和利用。

国外研究数据管理一般都由高校图书馆来完成，这表明符合新的数据驱动的科研形式是图书馆今后转型的大方向。随着大数据使

用的增加和大数据挖掘技术的成熟,全社会对数据的理解越来越深刻,科学研究数据的可用性和价值越来越大。智库的研究得到研究数据的大力支持。强化研究数据管理是图书馆为智库服务的主要资源保证。①

(2) 智库知识库建设

为了增强知识和数据的储备量,国内外主要智库都有独立的机构知识库。例如,"全球智库报告"系列报告的在线收集站点"学者共享"是由宾夕法尼亚大学图书馆的研究人员管理的知识库,涵盖了整个学校的专家学者。

高校图书馆要依靠机构知识库的建设,同时借鉴国内外智库建设的成功案例,强化研究数据和研究成果的积累,建立智库成果的收集制度,创立智库知识库,使智库知识库成为一种制度,一个保存和交流智库成员学术成果的学术信息平台、一个集收集和科研服务为一体的知识服务平台。

(3) 为高校智库提供服务的图书馆——充分发挥其服务和资源优势

为高校智库提供文献资源和其他支持服务的图书馆要着重于学校的学科建设,凭借原有的纸本和数字资源集合,引入和构建独特的数字资源,开发原始的数字资源并收集在线资源。利用信息测量专业知识、传统参考服务知识、情报分析技能和技术搜索知识,并通过原有的专家数据库平台和读者服务制度,结合数据挖掘、数据分析的大数据技术,帮助智库进行开发和研究,努力建设一个有智慧图书馆概念的智库。

在服务模式上,我们可以从课题服务的经验中学习并使用嵌入式智库服务。嵌入式智库服务是基于互联网并以读者为中心的数字服务

---

① 赵雪岩、彭焱:《高校图书馆智库服务的内涵解析及策略研究》,《河北科技图苑》2018年第6期。

体制。图书馆员要将图书馆服务融入智库计划的整个环节,并在选择课题之前向研究人员提供预先搜索服务;在智库项目研究过程中,提供文献信息资源和大数据服务;在项目成果的结题期间提供信息服务支持。[①]

(二) 信息保障

1. 高校图书馆参与高校智库信息服务保障体系建设的具体策略

高校图书馆为智库提供信息服务保障要在服务能力、资源建设、构建协同创新机制和智库成果评价上有所作为。

(1) 加强馆藏特色资源建设,建立信息共享平台

文献信息资源是高校图书馆服务智库的良好基础,但要求图书馆为智库提供的文献信息资源具有一定特点。高校图书馆要利用自己的特色资源来开发特殊的研究数据库,尤其是灰色文献、原生文献和非结构化数据,构建具有地方和区域特色的机构知识库,以多种方式参与建设高校智库数据库。因为一个图书馆的文献信息资源数量种类是有限的,需要加入图书馆联盟来共享信息资源。现在,许多高校图书馆已经加入全国财经高校图书馆的特色资源共享平台,在 CALIS、CADAL、NSTL、CASHL 等国家、地区和行业体系中具有足够的经验,可以凭借大数据、云计算技术来强化智库信息系统平台专业数据库,建成相对有特色的馆藏文献系统。

(2) 提高数据分析处理能力

高校图书馆提供智库服务应拓展数据收集方法,利用各种方法采集大量的数据和信息,从而确保数据信息的多样性。使用 API 工具和搜寻器工具来捕获开放访问资源和互联网信息资源,包括政府网站公布的政策报告以及其他非正式渠道(例如社交媒体)的信息。此外,高校图书馆还必须注意数据的深度挖掘、多元处理和多重使用,尽最

---

① 赵雪岩、彭焱:《高校图书馆智库服务的内涵解析及策略研究》,《河北科技图苑》2018 年第 6 期。

大可能优化智库资源。高校图书馆应和企业、政府、科研院所一起打造信息共享系统平台，一起完成智库资源数据库的开发，改善智库的数据积累和信息存储。

大数据时代，要重视处理、分析和集成智库数据的能力。尽管高校图书馆在定题服务和参考咨询方面积累了宝贵的经验，但分析和处理数据和信息的能力还不够。图书馆有关信息处理的专业人才仍然非常稀缺，无法达到服务智库的目的。

目前，在"互联网+"和大数据背景下，3D信息可视化技术的引入将帮助读者获取、浏览、理解、感知、引用、分析和传播智库信息，促进思想的传播并增强思想的影响力。运用三维视觉分析法对智库网站信息进行分析，可构建立体分析模型。利用三维可视化软件对智库网站数据进行处理，可增强智库网站的信息分析和处理能力。

（3）了解智库信息需求，加强与智库的有效沟通

高校图书馆必须基于学校的智库服务，了解智库的信息服务方式和运行机制，图书馆必须积极融入智库。图书馆应集中力量，调动学科馆员的才智，进行业务培训，组成服务智库专业团队。有条件的可以派人参加一些有关智库方面的培训和学术研讨会，研究智库并为智库提供服务，提升图书馆工作人员服务智库的能力，提高他们服务智库的自信。图书馆还可以派信息服务人员到学校的智库进行学习和交流，让他们能够认同图书馆的资源和信息服务能力，获得智库的信任。高校图书馆应扩大交流渠道，构建沟通平台。使用互联网和新的媒体平台来传递智库的声音，提升智库的影响力，让公众关注智库及其观点成为新常态。

（4）加快构建高校机构知识库

国外高校图书馆利用建设机构知识库对智库成果进行利用和保存。在这方面，中国的高校图书馆很落后。图书馆要高度重视高校机构知识库的建设。图书馆为高校智库建立知识库有两种方式。一是将智库的有关资源收录到高校的机构知识库；二是协助智库建设独立的

知识库，包括成果库及各种类型的主题库。集成图书馆应构建一个知识信息集成平台，该平台将各种知识整合在一起，并大力支持智库的建设。

（5）构建信息保障协同创新机制，建立以地方高校图书馆为依托的智库联盟

与其他类型的智库相比，高校智库在成果、资源、影响力和效用方面缺乏优势。有必要整合高校智库的资源，通过创新协同，保持智库之间的良好沟通融合；通过智库联盟之间的创新协作，建立跨部门和跨学科的若干研究团队，强化对高校图书馆文献信息资源的融合，建立联合发布智库研究成果的有效制度，建立以地方高校图书馆为基础的高校联盟智库，为国家和地方的经济社会发展提供深层次的理性思考和实践思想。

（6）加强对智库成果的评价

目前，国内许多高校图书馆都能够提供科研评价服务，如科研院所分析比对、论文分析评价、高影响力与高产作者分析，还能分析预测学科发展的趋势。可以把这些服务应用到智库对成果的评估当中。图书馆对智库结果的参考、转载和对媒体报告的分析和统计，有助于分析智库的高影响力人员；分析对智库的贡献，尤其是智库的成果；分析对公共决策和政府造成的影响。评价和分析智库人员及成果，能够对智库的发展走向进行参考决策，并把影响和评价分析报告融合到数据库平台，为智库建设提供一个系统的平台数据。[①]

2. 高校图书馆在高校智库建设中的服务创新策略

（1）从文献采集到数据管理——资源建设创新

精准的信息资源是智库建设的最基本要求，图书馆所承担的任务和职责就是为智库提供及时、全面的专业研究信息资源。当前大数

---

① 黄长伟、陶颖、孙明：《高校图书馆参与智库信息服务保障体系建设研究》，《图书馆工作与研究》2018年第7期。

属于国家重要的战略基础资源。各个领域的整合引发了多种数据的快速增长，需要研发数据处理工具，这是国家核心竞争力的主要体现。如果智库不能调整传统的信息采集策略，将很难适应数据量大、形式多样、价值密度低、更新速度快的大数据特点，将会对研究智库决策的过程和效率产生不良影响。

在智库建设中，数据是基础。高校图书馆要集中精力强化对原始数据的收集、积累和对数据库平台的建设，凭借采集各种公开数据，例如政府数据、媒体数据，集成数据库信息资源，组织和处理数据内容，协助情报分析人员和智库研究人员扩大数据搜索范围和技能，并提炼数据中的应有价值，为智库提供准确、及时、全面的信息支撑。

大数据环境中的数据和以往的数据存在很大不同，它包括广泛的类别。通过智库主题建设，高校图书馆能够参与智库的建设和共享，从而加快智库信息平台的建设，增强智库的搜索能力，来提升图书馆资源建设水平和数据融合力度，建立图书馆可持续发展机制；还能帮助研究人员制定科学的数据规划系统，收集和发现科研数据，分析数据特征，建立数据库，确定元数据标准，组织和分析如何保存科研数据。

（2）从兼职馆员到专职馆员——团队建设创新

馆员的业务水平和工作能力会影响图书馆在高校智库建设中的服务效果和质量。现在多数高校图书馆为智库提供服务的工作人员都是从学科馆员中选拔的。智库服务与主题服务密切相关，只是服务目标、服务内容和方法不一样。因此，要深入开展智库服务，高校图书馆要拥有一些知识渊博的复合型人才，他们要拥有较强的科研能力、分析能力、政策研究能力，以及沟通和协调能力。

现在绝大多数高校图书馆不能用作智库或高校智库的专门图书馆，有条件的高校图书馆也只能成立单独的智库服务部门，并对专门的智库进行专门研究并建立图书馆，诸如智库服务中心之类的机构；还可以设立专门的团队、部门或设立"智库图书馆员"的职位。例如同济大学图书馆情报分析与研究部门、上海交通大学图书馆信息研究所、北京大学图书馆的科研支持和数据服务团队，以智库研究项目搭建了人才成长平台，组建专业的服务团队，使专业的智库馆员团队拥有了优秀的专业人员。良好的团队合作精神和强烈的服务意识是智库建设所需要的资源，这是对智库服务的全面探索和创新。

（3）从机构知识库到智库知识库——平台构建创新

平台建设是高校图书馆为高校智库建设提供信息和服务的主要方式。高校图书馆要凭借学校/学院首页、内部出版物和微信微博服务等各种宣传和服务平台，持续跟踪社会热点，提取有价值的数据和信息，为用户提供个性化服务以及专题导航信息。

机构知识库是通过网络建立的知识库，目的是组织、收集、检索、提供利用和保存，并使用组织成员研发的不同格式的数字成果。现在国内外许多高校图书馆已经建立了自己的机构知识库。

智库知识库要跟踪智库项目，依赖原始数据信息、专家学者库、本校科研平台等创立智库机构知识库，如专家知识库、专业学科知识库、特藏知识库、专题导航库等。

建立智库知识库平台需要将图书馆已有机构知识库平台作为基础。在建立智库知识库的工作中，要特别注意收集智库成员发布的学术素材以及各种形式的灰色文献（例如课件、研究报告、会议材料、实验数据、政策文件等）。此外，还要倡导智库研究人员利用机构知识库开展知识创新和学术交流活动，来增强其研究水平。他们持续更新智库知识库，利用用户从智库知识库中检索有益的知识，不间断保存新知识，提升智库知识库的活力。

高校图书馆作为一个社会储存和中介组织，负有完成收集、保存、整理和传播智库成果的义务。图书馆通过收集智库的信息数据协助高校智库建立知识库，它集成了各种智库的专题库和文档库，并构建了一个知识信息集成平台，该平台可以收集各种知识，并有力地支持智库的发展。

（4）从用户调研到嵌入过程——服务模式创新

用户是智库服务的对象。智库服务以用户为本，要熟悉用户需求，跟踪用户行为，创新服务手段，为各种用户提供分层和三维文档信息保护以及专题信息服务。

要适应用户的需求，调研是智库开展工作的基础和前提。用户研究包括两方面内容：一是研究专业结构、学科背景和用户项目；二是研究用户的需求水平和信息行为。服务工作与用户研究同时开展。利用调研所获取的信息，适时对智库服务的工作内容以及工作方式做出调整。

在关注用户研究的基础上，文献信息机构有必要以技术嵌入、人员嵌入和过程嵌入的服务方式深化和扩展智库服务。人员嵌入就是把提供智库服务的馆员整合到研究团队中，使其全方位熟悉研究需要，以提供更全面的信息服务。技术的嵌入体现在可以在用户桌面上使用的集成检索存储工具的开发中。在互联网环境中，用户期望在家中便可获得所需的信息，并将所需的信息直接发送到桌面。在服务方式上，图书馆需要探索利用"资源发现"界面，在图书馆主页上创建"小百度"，以满足用户快捷、方便、简单地获取所需信息的需求。过程的嵌入强调了智库服务图书馆工作人员在项目研究、示范建立与具体研究的整个过程中的参与，并凭借技术情报分析（例如技术搜索和专利搜索）提供跟踪服务。

（5）从专注服务到品牌推广——提升绩效

用户服务满意度是图书馆智库服务的主要考量标准。

品牌是产品和服务质量的体现，是信誉的保障。在智库服务中，高校图书馆尤其要关注服务的推广和营销，促进品牌效应。

在建立和推广服务品牌方面，国内一些高校图书馆的做法值得关注。上海交通大学图书馆的 IC^2 学科服务创新模式，以及成为学校和图书馆独特的开放窗口的暨南大学图书馆信息中心,沈阳师范大学图书馆学科服务基地和世界华侨文学馆开幕式暨毕业节、读书节、文化节阅读推广活动,在扩大图书馆影响力和促进图书馆服务方面都获得了赞誉。

伴随新媒体技术的普及,微信、微博和微课程等新媒体已成为高校图书馆知识服务、学术服务和交流的主要手段。高校图书馆要依靠新的媒体技术来完善服务品牌并形成自己的优势,增强用户服务的可见性。①

3. 高校图书馆智库服务的完善策略

(1) 分层次建设

分层次构建的终极目标是在不同级别上实现一流的智库服务水平。由于办学层次和办学水平不同,智库的建设和高校图书馆的服务是有差别的。高校图书馆要发挥自己的优势,结合自身的实际,采取有效的方法,瞄准切入点,找准定位,展开多种形式的智库服务与建设。无论哪个层级的图书馆都应具有国际视野,凭借自身的地理优势和专业优势来提供有特色的智库信息服务。专业高校图书馆要在本专业领域智库的研究中发挥特殊作用;具备智库职能的高校图书馆可通过进行与智库项目有关的研究,发布高水平的研究报告,从而支持管理决策;地方重点院校图书馆可以对该地区关注的问题进行研究,还可与学校或地方机构的专家联合建设智库,凭借专业知识和图书馆在建设数据库方面积累的经验为智库建设做好精准服务。

(2) 合作发展

"智"是智库的核心。要拓宽智库成果的发布方式,使得智库研究成果实现开放获取,通过建立智库联盟来增强智库的影响力。首先,

---

① 赵雪岩、彭焱:《高校图书馆在高校智库建设中的功能定位与服务创新研究》,《农业图书情报》2019 年第 3 期。

要为重大实际问题和政府的发展战略确定研究方向，加强与行业协会和地方政府的共享共建，选择优势领域，进行前沿性的实证应用政策研究和基础理论研究。增强行业权威、社会知名度和公众影响力，从而引进更多的项目资金与合同。其次，注重高校图书馆与研究型图书馆之间的联合、管理，关注研究数据，优化和构建知识服务体系，以利于研究数据的应用。最后，利用社会科学院图书馆可以直接对智库开展服务的优势，通过强化高校图书馆与社会科学院图书馆的协作，进行深入研究并对主要问题进行阐释。

通过构建协作联盟平台，并建设面向世界开放的智库研究平台，展示智库成果的交流、共享和获取，开发服务于智库发展的评估系统，并形成跨区域、跨学科的智库平台，从而提升智库成果转化的质量。

（3）国际化发展

要想履行具有中国特色的新型高校智库的责任和使命，需要具有较强的发问精神和独立的分析思维能力。应着眼于重大的国内和国际事务决策问题，收集重大事件信息，并增强话语权；建立高端人才培养机制，在强化国际交流方面，选拔专业馆员到国内外知名高校做访问学者。在国内理论和实证的基础上，借鉴国外丰富经验，以国内教育实践为重点，努力参加全球合作与对话。积极研究国外先进方法和理念，进行多种形式的国际联合，以形成国际视野，撰写高质量的、科学可行的智库研究成果，努力打造一流高级智库。[①]

高校图书馆参与智库决策，支持信息保障体系的基本架构如图 6-3 所示。

[①] 赵雪岩、彭焱：《高校图书馆智库服务的内涵解析及策略研究》，《河北科技图苑》2018 年第 6 期。

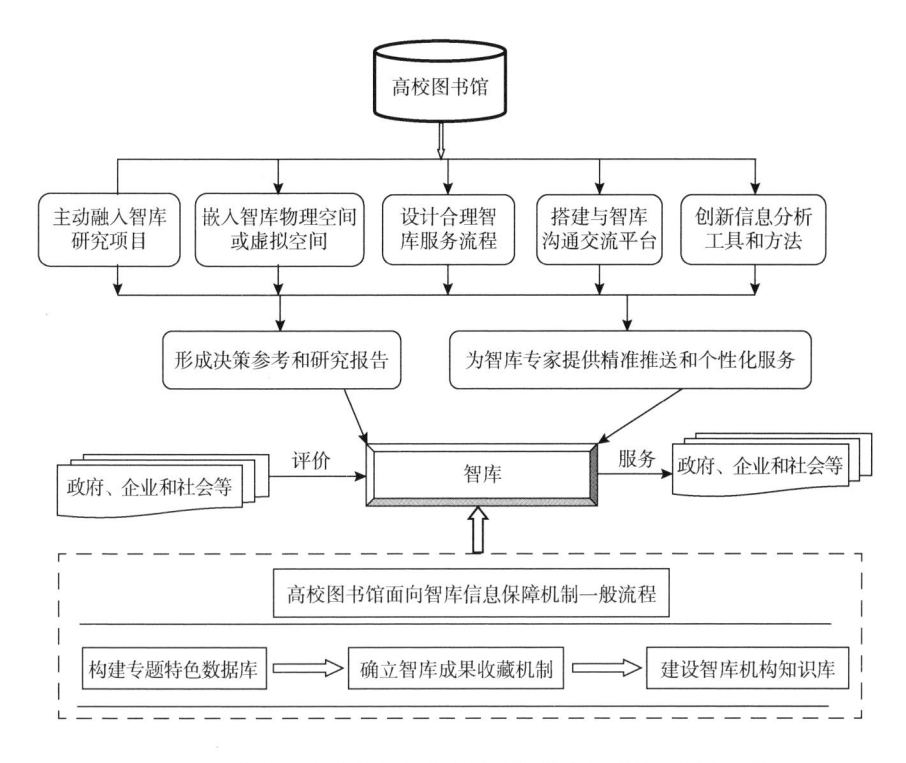

图 6-3 高校图书馆参与智库决策支持信息保障体系基本架构

通过文献调研，将国内外高校图书馆开展智库服务的典型案例进行归纳，见表 6-2。

表 6-2　　　　国内外高校图书馆服务智库典型案例

图书馆	所服务智库(机构或企业)	服务内容
哈佛大学	贝佛尔中心	智库馆员与空间服务、资源检索与借阅服务、参考咨询与学术指导服务、特色馆藏与其他特色服务
	大卫亚欧及俄罗斯研究中心	
斯坦福大学	胡佛中心	
普林斯顿大学	科学与全球安全中心	
香港理工大学	学术智库	展示学术成果和学术档案

续表

图书馆	所服务智库(机构或企业)	服务内容
北京大学	北京高校高等国际教育研究中心	为我国教育政策的制定提供数据支持
南京大学	中国南海研究协同创新中心	收集有关南海问题的信息资源
厦门大学	东南亚研究中心	以东南亚和华人华侨收藏为特色
浙江师范大学	非洲研究院	建立非洲研究特色资源数据库
安徽财经大学	安徽经济预警运行与战略协同创新中心	建立安徽省县域经济发展平台
内蒙古大学	蒙古学研究中心	维护中国蒙古学信息网
吉林通化师范大学	高句丽与东北民族研究中心	加强高句丽研究数据库建设
长春师范大学	东北民族历史与文化研究中心	收藏高句丽、渤海、中朝韩关系和中俄东段边界史方面的文献
吉林大学	吉林高校东北亚研究院	收集东北亚文献

五 服务能力及影响因素

智库的决策咨询要以收集信息和数据分析为基础，高校图书馆具有丰富的文献信息资源，可以为智库建设提供信息服务支持保障。高校图书馆具有优势的参考咨询、定题服务、学科服务、情报分析及文献计量学的工具和方法，为智库的标准化建设提供了信息服务保障。

（一）服务能力

1. 信息、文献和数据资源的收集能力

高校图书馆拥有的海量馆藏文献信息资源，基本上能够满足学校科研和教学需要，要丰富、整合和优化文献信息资源，加强特色馆藏建设，满足重点专业和学科的需要，与学校的办学定位相符。而对智库建设来说，单单依靠馆藏文献信息资源远远不够。高校图书馆要加强对原始文献的储存和加工，并依靠馆藏特色文献信息资源制作专题数据库。创建具有本校和地域特点的机构知识库，如本校专家学者发表的期刊论文、出版的专著、学术会议论文、科研项目研究报告、本校优秀硕博学位论文等，这对学校专业学科的发展、对地方企业和政府精准决策将起到很好的支撑和保障作用。要保证高校图书馆智库信息的完整性，需要拓展信息收集方式，通过各种渠道获得大量的信息和数据；要重视互联网和 OA 资源的获取，从而实现智库信息资源的全、精、优；还要对数据进行深度挖掘，采取数据多种处理方式并对信息进行多维使用。高校图书馆还要与企业、科研院所和政府联合建立信息共享平台，合作建立智库信息资源库，以增加智库数据信息的积累和储备。

2. 情报分析处理能力

情报分析能力是高校图书馆服务智库建设的优势。图书馆可以利用情报分析技术进行信息服务，总结智库研究主体未来态势和走向，并为智库的决策咨询提供强有力的支撑。

近年来，随着新的信息技术的快速发展，情报服务与情报分析技术在图书馆工作中变得愈发重要。智库研究的过程伴随着情报分析过程，图书馆的情报分析技术涵盖关联数据、分类标引、本体与语义网、可视化技术、情报计量、数据管理分析与社会网络分析等。特别是在目前的大数据背景下，智库的信息分析能力、数据处理能力和情报融合能力越来越受到重视。智库不但要建设信息库和数据库，而且要开发智库研究过程中所需要的系统工具、平台和方法，通过各种分析工具从海量数据中寻找有用信息。如采取 CiteSpace 等专门工具软件进行技术分析、预测某些专业学科的发展趋势。另外，要订购商业统计平台及数据库，如"同方网络舆情监测分析系统""中国经济社会发展统计数据库"、中国经济信息网的"中国区域监测评价体系""中经网统计数据库"以及全球分析平台或统计数据（EPS）等。

3. 高校图书馆智库服务能力

（1）为高校管理层提供决策支持

高校图书馆智库有理论研究作为基础，具有通过情报分析解决实际问题的能力，对本校的情况比较了解，能够利用文献信息优势为高校的领导层提供精准的决策咨询服务。高校领导层是高校教育体系的管理者和组织者，必须研判国内外高等教育环境变化和发展趋势，研究国家和地方的高等教育政策，研究高校对人才的社会需求，制定高校发展战略规划。高校图书馆能够提供具有学科专业特色的文献信息资源，协助研究高校发展战略和具体举措，完成决策分析报告、高校管理规划的制定和发布，从而为高校领导层提供决策咨询服务。

（2）建立高校新型产学研用平台

高校图书馆可以在校内外招聘兼职研究生，为他们提供科研训练的机会。高校图书馆还可以与校内科研部门合作，为科研课题项目立项和申报提供信息支持和政策咨询服务。高校图书馆能够与区域内企业联合，在企业的经营管理过程中完全利用智库研究成果，使高校图书馆为高校产学研用助力，为高校的科研、管理和地方社会经济发展建言献策。[①]

（二）影响因素分析及确定

高校图书馆智库信息服务能力是从信息服务活动中分离出来的，被用户体验，通过用户认可度和用户持续使用意愿来感知。信息人、信息、信息环境三方面体现在高校图书馆开展智库信息服务的始终，在一定程度上波及高校图书馆智库信息服务能力，纯收益因素会对用

---

① 黄长伟、曲永鑫：《高校图书馆智库能力建设探究》，《现代情报》2016年第11期。

户服务能力的体验产生影响。

1. 信息人因素

信息人因素应用在高校图书馆智库信息服务工作的数据整合、智库成果产生与扩展应用阶段。汇集人才是知名智库的共性，智库研究人员不仅要具备丰富的学科知识，还要熟悉各种数据分析技术。高校图书馆智库信息服务不仅需要掌握专门技能的人员，也需要掌握数据挖掘和信息处理等技术的信息管理人才；应增强服务意识，与多学科专家密切配合是高校图书馆为智库提供信息服务的前提；通过深度融合保障智库信息和人才等要素的协同创新。各种用户的信息需求和感受能力不一样，对研究问题的深度和角度会产生一定影响，也会影响其对信息服务能力水平的感知。

2. 信息因素

数据信息的准确性和完整性会影响智库产品的质量。在信息资源整合阶段，专业、完整的信息资源能够提升智库产品的质量；信息的适合性和有效性是智库的重要特征，在发布智库成果时期，智库成果的适合性和有效性影响用户对高校图书馆开展智库信息服务能力的效果；在智库成果应用扩展过程中，信息获取方便、快捷，互动性好的服务会增加用户对于高校图书馆智库信息服务水平和能力的认可度。

3. 信息环境因素

信息环境给高校图书馆智库信息服务工作提供支持。内在环境方面，智库服务平台系统高效稳定运行，能够给用户提供愉快感受；决策咨询体系的拓展必须有完善的制度设计作为基础，制度建设能够为智库各项工作的顺利开展保驾护航；明确定位是智库成熟的直接因素，会对智库的发展产生一定负面作用。外在环境方面，智库竞争机制、市场准入机制、国家的咨询决策制度等与智库有关的一系列规范和标准会影响智库的未来。目前，单一智库的信息资源不能满足智库日益增长的需要，智库合作联盟才能实现信息交流、资源共享，智库间的合作联盟是未来发展趋势。①

六 服务模式

高校图书馆智库服务要立足本校"双一流"建设，评价和分析国内各高校在"双一流"建设中的做法和政策核心，为高校管理层的咨询决策、政策制定提供精准服务；同时又为科研团队的信息分析、数据管理、成果转化和专利分析等提供服务，对本校特色专业学科领域国内外拔尖人才进行分析和挑选，为学校人才引进提供佐证数据。②

（一）对科研成果的评价分析

高校图书馆为本校教师提供期刊论文收录引证分析报告服务，有针对性地开展对某一学科专业的分析统计工作，利用 CiteSpace 技术，全面正确梳理某学科专业的发展历程，预测今后发展趋势，指引该学科领域里学科带头人的研究方向。通过 ESI 工具，定位某一学科研究领域中的国家、期刊和专门机构的科研能力、科研工作统计排序。这些服务能够帮助院系全面掌握教师科研动态，并成为本校科研评价的重要组成部分，为学校领导层提供决策支持服务。

（二）面向政府部门的决策支持

高校图书馆对政府部门所关注的重大课题和热点问题开展定题跟踪、情报分析等，包括撰写专题研究报告、自建特色数据库和文献信息资源整合。关于专题的选择，高校图书馆能够依靠用户需要来进行，根据确定的选题，由馆员和校内知名专业学科专家建立专业的信息服务团队，并通过项目合作的模式为智库提供专题信息服务。

---

① 张旭、张向先、李中梅：《信息生态视角下高校图书馆智库信息服务能力影响因素研究》，《图书馆工作与研究》2019 年第 2 期。

② 赵炜霞、冯丽雅、张淑芬：《"双一流"建设背景下图书馆服务高校智库建设的路径》，《图书馆研究与工作》2019 年第 6 期。

（三）服务于区域企业经济

高校图书馆通过开展对企业信息需求的统计和分析，为区域内的企业提供全面的决策和信息咨询服务，增强国际竞争力和企业活力。

（四）建设区域高校智库联盟

充分依靠高校的科研实力，服务地方经济社会发展。整合区域高校优势学科信息资源和专家学者，建立以区域高校图书馆为依托的高校智库联盟，推动区域地方社会经济发展。建立政府扶持和指导的智库发展的机制，强化对区域各高校的学科资源整合，开展智库联盟之间的合作；注重智库专题数据库建设，建立统一发布智库研究成果机制，为智库建设提供文献信息保障。[1]

七　服务理念

服务理念是图书馆的办馆指导思想和发展愿景，它控制和影响整体图书馆的服务行为，并在决策和活动中起到主要作用。智库服务是一种开创性的、积极参与的创新服务，而确定智库服务的理念是在智库服务中做好工作的前提。

高校图书馆应该确定智库服务的理念，树立积极参与和提供决策咨询的服务意识。在实践中，我们要实现从以图书馆为中心向以读者为中心的服务范式的转变，从以文献信息资源为中心向以服务为中心转变，从人力集约向智力密集转变，并充分发挥图书馆作为高校文献信息中心的作用。为了满足智慧服务的智库建设，在大数据背景下提升数据分析和数据挖掘能力；在互联网和大数据的支持下，跟踪用户需求的变化，根据用户需求的多样性，为用户提供及时、个性化、动态和准确的服务，并形成智库服务文化。

---

[1] 黄长伟、曲永鑫：《高校图书馆智库平台建设探究——以哈尔滨商业大学图书馆为例》，《图书馆学研究》2016年第12期。

强化对高校图书馆智库服务的宣传，使师生和全社会知道图书馆的智库服务工作，从而对图书馆的信息服务产生需求，让图书馆工作人员获得成就感，并发挥自身的聪明才智，以达到较好的服务效果，使图书馆的中心服务从传统的参考咨询服务、学科信息服务走向知识服务，从而实现创新服务。①

---

① 赵雪岩、彭焱：《高校图书馆智库服务能力建设研究》，《内蒙古科技与经济》2018年第9期。

第七章　文献信息机构服务智库功能定位及方式方法

第一节　文献信息机构服务智库功能定位

一　了解智库信息需求

智库肩负着支持国家战略、规划、布局、政策等方面的使命，也承担着科技知识传播的任务。智库需要信息资源的支撑，也会产生信息资源。因此，智库的信息需求具有以下特点：及时性和全面性；不确定性和复杂性；整合性和增值性；继承性和专业性；敏感性和保密性。在智库开展咨询决策的过程中，内容的不确定性使得在智库产品生产的不同阶段需要面对不同的信息需求。信息需求主要涉及信息需求主体、信息需求目的、信息需求内容、信息需求行为、信息需求过程等要素。

从阶段维度分析：信息有一个从产生、保护、读取、更改、迁移、存档、回收到再次激活以及退出的生命周期，信息管理流程从产生到结束可看作一个完整的生命周期，对信息管理的阶段划分大多数也是基于生命周期理论展开的。智库研究的基本流程分为选题、研究、应用、评价四个阶段。选题阶段包括自选和委托课题，研究方向和方法决定着信息需求；专家的智慧和经验是研究阶段最为重要的信息资源；应用阶段是大众对智库成果信息的接受过程，涉及保密的信息将不予以公开；评价阶段包括用户评价、同行评价和社会评价等信息。

从主体维度分析：在智库体系中，需求主体—服务主体—辅助主体—受众主体形成了一个合作网络。每个主体都具有各自的任务，对信息的需求不同，获取信息的渠道和处理信息的方法也不同。其中，需求主体（主需求方）包括政府组织、公私机构和智库自身，决定着信息需求的目的和内容；服务主体（既是需求方也是提供方）包括智库研究人员和管理人员，主导着信息需求过程和行为；辅助主体（提供方）多为数据商、文献信息机构等智库信息需求的外在主体，决定着信息质量；受众主体接收的信息为智库的研究成果，包括报告类、学术类、媒体类和平台类等，体现信息需求的结果和反馈，多数具有不确定性。由分析可知，需求主体的信息，侧重点是与研究方向和项目相关的前沿信息；服务主体的信息需求，重点是解决问题具体操作措施的信息需求；辅助主体的信息需求，关注的是全方位的信息资源支持、共享；受众主体的信息需求，属宏观层面的需求。

从内容维度分析：研究内容是智库工作流程的关键点，也是先决条件。研究内容决定着研究过程和所需的信息。由于智库需要解决的问题通常具有无序性和突变性，因此其研究内容也会呈现出多种多样的变化，信息需求也会不断地做出调整和修正。智库所需信息分为四类。一是环境信息。为了使研究内容具备可行性和实用性，需要掌握政策信息、市场信息、人才信息和管理信息。二是其他主体信息。为了避免研究内容的重复性和盲目性，需要了解其他主体的信息，了解其研究情况。三是原始信息。经筛选整合后有序保存的信息。四是再生信息。在智库工作流程中产生的有用信息集合，记录、收集、加工、处理和传递有用信息，从而达到信息整合更加全面、完整、及时、有效的目的。

目前，我国文献信息机构能提供的服务与智库需求差距较大。这与文献信息机构信息服务制度不够完善、信息资源建设没有针对性、信息服务方式不够灵活有关。文献信息机构为智库提供信息支持的建设和服务任重道远。

二 明确自身功能定位

"中国特色新型智库是党和政府科学民主依法决策的重要支撑""是国家治理体系和治理能力现代化的重要内容""是国家软实力的重要组成部分"[1]。中国特色新型智库对政府决策、社会舆论和公共知识的传播影响深远。党的十八大以来，习近平总书记在不同场合反复强调智库的重要性。《关于加强中国特色新型智库建设的意见》鼓励各地、各系统大力建设地方智库，特别提到社会科学院"要深化科研体制改革，调整优化学科布局，加强资源统筹整合，重点围绕提高国家治理能力和经济社会发展中的重大现实问题开展国情调研和决策咨询研究"[2]。在中国特色新型智库建设中，尽管我国各类型智库建设发展迅速，但智库知识水平参差不齐，同时，面对作为智库的重要组成部分的浩如烟海的信息资源，各行业面临着决策咨询所需采用的信息往往会产生无从下手的感觉，知识迷航现象日渐普遍。作为促进社会发展的重要信息资源保障机构，文献信息机构的主要功能是为智库提供信息服务，文献信息机构的站位与智库所获信息质量是成正比的。通过上述几个章节对于各类文献信息机构服务智库功能与能力的演进的梳理，我们可以肯定文献信息机构服务的对象是没有改变的，只是服务的对象也变成了服务他人的人，服务对象的需求有了变化。所以文献信息机构要适应服务对象的要求，对自己未来的工作做出改变。文献信息机构立足于满足智库的资料查询、意见咨询需求，随着用户研究方向的调

---

[1] 《中共中央办公厅国务院办公厅印发〈关于加强中国特色新型智库建设的意见〉》，《中华人民共和国国务院公报》2015年第4期。

[2] 《中共中央办公厅国务院办公厅印发〈关于加强中国特色新型智库建设的意见〉》，《中华人民共和国国务院公报》2015年第4期。

整，已经从最初的信息资源传递枢纽，转变为更深层次的知识服务。立足于自身的职能任务，但又不局限于传统的信息提供服务，要根据智库研究需求，利用自身丰富的信息资源，随时调整服务方向，为智库建设提供具有针对性的信息服务，保障科研项目的顺利进行。

三 主动承担信息服务职能

随着互联网技术的快速发展，知识的生产和载体发生了极大变化，用户获取知识的途径虽然多了，却也变得混乱了。因此，文献信息机构应以资源平台建设为契机，进行专业化数据库建设和服务，在为政府和公众提供知识服务的同时，拓宽服务范围和影响力。文献信息机构服务智库，不仅需要做好咨询服务，更要从战略高度做好顶层设计，主动承担服务职能，注重资料的时效性，积极跟进科研进度，帮助科研人员提升工作效率。

随着高端智库建设的逐步推进，文献信息机构作为服务智库的科研辅助部门，其功能定位必然要发生改变。

传统信息服务的提供者多为负责信息检索、整理的专业人员，他们工作的重心在于对知识和数据进行搜集、整理、存储，而服务方式主要是为用户提供全面的专业信息以及前沿的学术动态，并通过专题数据库进行系统的知识积累。传统的信息服务是工作人员根据科研人员的具体需求进行资料搜集和整理，服务方式较为被动，搜集的资料也往往缺乏实效性，而为智库提供的信息服务最注重的就是时效性。因此，文献信息机构必须根据智库建设需求调整服务内容、服务方式及服务方法，随时跟上科研人员的研究进度，主动帮助科研人员进行相关知识领域的信息搜集和整理，时刻关注相关领域的最新研究成果，辅助科研人员把握科研进度，提高研究效率。

例如：2010年春节前，笔者接到任务：智库领导要撰写有关"遏制黑龙江省发展位次后移态势"的对策建议，笔者希望提供翔实准确的数据做支撑。按照以前服务智库的习惯，如果涉及数据，第一时间想到的就是年鉴，如果是本省某一项指标不同时期的增长和下降对比，查省统计年鉴或是相关行业运行资料就行；如果涉及本省在全国的排名，一般需要查找《中国统计年鉴》，因为它收录了各省、自治区、直辖市的数据。黑龙江省位次后移肯定是和全国比较，所以正常应该从《中国统计年鉴》入手进行查询。按常规，《中国统计年鉴》一般要在十月才能出版，而年鉴上的最新数据是上一年的数据，也就是说，如果等到年鉴出版，那这篇建议写得再好也没有用。于是笔者决定在《政府工作报告》和《国民经济和社会发展统计公报》（以下简称《统计公报》）上寻找有价值的数据。但在《统计公报》和《政府工作报告》上查找与在年鉴上查找不同。《中国统计年鉴》中，想查的几项主要指标，全国和各省的数据都在同一页面，可以直接做比较；而《政府工作报告》和《统计公报》只显示全国或单独某一个省的数据。虽然只做一个表，但需首先将全国及各省《政府工作报告》以及《统计公报》搜集全。《政府工作报告》在一月底陆续出版，各省的《统计公报》公布的时间要比《政府工作报告》晚将近一个月，因此，一月底到三月初就是跟踪《政府工作报告》以及《统计公报》的状态。当把做好的统计表呈送给领导时，领导非常满意。有了这次的经验，之后每年一月份的《政府工作报告》，笔者都提前搜集起来，等到二月把《统计公报》搜集齐，将常用的一些指标做成表格，供智库参考。院智库每年也都会有相应的报告呈交给省主要领导，均能获得省主要领导批示，真正成为领导口中想得起、用得上、信得过、离不开的人。

  在为智库研究人员提供信息服务的同时，文献信息机构工作人员也要抓紧进行自身的能力建设。文献信息机构作为专业的信息汇集地，应当充分发掘自身潜力，做好情报分析工作。互联网时代的信息来源渠道众多，但信息质量往往良莠不齐，一味地进行资料的搜集整理，只会给研究人员增添负担。因此，文献机构人员需要不断提升自身知识水平，丰富自己的学识，主动帮助科研人员进行信息筛选。如，2010年大家都在讨论资源型城市转型，仅在中国知网上就能搜索到 3000 多条文献，如果不加选择地全推，定会给智库人员造成负担。于是，根据黑龙江省情况，分别以"煤炭城市转型""石油城市转型+天然气城市转型""林业转型"为主题，共选出480余篇文章，后经去重、摘录等筛选，最终向科研人员推送100余篇，为科研人员节省了大量的时间和精力。随着文献信息机构服务智库能力和手段的不断升级，服务组织形式发生了转变，文献信息机构出现了对多学科专业人才的需求，比如部分地方文献信息机构引进了外语和计算机专业的人才，通过最先进的技术帮助智库科研人员多方搜集来自国内外相关知识领域的最新研究成果。

相较于其他研究机构，文献信息机构的专业科研能力较弱，如果忽略自身特点，一味跟着智库研究的方向走，着力在非专业领域发展，不仅无法帮助科研人员解决问题，还会影响机构自身发展。因此，文献信息机构必须立足于本职工作，将自身信息传递枢纽的职能发挥出来。文献信息机构可以整合优化各类资源，在进行信息搜集整理的同时，加强各信息来源之间的联系和交流，冲破学科壁垒，帮助不同学科智库实现跨单位、跨区域合作。中国特色新型智库需要具备"功能完备的信息采集分析系统"[①]，文献信息机构应当充分发挥自身职能，做好智库服务工作。大多数文献信息机构相较于其他政府部门具有一定的独立性，普遍拥有较为全面的资源体系，因此在进行智库服务时，应当保持这种独立性，积极了解智库发展的需求，明确自身定位，发挥服务职能，努力提升信息服务能力和信息咨询能力。当前，我国各大智库的研究内容多以政府需求为导向，以应用研究为主，研究内容往往横跨政治、经济等多个学科。此类研究既要注重实际应用，又不能忽略基础性研究；既要解决时下最受关注的热点问题，又要着眼于未来发展。要重视对区域建设信息的搜集和整理，这不仅是地方政府

---

① 《中共中央办公厅国务院办公厅印发〈关于加强中国特色新型智库建设的意见〉》，《中华人民共和国国务院公报》2015年第4期。

的治理需求，也有利于文献信息机构的可持续发展。

四 构建信息资源保障体系

从我国智库信息需求体系的现状出发，我国智库信息保障体系可从宏观层面、中观层面以及微观层面三个层面进行构建，具体如图7-1所示。

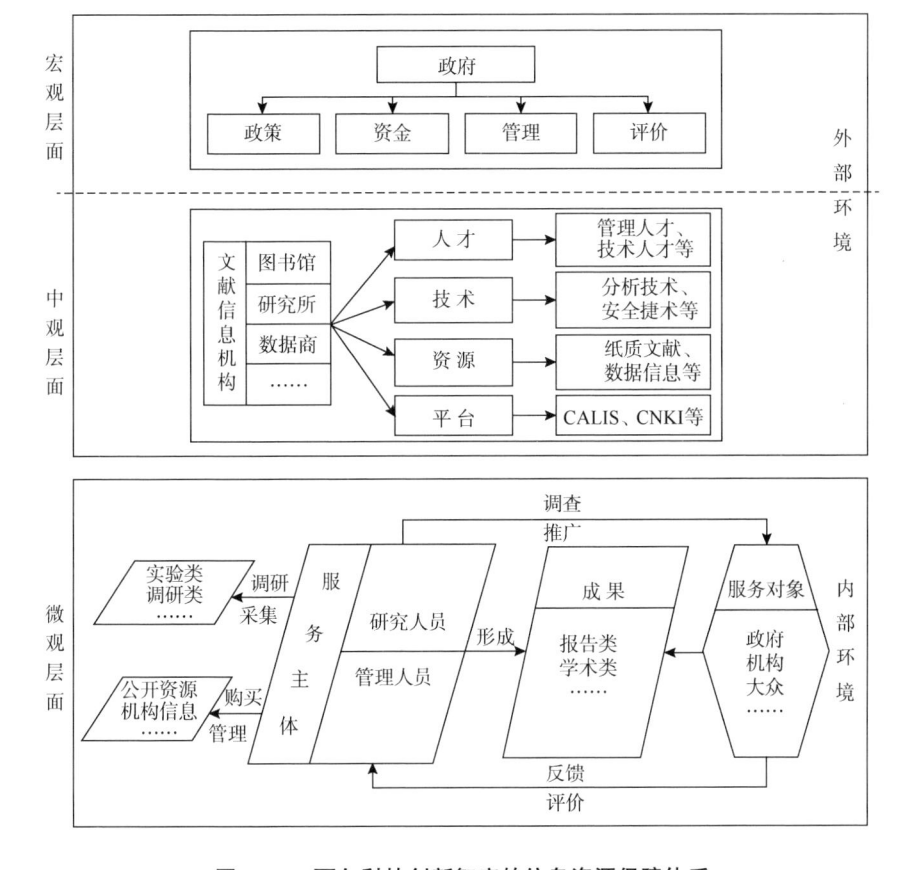

图7-1 面向科技创新智库的信息资源保障体系

在面向科技创新智库的信息资源保障体系中，位于宏观层面的政府从整体把握科技创新智库的信息资源保障体系建设方向，通过制定符合科技创新智库发展的信息资源保障政策法规，完善相关部门责权等相关制度保障；建立和完善符合科技创新智库信息资源保障体系运行特点的经费管理制度，切实提高资金使用效率；深化组织管理保障制度，形成既把握正确方向，又有利于管理的保障制度；完善信息资源评价办法，构建用户评价、同行评价、社会评价相结合的评价体系；通过政策法规、资金、管理和评价等，从宏观层面为科技创新智库信息资源提供保障。

中观层面主要是由图书馆、情报所、数据商等文献信息机构对信息资源进行优化整合，以待利用。各单位应充分发挥自身的职能优势，图书馆等凭借自身的文献资源优势，提供纸质、数字化、多媒体、新媒体等信息资源；高校、研究院等通过高等教育，培养符合科技创新智库信息需求的高端人才，进行信息分析、信息安全等保障工作；统计局和数据调研机构合力搭建数据平台等基础设施，构建如CALIS、CNKI等数据信息服务平台，推动数据资源开放获取，成立集成化的智库研究成果数据库，实现对智库成果的有效管理和科学利用。

微观层面则是服务主体将外界信息资源和自我知识经验转化成智库成果，服务于服务对象，并得到有效的反馈和评价，是一个信息转化利用的过程。科技创新智库的工作流程不仅需要有效的人员、资金等行政信息保障，也需要合理的内部管理机制、评价机制和激励机制等科研信息保障。

宏观层面、中观层面和微观层面合理衔接，充分发挥各个层面的作用和优势；智库的内外部环境相互支持，引导优化智库管理机制和体制。面向科技创新智库的信息资源保障体系才能真正发挥其作用，提高科技创新智库研究质量和国际知名度。

第二节　文献信息机构服务智库的方式方法

智库是为政府服务的，政府信息需求通常包括决策性信息、战略性信息、反馈性信息、评估性信息、预测信息、分析信息、咨询信息和参谋信息等类型。因此，智库希望文献信息机构能为其提供研究报告、调研报告、对策建议、境外智库对华反应研究以及国内各方对政府为应对突发事件制定的一些临时政策的反应类信息。文献信息机构服务智库，主要是为智库提供可以撰写出最佳理论、策略、方法与思想等的对策建议。各类文献信息机构服务智库对象不同，其服务的方式、方法和模式应从实际需求出发，体现出有主动性、有特色、有针对性的特点，通过分析所要服务的智库机构的特点、智库用户的行为习惯、需求方向等，构建适合智库用户需求的信息服务模式，采取更加人性化的服务，找出精准服务智库的方法。

一 重视组建服务智库的信息团队

为适应智库的信息需求，文献信息机构要调整信息服务人员的结构。由擅长情报分析、学科服务和精通外语、计算机的专业人员组成服务智库的信息团队，针对智库研究项目，有目的、有针对性地开发信息资源。文献信息机构可以根据已经开展的信息服务情况和个人专业背景情况，组建专门的智库服务团队，同时发挥自己的强项，为智库研究人员和文献信息机构的服务人员分别进行信息素养教育专题培训，提高服务智库的信息人员的积极性和工作热情，并通过绩效考核构建对信息人员服务智库的激励机制。

二 通过嵌入服务开展互动式服务

在服务方式和手段中，嵌入服务方法尤为重要和突出，具体过程包括了解需求、制定流程、出智库成果、打通呈交渠道等环节，尤其需要注意的是智库服务成果产出的周期，时效性最为关键，只有把握好，才能使提供的信息保值和增值。服务过程中手段也至关重要，如，数据分析在公共决策的智库服务中发挥的作用日益凸显。分析人员先要通过数据分析工具从海量的信息中归纳、筛选，才能整理出有较高价值的信息，提供给智库机构部门。智库用户可以借助通信设备或系统随时与工作人员进行交流，比如用户可以在系统内输入与所需信息相关的关键词，工作人员可依此从数据库中调取相关资源，为用户提供资源下载服务。如果是需要在机构馆内进行阅读的机要文献，用户可以通过系统进行预约，工作人员提前搜集整理好信息，在用户到馆时提供借阅服务。总的来说，嵌入服务是手段，嵌入服务策略符合整体发展要求，尤其为政府机构提供服务时更是如此。

三　通过二、三次文献为智库提供精准推送服务

中国共产党第十六届三中全会提出"以人为本"的科学发展观，应用到智库服务中，就是要将用户的需求放在首位。文献信息机构的一项重要工作就是对国际国内尤其是本地区政治、经济、社会、文化、军事等方面的热点问题进行长期全方位的跟踪，对大量第一手资料进行分析、整理，编辑成二、三次文献，推送给智库及省委省政府，为其提供决策咨询服务。如：天津社会科学院形成了各种纸质或电子版简报、网页等具有自主知识产权的决策信息产品；重庆社会科学院摘编制作了《信息大视野》《媒体信息简报》，并将《国际国内要情概览》转送市相关领导及部门；四川省社会科学院编辑了《参阅资料》等，产生了良好的社会反响；广东省社会科学院编发了《广东省社会科学院舆情信息精编》《海内外情报参考》《港澳台海外报刊动态》；湖北省社会科学院图书情报中心和办公室联合承办直接为湖北省委省政府提供决策咨询服务的信息化工作平台"湖北智库网"等。因此文献信息机构的工作人员在提供咨询时，应当从用户的角度出发，化被动为主动。一是可以安排针对用户需求的专门学科工作人员，在掌握学科建设情况的基础上，根据科研人员研究进程进行相关领域信息的搜集和整理；二是在进行文献资源搜集和采购的过程中，主动与用户联系，听取用户的意见，精准推送二、三次文献服务智库。

四 利用"互联网+"赋能图情机构信息采集与服务

经过近几年的发展,"互联网+"已融入各行各业。党的十九届四中全会将数据明确列为生产要素。2019年12月,国家七部委联合发文鼓励数字图书馆、数字文化馆等"推动社会服务领域优质资源放大利用、共享复用"[1],核心思想就是在互联网"倍增器"作用下进一步丰富数字服务资源。2020年,"互联网+"连续第六年"亮相"政府工作报告。这为社科系统图书情报机构借力"互联网+"赋能信息采集服务智库提供了理论依据和现实基础。社会科学院的图书情报机构有条件,也有能力通过"互联网+平台""互联网+人工智能"等形式完善信息采集工作,保障服务智库信息的精准性。

五 通过参与课题使文献信息机构与智库有机融合

文献信息机构在为智库提供信息服务方面应该比信息服务商更有优势,更容易给出智库研究人员所需要的信息。由于以往的固定思维,不是所有的智库都认为文献信息机构有能力为其提供信息服务,很多智库宁愿放弃身边文献信息机构提供的免费信息服务,而付费去向数据提供商购买服务。而有些文献信息机构甚至也认为数据提供商的服务比自己做得更好。实际上这是一个误区。文献信息机构一直在为智库的研究人员服务,之前智库研究人员就是单纯的被服务对象。如今智库研究人员的身份变了,文献信息机构提供信息服务的能力也发生了变化。这是两者都没有认清的。智库研究人员不再是单纯的被服务对象,而是具有了既需要文献信息机构为其提供服务,本身也要为政府决策部门提供服务的双重身份。从智库的角度来看,过去从事科研

---

[1] 《七部门印发〈关于促进"互联网+社会服务"发展的意见〉》,2019年12月12日,中国政府网(部门政务),http://www.gov.cn/xinwen/2019-12/12/content_5460638.htm,2021年3月1日。

工作主要是进行基础理论研究，注重的是理论基础。但是服务政府决策是应用研究，注重的是应用理论解决问题的能力；要通过调查研究及其他智力活动来补充、完善、支撑相应理论论述，写出有针对性的对策建议。智库人员若按以前写研究论文的方式为领导写对策建议，很难引起领导重视，也就达不到建言献策的预期效果。若文献信息机构与智库相融合，参与到智库研究中，不仅对智库的研究思路、研究方法、研究方向有所了解，而且有利于文献信息机构及时发现问题并为其提供一些新理论、新创意、新数据，帮助其转换思路，转变写作方式方法甚至风格。由此，不仅可以使智库了解文献信息机构新的职能和为其提供信息服务的能力，而且可以使其逐渐认识到文献信息机构的重要性。

六 构建服务智库的信息共享平台

被互联网覆盖的时代是信息爆炸的时代，人们多处在快节奏的生活模式下，碎片化阅读、快节奏资讯推送已经成为常态。在这样的背景下，拥有一个专业化的信息资源共享平台，既是文献信息机构专业化的体现，也是智库信息占据优势的一种表现形式。文献信息机构拥有大量的数字资源，并拥有构建多样化在线服务平台的技术和人员优势。在大数据和互联网背景下，文献信息机构仅凭传统的服务方式已无法适应智库发展的要求。文献信息机构有必要通过多样化的信息渠道收集信息资源，通过使用先进的信息处理技术来分析、挖掘、处理各种各样的数据库和网络信息资源，通过建设专业的信息资源平台保管和储存信息，并通过信息共享平台将数据以信息咨询的方式进行传递，从其他机构处获得新的信息，构建完备的信息资源平台。文献信息机构可以在平台上展示成果，智库也可以通过平台寻求帮助。两者之间通过平台实现对接，随时更新数据，满足不同服务对象的不同需求。工作人员可以每日推送相应主题的资讯，用户也可以通过向后台输入信息指令，获取自身需求的信息。平台不仅可以传递已有数据，而且可以帮助智库和其他信息机构解决问题。这种服务的优势在于，用户不必再守着计算机和网络来访问网站，而是可以利用移动设备随时随地获取想要的信息。如，黑龙江省科学技术情报研究院依托"龙江科技创新战略情报智库平台"，定期为决策主体提供科技发展战略、规划、政策、技术，预测研究成果和支撑决策服务，承担了《龙江科技情报—日报》《龙江科技情报—专报》《龙江科技战略情报》等专题研究工作；同时依托"科技型企业服务平台"，向创新主体提供科技型企业培育，激发企业创新能力，并提供科技文献、科技宣传等定向服务；构建了信息—数据—知识—智慧一体化的科技智库信息咨询服务体系，形成了需求规划、环境监测、战略研究与决策支持服务、风险预警等业务服务体系。

七 做智库与政府的桥梁和纽带

文献信息机构把智库对当地经济社会发展中的热点、难点问题及全局性、前瞻性的研究成果和对策建议进行编辑整理，报送当地省委省政府有关部门。如：福建省社会科学院文献信息中心编辑的《福建社科情报》《领导参阅》《福建社会科学院专报》等为福建省委省政府领导提供决策咨询服务；湖南省社会科学院图书馆编辑的《湖南省情要报》；广东省社会科学院图书馆编辑的《涉粤海外舆情分析》；黑龙江省社会科学院文献数据中心编辑的《要报》等，都是将本单位优秀智库研究成果进行编辑整理后报送上级部门的，均对本省的领导决策起到重要参考作用。

第八章 文献信息机构服务智库常见功能与能力

第一节 参考咨询功能与能力

一 参考咨询工作在文献信息机构的演进

参考咨询工作是文献信息机构的重要工作，随着时代的发展、信息技术的应用，以及智库概念的广为人知，文献信息机构参考咨询服务的内容也发生了变化，很多文献信息机构都增加了针对智库的服务内容，重点从三个方面为智库提供参考咨询服务：一是以为政府机关提供决策咨询服务为重点的情报信息服务，二是为国家、省、自治区、直辖市及各地市的国民经济和社会生活提供信息服务，三是针对创新技术和重点科技项目提供情报信息的服务。

（一）概念解析

"参考咨询是发挥图书馆情报职能、开发文献资源、提高文献利用率的重要手段。"[1] 参考咨询工作一直在图书馆事业发展过程中占据重要地位。《图书馆·情报与文献学名词》中给出的解释："图书馆员对读者在利用图书馆和寻求知识、信息方面提供帮助的活动。以协助检

---

[1] 王曦：《浅析如何在图书馆中体现以读者为中心》，《科技资讯》2009年第20期。

索、解答咨询和专题文献报道等方式向读者提供事实、数据和文献线索。"① 各国由于能力及地域差异，所做参考咨询工作的内容并不完全相同，多数国家的参考咨询模式是在内部设立专门的参考咨询部，将工具书集中存放，由资深馆员在此部门为读者答疑解惑，部分国家的图书馆甚至会为读者提供生活情感等社会生活问题的参考咨询服务。

《图书馆参考咨询服务规范》中对参考咨询服务的定义："针对用户需求，以各类型权威信息资源为依托，帮助和指导用户检索所需信息或提供相关数据、文献线索、专题内容等多种形式的信息服务模式。"② 参考馆员（Reference Librarian）又称"咨询馆员"，是指"专门从事参考咨询工作的图书馆员。一般具有比较广博的知识面，熟悉馆藏及各种参考源，并能熟练掌握图书馆的各项基本业务技能。专门图书馆的参考馆员还应具备相关专业或领域的专深知识。通常由中级以上职称资历较深的图书馆员担任"③。

《图书情报词典》中对参考咨询工作的解释："指以文献为依据，通过个别解答的方式，有针对性地向读者提供文献、文献知识或文献检索途径，以及为此搜集和整理必要资料的图书情报服务工作，其中包括书目工作和咨询工作。前者指根据科学研究的课题搜集、编制各种通报性和专题性的目录、索引、文摘、快报等二次文献，供给读者查阅；后者指利用参考工具、检索工具以及相关文献，以口头或书面形式解答读者提出的问题。"④ 这二者互相利用和促进，形成参考咨询工作的有机整体。

---

① 图书馆·情报与文献学名词审定委员会编：《图书馆·情报与文献学名词》，科学出版社 2019 年版，第 213 页。
② 《中华人民共和国文化行业标准 WH/T 71—2015 图书馆参考咨询服务规范》，2020 年 8 月 13 日，中华人民共和国文化和旅游部，http://zwgk.mct.gov.cn/whzx/zxgz/wlbzhgz/202008/t20200873874122.htm，2021 年 1 月 1 日。
③ 王绍平、陈兆山、陈钟鸣等编著：《图书情报词典》，汉语大词典出版社 1990 年版，第 605 页。
④ 王绍平、陈兆山、陈钟鸣等编著：《图书情报词典》，汉语大词典出版社 1990 年版，第 606 页。

(二) 参考咨询工作在文献信息机构的演进

罗思坦（S. Rothstein）认为，"公认的参考咨询服务的历史起点是以1876年马萨诸塞州伍斯特公共图书馆的Samuel Swett Green发表的论文为标志的"[1]。1876年，美国图书馆协会（ALA）成立后，Samuel Swett Green在当时ALA的官方出版物American Library Gournal的第1期发表论文指出，"仅仅将参考书简单地摆在图书馆用户面前是不够的，图书馆工作人员在此之外还必须为用户提供个性化服务"[2]。此后，专职咨询馆员和参考咨询室在美国的大型公共图书馆都相继出现。"参考咨询工作"有时也被翻译成"参考工作"。1891年，被正式使用于图书馆工作。进入20世纪后，许多国家的图书馆纷纷开展参考咨询工作，并使参考咨询工作在图书馆中得到普及。参考咨询工作是为帮助读者熟悉和了解图书馆的内部设置，了解图书馆藏书体系和结构，指导读者查找所需图书的方式、方法，引导读者顺利找到自己所需文献资料，帮助读者解答在图书馆使用过程中遇到的其他问题的，避免读者因为不了解图书馆馆藏结构和资源而在搜索图书的过程中产生焦虑。第一次世界大战后，专业图书馆发展迅速，进一步提高了参考咨询工作的质量，其开展的参考情报服务更是强调主动传递和科学情报交流职能。[3] 后来参考咨询工作逐渐成为文献信息机构的常规工作，几乎每个文献信息机构都设立了一个负责统一保管本馆收藏的参考工具书、参考工具和检索工具的部门，由具有较高学历与图书情报专业知识水平的工作人员进行专门的解答咨询服务，包括指导和帮助读者检索各种情报信息，开展各类专题服务工作。进入21世纪，文献信息机构更是

---

[1] [美] 安东尼·J.奥韦格布兹、[美] 焦群、[美] 莎伦·L.博斯蒂克：《图书馆焦虑——理论、研究和应用》，王细荣译，海洋出版社2015年版，第198—199页。

[2] Samuel Swett Green, "Personal Relations between Librarians and Readers", *American Library Gournal*, No.1, 1876, pp.74–81.

[3] 王绍平、陈兆山、陈钟鸣等编著：《图书情报词典》，汉语大词典出版社1990年版，第607页。

常常借助电子目录、索引、文摘、提要等书目数据库查找馆藏印刷型信息资源,并利用咨询数据库提供的有关个人、机构、进行中的研究项目、非书资料等情报线索来查找所需信息。

(三) 参考咨询工作的特点和作用

参考咨询工作是文献信息机构一直在进行的一项工作,最初只是通过工具书为读者答疑解惑,随着社会发展,逐渐转变为利用计算机、大数据、云技术来进行图书情报服务工作。文献信息机构的工作人员在不知不觉中已经完成了由简单的帮助用户寻找图书或相关资料档案到为读者提供多种文献更深层次的信息服务的转变。参考咨询工作逐渐具备了专业性、多样性、实用性、服务性、针对性、智力性、社会性等特点。

1. 参考咨询工作特点

第一,专业性。它是以图书、情报、信息为基础的具有专业性的服务。

第二,多样性。从事参考咨询工作的人员可能会面对读者提出的各种各样的问题,这些问题涉及范围广、种类多样、层次多样。

第三,实用性。用以解决读者在文献获取时遇到的实际困难。

第四,智力性。和外借、阅览服务不同,在参考咨询工作过程中,需要工作人员以自己的个人能力和专业能力来保证服务的进行。[1]

第五,服务性。参考咨询工作其实是一项为读者答疑解惑的服务性工作。由于时代不同,答疑解惑的内容也会有所不同。过去是简单地指点,帮助读者查找到所需要的馆藏资源;现在则要借助现代化的设备进行更多的信息查询。

第六,针对性。参考咨询工作是一项针对性极强的工作,主要是针对读者提出的具体问题进行解答,帮助读者查找馆藏信息资源。

---

[1] 朱丽君、卫冉、肖倩:《图书馆管理与智能应用》,吉林人民出版社2019年版,第542—544页。

第七，社会性。社会性是指参考咨询工作不是一般性的图书馆工作，这项工作的开展基于读者对图书馆工作人员的信任和依赖。读者需要图书馆工作人员为其提供所需的信息资源，图书馆工作人员主要通过读者实现其所管理的信息资源被外界了解和利用。这是一项由读者与图书馆工作人员协作完成的具有利他性质的社会活动。

2. 参考咨询的作用

（1）提高馆藏利用率

通过开展参考咨询工作，读者可以充分了解文献信息机构中那些他们没有关注的馆藏资源，使更多的馆藏资源可以被需求者关注和利用，增加文献被读者使用的机会，提高文献的利用率。

（2）开发馆藏信息资源

信息只有被使用才能被认识。文献信息机构的参考咨询馆员在为读者尤其是为智库读者服务的过程中，会发挥自己的专业特长，在查找相关信息时向读者推送相关信息资源。这种推送是由参考咨询馆员自身素养决定的，由于他们的知识面及对馆藏资源的了解，使他们能迅速联想到相关馆藏资源，并迅速挖掘出馆藏其他潜在的信息资源提供给读者使用。有时这种资源可能是文献信息机构工作人员自己之前都不曾了解甚至不曾想到的，但是通过在参考咨询工作中与读者的交谈、磨合，激发了文献信息机构的工作人员对馆藏的了解和挖掘的主动性，进而查找到可供读者利用的信息资源。可以说，通过参考咨询，读者与文献信息机构工作人员共同开发了馆藏信息资源。

（3）可以将无序的信息变为有价值的情报信息资源

信息是无序无规律可循的，再好的信息，如果游离于人们的视野之外，不被人知，也是没有价值可言的。尤其是在信息大爆炸的现代，每天都会产生海量的信息，足以让信息使用者心烦意乱，甚至崩溃，影响思维和决策。但文献信息机构工作人员可以充分利用自己所学的图书情报知识，将无序的信息有针对性地进行归纳整理，使之成为有序的信息资源，并将其提供给读者或者智库工作人员，使曾经杂乱的信息变得有价值，成为可以激发读者和智库工作人员灵感的信息资源，继而对智库产生正向作用，帮助其提出对社会、对政府工作有利的对策建议，为社会做出贡献。

二　参考咨询服务功能

从图书馆的角度，参考咨询服务主要包括帮助读者指引馆藏资料的位置；帮助读者查找资料；利用参考馆藏和网上资源解答读者提出的问题；对图书馆无法解答的复杂问题，将读者指向能解答其问题的其他机构，等等。① 但是在实际工作中，不同单位、不同信息机构的参考咨询服务是有差异的。

（一）公共与高校图书馆参考咨询服务功能

蒋永福在《图书馆学基础简明教程》一书中，将公共图书馆参考咨询服务的主要功能界定为"包括帮助读者指引馆藏资料的位置；帮助读者查找资料；利用参考馆藏和网上资源解答读者提出的问题；对图书馆无法解答的复杂问题，将读者指向能解答其问题的其他机构等"②。把高校图书馆参考咨询服务的主要功能概括为三方面：一是帮助读者处理在使用图书馆过程遇到的问题，如"确定馆藏文献的位置""解决因数字化文献的增长，读者使用图书馆时遇到的日益突出的硬件、软件和网络问题"；二是帮助读者解决工作学习过程中遇到的统计资料查找，历史事实、人物、事件等的查询问题；三是承担一些较复杂的文献查询或调研任务，如科研课题的文献查询和文献综述③。

在实际工作中，单打独斗的参考咨询服务很难满足服务智库的需求。在全国文化信息资源共享工程国家中心指导下，2003 年由广东省立中山图书馆牵头，由 16 个省市约 40 家公共、教育、研究三大类图书

---

① 蒋永福编著：《图书馆学基础简明教程》，知识产权出版社 2012 年版。
② 蒋永福编著：《图书馆学基础简明教程》，知识产权出版社 2012 年版，第 67 页。
③ 蒋永福编著：《图书馆学基础简明教程》，知识产权出版社 2012 年版，第 74 页。

馆合作建立了联合参考咨询与文献传递网,作为公益性服务机构为社会提供免费的网上参考咨询和文献远程传递服务。联合参考咨询与文献传递网拥有我国目前最大规模的中文数字化资源库群,拥有中文电子图书、会议论文、博硕士学位论文、中外文期刊论文、国家标准、行业标准及各种专利说明书、开放学术资源等,各成员馆通过网上咨询、短信咨询、电话咨询和 QQ 实时在线咨询等方式为用户提供免费服务。

联合参考咨询与文献传递网建立之初,很多公共图书馆和高校图书馆就纷纷参与其中。2011 年 7 月开始,该网更名为"全国图书馆参考咨询联盟",时至今日,一直是我们进行参考咨询工作的重要检索路径。

(二) 科学与专业图书馆参考咨询服务功能

科学与专业图书馆是由各种研究机构、政府部门、学会、协会、商业公司、企业商会等组织机构所支持的图书馆。在我国,由科学院系统、社会科学院系统、医学科学院系统、农业科学院系统、军事科学院系统、大中型企业系统、医院系统、人民团体系统,以及隶属于国务院的各部、委、局系统等所支持的图书馆构成了科学与专业图书馆的主体。[1] 这些图书馆,因其服务对象是本单位对自身专业领域有着较深了解、信息素养较高的专业技术人员,收藏文献的目的就是满足这些专业技术人员的专业研究领域的较高需求,因此馆藏信息资源不仅有较强的专业性,而且资料的专业特色明显、种类齐全、系统完整;在提供参考咨询服务时不仅能为用户提供纸质版的文献信息资源,还能够根据研究人员的学科专业特点提供丰富的网络信息资源。由于专业图书馆服务对象多是本单位的研究人员,一方面,图书馆工作人员对本单位人员的阅读习惯、研究领域都比较了解,很容易有针对性地

---

[1] 蒋永福编著:《图书馆学基础简明教程》,知识产权出版社2012 年版,第75 页。

提供文献信息资料；另一方面，正因为了解，所以图书馆工作人员也深知，仅提供原始文献往往不能满足研究人员的需求，图书馆工作人员需要对更多的文献进行更深入的挖掘，提供更深层次的情报服务或专题服务。这种服务，比公共图书馆和高校图书馆更接近智库服务，其拥有的多学科、多专业咨询人才力量，对某一专业领域的信息资源有较深了解，能够通过内容丰富、数据精准的特色数据库及大量纸质文献和一手资料深入开展个性化的参考咨询服务。因此，科学与专业图书馆的参考咨询服务一般具有以下特点：进行社会科学文献、地方文献的查找、咨询和文献信息检索；围绕某一研究领域或专题开展专题咨询、定题跟踪，提供各种标准全文、专利全文以及各类科技文献全文；依托馆藏数字资源和网上信息资源，通过网络为智库提供参考咨询和远程传递文献的实时服务。

（三）档案馆的参考咨询服务功能

档案是进行科学研究的基础和前提，无论是自然科学研究还是社会科学研究，都必须大量占有详尽的信息资料，才能进行更高层次的研究，进而探索事物发展的规律。由于档案馆在开放原则、服务对象、服务方式与服务范围等方面与图书馆有很大不同，因此，档案馆的参考咨询服务与图书馆的参考咨询服务在表现形式上也有很大区别。

档案是一次文献，具有凭证和参考的作用，记录了各类机关、单位以往的工作状况，以及各种生产活动情况、研究成果、工作经验和教训等。因此，一方面，收藏的档案材料如合同书、协议书、备忘录、电报等，可以为政府机关的工作提供必要的证据和咨询依据；另一方面，"其关于科学研究的原始记录，可供现实的研究工作直接借鉴；其记录的广泛事实和经验可以为各类研究活动提供大量的实验、观察和理论概括的基础材料"[①]。

---

① 刘萌：《文书与档案管理》（电子版），电子工业出版社2010年版，第676—681页。

智库一般会为核对某一事实或某一历史事件，证实某一规定，而对档案信息进行查证；在研究和预测国内外重大事件时，智库会希望通过档案信息获取相应的情报信息来了解历史或事件的真实情况，以确定自己的判断是否准确，进而预测某种事件的发展方向与进程。智库对于档案信息的需求一般具有较强的专指性，目的明确，范围集中，对信息的要求具有系统性和全面性。档案馆的工作人员在利用档案进行参考咨询服务时，会向使用者介绍档案馆是以怎样的方式收藏了哪些类型的档案资料。他们了解档案划分规则，知道如何针对使用者的信息需求为其提供相应的档案服务，比如通过提供档案原件、提供档案复制品（件）或通过综合档案内容编写书面材料的形式，为档案的使用者提供咨询服务。

三　文献信息机构通过参考咨询服务智库的能力

（一）确定参考信息源的能力

信息对于智库至关重要，精准信息是智库产品质量的重要保证。文献信息机构服务智库，首先需要明确服务对象的信息需求领域和特色。为确保给智库提供的信息完整、系统、及时、准确，文献信息机构要明确智库所需资料的内容和载体类型、检索工具和参考工具类型，明确智库人员所需内容可以通过哪些网站查询。也就是说，文献信息机构服务智库首先要有确定信息参考源的能力。在不同的图书情报学词典中，reference source 有两种解释，第一种翻译为参考源，"狭义指答复咨询所依据的任何提供可靠情报的文献。包括书目、索引、百科全书、词典、手册、指南等各类检索工具和参考工具书，也包括普通出版物、文献信息机构工作人员自己积累编制的参考资料和其他各种零散资料，按载体形式可分为印刷型文献、声像型文献、机读数据库。广义的参考源还包括任何可能提供情报的个人或团体，如其他图书情报机构以及图情机构内外的专家。参考源是图书情报机构开展参考咨询工作的基础"①。第二种翻译为参考信息源，"广义上是指被用来获得权威性信息的任何文献资料、数据库、网站等。狭义指包括书目、索引、文摘、年鉴、手册、指南、辞典及百科全书等在内的各种工具书的统称，按照其用途可以分为检索工具和参考工具两类"②。除本馆收藏的信息资源可以作为服务智库的情报信息参考源外，还有一种情报信息来源被称为馆外情报源，是"指某一图书情报机构可以利用的、本单位情报资源以外的其他情报来源。被称为'馆外情报源'一般指其他图书情报机构的馆藏、馆外参考工具、其他有关机构或专家等。当某一馆无法以本馆所拥有的文献、专家等情报资源答复读者咨询时，馆外情报源可有助于提供进一步求解的途径。图书情报工作人员通常在实际工作中积累馆外情报源的线索，并编成目录索引，以备参考和查寻"③。

每个文献信息机构的参考咨询员都应培养自己独立选择、获取信息源和拓宽信息获取渠道的能力。服务智库的信息，如果其来源渠道单一，其可信度也会偏低。因此，文献信息机构的参考咨询员必须培养自己从多渠道获取信息、从多角度以多种方式方法对收集到的信息进行分析的能力，以避免所提供的信息具有片面性或与研究目标发生偏差。就像文学作品和电影中很多警察都有自己的线人一样，好的参考咨询员不仅要熟悉自己所在文献信息机构的信息资源，更要关注部门外的情报信息源。在本馆信息资源不足以满足智库信息需求时，能够及时通过馆外情报源找到相关信息，满足智库信息需求。

（二）选择参考咨询服务方式的能力

参考咨询服务方式多种多样，针对不同的信息需求者，一般分为

---

① 王绍平、陈兆山、陈钟鸣等编著：《图书情报词典》，汉语大词典出版社1990年版，第604页。
② 图书馆·情报与文献学名词审定委员会编：《图书馆·情报与文献学名词》，科学出版社2019年版，第215页。
③ 王绍平、陈兆山、陈钟鸣等编著：《图书情报词典》，汉语大词典出版社1990年版，第848—849页。

以下几种。

1. 到馆咨询服务

到馆咨询也称面对面参考咨询、口头参考咨询等，是参考咨询服务中最原始的方式。信息需求者亲自到图书馆、档案馆、博物馆等部门面对面向参考馆员提出想要咨询的问题，进而获取文献信息机构工作人员给予的答复或是提供的图书资料。在《图书馆·情报与文献学名词》一书中，到馆咨询服务被列为参考咨询服务的一种，"指读者亲自到图书馆，图书馆员与其进行面对面的交流与沟通，并为其提供参考或解答服务"[①]。在文献信息机构服务智库的过程中，常会遇到智库工作人员就自己的某一个想法来信息机构进行咨询，寻求信息验证的情况。如 2003 年，黑龙江省社会科学院的一位研究员李老师想写一篇希望哈尔滨市能在 9 月 18 日拉响警报的建议。已经构思很久，文章基本写好，就是不知道有没有人写过这方面的建议。当时还没有相应的课题查询查新系统，只能以笨拙的手工查询方式进行查证。笔者先是在网上确认没有找到相关文献信息，然后查询馆藏文献和所订内参，均没有发现相关信息报道，但查到了长春市和沈阳市在 9 月 18 日拉警报的报道，佐证了这位研究员关于东北三省有两个省会城市会在 9 月 18 日拉响警报的说法。当把信息告诉他时，他非常高兴，第二天一早就交上一份相关建议。黑龙江省与哈尔滨市领导高度重视，很快作出批示。决定采纳其建议，并沿用至今。笔者至今还记得李老师当时激动的样子及所说的话："我们的孩子终于诞生了！"深切感受到其建议被采纳时的激动和喜悦。多年来服务智库的实践经验证明，每一份对省委省政府领导决策起作用或是被采纳的建议，都是智库学者付出巨大精力酝酿已久、揣摩已久的得意之作，就像女同志十月怀胎一样，珍之爱之，怎么看都高兴。而智库研究人员能把这样的荣誉与文献信

[①] 图书馆·情报与文献学名词审定委员会编：《图书馆·情报与文献学名词》，科学出版社 2019 年版，第 214 页。

息机构工作人员分享,并称之为"共同的孩子",是对信息工作的认可、鼓舞和鞭策。2004年9月18日,研究员李老师作为嘉宾被邀请参加9月18日在哈尔滨龙塔举行的哈尔滨纪念九一八警报拉响仪式。以后每年9月18日警报拉响时,我的眼前都会浮现出他的意见被采纳时,他以特有的安徽普通话向我们报喜时激动的样子。同时我们也感谢他能提醒当地政府和广大群众居安思危、勿忘国耻。

2. 电话咨询服务

电话咨询服务,指图书馆设定并公开参考咨询专用服务电话,使读者可以通过拨打咨询电话的方式向文献信息机构的参考馆员提出所要咨询的问题,由参考馆员进行即时解答的服务方式。读者进行电话咨询的问题常常比较单一,但专业型较强,智库电话咨询的问题更是有比较强的指向性,往往是围绕某一学术问题的研究理论、研究现状、存在问题等向参考馆员咨询文献信息机构的馆藏情况,或是希望文献信息机构工作人员帮其推荐可以找到这些资料的地方,或是希望文献信息机构工作人员直接给出某些肯定性的回答。由于电话咨询一般需要参考咨询工作人员尽快给出读者所需的答案,所以参考咨询工作人员不仅要熟悉馆藏情况,更要对某一学科的知识有所了解。在电话咨询中,也可以由文献信息机构参考咨询工作人员先记下智库的研究人员提出的问题,找到答案后再打电话告知相关智库研究人员。曾有位研究员在其做报告半小时前,忽然想到如果报告中增加一个数据,报告也许可以更生动、更有说服力,但又不确定能不能查到这个数据,于是打电话向笔者求助。笔者先在网上找到这个数据,为确保数据的准确性,又到工具书室找到一本包含那个指标的年鉴,根据年鉴数据推算出网上数据是真实可信的,便打电话告诉了那位研究员。听到研究员以充满自信与自豪的语气说出其论点成立的最有力的证据是笔者提供的数据时,笔者更深地感受到文献信息机构之于智库的重要性。

3. 计算机辅助参考咨询服务

计算机辅助参考咨询是指以计算机为工具开展的图书馆咨询服务。

内容包括：各类数据库联机信息检索，网络咨询服务，专家系统及多媒体应用，自动编制书目、索引与文摘，开展查新和定题服务等。[①] 这些需要文献信息机构以长期积累的馆藏资源为基础，同时购买各种印刷类检索工具书刊、光盘数据库、网上数据库、电子图书、丰富的 Internet 资源及自建数据库，构成一个完整的检索系统，为参考咨询工作的开展提供资源储备。如，经常会有智库的科研人员让我们帮助查询其某些观点或文章被哪些人、机构或者是文章采纳，我们都会借助中国知网、国家哲学社会科学文献中心、万方数据库、维普网等进行查询。有时科研人员亟须查找某一本书中的观点或内容，而恰巧我们馆藏又没有，这时我们都会通过超星、歌德阅读机、微信阅读等电子产品来为科研人员查找相关信息。

4. 数字参考咨询服务

数字参考咨询又称"虚拟参考咨询"，指"建立在网络基础上，不受地域、时间的限制，将用户与专家和科学专业知识联系起来的问答式咨询服务"[②]。它包括同步数字参考咨询（实时虚拟参考咨询）和异步数字参考咨询（非实时虚拟参考咨询）。同步数字参考咨询指文献信息机构的信息咨询员"通过网络即时交互系统，与读者进行动态、即时的交流与沟通，解答读者问题的问答式咨询服务"[③]。异步数字参考咨询指文献信息机构的"参考咨询馆员和用户分别利用各自的网络设备进行交互，但是用户提出问题与文献信息机构的信息咨询员回答问题不是同时进行，用户需要等待若干时间才能得到问题的解答"[④]。

---

① 图书馆·情报与文献学名词审定委员会编：《图书馆·情报与文献学名词》，科学出版社 2019 年版，第 214 页。
② 图书馆·情报与文献学名词审定委员会编：《图书馆·情报与文献学名词》，科学出版社 2019 年版，第 214 页。
③ 图书馆·情报与文献学名词审定委员会编：《图书馆·情报与文献学名词》，科学出版社 2019 年版，第 214 页。
④ 图书馆·情报与文献学名词审定委员会编：《图书馆·情报与文献学名词》，科学出版社 2019 年版，第 214 页。

数字参考咨询的方式一般包括电子邮件咨询服务、表单咨询服务、QQ 咨询服务、微信咨询服务、BBS 咨询服务等。

电子邮件咨询服务"是指文献信息机构的参考咨询员通过网络电子邮件系统，与读者进行非动态的、错时的交流与沟通，并为其提供参考或解答服务"[①]。相比电话咨询服务，由于是错时沟通，电子邮件咨询服务为咨询员争取了更多的思考时间，可以根据用户提出的专题要求更全面系统地选择文献，然后按照已知的用户电子邮件的地址，向智库用户发送其所需的文献或文献副本以及具体的事实与数据。比如我们经常会通过电子邮件为智库提供其所需资料的电子版或影印本；在统计年鉴还不能在网上公开查询的年代，我们会将智库所需的各种统计数据按智库需求做成 excel 表格发送给智库的科研人员使用。

表单咨询服务，即读者通过填写数字咨询表单的形式，从文献信息机构的参考咨询馆员那里获得针对性较强的个性化服务。

QQ 咨询及微信咨询，即通过文献信息机构提供的 QQ 客服号或微信公众号，及时回答和解决智库科研人员所提问题，因其时效性强、互动性较强，更受智库科研人员欢迎。

BBS 咨询服务，即读者通过文献信息机构提供的公共电子白板提出问题，但因其是开放式互动型咨询服务，注重咨询问题保密性的智库工作人员一般不太使用。曾有人说，数字参考咨询工作是一项系统工程及高智能创造性活动。数字参考咨询工作不仅要求文献信息机构的信息咨询员有广博的学识，对智库涉及的各个学科都有所涉猎，对文献信息机构的信息资源了如指掌，而且要求文献信息机构的工作人员熟练掌握和运用图书情报知识和技术，熟练使用计算机网络和电子设备解决智库提出的各种问题，最好由资深复合型人才来从事这项工作。

---

① 图书馆·情报与文献学名词审定委员会编：《图书馆·情报与文献学名词》，科学出版社 2019 年版，第 214 页。

5. 联合数字参考咨询服务

联合数字参考咨询，作为一种数字环境下的合作参考咨询方式，是在合作参考咨询基础上发展起来的。"多家参考咨询服务机构通过一定的规范和协议联合起来，利用互联网形成虚拟的数字参考咨询服务网络，当本地图书馆无法解答用户咨询问题时，服务网络依据咨询问题的学科和专题将咨询问题分送给其他具有固定协议关系的参考咨询服务机构的信息咨询员回答。"[1] 读者通过虚拟参考咨询系统，向成员馆的咨询专家进行咨询，然后通过浏览 FAQ 或利用表单咨询、实时咨询等方式选择各个文献信息机构的咨询馆员回答自己所提的问题，从而达到一人提问、众多专家回答的效果。

随着计算机技术的普及和网络的发展，很多文献信息机构早在 21 世纪初就开始参与网上文献资源的收集、加工与利用工作，并开展网上咨询、远程咨询等服务。网上咨询包括本馆网上咨询及全国图书馆信息咨询协作网咨询；远程咨询采用电话、信件、传真、电子邮件等方式，以电子邮件的方式为主。在实际工作中，由于智库需求的多样性，文献信息机构在服务智库的时候不可能简单地完全以一种服务方式代替另一种服务方式，而是会采用多种方式，将几种服务方式进行整合，或在其参考咨询页面上提供多种咨询方式供智库用户选择，或将几种服务方式融合在服务过程中。因此，文献信息机构的信息咨询员要具备娴熟使用这些方式为智库服务的能力。

（三）利用一次文献服务智库的能力

一次文献（Primary Document）又称"第一手资料""一级文献"，"是作者以本人的研究或研制成果为依据而创作的文献。一次文献中所记录的情报，一般比较具体、详尽和系统化，含有前所未有的发现、发明或创造，一次文献的作者在创作时可以参考或引用他人的著述，

---

[1] 图书馆·情报与文献学名词审定委员会编：《图书馆·情报与文献学名词》，科学出版社 2019 年版，第 214 页。

创作的结果可以以各种物质形式出现"①。一次文献可以是学术专著，也可以是学术期刊上发表的论文或是会议文献、论文集等；可以是研究报告，也可以是决策咨询或对策建议；可以是专利说明书，也可以是原始图片或手稿；可以是年鉴，也可以是档案史料。在参考咨询服务中，提供一次文献是最基础的资料服务，这些资料可以是他人的创作成果，也可以是智库人员的原创成果。而对文献信息工作者的要求，就是所提供的资料准确度一定要高，要证据直接、科学性强，可以确保智库人员从一次文献中获得第一手材料。在面对面咨询服务（或称到馆咨询服务）中，信息咨询员往往会首先为咨询者提供比较权威的文献资料、实物资料及口述资料等一次文献。在博物馆和档案馆等文献信息机构，由于具有实证性、生动性和可读性的展品和档案原件一般是孤本，因此，这些一手资料也可以成为一次文献，这些一次文献资料的持有人多是最先接触该资料的；而且资料保密性较高，可以是最原始、最可靠的档案原件，也可以是档案原件的复制本等未经加工的一次文献。一般情况下，这些一次文献不能外借。总之，文献信息机构的信息咨询员要了解馆藏，并能熟练运用馆藏中的一次文献为智库提供服务，使他们所撰写的内容更具权威性、新颖性和可信性。

（四）开发二次文献服务智库能力

二次文献（Secondary Document）又称"第二手资料""二级文献"，"是对一次文献进行加工、提炼和压缩之后得到的文献。是为便于管理和利用一次文献而编辑、出版和累积起来的工具性文献。其作用不仅在于报道，更重要的是为查找一次文献提供线索"②。孙嫄媛在《高校图书馆期刊的开发与服务》一文中写道："二次文献是对一次文

---

① 王绍平、陈兆山、陈钟鸣等编著：《图书情报词典》，汉语大词典出版社1990年版，第1页。

② 王绍平、陈兆山、陈钟鸣等编著：《图书情报词典》，汉语大词典出版社1990年版，第3—4页。

献进行加工整理后的产物,即对无序的一次文献的外部特征如题名、作者、出处等进行著录,或将其内容压缩成简介、提要或文摘,并按照一定的学科或专业加以有序化而形成的文献形式,二次文献可以是文摘、索引、目录,也可以是文摘杂志等。"① 它们是对原始文献内容的浓缩,"都可用作文献检索工具,能比较全面、系统地反映某个学科、专业或专题在一定时空范围内的文献线索和最新研究成果,是积累、报道和检索文献资料的有效手段"②。由此可见,二次文献既能提高一次文献的使用效率,又能帮助智库提高文献的查全率和查准率,使智库能够深入开展研究工作。开发二次文献对于文献信息机构信息咨询工作人员改进知识结构、提高学术素养大有裨益。开发二次文献,尤其是稀有、罕见的文献,甚至能够成为国家建设的重要文献资料库。文献信息机构开发二次文献,既能使其工作人员在选取、确定参考信息源方面的能力得到培养和提高,还能够使之成为情报工作的重要工具。

如:1906—1945年,为达到侵略、掠夺中国的目的,当时世界有名的情报机构之一——日本满铁调查部,与日本军政、关东军、派遣军、驻屯军及东亚研究所等情报机关,对我国和东南亚各地的政治信息、军事信息、经济信息、社会信息、文化信息及农、林、牧、渔业的生产信息进行收集,并对城市、农村、交通、水道、港口的建设信息和地质、煤炭、石油等矿产资源的存储信息等进行了全面系统的情报调查工作,形成了许多研究文献,就是我们现在通常所说的满铁资料。日本投降后,这些满铁资料基本存留在中国,多数被东北三省以及北京、天津、上海等地的文献信息机构收藏。从1996年6月至2006年12月,全国56个收藏有满铁资料的重要的图书情报机构和档案单位共同参与完成了填补近现代史史料学重要空白的全部《中国馆藏满铁

---

① 孙嫄媛:《高校图书馆期刊的开发与服务》,《图书馆学刊》2012年第1期。
② 孙嫄媛:《高校图书馆期刊的开发与服务》,《图书馆学刊》2012年第1期。

资料联合目录》数据库编制及书稿出版工作。这个《中国馆藏满铁资料联合目录》就是二次文献，但它有助于全面、系统地为科研人员和智库工作者提供查找研究当代中国、东北亚和中日关系史的一手资料的路径，已成为研究中国近代史、世界近代史、中日关系史和第二次世界大战史的一个重要的文献资料库。《中国馆藏满铁资料联合目录》的编写，不仅提高了满铁资料的利用率，而且培养了为智库服务的情报信息人才，满铁资料里翔实的资源调查更可为智库研究我国经济社会建设提供有价值的信息。

又如：为了智库的科研人员能快速检索到记录有关1840—1949年黑龙江省政治、经济、文化、历史、军事及外交等内容的基础性图书，笔者决定编制一部书目索引。本着让科研人员随时方便快捷、省时省力准确查找到有效图书的原则，通过对东北地区近20家公共图书馆、专业图书馆及高校图书馆中符合索引内容的图书的搜集整理，逐条核对、比较，剔除重复的，删掉那些只有极少文字或章节段落涉及1840—1949年黑龙江历史的图书，最终鉴别梳理出能够真正反映那一段时间黑龙江历史的书目，分别依照拼音顺序按书名检索项和作者检索项标注了索引，完成了《黑龙江近现代史著述索引》的编写。

类似的由文献信息机构开发出来的二次文献还有很多。如：中国社会科学院历史研究资料室编写的《七十六年史学书目（1900—1975）》（1981年），东北地方文献联合目录编辑组、吉林省图书馆社会科学参考部编辑的《东北地方文献联合目录》（1987年），长春市图书馆参考部编辑的《东北地方文献索引》（1984年），吉林省图书馆编的《东北方志人物传记资料索引吉林卷》（1989年），哈尔滨市图书馆编辑的《哈尔滨市图书馆馆藏地方文献书目》（1992年），黑龙江省图书馆社科参考部编辑的《黑龙江地方文献目录》（1986年），吉林省中心图书馆委员会编辑的《吉林省地方资料联合目录》（1959年），复旦大学历史系资料室编辑的《五十二种文史资料篇目分类索引》（1982年），中国社会科学院民族研究所图书室编辑的《民族研究所图书室线装图书目录》(1979年)、北京图书馆统编部联合目录编辑组编辑的《中俄关系图书联合目录中文部分》(1974年)、黑龙江省档案馆编辑的《中国共产党黑龙江省委员会重要文件汇编》(1989年)等,都是由文献信息机构根据一次文献开发整理出来的二次文献。

二次文献可以直接将一次文献指引给读者,不仅可以帮助读者节省时间,提高一次文献查全率和查准率,而且有助于一次文献被充分利用,有助于智库少走弯路。因此,二次文献的开发能力是文献信息机构参考咨询馆员应具备的能力。

(五) 开发三次文献服务智库的能力

三次文献,又称"第三手资料""三级文献",是根据一定的需要和目的,在相关的一次文献和二次文献基础上经过综合分析,重新编写而成的文献,包括各种专题述评、综述、学科年度总结、数据手册、进展报告及书目指南等。[1] 这类文献是在对已成型的一次文献、二次文献信息资料进行深入分析和研究,并进行高度概括之后形成的服务智库的信息资料,所以人们通常会称之为"情报研究"的成果,对学科、学术的深度可持续发展有着重要作用。针对智库的三次文献开发,一般是文献信息机构在对智库所需相关文献资料进行收集、梳理、分析、研究的基础上,按智库信息需求主动开发、建设个性化、学科化、专业化的信息资源库。文献信息机构在为智库提供信息服务时应充分发挥三次文献的引导作用。三次文献开发的信息具有专业化及"可供科研、决策直接使用的实用化特点"[2]。三次文献开发在服务智库过程中具有不可忽视的作用。从事学术研究的人都知道,三次文献开发的成果通常限定在某一专题范围内,是为某一课题或某一议案、某项决策提供服务的资料性文献。在通常情况下,三次文献开发的成果,有着

---

[1] 王绍平、陈兆山、陈钟鸣等编著:《图书情报词典》,汉语大词典出版社1990年版,第13页。

[2] 辛秋珍:《三次文献开发与社会科学研究》,《黑龙江社会科学》2004年第5期。

明确的服务目标。这些目标大多是为科学研究和决策咨询服务的,因此要求三次文献开发的成果不能有任何随意性。三次文献的综述、评述等是在广泛搜集和整理相关资料的前提下,从大量相关文献资料中提炼归纳出来的观点,因此其信息来源、分类、归纳分析、叙述都必须客观、全面、准确,这样阐述的论点、得出的结论才能令人信服,如《十九大以来我国乡村振兴战略研究综述》《21世纪以来马克思主义基本原理研究综述》《五四运动时期知识分子关于马克思主义学说观点综述》等。唯有如此,智库人员才可以通过一篇综述或一本关于某一专题的评述著作,了解一个学术问题或一个学科发展的基本脉络,并据此推断出其发展趋势。

档案部门对三次文献的加工,是开发档案信息的高级形式。档案馆在提供信息服务时,通常以综合档案内容的形式编写各种档案参考资料,制发档案证明,函复查询外调,依据档案材料撰写专门文章和著作等。[①] 档案三次文献开发是有关部门根据本单位和本地区及国家政治、经济和社会的某种需求,通过对档案中相关信息进行综合分析研究,将观点进行梳理并以综述的形式揭示出档案记载的事物的本质及规律,并以书面材料的形式展示出来。这种三次文献,不仅可以最大限度地扩大档案的影响,也可以为智库提供撰写对策建议的灵感和佐证,更可以为领导决策提供参考。

第二节 定题服务功能与能力

一 定题服务概念解析

（一）定题服务的含义

定题服务的概念解释有繁有简,各具特色。1990年出版的《图书

[①] 刘萌:《文书与档案管理》(电子版),电子工业出版社2010年版,第676—681页。

情报词典》中的阐释应该是各种关于定题服务定义中最"繁"的一个，涵盖了定题服务涉及的所有内容。如对定题服务的名称的阐释：定题服务（Selective Dissemination of Information，SDI）又称"定题情报服务""跟踪服务""对口服务"。① 把几种相同概念同时列出让人一目了然。对定题服务的概念、特点，如何做定题服务等的阐释清晰明了："图书情报机构围绕一定的科学研究和生产项目，针对固定用户定期提供有关情报的服务工作。有时与'最新资料报道服务'不分。"② 定题服务的特点是"主动性、针对性和有效性"③。对于如何开展定题服务："首先应该选定重点服务的课题；其次应搞好重点课题的调查研究，了解课题进展情况、技术上存在的关键问题和生产上遇到的困难，了解生产和科研人员的具体需求以及他们的专业知识、外文水平和掌握文献的情况；还须制定查找、搜集、提供文献的方案，配合课题进展，做好对口服务。"④ 其对定题服务采用方式的解释，虽经历了30余年仍不过时。"定题服务可以用手工方式进行，也可以借助于计算机检索系统。用电子计算机开展的定题服务一般称为'定题情报选报'或'定题情报提供'，提供定题服务的情报检索系统（一般是计算机检索系统）称为'定题检索系统'。"⑤

对定题服务最简单的解释是2019年全国科学技术名词审定委员会公布的《图书馆·情报与文献学名词》中的解释："图书情报机构根据用户课题需要或研究需要，通过收集、筛选、整理信息，定期或不定

---

① 王绍平、陈兆山、陈钟鸣等编著：《图书情报词典》，汉语大词典出版社1990年版，第588—589页。
② 王绍平、陈兆山、陈钟鸣等编著：《图书情报词典》，汉语大词典出版社1990年版，第588—589页。
③ 王绍平、陈兆山、陈钟鸣等编著：《图书情报词典》，汉语大词典出版社1990年版，第588—589页。
④ 王绍平、陈兆山、陈钟鸣等编著：《图书情报词典》，汉语大词典出版社1990年版，第588—589页。
⑤ 王绍平、陈兆山、陈钟鸣等编著：《图书情报词典》，汉语大词典出版社1990年版，第588—589页。

期地提供给用户，直至协助用户完成课题的一种连续性服务。"①

(二) 定题服务的特点

随着信息技术的不断进步，无论是智库人员还是文献信息机构的工作人员都对定题服务提出了更高要求。定题服务的特点也并未停留在当初的主动性、针对性、有效性上，而是增加了及时性、预测性、连续性、准确性等特点。

1. 主动性

定题服务是一种主动性的行为，文献信息机构工作人员主动了解科研人员和智库的信息需求，有目标、有针对性地定期为他们提供跟踪服务，是信息机构工作人员责任心的一种体现，也是智库和科研人员对文献信息工作人员信任和认可的前提。

2. 针对性

文献信息机构为智库提供信息服务具有很强的针对性，文献信息机构工作人员不仅要对所服务智库的专业需求有较深入的了解，而且要能够对所搜集的信息进行判断筛选。唯有如此，文献信息机构的工作人员才能够针对智库"特定用户特定课题的需要提供文献信息"，且能"针对用户的需要提供各种来源的最新情报"②。各文献信息机构因针对的读者群不同，推送的内容和形式也会有所不同。如社会科学院系统、高校系统文献信息机构服务的智库比较固定，智库的研究比较具有连续性，因此，给他们推送的内容除特定课题特殊推送外，平时也可以新书目录的形式，将各文献信息机构购买的新书按学科划分为政治、经济、历史、文化、哲学等各类，推送给智库人员。有的单位是按智库人员的研究方向，一对一推送给相关的研究人员；有的是通过文献信息机构的网站进行公开推送，让读者各取所需；也有的通过

---

① 图书馆·情报与文献学名词审定委员会编：《图书馆·情报与文献学名词》，科学出版社2019年版，第217页。

② 吴慰慈：《定题服务简说》，《图书馆工作与研究》1990年第3期。

微信公众号进行推送。

3. 及时性

及时性是保证定题服务质量的重要因素。在文献信息机构服务智库的过程中，智库随时都会产生各种文献需求。文献信息机构的信息服务人员只有牢牢把握信息的时效性，才能在定题服务中保证智库的科研人员能够"及时了解到当今已有研究成果的现状，并及时了解该领域在国内外的研究水平"[1]，从而确定自身在研究这一问题时的着力点。在服务智库过程中，文献信息机构的参考咨询员要与智库科研人员（用户）紧密配合，针对用户提出的信息需求，及时提供快速、精准的信息服务。文献信息机构"不仅能及时"为智库"提供情报，而且能及时进行反馈。通过及时反馈，用户能对检索结果迅速做出反应，及时修改检索式，从而获得理想的检索效果"[2]。

4. 有效性

定题服务中文献信息机构提供给智库用户的信息必须是有效信息。信息渠道要可靠（包括网址的有效性、数据提供材料的有效性等），信息内容要真实准确，信息提供时间要抢先抓早。只有这样，才能保证文献信息机构提供给智库的信息的有效性。

5. 预测性

定题服务中需要拥有超前意识，文献信息机构能够针对智库用户特定课题的特殊需求，提前通过多种途径收集、整理智库进行课题研究所必需的"真正切合课题需要的代表学科最高水平与发展方向的""最新发表和出版的反映学科前沿最新进展与发展方向的理论与发现"[3]，并将这些最新的、有预测性的理论和发现加工整理成有关的资料和数据信息，通过科学的方式方法尽快传递给智库的科研工作者，

---

[1] 王杰：《加强公共图书馆定题服务的实践与思考》，《河南图书馆学刊》2015年第1期。
[2] 吴慰慈：《定题服务简说》，《图书馆工作与研究》1990年第3期。
[3] 何健、王岩：《科研定题服务工作的策略研究》，《科技信息》2009年第27期。

尽量"多途径扩大信息源，确保科研工作者能够在较短时间内获取有效的信息资源"①。

6. 连续性

文献信息机构的工作人员要想保证其定题服务的课题研究能够持续有效地进行，就要保证其向智库的研究人员提供的文献信息具有连续性。也就是说，要保证"不论采用脱机方式，由情报系统代检，定期将所得情报送交用户；或者采用联机方式，由用户终端定期检索，只要服务合同不废止，用户就能经常地、不断地获取所需要的各种最新情报"②。

7. 准确性

由于智库所需信息涉及社会政治、经济、文化生活的方方面面，所以信息的来源也非常庞杂，信息质量难免良莠不齐。文献信息机构的工作人员要具备辨别信息真假的能力，在定题服务中，要学会通过排除法将虚假信息排除，要学会用求证法证实所获得信息的准确性。如，当科研人员需要某一特定数据时，文献信息机构的工作人员在网上查到后，还应该与年鉴或者其他统计报告中的内容进行核对确认，保证数据的准确性。

二 如何开展定题服务

1990年，吴慰慈在《定题服务简说》一文中认为，定题服务取得成效的关键，在于课题选择、跟踪调研和对口服务三者的正确结合。他认为，第一步要选准重点服务课题。那些对国计民生和科学研究具有重要价值的课题，应是图书情报部门重点服务的目标。第二步要深入课题，伴随着课题研究的进展，有的放矢地开展文献调查。第三步要配合课题，对口服务。即根据服务课题的进度，及时掌握反馈信息，

---

① 王杰:《加强公共图书馆定题服务的实践与思考》,《河南图书馆学刊》2015年第1期。
② 吴慰慈:《定题服务简说》,《图书馆工作与研究》1990年第3期。

了解用户的新需求，进一步开展文献情报源的调查和提供工作。[1]

2009年，梁树柏、贾艳艳在《专业图书情报专深服务研究》中提出了"九阶段加循环"专深服务模式[2]，即专深服务是遵循联系用户、专向训练、关联博览、嵌入跟踪、问题交换、检索说案与（信息）文献、辨析立论、探索实验、新方案、再研究循环这样一个模式进行的。

2011年，王芳等在《高校图书馆定题服务流程研究》中提出高校图书馆定题服务流程模式[3]，即首先联系用户，然后进行课题研究，之后进行方案制定、问题交换，再进行方案修订，确定方案之后进行信息搜集、信息加工，将信息提供给读者，将读者反馈意见收集起来，建立档案。

文献信息机构服务智库所进行的定题服务方法步骤与上述几种表述基本相同，但因服务对象略有差异，方法步骤也略有不同。主要分为以下几个步骤。

（一）联系智库

文献信息机构与智库进行联系，了解和掌握智库对于文献信息的需求。智库可以书面或口头形式，向文献信息机构提出信息服务需求。

（二）情报需求分析

情报需求分析是指文献信息机构对智库人员相关需求及要解决的问题进行详细分析的过程。在弄清楚智库人员的信息要求，明确其已满足、未满足和潜在的需求后，根据本部门人员知识结构、信息收藏情况及所能查找到的信息情况，有的放矢地决定可以接受哪些项目来做定题服务，进而确定情报工作者的数量和所需技能、情报源及收集方法等，为智库及时提供高质量、操作性强的情报产品。

---

[1] 吴慰慈：《定题服务简说》，《图书馆工作与研究》1990年第3期。
[2] 梁树柏、贾艳艳：《专业图书情报专深服务研究》，《图书情报工作》2009年第S2期。
[3] 王芳、齐引敬、孙明婧：《高校图书馆定题服务流程研究》，《石家庄学院学报》2011年第2期。

（三）制定信息检索策略

文献信息机构根据智库所提出的信息需求，了解智库对于所提问题的研究成果，了解其对相关信息掌握的情况，并据此制定出相应的文献检索及信息服务策略。

（四）制定检索方案

文献信息机构根据智库所提信息需求及机构本身信息存储量及可查阅情况，制定检索方案，选择检索工具，确定关键的检索词和检索路径。

（五）信息查询、搜集

在条件允许的情况下，争取通过馆藏文献信息资料及互联网和其他渠道尽可能完整齐全地查找、收集信息资源，整理与定题服务内容相关的国内外信息资源，找出国内外对该问题研究的历史、现状、存在的问题及该问题未来发展方向。在这个过程中，文献信息机构与智库需要经常沟通，主要是纠正资料查寻手段和研究的偏差，以免导致最后的研究成果出现偏差。要尽可能多地为智库的科研人员提供多层次的情报信息资源，文献信息机构提供的资料越是全面客观，信息的可靠性和有效性越强，越有利于科研人员做出正确、准确、具有说服力的判断。

（六）信息加工整理

本着客观、忠于原信息资料的原则，将收集到的信息进行归纳整理，加工成二次文献或三次文献，如统计表格、专题书目、专题文献题录、数据模型、专题文摘、专题索引、专题述评等，为给智库提供信息服务做好准备。加工整理信息一定要忠于信息资源原文，不可随意篡改信息，不可断章取义，更不可歪曲事实。

（七）提供信息给智库

文献信息机构的参考咨询员以电子邮件、微信等形式通过互联将加工整理好的二次文献、三次文献，以及一次文献传送给智库的研究人员。有时为了沟通交流方便也可以通过面对面的形式将文献信息资源提供给智库的研究人员。

在文献信息机构服务智库的过程中，信息检索方案、检索工具、关键的检索词、检索路径可能会经过多次的调整，信息的搜集和查询过程有时也会很艰难，这些都需要文献信息机构与智库的磨合与协作。通过不断调整方案，达到信息的齐全、完整、最新、准确，这样智库写出的相关对策建议才能具有独到见解，具备说服力，具有可信度。

三 定题服务应具备的能力

文献信息机构工作人员需要具有对数据、信息进行分析、筛选的能力，在众多信息中分析出对智库研究有用的信息并对这些知识进行综合重组的能力。此外，提供定题服务的人员还应具备以下能力。

（一）开展跟踪服务的能力

跟踪服务，又称定题信息服务，是一种由信息机构定期向用户提供信息的主动服务方式。在服务期间，文献信息机构会根据用户的需求，持续为用户传送有针对性的学术资料，直至服务结束。目前，该种服务方式已经建立了完整的服务体系，能够为用户节省大量的时间和精力。

1. 按用户需要选择并确定服务课题

工作人员在帮助客户完成这一环节时，需要做好以下三个方面的工作。第一，需要对用户的课题进行调查了解，只有确定了课题的基本情况，才能提供有效的定向服务。第二，需要审查筛选课题，文献信息机构必须首先确定用户的咨询内容是否属于机构服务范围。第三，确定课题的服务难度，合理安排服务时间，优先解决重要课题。第四，确定服务课题。工作人员应积极与课题组负责人进行联系，敲定服务内容。

2. 制订合理的服务计划

工作人员一般需要根据用户的需求和服务机构的服务能力，制订定题服务的计划，其中包括服务人员的分配，具体课题服务内容的起始时间，服务所需经费以及人员的调动。如果服务课题较多且人员不足，应当优先考虑重点内容，合理进行人力资源配置，从而提升服务效率和质量。

3. 在服务过程中，工作人员不能过于死板

虽然定题服务的主要内容是帮助用户进行文献信息资料的搜集和整理，但工作人员必须对信息进行有效筛查。首先，要从馆藏文献中挖掘对课题有用的信息，提高文献利用率，节省不必要的阅读时间。其次，要有目的地扩大检索范围，包括但不局限于利用互联网进行信息检索，广泛挖掘资料，为课题研究提供信息保障。最后，要合理运用不同的服务方式，及时为用户提供信息，包括文献传递、面对面资讯等。

除此之外，工作人员还需要跟踪调查用户的需求。虽然在确定跟踪服务的过程中，工作人员已经对课题有了一定的了解，掌握了相关信息，但随着课题服务的不断深入，用户对信息的需求也在不断调整。工作人员需要提高自身服务的能动性，帮助用户掌握科学发展的总体趋势和动态变化，使用户获得成功。

(二) 专题文献开发能力

文献信息机构开发专题文献，就是根据某一主题或专题对文献信息资源进行发掘整理。它是专题情报研究与综合情报研究的融合。专题情报研究是指"情报研究人员根据特定用户的需求，围绕特定问题或研究专题，收集有关的文献情报进行历史的、全面的调查研究，运用相关的逻辑方法和技术方法，对这些文献情报进行不同形式的加工和研究，撰写文字材料以提供创造性劳动成果的过程"[1]。综合情报

---

[1] 图书馆·情报与文献学名词审定委员会编：《图书馆·情报与文献学名词》，科学出版社2019年版，第177页。

研究是指"根据用户的需要，以具体事态发展变化为背景，综合运用先进的信息技术和现代科学研究方法，对各种背景材料进行选择、评价、分析、对比、预测、判断和综合，总结事物发展规律，提出相应的观点、对策和解决方案的一项专门的智能型情报活动"[1]。在文献信息机构服务智库的过程中，经常会有就某一问题为智库提供经过分析整理的信息服务的情况。因此，文献信息机构工作人员要具备对专题文献研究、开发、综合的能力；要具备对基于某一领域"最新技术、知识或产品信息通过情报研究的方法和研究手段进行科学的筛选、提炼和综合，形成或生产有参考价值的情报产品"[2]的动态情报研究能力；要学会对某一领域的技术、知识或产品信息的发展现状、发展动向进行研究分析的能力；要有"根据科技、社会、经济在过去一段时间内发展、演变情况和目前存在的问题，应用预测科学的理论与方法，对系统进行情报抽象研究与分析，并对未来的发展趋势和可能产生的影响做出科学预测的"[3]预测情报研究能力；并能"按照一定线索或轨迹开展的连续不断的"情报跟踪研究，使自己和智库的研究人员能及时了解国内外政策、立法、科技、经济管理、机构等最新情报。

（三）专题（特色）数据库建设能力

丰富的文献信息资源是文献信息机构开展广泛而深入的定题服务的基础。信息资源数字化是文献信息机构为智库提供深层次服务的重要手段。文献信息机构应结合智库的信息需求，通过建立专题馆藏书目数据库、专题网络数据库、馆藏特色文献数据库以及建立光盘数据库等方式，将这些数据库资源合理、有序、科学地组织起来，使之成

---

[1] 图书馆·情报与文献学名词审定委员会编：《图书馆·情报与文献学名词》，科学出版社2019年版，第177页。

[2] 苗军：《科技动态情报研究探讨》，《情报探索》2010年第8期。

[3] 图书馆·情报与文献学名词审定委员会编：《图书馆·情报与文献学名词》，科学出版社2019年版，第176—177页。

为一个集多种资源数据库为一体的网络文献资源保障体系，为服务智库提供信息资源保障。专题馆藏书目数据库，如云南省社会科学院图书馆建立的"云南地方提要目录数据库""馆藏民族文献书目数据库""东南亚、南亚书目数据库"等；馆藏特色文献数据库，如西藏自治区社会科学院文献信息管理处"藏学研究数据库"、河北省社会科学院信息中心建设的"馆藏拓片全文数据库"、云南省社会科学院图书馆"云南民族调查手稿资源数据库"；网络数据库，如中国社会科学院图书馆建的国家哲学社会科学文献信息中心网站等。

1. 整合自有资源建立数据库

文献信息机构要从本单位学科设置和学科特色出发，科学定位馆藏重点，以所服务智库的研究重点为中心，以统一的规范和标准对馆藏特色文献信息资源进行开发、整合，并利用相关软件构建特色馆藏文献数据库。

2. 利用网上免费资源建设数据库

文献信息机构也可以通过组织人员对馆藏电子文献及网络上免费电子信息资源进行二次开发的方式，建立有本机构特色的高质量的政策文件全文数据库、二次文献数据库和专题数据库。如，天津社会科学院图书馆将"中国期刊网专题全文数据库"中与天津历史、天津经济有关的信息，并通过整理、筛选、标引、输入计算机编制专题数据库书目索引，形成了独具特色的天津史文献题录专题数据库、天津经济专题数据库等。[①]

3. 利用数字政府建设资源建专题数据库

互联网政务服务是推动数字政府建设的出发点。党的十九届五中全会通过的《中共中央关于制定国民经济和社会发展第十四个五年规划和二〇三五年远景目标的建议》明确提出要"加强数字社会、数字

---

① 朱晓萍：《论网络环境下地方社科院图书馆的信息服务》，《图书馆工作与研究》2003年第5期。

政府建设""推进政府服务标准化、规范化、便利化"[①]。2021年2月《第47次中国互联网络发展状况统计报告》显示，截至2020年12月，我国互联网政务服务用户规模达8.43亿，占网民整体的85.3%。截至2020年12月，我国共有政府网站14444个，主要包括政府门户网站和部门网站。其中，中国政府网1个，国务院部门及其内设、垂直管理机构共有政府网站894个；省级及以下行政单位共有政府网站13549个，分布在我国31个省（区、市）和新疆生产建设兵团。市级及以下行政单位共有政府网站11862个，占82.1%。各行政级别政府网站共开通栏目29.8万个。市级网站栏目数量在各行政级别政府网站中最多，达13.7万个，占45.8%。在政府网站栏目中，信息公开类栏目数量最多，为21.5万个，占72.1%；其次为网上办事栏目，占12.4%；政务动态栏目数量占12%。近两年，各类政府机构积极推进政务服务线上化，全国人大建设完成了法规备案审查平台；全国政协开通了委员移动履职平台，近2000名全国政协委员在移动履职平台上发表1.4万余条意见建议；智慧法院推进建设的中国裁判文书网累计公开文书9600余万篇。[②] 如果文献信息机构的信息工作人员能够充分利用这些网上资源，根据自己所服务的智库的需求将政府网站各种资源进行整合，将各级政府网站的信息公开类栏目和政务动态栏目中的信息，以及相关政务平台的文件及文书、建议等按主题、地区、时间、所涉及专题类型进行分门别类的收集，建立相应的档案数据库，定会为国家和本地区智库在撰写为百姓服务的文章时提供帮助。

4. 利用多资源融合建设特色数据库

进入21世纪后，很多文献信息机构的图书情报部门相继完成了馆藏书目数据库的建设，并根据自身经费条件和智库需求引进不同内容的

---

① 《中共中央关于制定国民经济和社会发展第十四个五年规划和二〇三五年远景目标的建议》，《光明日报》2020年11月4日第1版。

② 《第47次〈中国互联网络发展状况统计报告〉》，中共中央网络安全和信息化委员会办公室、中华人民共和国国家互联网信息办公室、中国互联网络信息中心，2021年。

数据库，不少文献信息机构还将馆藏资源与网上资源（如各种政府网站、微博、微信公众号、网络视频、头条等）和智库成果融合，以建设可为某一特定专题服务的特色数据库的形式来为智库进行定题服务。如黑龙江省社会科学院文献信息中心为更好地为智库开展定题服务而建设的"黑龙江农业数据库"，就是将馆藏资源与网上免费资源、智库成果以及由文献信息机构工作人员加工的二次、三次文献融合在一起而成的。文献信息机构建设服务智库的特色数据库，要注意根据本机构馆藏特色，突出本单位重点学科，突出智库专业特色和服务当地政府的地方特色，有针对性、有目的地选取专业性强、学术底蕴深厚的信息资源作为主要建库资源；同时，因为服务智库的特色数据库多数也是为政府决策咨询服务的，所以，特色数据库中的数据不仅要真实准确，而且覆盖面也要广，数据更新要及时，要把好质量关。

5. 通过购买和自建数据库及信息平台，保障服务智库的信息搜集

如：2016年全国已"有14家省级社科院图书馆引进了信息资源发现系统"[1]。2018年年底，中国社会科学院图书馆"共引进各类中外文数字资源161个，整合开放获取数据库41个，内容涵盖人文社会科学研究各个领域"[2]，是本系统数字资源最多的一家；上海社会科学院图书馆也拥有33个数据库和2个自建数据库。[3] 2019年，在31家省级社会科学院图书馆中，有19家省级社会科学院图书馆通过院网站提供外购或自建数字资源服务。[4] 很多社会科学院图书馆还建立了地方文献特色数据库和云服务平台等来保障信息资源的搜集和保存。我们通过网站和《笃行致远 砥砺前行：改革开放40年全国社会科学院图书

---

[1] 张雅男：《社科院图书馆智库建设服务研究》，《新世纪图书馆》2016年第7期。
[2] 王京清主编：《笃行致远 砥砺前行：改革开放40年全国社会科学院图书馆发展历程》，中国社会科学出版社2018年版，第10页。
[3] 王京清主编：《笃行致远 砥砺前行：改革开放40年全国社会科学院图书馆发展历程》，中国社会科学出版社2018年版，第206页。
[4] 戴建陆、金涛：《基于智库服务的地方社科院网络公共资源开发研究》，《河南图书馆学刊》2018年第5期。

馆发展历程》一书，对部分社会科学院的文献信息机构数据库的建设情况进行了统计，见表 8-1。

表 8-1　国内社会科学院系统部分文献信息机构数据库建设情况①

单位名称	数　据　库
中国社会科学院图书馆	1. 2002 年建成中国人文社会科学引文数据库 2. 国家哲学社会科学文献信息中心网站，世界上文献量最大的中文哲学社会科学开放获取平台 3. 国家哲学社会科学学术期刊数据库 4. 2017 年"中国社会科学院海量数据库建设工程（一期）项目" 5. 2018 年"习近平新时代中国特色社会主义思想文库"
中国社会科学院图书馆国际研究分馆	1995 年《参考资料》全文数据库；俄罗斯东欧中亚研究所蓝皮资料数据库（内容为所主编并出版的俄罗斯东欧中亚研究蓝皮资料）、俄罗斯东欧中亚研究所中文论文资料索引数据库、《俄罗斯东欧中亚研究》期刊数据库（为该期刊的全文数据库），《俄罗斯东欧中亚市场》期刊数据库（为该期刊的全文数据库）、俄罗斯东欧中亚研究所俄文报刊索引数据库、俄罗斯东欧中亚研究所科研成果数据库、国内外俄罗斯东欧中亚研究机构介绍数据库、《参考消息》全文数据库、俄罗斯研究数据库（总）（包括俄罗斯政治数据库、俄罗斯经济数据库、俄罗斯外交数据库、俄罗斯法律法规数据库、俄罗斯军事数据库、俄罗斯文化数据库、俄罗斯历史问题数据库等）、国别数据库（包括中东欧国家数据库、中亚五国数据库等）、上海合作组织数据库，以及多媒体视频、音频声像图片数据库
北京市社会科学院图书馆	北京市社会科学院机构知识库系统 国内外社科热点追踪和分析系统
河北省社会科学院科学信息中心	河北省社会科学院学者电子文库、马克思主义理论研究专题数据库、河北省"一线两厢"战略决策基本数据库、河北宗教研究专题数据库、馆藏拓片全文数据库、党的三代领导人文集全文检索数据库、沧州渤海新区专题数据库

---

① 王京清主编：《笃行致远　砥砺前行：改革开放 40 年全国社会科学院图书馆发展历程》，中国社会科学出版社 2018 年版。

续表

单位名称	数 据 库
黑龙江省社会科学院文献数据中心	黑龙江农业数据库
安徽省社会科学院图书馆	安徽省社会科学院科研成果数据库
江西省社会科学院图书馆	江西省情数据库
湖南省社会科学院图书馆	湖南省社科研究大数据库
广西省社会科学院信息中心	机构知识库
云南省社会科学院图书馆	云南少数民族文献数据库,云南地方提要目录数据库,馆藏民族文献书目数据库,东南亚、南亚书目数据库,本院科研成果目录数据库,云南民族调查照片资料数据库,云南民族社会历史调查资料数据库,云南民族调查手稿资源数据库,馆藏珍善本及云南地方志古籍全文数据库
西藏自治区社会科学院文献信息管理处	藏学研究数据库、当代西藏经济社会发展数据库、南亚国情研究数据库、社科文献数据库、馆藏资料数据库、社科成果数据库、社科专家数据库、社科(人文)期刊数据库
甘肃省社会科学院数据中心	甘肃特色专题数据库 甘肃全面深化改革数据库、甘肃扶贫开发与全面建成小康社会数据库、甘肃对外开放与丝绸之路经济带建设数据库、甘肃国家级生态安全屏障综合试验区数据库、甘肃哲学社会科学创新发展数据库、甘肃省社会科学院专家与科研成果数据库、甘肃省文化资源数据库
成都市社会科学院信息中心	成都社科成果统计系统数据库
福建省社会科学院文献信息中心	两岸关系数据库

续表

单位名称	数 据 库
江苏省社会科学院图书馆	2005年建立"江苏省社会科学院研究资料网",成为数字文献资源的搜集、整合与提供平台 2013年"江苏省社会科学院研究资料网"改为"江苏省社会科学院研究资料数据库",进一步增强了数字文献资源的管理与服务功能
广州市社会科学院	广州市社会科学院社科研究数据库

信息来源:王京清主编:《笃行致远　砥砺前行:改革开放40年全国社会科学院图书馆发展历程》,中国社会科学出版社2018年版。

这些数据库的建设,不仅弥补了社会科学院系统图书情报经费紧张的问题,逐步满足了本院服务科研和智库的需求,而且也是社会科学院图情机构走向信息化的见证。

(四)运用微博及微信平台进行定题服务的能力

2021年2月,《第47次中国互联网络发展状况统计报告》显示,经新浪平台认证的政务机构微博为140837个。"我国31个省区市均已开通政务机构微博,其中河南省各级政府共开通政务机构微博10130个,居全国首位。各级政府共开通政务头条号82958个,政务抖音号26098个,其中山东省开通的政务头条号和政务抖音号均居全国各省份之首,分别为7874个政务头条号和1586个政务抖音号"①。

文献信息机构工作人员应注意对这些网上可获取的免费资源进行搜集整理,并学会利用这些现有资源为智库提供定题推送服务。

此外,文献信息机构工作人员还应充分利用本单位的微博或微信公众号,以专题推送的形式,有针对性地向智库人员推送信息。具体包括文章主题的选择、所写内容的选择、文章的撰写、排版样式的选

---

① 《第47次〈中国互联网络发展状况统计报告〉》,中共中央网络安全和信息化委员会办公室、中华人民共和国国家互联网信息办公室、中国互联网络信息中心,2021年。

择、推送对象的选择等。如，为纪念中国共产党建党一百周年，我们通过文献数据中心的微信公众号，以"纪念建党百年"专栏形式向全院推送馆藏中与党史相关的文献资料。此外，平时工作中我们也会围绕院智库 18 个重点学科进行信息推送。在服务智库大方向不变的前提下，微信公众号的服务宗旨也会随着时间、国家和地方政府工作重点的变化、现实需要的变化而进行微调。无论是在微信公众号还是在微博发布信息，都要注意遵守国家规定的信息发布规则，不可与国家规定相悖。

我们也根据微信搜索内容，并通过对《笃行致远　砥砺前行：改革开放 40 年全国社会科学院图书馆发展历程》一书内容的整理，将部分社会科学院建立的服务智库的微信公众号和网站进行了统计，见表 8 - 2。虽然数量不多，但我们查看公众号发现，各社会科学院的文献信息机构基本上也是把微信公众号或网站作为对智库进行定题服务和跟踪服务的平台。

表 8 - 2　　国内社会科学院系统部分文献信息机构微信号[①]

社会科学院名称	网站与公众号名称
中国社会科学院图书馆	中国社会科学院图书馆
中国社会科学院图书馆国际研究分馆	2007 年俄罗斯国情网,2010 年俄罗斯东欧中亚研究网,2013 年中亚研究网,2013 年上海合作组织研究网
上海社会科学院图书馆	微信公众号:逸思阅读
黑龙江省社会科学院文献数据中心	微信公众号:龙江社科文献信使
河南省社会科学院文献信息中心	微信公众号:中原智库

[①]　王京清主编:《笃行致远　砥砺前行：改革开放 40 年全国社会科学院图书馆发展历程》，中国社会科学出版社 2018 年版。

续表

社会科学院名称	网站与公众号名称
湖北省社会科学院图书情报中心	2008年湖北经济社会文化发展综合信息平台；2003年"湖北天空网",2017年湖北智库网
湖南省社会科学院图书馆	微信公众号:湖南省社会科学院图书馆
广东省社会科学院图书馆	"院科研在线"平台,广东智库网站,广东省社科专家数据库管理系统
广西省社会科学院信息中心	广西社会科学院网
贵州省社会科学院图书信息中心	微信公众号:甲秀智库 平台:贵州省社科云服务平台
陕西省社会科学院宣传信息中心	微信公众号:陕西省社会科学院
甘肃省社会科学院数据中心	甘肃哲学社会科学在线,甘肃文化资源普查平台,甘肃改革发展论坛,"陇原智库"网站,2017年中国(甘肃)文化资源云平台
青海省社会科学院文献信息中心	微信公众号:青海省社会科学院
新疆社会科学院图书馆	2007年"新疆哲学社会科学"
广州市社会科学院文献信息中心	"城市智库数据交换平台"(一期) 微信公众号:"城市智库观察"和"广州社科在线"
成都市社会科学院信息中心	微信公众号:金沙讲坛　成都社科
山东省社会科学院图书馆*	山东社会科学院图书馆服务平台
四川省社会科学院文献信息中心*	四川省社会科学院文献信息中心

注:*来源于微信搜索。
资料来源:王京清主编:《笃行致远　砥砺前行:改革开放40年全国社会科学院图书馆发展历程》,中国社会科学出版社2018年版。

四　特色数据库建设案例分析

黑龙江农业数据库是黑龙江省社会科学院文献信息中心在2010年为开展定题服务而设计并与软件公司合作建设的数据库。数据库的定位是为社会科学院智库科研人员的农业研究服务,为省领导在黑龙江省农业发展中的决策服务。数据库的设计让事实信息与数值信息出现在同一个平台,不仅有文档信息,还有游离的数据信息;不仅有年鉴数据,还有统计公报、政府工作报告数据;不仅有年度数据,还有季度、月度数据。数据库由数据统计库、年鉴库、报告库、政策法规库、文摘库、专题库、信息库、免费资源库八大子库组成。

数据库建设遵循了实用性原则、方便检索性原则和注重知识产权保护原则。

(一) 实用性原则

建数据库的目的是方便农业智库人员使用,本着发现用户偏好,挖掘用户潜在需求,进行有效的信息推送,提高用户的满意度的初心,通过面对面询问、参与课题调研及帮助课题组查找资料等方法,对社会科学院农业发展研究所的信息需求进行了广泛深入的调研,了解到智库经常使用的网站和相关主题文件、希望获取的数据信息等。由于笔者同时还参与了黑龙江省社会科学院其他智库的服务工作,发现农业数据库使用的国内生产总值、农业总产值、农村常住居民人均可支配收入、绿色食品产业发展等指标与院内其他两个与经济相关的研究所是有重叠的;在农村人均可支配收入、消费支出、恩格尔系数等农村居民家庭基本情况的数据需求上,与社会学所有重叠和交叉;在乡村户数、乡村从业人员数、农业从业人员数上又与政治学所某些研究有交叉。考虑到社会科学院智库研究人员的研究资源并不是很丰富的状况,在数据库的建设过程中,决定在以农业为主的前提下,兼顾其他关联学科,因此决定将资料收集面扩大,让其他学科的智库研究人员受益。在统计数据库的设计上,以农业为主;而在免费资源和年鉴库的收集整理上,则按社会科学院相关重点学科可能出现的信息需求进行搜集整理。由于社会科学领域的许多学科都是交叉融合的,因此,数据库的建设在数据统计库建设中是纯农业的,而在其他文档库的建设中明显增加了很多相关社会科学学科的研究特色。

1. 数据统计库

该子库的数据都是游离的，这是整个数据库的核心。在对智库科研人员信息需求进行调研后，决定这个子库主要收集文献信息中心馆藏的各类统计年鉴中与农业相关的数据。考虑到年鉴数据的滞后性（大概要到每年的10月，年鉴才能出来），决定将在各省统计局和省政府网站上收集到的《国民经济和社会发展统计公报》和《政府工作报告》数据也放入数据库，智库的研究人员可以至少提前半年使用上一年度的数据。之所以把年鉴数据和统计数据分开来做，是因为来自这两个信息源的同一指标，因为统计时间或统计口径不同，数据有时会不一样。这个库的数据可以进行三维检索，即可以一次性检索 N 个地区、N 个时间段的 N 项指标；同时，还可进行倍数、平均值、百分比的计算。在调研中发现，用图表方式展现数据，给人的印象会更直观，因此数据库里还添加了图形制作功能，可以根据需要做出饼状图、柱状图和折线图等。

2. 年鉴库

该子库收录的是社会科学院科研人员可能用得上的各种年鉴、统计年鉴及相关的含数据统计性质的行业报告的电子版。这些资料是信息工作人员在分析黑龙江省社会科学院研究人员的科研需求后，有针对性进行筛选的年鉴。年鉴来源一是将黑龙江省社会科学院已有的相关年鉴选入，这些年鉴有一定的连贯性，便于科研人员查找比较；二是与其他图书馆合作，以信息共享方式获取一些年鉴的电子版；三是通过互联网找到的一些免费电子年鉴。

3. 报告库

该子库收录了国内外及各省、自治区、直辖市及其所属各地市的国民经济及社会发展统计公报、政府工作报告、国民经济运行情况及国内外与农业相关的发展动态，这些资料主要来源于官方网站。

4. 政策法规库

该子库下含地方性农业法规分库、国家级农业法规分库、世界农业法规分库、部门规章分库和指导性文件分库。这部分资料主要来源于农业农村部和地方涉农网站。其中，部门规章分库中收录了农业农村部规章及其他各部规章（主要是社会科学院科研人员可能用上的国家各部委的文件）；指导性文件分库收录了与农业相关的中央一号文件、中央农村工作会议文件及其他涉农文件。

5. 文摘库

该子库包含农经文摘库和其他行业文摘库。其中，农经文摘库里包含国内外文摘精选、农业研究报告、农经分析预测及经作者同意的黑龙江省社会科学院智库的科研人员撰写的与农业相关的研究成果；其他行业文摘库包含与智库其他专业科研人员研究相关的国内外文摘、研究报告、分析预测及经作者同意的黑龙江省社会科学院其他智库科研人员的研究成果。

6. 专题库

该子库包含农经专题库和农垦专题库。其中，农经专题库包含农业大事记库、农业标准分库、农产品贸易分库、农业龙头企业分库、农业气象及灾害数据分库、品牌农业分库；农垦专题库包含中国农垦分库、黑龙江农垦分库、其他省份农垦分库及国外农垦分库。

7. 信息库

该子库分为农经信息分库和数据分库。其中，农经信息分库包括中国农经信息分库、黑龙江农经信息分库、其他省份农经信息分库、国外农经信息分库；数据分库包含国内外、省内外各种与农业、农垦相关的年度、季度、月度数据及黑龙江省社会科学院其他学科科研人员可能会用到的相关数据。

8. 免费资源库

进入21世纪后，学科之间交叉融合越来越多，看似简单的农业农村问题实际上可以与其他任何学科发生关系、产生交集。为能够全面系统、不存遗漏地为智库服务，同时也为满足黑龙江省社会科学院十八个重点学科需求，黑龙江农业数据库下的免费资源子库不仅收录了国内外有关哲学、经济、历史、法律及社会科学综合学科研究所需的免费网址，还收录了国内外一些社会科学及综合类大学的免费网址。

（二）方便的原则

1. 方便检索

为使每一位智库研究人员都能够快速准确地找到所需的信息资料，数据库在首页页面设计了检索框，读者无论通过什么方式、什么检索路径都能方便快速地检索到自己所需的资料。一是实行了跨库检索和分库检索相结合的方法。进入数据库的读者既可在数据库首页进行相关文档的检索，也可在各分库输入任意关键词检索到自己所需的资料。二是在关键词的设置上，为方便智库人员检索，对报告库、政策法规库、文摘库、专题库、信息库采取通过全文检索的方式，对全篇文档进行关键词设置；而年鉴库和免费电子书因其内存较大无法在网上实行检索，因而这些资源以标题检索的方式进行关键词设置。年鉴和电子书需要下载到电脑上阅读。

2. 翻译功能方便阅读

为保证科研人员能在第一时间使用上国外的一些数据，在黑龙江农业数据库里还添加了外文翻译功能。该功能可以将世界上多种语言中简单的单词或断句翻译成中文，也可将中文翻译成其他语言文字，这样即使不会外语的人也能查到国外相应的指标项，便于对同一指标进行国内外的比较。

3. 方便增加新的分库

这个数据库还可以根据需要随时添加新的分库，可以由不同人员在院内不同地点、根据自身特色建立相关数据库，并由建库人通过网络完成数据整合，实现资源共享。

（三）注重知识产权保护

由于黑龙江农业数据库是只为科研人员研究方便而不对外开放的内部数据库，因此在所有文档后面均标注了原文的出处、网址和作者，并要求科研人员在引用的时候标注原文出处、网址和作者，而非标注黑龙江农业数据库。

总体来说，黑龙江农业数据库的数据来源不局限于馆藏文献信息资源及网上免费资源，而是将多种资源相融合，共同撑起的以定题服务为宗旨的特色数据库。在2010年前后，政府信息公开不是很完善的时候，这种以自建数据库来为智库做定题服务的方式深受智库研究者的喜欢。

通过以上分析，笔者将文献信息机构服务智库的"定题服务"定义为：文献信息机构工作人员利用其所学图书馆学、情报学专业知识，根据智库课题或研究需要，及时主动、有针对性地对智库所需特定主题进行跟踪，并通过定题检索系统将馆藏信息资料及网络上与智库所需相关的信息进行收集、筛选和整理，以定期或不定期的方式，为智库用户提供有效的、符合其要求的文献信息服务。定题服务通常为一种连续性服务。资料可以是馆藏文献信息资源，可以是网上信息资源，也可以是智库成果及通过其他一切渠道获取的可以正常使用的资源。定题服务提供给智库的可以是一次文献，也可以是加工整理后的二次文献或三次文献，如统计表格、专题书目、专题文献题录、专题数据模型、专题文摘、专题索引、专题述评等。定题服务是文献信息机构工作人员与智库研究人员共同进步的最好途径。

第三节 舆情监测分析功能与能力

2007年，胡锦涛就加强网络文化建设和管理提出五项要求，其中之一就是"加强网上思想舆论阵地建设，掌握网上舆论主导权，提高网上引导水平"，"形成积极向上的主流舆论"。① 政府决策的参考信息很大部分来自网络，从这点上看，网络舆情的监测及有效利用是非常重要的。现在很多文献信息机构都在做舆情的监测，国家非常重视这方面的工作，因为真实的舆情对政府的决策至关重要。由于舆情监测服务功能与文献信息机构的参考咨询工作有很多相似之处，因此，很多文献信息机构将舆情监测分析系统放在参考咨询部。由于舆情监测分析更多地服务于政府机关，所以也有文献信息机构将其放在立法决策服务平台。

一 概念解析

(一) 舆情

舆情是"舆论情况"的简称，是指在一定的社会空间内，围绕社会事件的发生、发展和变化，作为主体的民众对作为客体的社会管理者及其政治取向产生和持有的社会政治态度。② 它是与社会发展紧密关联的学科，不仅与地方治理、意识形态相通，而且与人们的日常生活息息相关。目前，国内较为权威的观点认为，"舆情"是由个人以及各种社会群体构成的公众，在一定的历史阶段和社会空间内，对自己关心或与自身利益紧密相关的各种公共事务所持有的多种情绪、意愿、态度和意见的总和。③

(二) 网络舆情

网络舆情是公民通过信息网络平台来评论新闻事件和社会问题的信息言论。④ 其中包含了人们面对各种现象、问题所表达出来的情绪、

---

① 《胡锦涛总书记就加强网络文化建设和管理提出的五项要求》，《人民日报》2007年1月24日第1版。
② 余才忠、熊峰、陈慧芳：《舆情民意与司法公正——网络环境下司法舆情的特点及应对》，《法制与社会》2011年第12期。
③ 芦珊主编：《网络舆情监测与研究》，人民邮电出版社2021年版，第43页。
④ 孙虹：《大数据视野下的政府网络舆情监测与分析》，《中国管理信息化》2016年第15期。

意见和态度。

(三) 舆情监测

舆情监测，有时也称网络舆情监测。根据搜狗百科的解释，我们可以将其理解为通过整合互联网信息采集技术及信息智能处理技术，对网络媒体中的热点、焦点舆情进行梳理，由舆情分析师、知名专家学者等对有较强影响力、倾向性的言论和观点进行监视和考评，并做出客观、权威、科学的评判和预测性分析的行为。舆情监测可以帮助地方政府把握舆情动态，改进工作，科学决策。国内从事网络舆情监测的机构主要有人民网舆情监测室（人民日报社网络中心舆情监测室）、中国人民大学舆论研究所、南京大学网络传播研究中心、复旦大学传媒与舆情实验室等。

(四) 舆情监测分析

舆情监测分析是目前我国政府工作的重要内容。它以大数据思维，利用相应的软件，对报纸、期刊、各大权威新闻媒体、主流门户网站、论坛、博客、微信公众号、抖音、数字报、行业垂直站点中的公开信息，以及多语种境外数据等互联网海量信息进行自动抓取、分类，通过主题检测和专题聚焦等方式，对各级政府关注的全网话题、全网热点、重大事件、民生热点等重要舆情检测结果进行用户画像、情感分析、偏好调查、民意收集等，再通过闭环追踪分析、传播路径及影响力分析、关键事件节点及舆论分析等一系列分析研判，最终形成相关专题报告。在分析的过程中，可以按照话题对文章进行导读，也可以分析有哪些媒体进行了主题传播、各种主题传播来源于哪些网站、有哪些热门文章等。

二 舆情传播特点

(一) 传播媒介多

随着网络技术的发展，网络舆情的有效传播途径和主要来源越来越多。不仅包括传统的期刊、报纸和电视,也包括新兴的QQ、微信、微博、抖音、论坛等,这为网络舆情的产生提供了便利条件。

(二) 参与互动简单便捷

随着信息化的不断发展,移动网络在我国的广泛使用,尤其是疫情以来微信扫码的常态化,使手机成为每个人随身必备物品,也成为各种新媒体信息传播的主要渠道。越来越简便的一键式操作,以及各种新产生的传播媒介极低的准入门槛,使人们参与信息互动越来越便捷。新媒介较强的互动性和便捷性,为人们参与舆情传播提供了方便。

(三) 传播速度快,影响范围广

随着4G和5G网络的普及、各种新媒体的出现,人们可以通过手机第一时间在全世界任何角落看到自己关注的信息,并根据自己的兴趣、爱好对所接收到的信息进行保存、截图或转发。也就是说,无论在世界任何地方,只要有信号,信息就可以实现实时传播。传播范围也完全不受时空和地域限制。

(四) 正当性与非理性

舆情代表着民意,而民意既有正当性,又有非理性。信息技术发展所带来的渗透、溢出、带动和引领等效应,使舆情数量以几何形式快速发酵。舆情对于社会的影响就像一把双刃剑,在方便正当民意、正能量信息传播的同时,也方便了非理性甚至各种谣言和违法信息的传播,对网络安全、社会安定带来了安全隐患,甚至会危害国家安全。

(五) 可匿性与隐蔽性

网络舆情传播的主要工具是电脑、手机等工具,网络传播的可匿名性特征使网络传播具有隐蔽性,会为一些有各种不良诉求的、不想承担相应社会责任的传播者提供制造网络舆情的条件。[①]

---

① 黄静:《国家图书馆舆情监测工作浅析》,《河南图书馆学刊》2019年第3期。

三 舆情监测系统应具备的功能

(一) 信息源全面

舆情监测信息源要全面，不仅要全方位整合传统媒体、门户网站、论坛、博客、微信公众号、数字报、多语种境外数据、行业垂直站点和新闻客户端等互联网公开信息，还要通过小视频监测、电视监测、图片识别等对新媒体信息资源进行整合，尽可能不漏掉任何有用信息。

(二) 信息抓取及时

舆情监测信息抓取要及时，可以保障不漏掉突发舆情事件，并进行及时的分析、研判。如小时级的 App 抓取频率，分钟级的网页抓取频率，秒级的微博抓取频率等，能在极短的时间内精准完成对监测信息的全网收集。

(三) 分析功能强大

多维度进行舆情筛选，可以满足舆情分析中对于事件脉络、事件发展趋势、正负面占比和趋势、关键词云、微博大 V 分析、微博政府/媒体/名人/综合分析、微博传播途径与爆发点分析、博主地域分析、微博水军分析、微博情感分析、媒体来源分析、媒体活跃度分析、网名观点分析、新闻观点分析、重点微博分析等的信息需求，并通过丰富的图表数据进行分析。

(四) 主题跟踪功能

舆情监测主题跟踪主要是指针对热点话题进行信息跟踪。跟踪的具体内容包括信息来源、转载量、转载地址、地域分布、信息发布者等相关信息元素。

(五) 预警功能

舆情监测系统的预警功能，指检测系统能通过实时全面监测、数据总量对比、趋势对比、平台对比、情感对比、热词对比、发布地区对比、活跃账号对比、热点文章对比等对网上的焦点和热点问题及时准确预警、快速便捷响应。

（六）分析报告

舆情分析系统能够支持用户自定义事件，通过对网络事件的相关信息进行整理和总结，针对热点事件形成专业、多维度、有深度的舆情监测及预警监测，并撰写出《舆情简报》《信息专报》《战略情报分析》《专题咨询》等形式分析报告。

四 文献信息机构舆情监测分析能力的现状

网络已成为国家政府了解民情民意的公共平台，也是社会公民进行言论交流和沟通的重要媒介。网络舆情监测分析已成为文献信息机构比较常态化的一种服务方式。目前，不仅各省市宣传部门及国内的智库机构在做舆情检测分析，国家图书馆、上海图书馆、各地方的公共图书馆及一些实力较强的情报信息机构也在做着舆情监测分析工作，甚至很多大企业也有自己的情报研究分析机构在做着舆情监测分析工作。

（一）服务对象不同，舆情监测分析归属部门不同

由于服务对象不同，舆情监测归属的部门也不同。国家图书馆有两个业务部门做舆情监测工作，一个是立法与决策服务部，另一个是参考咨询部。南京图书馆的主要服务对象是江苏省政协，其舆情监测分析就是立法决策信息工作的一部分，所以关系划分上就把舆情分析任务就交给其立法组完成。哈尔滨市图书馆2013年刚开辟"舆情监测"栏目时，也是由当时的参考咨询部和科技参考部负责其相关栏目的信息搜集、整理、上传工作，并定期更新。直至2019年其网站改版，相关内容网站不再显示，但在"智库文献——地方科技"栏目下有"舆情简报"栏目。社会科学院系统的舆情监测分析一般由情报研究机构负责。

（二）公共图书馆舆情监测分析服务

公共图书馆开展舆情监测大约始于 2012 年，高峰期在 2014—2016 年。国家图书馆和各地方公共图书馆都不同程度地肩负着舆情监测分析的任务。国家图书馆根据数字图书馆推广工程 2014 年度工作总体部署，在全国省级公共图书馆建立了决策咨询服务协作平台，全国图书馆参考咨询协作网还于 2014 年 12 月举办了舆情监测专题培训班。国家图书馆与很多省级公共图书馆都在自己的网站页面设置了与舆情监测相关的栏目。目前，国家图书馆舆情服务的项目众多，服务对象涵盖中央核心机构及领导、立法机构、行政管理部门、文献信息调研中心、科学研究部门、国家军事机关等。地方公共图书馆进行舆情监测分析的目的就是打造一个为地方政府及相关机构提供舆情监测参考的服务平台，实时监测搜集整理互联网及新闻媒体信息中关于地方区域的热点、言论、动向、趋势，并提供分析、咨询意见，帮助地方政府及时掌握舆情动向，为地方政府机构提供专业的舆情监测信息服务。

（三）社会科学院系统的舆情监测分析服务

与公共图书馆舆情监测分析做得最多的是为国家或省市的人大政协会议提供服务不同，社会科学院系统的舆情监测分析学术性更强。如国内最早以舆情研究为名称成立的专门从事舆情研究的学术机构是 1999 年 10 月天津社会科学院在"天津社会科学院舆情调查研究中心"的基础上正式组建的舆情研究所。2017 年以来，该研究所逐步形成了舆情研究所、天津市舆情研究中心、信息直报"三位一体"的工作架构。[1] 2000 年，受国家委托，中国社会科学院图书馆开始进行舆情监测分析工作。目前，在社会科学院系统已有多家文献信息机构开展舆情监测分析服务工作。安徽省社会科学院的安徽省舆情信息研究中心、江西省社会科学院的传播与舆情信息研究中心、浙江省社会科学院的

---

[1] 芦珊主编：《网络舆情监测与研究》，人民邮电出版社 2021 年版，第 39 页。

智库建设和舆情研究中心、重庆市社会科学院的图情网信中心等均具有舆情监测分析功能。这些单位在为智库及政府提供舆情监测分析的同时也会从我国舆论学、社会学、政治学和民意调查研究等领域吸取营养，进行舆情研究。

（四）其他文献信息机构的舆情监测分析服务

一些智库及信息机构的舆情监测分析以舆情研究为主。2004年6月，中宣部成立了舆情信息局，依托中央和地方宣传思想工作的机构，专门开展全国性舆情信息汇集、分析和报送等工作，舆情信息局下设网络舆情处、社会舆情处、舆情分析处等部门。[1] 随后，各地党的宣传系统也都设立了舆情机构。教育部等也构建了舆情信息汇集与报送体系。2008年，人民日报社组建了国内最早从事互联网舆情监测、研究的专业机构——人民网舆情监测室，在国内舆情监测和分析研究领域处于领先位置。

（五）企业信息机构舆情监测分析服务

企业进行舆情监测可以帮助企业快速了解目标用户的真实需求，监测异常舆论情况，调整产品及其营销发展策略，修复品牌名誉损耗，缓解口碑透支情况等。通过对企业舆情监测情况的分析，可以挖掘大数据背后企业产品的深层价值，研究分析品牌影响力、公众关系，进行竞品分析等，及时为企业提供全方位的品牌传播和整合营销策略，优化企业发展路径。

五 文献信息机构开展舆情监测分析的优势与不足

开展舆情监测分析，既要了解新闻媒介、信息传播、技术应用，也要具备政治学、社会学、心理学、经济学等领域的常识。

---

[1] 芦珊主编：《网络舆情监测与研究》，人民邮电出版社2021年版，第36页。

（一）信息保障优势

文献信息机构丰富的纸质及数字化资源为舆情监测分析提供了强大的信息保障。文献信息机构基本都实现了数字化建设，为舆情监测效率的提升提供了保障。丰富的国内外书刊及网上信息资源，为舆情监测的全面、准确提供了保障。如以分析报告为国家及地方政府提供舆情监测分析；以文献综述进行热点聚焦、舆情观察、舆情回应；以新书推荐、会议专题等形式进行舆情引导、舆情服务等。

（二）舆情监测信息采集优势

信息采集是网络舆情监管机制发挥作用和功能的重要环节[①]，也是舆情分析的第一步，是文献信息机构最擅长的一项工作。文献信息机构工作人员多具有较强的信息意识，借助软件，通过对主流媒体、信息网站等信息平台的全网采集和定向采集，能敏锐捕捉到有价值的事件和各种倾向性言论，通过深度挖掘，广泛搜集分散在网络中的话题、热点、重大事件等需要重点关注的信息，确保将真实信息汇总，供领导决策。

（三）信息整理归纳优势

由于文献信息机构有二、三次文献开发的经验，因此在归纳、整理舆情信息方面具有很大的优势，可以通过对重大活动的舆情测评、对突发事件的舆情内参报告等为政府提供及时准确的舆情参考。

（四）舆情监测自动化程度有待提升

目前尚没有一种分析软件系统可以对网络舆情进行全方位、多角度、全覆盖式的分析，大量舆情监测工作仍需人工完成，这样难免会遇到舆情收集不全面、舆情发现不及时、舆情分析不准确、信息利用

---

① 孙虹：《大数据视野下的政府网络舆情监测与分析》，《中国管理信息化》2016年第15期。

不便利等问题，容易失去第一时间获取、掌握、处理舆情的时机，无法提供有效的定性定量数据对舆情进行分析研判，更有可能耽误领导决策，直接影响文献信息机构的舆情监测分析质量和知名度。提升舆情监测自动化程度，不仅可以实现网络舆情信息采集、整理和分析自动化，而且可以利用自动化系统提供的舆情报告模板、图形图表模板、观点分类等功能及时准确地撰写舆情分析报告，提高工作水平和效率。

（五）经费的局限

舆情监测分析属于经费投入很大的服务。一般有舆情监测分析需求的客户都希望获得长期服务，因此对分析结果的要求比较高。舆情监测系统是靠舆情分析软件支撑的，由于不同的网络舆情分析软件系统服务侧重点不一样，有的对舆情深度分析有优势，有的对舆情广度分析有优势，有的对舆情准确度有优势，因此这是需要经费支撑的。因为很少有文献信息机构能拿出足够的经费同时购买多款互补型软件系统，导致舆情检测分析不可能一下子满足用户的所有需求。经费掣肘，软件分析广度、深度、准确度的局限，同样也会使各文献信息机构的舆情监测分析服务对象范围受到限制。

（六）分析人员知识面的局限

不同的服务对象对舆情监测结果的要求不同，因此，舆情分析需要大量的知识投入。一般的文献信息机构只为几个固定的部门做舆情监测分析。究其原因，除分析软件的局限外，也有人员知识面的局限。舆情监测分析人员不仅要知识面广、知识底蕴丰厚，还要具备从事参考咨询的基本素质，要具备对信息敏感、抓取主题词准确等信息服务能力。抓取的信息、数据有的是重复的，有的比较杂乱，需要专业的人员整理、分析，汇总成一个可行的报告，再根据这个报告写出决策建议，写清楚是什么事件，有可能产生什么样的后果，预期影响，等等，这些都需要一个水平比较高的团队。文献信息机构工作人员可以借助软件进行舆情收集和整理，但在拓展新领域、新途径，开发舆情监测分析新产品，准确研判舆情监测分析工作方面还有一些局限，想做出高质量的舆情监测分析报告，还需要有知识面广泛、知识涵养深厚的智库专家参与。

六 文献信息机构提升舆情监测分析能力的方法

除加强技术设备配置外，文献信息中心提升舆情监测分析能力最关键的方法就是提升人员自身的能力素养。

（一）加强文献信息机构工作人员的信息鉴别能力

舆情监测分析人员不仅要具有情报学和图书馆学专业知识，也要具有社会学、政治学、传播学、哲学、历史学知识，因此需要通过培训、交流、座谈、慕课等方式提高文献信息机构工作人员的信息鉴别力，这样才能激发文献信息机构工作人员对热点事件的信息敏感度。

（二）提升信息人员的职业素养

通过职业素养培养，提升文献信息机构工作人员的价值观、判断力及信息鉴别力、提取力和控制力，因为这些直接影响着舆情分析人员的监测能力，决定了舆情监测工作的质量。[①]

（三）提高文献信息机构工作人员的技术能力

一方面，要提高文献信息机构工作人员的信息分析能力，另一方面，也要提高文献信息机构工作人员的计算机软件使用能力，最好能引进计算机软件设计人员。这样就可以方便文献信息机构根据自己服务对象的需求，及时修改完善舆情监测软件。

第四节 竞争情报服务功能与能力

文献信息机构开展竞争情报服务的功能和能力与参考咨询有很多

---

① 黄静：《国家图书馆舆情监测工作浅析》，《河南图书馆学刊》2019年第3期。

相似之处，但因其情报功能更强，保密性更强，对工作中一些细节的要求也有很多不同之处。

一　概念解析

（一）竞争情报概念和内涵

竞争情报起源于欧美、日本等发达国家，它是对竞争对手、竞争环境、竞争策略的信息和研究。[①] 它是指经济组织在市场经济制度和资产法权制度约束下开展的一种特殊的组织认知对抗活动，是以维护资本权力和争夺市场消费者群体，实现和维持其市场经营的垄断地位，保证其资产及现有的生产经营能力能够获得更多和更持久的收益等为目的的情报活动。[②] 竞争情报可划分为"高"和"低"两个层次。在低层次上，通过"知己知彼"实现竞争目的。在高层次上，通过竞争谋略的使用，直接削弱竞争对手的竞争能力和竞争地位，从而实现竞争目的。[③]

（二）竞争情报的特点

竞争情报具有情报的所有属性，如知识性、非物质形态性、价值性、社会性、可共享性、可重复使用性等；同时作为研究过程的竞争情报，也具有智谋性、实用性、对抗性、系统性、综合性与创造性、信息来源广泛性、增值性、连续性等特点。[④]

（三）竞争情报服务

竞争情报服务是文献信息机构依托本单位信息资源，通过现代化

[①] 章小童、阮建海：《2006—2015年高校图书馆竞争情报服务研究领域主题演化分析》，《情报科学》2016年第11期。

[②] 赵冰峰：《情报学：服务国家安全与发展的现代情报理论》，金城出版社2017年版，第283页。

[③] 赵冰峰：《情报学：服务国家安全与发展的现代情报理论》，金城出版社2017年版，第283—284页。

[④] 文庭孝：《信息分析》（电子版），机械工业出版社2017年版，第1120页。

技术手段对情报信息进行搜集、整理、统计、分析、预测的信息服务形式。竞争情报的本质就是认知竞争，其服务是存在于多个领域的一种情报信息服务。因此，国家竞争情报、政府竞争情报、产业竞争情报、技术竞争情报、学科竞争情报、区域竞争情报等分支领域[①]相继出现。

（四）竞争情报服务对象

凡是情报都具有耳目、尖兵作用，都与智库功能有着某些相似之处。因此，服务智库的文献信息机构责无旁贷地承担起了竞争情报服务工作。目前，我国竞争情报服务主要侧重于为政府充分发挥作用服务，为企业、产业的具体竞争服务。从理论上讲，竞争情报服务的最终对象应该主要是政府和企业。在宏观层面，政府需要通过竞争情报了解企业竞争力；在微观层面，企业间的竞争也离不开竞争情报服务。通过对一些文献的查找，我们发现，我国的竞争情报服务对象主要集中在钢铁、汽车、医药、金融、消费品等领域，竞争情报多以咨询研究、消费者市场调查等浅层次态势出现。[②] 实际上，竞争情报服务也会存在于学术科研、智库决策等领域。

二 文献信息机构提供竞争情报服务的优势

国内最早竞争情报服务的文献信息机构是上海科学技术情报研究所，主要为国内外企业、研究机构提供竞争对手分析、市场环境监测、企业竞争情报系统构建、竞争情报理论研究等服务，2020年成为上海市首批重点智库。[③] 在社会科学院系统、科学院系统的文献信息机构因有较多的专业人才，他们为政府提供竞争情报服务的机会也较多些。

---

① 李芳菊、陈峰：《专业图书馆开展竞争情报服务的调研分析》，《中国科技资源导刊》2017年第6期。

② 黄秀满：《大数据环境下的图书馆竞争情报服务发展对策研究》，《图书与情报》2016年第1期。

③ 《上海科学技术情报研究所》，《竞争情报》2021年第6期。

科学院因有学科专业知识背景，其同时也会承担一些相关企业的竞争情报服务。公共图书馆系统的国家图书馆及部分省级公共图书馆，依托丰富的馆藏文献及其拥有的经验丰富的高学历专业咨询人员，也可为企业提供竞争情报信息服务。在一些高校，尤其是行业高校，可以依托母体行业，针对行业特点和需求，培养本行业高素质的专门人才[①]在其文献信息机构进行竞争情报服务。各大企业的文献信息机构也会根据本企业自身特点，选择开展竞争情报服务。

文献信息机构提供竞争情报服务的优势主要体现在其服务功能与能力上。

（一）拥有合法的信息来源优势

竞争情报虽然是在对手不知道、不协助甚至反对的情况下获取的，但获取手段必须合法合规。竞争情报信息来源可以是编年史、年鉴、传记、家谱、回忆录、日记，也可以是录音资料、电子文档，甚至是口头传播的信息，而这些信息合理合法的来源地就包括图书馆、档案馆、博物馆等文献信息机构。在国内，很多机构知识库都归文献信息机构管理。

（二）拥有竞争情报信息搜集优势

竞争情报信息搜集与一般信息搜集不同，它不是简单的信息查找和收藏，而是要随时了解用户的信息需求及存在的知识空白，调整情报信息搜索关系式，并对初步搜集到的信息做好去粗取精、去伪存真的预处理之后再进行存储。而预处理要求信息人员对信息做出准确判断，因为在竞争场上，差之毫厘谬之千里的案例数不胜数，文献信息机构工作人员在长期的工作实践中已经形成了严谨的工作作风，借助现代化设备的"加持"，文献信息机构完全具备搜集竞争情报信息的能力。

---

① 李嘉璐：《大数据环境下行业高校图书馆面向企业情报服务模式研究》，《现代情报》2016年第4期。

(三) 拥有保存竞争情报的优势

由于竞争情报具有保密性，所以对于文献信息机构搜集到的信息要用一个较安全的形式进行保护和使用。同时，为保证竞争情报的预测性，也需要及时、准确地将搜集到的竞争对手的信息，以最快的速度进行整理归纳，以免贻误时机。解决这两个问题最好的办法就是建设收藏保存这些竞争情报的资料库或数据库，最擅长此项工作的恰好是文献信息机构。为更好更有针对性地提供个性化竞争情报服务，很多文献信息机构都开展了以信息门户、服务平台及专题数据库为主的面向用户的特色资源建设。

(四) 拥有竞争情报分析的优势

竞争情报分析就是对搜集到的信息进行研究，了解有关竞争状况的过程。它不同于一般的信息分析，对信息人员的推理能力要求较高。信息人员不仅要具备逻辑思维和直觉思维能力，而且要有灵感思维和创造性思维能力。文献信息机构工作人员多是图书情报专业毕业，经过一定的工作实践，能够抓住信息之间的关联，运用情报学相关理论，对信息进行科学归纳和逻辑推演；借助统计分析等方法，对搜集到的信息进行系统、符合逻辑的分析和归纳。

三 文献信息机构竞争情报分析人员能力的提升

文献信息机构进行竞争情报服务的不足主要体现在人员能力方面，当前我国竞争情报分析人员的能力素质亟须从以下方面进行提升。

(一) 对知识的兴趣

竞争情报服务人员要对多种学科知识感兴趣。文献信息机构工作人员多为文科专业毕业生，文献计量学、统计分析学、计算机学优势较弱，这将会影响其对竞争情报的分析。因此，在人员选择上应考虑其对知识的兴趣，以确保工作的可持续开展。

(二) 沟通力

竞争情报信息服务人员要有良好的沟通能力，能够快速让用户准确表达出自己使用竞争情报信息的意愿，并能准确理解竞争情报用户的信息需求。文献信息机构可以安排专门人员持续进行这项工作。这一方面有利于进行持续性的竞争情报收集、整理，另一方面有利于竞争情报团队建设，方便文献信息机构与经济研究单位合作，通过主动加定制服务的方式，提供竞争情报服务。

(三) 写作能力

文献信息机构工作人员要能够根据智库的不同需求，为其提供小到一个数据、一段文字，大到一组文献或一个数据库等不同层级、不同阶段、不同程度的信息服务；也要能为智库提供不同前景的分析报告，清晰阐述问题，提出具有前瞻性的各种结论，撰写简短、切题并配以图表介绍的报告。这些看似简单的能力，正是当前文献信息机构工作人员应该注意加强和努力提升的。

(四) 创新力

目前关于竞争情报的理论研究较多，案例分析研究较少；对企业进行竞争情报服务提到得多，对智库进行竞争情报服务提到得较少。一方面是受保密性限制，另一方面也说明文献信息机构在竞争情报服务方面创新力不够。应从服务智库视角挖掘竞争情报的战略作用，为国家战略决策提供可行性竞争情报。

(五) 理性、客观的态度

竞争情报是包括专题咨询、舆情分析、情报研究、竞争对手分析等在内的多层级、立体式的高智能、高价值服务。[①] 国内外对于竞争情

[①] 李楠、张莉：《国家图书馆竞争情报服务发展策略》，《国家图书馆学刊》2013年第5期。

报的研究以研究技术竞争情报为主,包括企业竞争情报、产业竞争情报、区域竞争情报服务的方法与模式研究等。① 竞争情报服务要求信息准确、推论合理,对报告的预见性、可行性要求很高。提供竞争情报服务的人员必须保证在分析过程中保持理性、客观的态度,不能掺杂任何个人喜好,以免影响竞争情报的客观性和准确性。

第五节　立法决策服务功能与能力

一　文献信息机构的立法决策服务

信息是立法决策的基础。准确、客观的信息可以保障立法的民主性和科学性。立法决策服务是文献信息机构参考咨询工作的一部分,一般由具有多种专业背景并长期从事参考咨询工作的文献信息机构资深服务人员承担。文献信息机构的工作人员通过建立机构知识库、嵌入式服务等方式,对接用户需求,在本馆海量馆藏信息中最大广度和深度地检索、选取、分析和挖掘有用信息,主动为中央机关和各省政府决策部门推送全方位、多层次、多元化、系列化的,具有专业性、规范性、前瞻性的服务产品,提高国家立法与决策的科学性和民主性。

我国文献信息机构的立法决策服务发端于公共图书馆的参考咨询工作。国家图书馆自新中国成立起就为中央和国家领导机关提供立法决策服务。1949年国立北平图书馆"为便利政府机关与学术机关之特别参考,设立研究室",1951年原文化部文物局《改造北京图书馆方案》明确了北京图书馆为政府机关提供立法决策服务的任务②,奠定了国家图书馆为国家立法和决策服务的基础。2017年通过的《中华人民

---

① 曹树金、岳文玉:《国内外支持创新的情报学研究主题与趋势分析》,《现代情报》2021年第12期。

② 谢岩岩:《从历史档案看国家图书馆立法决策服务发展》,《国家图书馆学刊》2020年第1期。

共和国公共图书馆法》以法律形式明确了国家图书馆为国家立法和决策服务的职能，也为文献信息机构立法决策服务的开展提供了法律依据。从1998年起，国家图书馆在全国图书馆界率先为全国人大、政协代表提案、议案、参政、议政提供文献信息咨询服务，为国家立法决策发挥了积极作用。二十多年来，国家图书馆不断创新服务模式，逐步增加服务对象，立法情报咨询服务内容已经拓展到为党和国家领导人，中共中央及其所属各部委，全国人大、政协，国务院及其所属各部委，中央军委及所属各总部，最高人民法院，最高人民检察院等在立法准备、立法审议、法律修订等工作中提供法律专题咨询服务。全国各地公共图书馆借鉴国家图书馆的经验，纷纷开展了为"两会"提供立法决策咨询的服务。各级各类文献信息机构也都根据自身的资源存量及人才储备情况开展相关主题的立法决策信息咨询服务。

二 立法决策服务应具备的能力

（一）要有持续研究问题的能力

美国议会图书馆从事立法决策信息服务的图书馆员为国会图书馆平均服务年限是16年，为联邦政府平均服务年限是17年。[①] 这说明从事立法决策信息服务的人员不仅要有强烈的责任心、使命感和担当意识，也要有埋头故纸堆对文献精心研究的韧劲，要能坐住冷板凳，耐得住寂寞，要有持续研究问题的能力。

（二）准确掌握用户信息需求的能力

一是深入挖掘与用户有关的信息背景，快速准确理解用户信息需求的原委，有助于缩短提供的信息与用户需求的差距。二是了解用户信息需求的重点，找准用户真正关心的问题，并据此提供相关信息。三是及时了解用户对所提供信息的使用情况，了解用户对信息的满意

---

① 王琳、刘英赫：《IFLA〈议会图书馆指南〉的启示与思考——以美国国会图书馆立法决策服务为视角》，《新世纪图书馆》2014年第5期。

度及未来对信息的需求趋势,分析用户未来信息需求方向,调整信息收集方式和方法,更好地为立法决策提供服务。

(三) 信息咨询的能力

美国议会图书馆服务的核心精神是独立和政治中立,人员队伍的组成包括议会图书馆馆员、外部聘请的专家等,他们为整个议会提供客观问题研究、分析和信息咨询服务。[①] 我国国家图书馆的立法决策人员拥有多种专业背景,在信息采集、整合、分析、研究等方面拥有丰富的经验。国家图书馆通过立法决策服务平台、中办信息报送、常规咨询与服务等方式为全国"两会"、中南海网站及国家图书馆部委分馆等提供立法决策服务。

(四) 熟练使用现代技术服务智库的能力

用户可以借助通信设备或系统随时与工作人员进行交流,比如用户可以在系统内输入与所需信息相关的关键词,工作人员可依此从数据库中调取相关资源,为用户提供资源下载服务。如果是需要在机构馆内进行阅读的机要文献,用户可以通过系统进行预约,工作人员提前搜集整理好信息,在用户到馆时提供借阅服务。

三 我国文献信息机构开展立法决策服务现状

(一) 文献信息机构具有为立法决策提供服务的资源优势

1999 年国家图书馆以参考部为基础组建国家立法决策服务部,负责为中央国家领导机关的立法与决策提供咨询服务。2007 年年底,正式成立独立建制的立法决策服务部,成为专门为中央国家领导机关立法与决策服务的业务部门。2008 年年底国家图书馆立法决策服务平台开通,为全面构建中央国家领导机关立法决策信息服务网络奠定了重

[①] 王琳、刘英赫:《IFLA〈议会图书馆指南〉的启示与思考——以美国国会图书馆立法决策服务为视角》,《新世纪图书馆》2014 年第 5 期。

要基础。2010年12月16日,各省(自治区、直辖市)图书馆及沈阳、大连、哈尔滨、长春、南京、杭州、宁波、厦门、济南、青岛、武汉、金陵、广州、深圳、中山、成都、桂林、西安等地的数十家公共图书馆就立法决策服务合作达成共识,建立了全国省级公共图书馆决策咨询服务平台,以中心馆+成员馆的协作模式,合作开展面向各级政府机构的垂直服务,共同提高立法决策服务能力,不仅扩大了公共图书馆信息开放与共享程度,也标志着公共图书馆在立法决策服务领域由传统服务模式向以网络信息技术为支撑的现代化服务的根本转变。

(二) 文献信息机构具有制作立法决策服务产品的优势

文献信息机构的立法决策服务多由资深参考咨询人员提供,他们大多具有丰富的参考咨询服务工作经验,有很强的信息综合服务能力,不仅可以根据智库需求对与立法决策相关的图书文献及数字信息资源进行查找,还可以根据不同服务内容进行专题咨询;不仅可以撰写信息专报,及时向智库报告汇总的某一专题的相关内容,还可以通过调研报告和举办讲座等立体化服务方式,为立法决策部门提供形式多样的立法决策服务产品。从实践角度看,文献信息机构的立法决策服务是参考咨询工作的一部分,舆情监测又是立法决策咨询工作的一部分,因此,立法决策服务的成果有包括舆情监测报告在内的信息报送、决策参考、要情专报等一系列个性化、连续性的信息服务产品。

(三) 文献信息机构具有开展立法决策服务的跨界优势

除公共图书馆外,很多文献信息机构附属于高校或科研机构,与法学院、法学研究所有着天然的跨界联系,在信息资源上可以共建共享;在现代化技术方面可以形成优势互补;在立法决策咨询建议的撰写上,既有文献信息机构工作人员撰写相关咨询报告的经验借鉴,又有专家扎实深厚的学理"加持",图书情报与法学的跨界合作在服务政府立法决策方面具有较大的优势。

四　文献信息机构立法决策服务存在的问题

(一) 现代技术驾驭能力问题

文献信息机构提供立法决策服务的人员水平参差不齐。掌握现代化技术设备使用方法的年轻人，有时会因阅历不够或过分依赖现代技术，在进行立法决策分析时难以满足用户的需求；而一些能够熟练、准确进行信息检索与分析的人，使用的信息检索方法可能比较滞后。

(二) 人员知识结构的短板

一是文献信息机构由于人员知识结构单一，能胜任参考咨询工作的人比较少，能做好立法决策服务的人更少，很多单位由于之前提供立法决策服务的人员退休而不得不中断这项工作。二是文献信息机构拥有较高法学学历及专业知识的人较少，这将直接影响立法决策咨询工作开展的深度和广度。三是开展立法决策咨询服务很多时候要了解和借鉴国外的类似做法，因此一定会涉及国外文献信息的获取，这就需要文献信息机构有精通外文信息检索的人才，而外语人才储备恰巧也是文献信息机构的短板。

(三) 信息质量问题

目前，文献信息机构的立法决策服务似乎进入了瓶颈。相关的信息简报投出去，但是能收到反馈的却很少。究其原因在于多数文献信息机构或因能力问题，或因认识问题，只重视信息收集，而不注重信息分析，导致提供专题咨询、研究综述、主题分析等深层次信息服务的能力较弱，无法为立法决策提供个性化、专业化服务。如果内容不能抓住相关机构和智库的心，立法决策服务只能流于形式。由此，有限的服务能力与快速增长的立法决策服务信息需求之间的矛盾将是不可避免的。

第六节 文献信息机构服务智库功能与能力提升的路径

通过本章前五节对当前我国文献信息机构服务智库的几种有代表性的功能与能力的研究，我们认为，提高文献信息机构服务智库功能与能力的关键是信息资源建设和人力资源建设，两者相辅相成，缺一不可。文献信息机构要想在智库服务中，让智库想得起、用得上、信得过、离不开，必须努力提升自己服务智库的功能与能力。文献信息机构可以通过以下路径提高自己。

一 通过组建团队提升服务智库能力

文献信息机构服务中国特色新型智库，仅仅依靠图书情报学或某一专业领域的人才进行信息分析与服务显然是不够的，必须使两者相辅相成。文献信息机构可以根据已经开展的信息服务情况和个人专业背景情况，组建专门的智库服务团队。比如图书情报专业毕业生可与经济学专业及外语专业毕业生组成团队，各自发挥专业特长，由经济学专业和外语专业人才准确找出想要查找的信息的几个主题词，由图书情报专业人员运用专业知识进行查找，如果再有计算机专业人员配合，这样的团队无论是在信息查找速度还是在准确度上，都将是一般单打独斗的文献信息人员所无法比拟的。

二 通过高质量特色专业收藏提升服务智库能力

国外智库机构在完成智库研究的过程中，都十分重视和依赖文献信息机构专业的特色文献馆藏与服务。比如在英国的国防智库皇家三军联合研究所军史图书馆就收藏了18—21世纪的珍贵军事典藏；新加坡东南亚研究所虽然1968年才成立，但因为收藏了19世纪以来有关社会科学方面特别是关于东南亚的综合性研究资料，而成为东南亚区域独具特色的文献信息机构。①

中国科学院文献情报中心通过长期的科研活动及情报服务积累了大量多科技服务领域、多层次的大数据信息，并在元数据层面整合成"科技大数据知识资源中心"。据中国科学院文献情报中心数据资源介绍显示，截至 2020 年 8 月，该中心建成与机构对应各类实体数据 4 亿个，建成领域专题数据 200 多个，人才数据超过 9000 万个，机构数据超过 1100 万个，重要国家地区项目数据超过 600 万个，知识图谱关系数据超过 60.5 亿个的特色文献信息机构。

三　通过与政府及智库机构共建共享网络平台提升服务能力

国内文献信息服务机构一直比较重视资源共建共享建设，各个系统的文献信息机构都纷纷成立了共建共享联盟。

中国社会科学院图书馆建设的国家哲学社会科学文献中心（www.ncpssd.org），已成为世界上文献量最大的中文哲学社会科学开放获取平台。

中国科学院文献情报中心通过领域科技情报监测服务云平台（http://stmcloud.las.ac.cn/），在情报领域专家的参与下，建成了面向 200 多个领域的专题门户，有效支撑了科研活动。

2018 年 4 月，由 CALIS 管理中心、图书馆、出版社共同推动的馆社融合战略合作联盟正式启动。联盟旨在促进图书馆与出版社的融合发展，打通产业信息壁垒，形成长效的高层对话和协同合作机制，打造图书馆—出版社综合信息服务平台，使图书馆和出版社达到信息和数据的全面融合。

2018 年 11 月，"智慧图书馆协同创新联盟"在重庆大学图书馆和国内 28 家图书馆的共同倡议下正式成立。该联盟成员基本为大学图书

---

① 任全娥：《图书情报机构智库服务的不同实施路径研究》，《智库理论与实践》2018 年第 6 期。

馆,以"协同发展,共享发展"为宗旨,赋能图书馆数据体系建设,通过数据创新、智图联盟服务于智慧图书馆建设。

目前这些联盟基本仅限于本系统范围,跨系统的资源共享还没有广泛实现,最重要的是国内大多数文献信息机构与智库及政府内部政研室等部门缺乏深层次沟通,导致各方信息收集能力差距较大,极大地限制了情报服务工作的开展。文献信息机构服务智库能力的提升,不仅需要信息机构自身的积极改造,同时也需要政府部门的大力支持。各级政府部门应完善信息共享政策,扩大信息共享范围,保证共享网络安全畅通,促进各类智库与文献信息机构之间能够畅通无阻地进行信息交流。当前网络信息安全已上升为国家战略,如何筑牢共享网络的信息安全"防火墙",显得尤为重要。

四 通过建设虚拟图书馆提升服务智库能力

虚拟图书馆就是利用现代化的数字技术,建立一个抽象意义上的、没有物理形态的信息空间,为相关学科或专题研究进行导航。随着大数据、云计算的发展,虚拟图书馆建设成为可能。我们可以利用互联网和虚拟空间,由指定的文献信息机构负责维护,以专题的形式建一些虚拟图书馆为智库收集保存相关主题的资料。在这方面,美国已经做了很多尝试。如:由美国国会图书馆负责建立的"林肯先生的虚拟图书馆",收录的数字资源来自保存在档案馆的罗伯特·托德·林肯家族的文件和阿尔弗雷德·惠特尔·斯特恩收藏的珍本及特别收藏部门的相关文件。又如:由密歇根大学和康奈尔大学合作建立的网站"美国的形成",收集了由密歇根和康奈尔图书馆选择和扫描的大约8500份记录了1850—1877年美国从战前时期到重建时期的社会历史的原始资料。再如:美国的非裔美国人历史数字图书馆——这个由耶鲁大学法学院负责维护的网站,链接了全美图书馆的黑人历史信息,主题从个人论文到档案、乐谱、演讲记录等,提供了马丁路德·金、阿尔福雷德里克·道格拉斯等许多著名黑人作家的演讲稿,及他们撰写的书籍等。还有一个名为"通往犹他和太平洋的小径：日记和信件·1846—1869"的网站，是由国会图书馆负责主办的，它收录了犹他大学图书馆联盟成员以及犹他州内华达州和爱达荷州的其他大机构收藏的穿越美国向西跋涉的拓荒者的原始日记资料。美国这些虚拟图书馆的建设，可以为我们提供借鉴。

五 通过开通微信公众号提升服务智库能力

随着互联网移动通信技术的发展，新媒体技术被广泛应用，许多文献信息机构都相继开通微信公众号，以方便、快捷、交互性良好的微信公众号解决了文献信息机构工作模式单一被动的问题，为文献信息机构向智库提供及时准确的信息资源提供了保障。如：上海社会科学院图书馆开通了微信公众号"逸思悦读"，黑龙江省社会科学院文献数据中心开通了微信公众号"龙江社科文献信使"，还有一些单位直接用单位名作为微信公众号名称，如："中国社会科学院图书馆""湖南省社会科学院图书馆""山东省社会科学院图书馆服务平台"等。实践证明，微信公众号在图书情报部门各项业务的开展和服务推广上有着良好的效果。在2020年的疫情期间，各社会科学院的微信公众号在配合国家宣传疫情防护的同时，更多地借助微信公众号向本院智库推送各种免费信息资源，可谓防疫、建议两不误。如"龙江社科文献信使"微信公众号不仅推出了抗疫小常识，还针对智库专家需求推送了相关网上数据资源及图书信息，并联合中国知网举办了一期"线上"社会科学大讲堂，将视频教学和云端课堂相结合，通过课程直播、在线培训、在线互动，向科研人员及研究生讲解了在灵活办公期间的科研资料收集与科研工具运用的方法。在2022年为深入学习贯彻党的十九届六中全会精神，在第27个世界读书日到来之际，该公众号又与中国社会科学出版社合作，向全院科研人员推介了中国社科文库中的一百本党史党建图书。

六 利用图情档融合提升服务智库能力

社会科学院肩负着服务政府的重要使命，在这个"所有用于传播文化的文字或其他信息符号记录都可以作为图书文献，所有被传递的知识和事实都可以作为情报，所有社会生活的原始记录都可能留存为档案"[1] 的时代，社会科学院智库想要获得客观、真实、准确、全面、系统的信息，仅仅靠图书情报部门的结合是不够的，尤其是人文社会科学，有时必须有档案部门的配合，才能够追根溯源，把事情说清楚。按照亚里士多德、黑格尔、马克思、恩格斯以及现代系统论的创始人贝塔朗菲等人提到的"整体大于部分之和"这一命题，图书、情报、档案三家机构如果能组成整体，将具有三部门在孤立状态下所没有的新功能、新特性。从历史角度看，"老子在档案界被视为最早的档案馆馆长，同时在图书馆界也被誉为第一任图书馆馆长"[2]，可见图书馆和档案馆师出一家。从学科角度看，"图情档是以三个二级学科名称列举组合的方式形成的一级学科名称"[3]（一级学科名称为图书情报与档案管理，简称"图情档"）；从发展角度看，在以信息和数据为核心、以技术为驱动、以管理为主导的学科体系下，图书、情报、档案三者的融合发展，将有利于文献信息机构服务智库的"文献管理与文献服务、信息采集与知识组织、情报研究与智库服务、数据监管与数据分析、智能技术与智慧服务"能力的提升。

图书情报机构与档案馆融合发展的呼声由来已久，却迟迟没有真正融合，原因主要在于大家都担心学科交叉融合会带来本学科特质消失的危险。但是拥有学术渊源的图书馆学、情报学、档案学之间界限

---

[1] 冯惠玲：《学科探路时代——从未知中探索未来》，《信息资源管理学报》2020年第3期。

[2] 刘梦洁：《信息时代图书、档案、情报的合作共建》，《文史月刊》2012年第8期。

[3] 孙建军、李阳、裴雷：《"数智"赋能时代图情档变革之思考》，《图书情报知识》2020年第3期。

模糊，学科内容交叉多变，基本上可以看作你中有我、我中有你的信息共同体。图书馆、情报机构与档案部门融合发展应是最佳选择。2019年12月，人大复印报刊资料图情档系列刊官方公众号"图情档学界"正式上线；2020年1月《图书情报与档案管理应对高等教育变革的青年共识》[1]达成；2021年公布的"2020年度中国图情档学界十大学术热点"评选中排名第一的是《"十四五"时期的图书情报与档案事业发展与规划》，排名第二的是《新文科背景下的图书情报与档案管理学科建设》，均显示出图情档融合已成趋势。2022年9月14日，教育部发布新版学科专业目录，"图书情报与档案管理"一级学科更名为"信息资源管理"，图情档实现真正的融合。

---

[1] 陈建龙、申静：《信息服务学导论》，北京大学出版社2017年版，第856—870页。

第九章　以信息联盟促进文献信息机构服务智库功能提升

第一节　概念解析

一　相关概念

联盟，不同版本的《辞海》给出了不同的解释，1979年版《辞海》中的解释是"国家、阶级、政党或团体之间结成的联合"①；在《辞海》（修订版）中的解释为"团体或组织之间因利害关系或共同目的而缔结盟约，形成组织"；1989年版中解释为"国家、阶级、政党或团体之间结成的联合关系"②；汉语词典的解释是"两个或两个以上国家为共同行动而订立盟约所结成的集团，亦指个人或集体、阶级的联合"。

"Consortium"于20世纪50—60年代渗透到教育、科学领域中。与此同时，还渗透到图书馆领域中。"Consortium"一词，《美国传统字典》中解释为"团体或学术组织间的相互协作，以及学会或协会的意思。"③ 韩洁2018年出版的《现代图书馆全面质量管理与创新服务研

---

① 辞海编辑委员会编：《辞海》，上海辞书出版社1980年版，第1818页。
② 韩洁：《现代图书馆全面质量管理与创新服务研究》，中国社会科学出版社2018年版。
③ 韩洁：《现代图书馆全面质量管理与创新服务研究》，中国社会科学出版社2018年版，第826—832页。

究》一书中,将联盟划分为边界模糊型联盟、关系松散型联盟、灵活机动型联盟及一种扩大合作范围而不扩大组织规模的联盟组织。[1]

在文献信息机构,联盟最早是以"图书馆联盟"一词为大家所共知。"图书馆联盟"一词,源自国外理论和实践中"library strategic consortium"的翻译。最早借此实现各类图书馆间资源共享的是美国。Library Consortium 或 Consortium 在图书馆学的术语中被译为图书馆的一种非营利组织的正式联盟,其目的为互惠互利、资源共享,为此组织形成的协议及合同制约的图书馆联合体。[2]

1999 年美国的帕翠西亚·艾伯顿(Patricia Aburden)指出,图书馆界也有联盟,而且图书馆的联盟就是在借鉴企业联盟发展经验的基础上发展壮大的。

目前,国内对图书馆联盟的定义尚无统一标准。《图书馆·情报与文献学名词》(2019 年)中的解释:图书馆联盟又称"图书馆联合体",是由若干独立的图书馆或图书馆系统正式签约组成的合作组织。[3] 在《现代图书馆全面质量管理与创新服务研究》(2018 年)一书中,作者韩洁将图书馆联盟的定义做了以下表述,即图书馆联盟是指图书馆为了实现规模效益,利用现代通信技术和计算机网络设备,根据联盟统一制定合作方式及内容,各成员馆承担相应权利与义务,成员馆之间既有分工又有合作,共同发展,其目的就是通过将各成员馆的优势资源进行有机组合,实现优势互补。[4] 在论文《国外图书馆联盟组织管理模式研究》中作者邝婉玲、高波这样定义图书馆联盟——图书馆或图书馆系统正式签署共同认可的协议或合同而形成的组织,该组织

---

[1] 韩洁:《现代图书馆全面质量管理与创新服务研究》,中国社会科学出版社 2018 年版,第 826—832 页。
[2] 裴雪芬:《高校图书馆联盟建设研究》,《图书馆工作与研究》2004 年第 2 期。
[3] 图书馆·情报与文献学名词审定委员会编:《图书馆·情报与文献学名词》,科学出版社 2019 年版,第 38 页。
[4] 韩洁:《现代图书馆全面质量管理与创新服务研究》,中国社会科学出版社 2018 年版,第 826—832 页。

名称中通常含有以下词语：联盟、联合体、联合图书馆、共享平台、共享网、协作网、协作小组、保障体系等。图书馆联盟如同其他组织，其发展历程由出现、普及到成熟，逐步形成其特有的管理模式。① 联盟的主要任务是实现资源共享。

谈及"资源共享"，有以下几种解释。美国图书馆学家肯特指出，资源共享最确切的意义为互惠，即成员个体都拥有某些对于他人有价值的事物，并且在其他成员需要时，彼此之间都愿意分享、提供这些事物。因此，开展资源共享的唯一途径——有可供共享的资源、有共享资源的意愿，以及制订实施资源共享的计划，非此则不能按需给予帮助。② 在《图书情报词典》（1990 年）中，"资源共享"的释义是："某一图书情报机构的资源，为其他图书情报机构共同享用的活动。共享的资源为文献、书目数据、人员、设备等，而尤指文献资源。资源共享可通过正式或非正式的协议来确立，目的在于提高服务工作的社会效益与经济效益。其机构包括联机书目数据库、书目服务中心、图书馆网、情报网等；其规模可分地区性的、全国性的或国际性的。"③ 2019 年《图书馆·情报与文献学名词》中的解释为："图书馆之间实现各类资源互通有无、共享共用的活动。共享的资源通常包括馆藏资料、书目数据、人员和设备等。资源共享一般要通过一定的协议来执行，目的在于提高图书馆信息服务的社会效益与经济效益。按照规模，可以将资源共享划分为如下三类：地区性、全国性以及国际性资源共享。"④ 比较两本书的同一概念，缺少了"其机构包括联机书目数据库、书目服务中心、图书馆网、情报网等"这句。从两本书的出版时间来

---

① 邝婉玲、高波：《国外图书馆联盟组织管理模式研究》，《图书情报工作》2019 年第 9 期。

② 王丽华：《图书馆联盟理论基础探寻》，《大学图书馆学报》2010 年第 6 期。

③ 王绍平、陈兆山、陈钟鸣等编著：《图书情报词典》，汉语大词典出版社 1990 年版，第 779 页。

④ 图书馆·情报与文献学名词审定委员会编：《图书馆·情报与文献学名词》，科学出版社 2019 年版，第 38—39 页。

看，20世纪90年代，在我国，由于计算机网络刚刚兴起，联机合作编目尚未普及。联机合作编目需要借助计算机网络，需要将两个或者两个以上的图书情报机构联合成立联机目录数据库，各机构成员可以将数据录入数据库中填补空白生成编目数据，同时共享其他成员馆输入的编目数据。也可在集中编目成果的基础上，根据联机目录数据编制各种专项目录供各成员馆共同享用。根据中国互联网络信息中心1997年发布的《第一次中国互联网络发展状况统计报告》，截至1997年10月31日，中国仅有62万上网用户，上网计算机，仅有29.9万台。其中，包括25万台拨号上网的计算机，占上网计算机总数的75%，4.9万台可直接上网的计算机。[1] 这是《图书情报词典》出版第七年的统计，按这个数据倒推7年，可以想象当时上网是件多么奢侈的事情了。当时我国WWW站点数约1500个，从各个省（自治区、直辖市）上网用户占比来看，首都北京占比最高，为36%；其他超过5%的省（区市）只有4个：广东8.3%，上海8%，江苏5.9%，湖北6%；上网用户所占比例为1%—5%的省（区市）有13个：山东4%，浙江3.7%，辽宁2.9%，河南2.8%，福建2.8%，河北2.5%，四川2.4%，安徽2%，湖南1.8%，天津1.6%，黑龙江1.4%，广西1.3%，陕西1.2%；上网用户所占比例为0.1%—1%的省（区市）有11个：占0.9%的吉林，占0.7%的有重庆和江西，占0.6%的为山西，占0.5%的有云南和甘肃，占0.4%的为贵州，占0.3%的有内蒙古和海南0.3%，占0.1%的有青海和新疆，宁夏和西藏上网用户为零。[2] 所以，不仅联机书目数据库需要机构来协调，建立在其基础之上的书目服务中心、图书馆网、情报网等也都需要有个机构进行协调。而2019年《图书馆·情报与文献学名词》一书出版时，中国上网人数已多达8.54亿，全国已有4800万个域名。20世纪90年代，人们上网用的是台式电脑和笔

---

[1] 中国互联网络信息中心：《第一次中国互联网络发展状况调查统计报告》，1997年。
[2] 中国互联网络信息中心：《第一次中国互联网络发展状况调查统计报告》，1997年。

记本电脑，而在 2019 年，不仅电视可以上网，1990 年尚不为人所知的新事物手机和平板电脑也都加入上网行列。截至 2019 年 6 月，中国使用手机上网的网民占网民总数的 99.1%，用电视上网的网民占网民总数的 33.1%，用台式电脑上网的网民占网民总数的 46.2%，用笔记本电脑上网的网民占网民总数的 36.1%，用平板电脑上网的网民占网民总数的 28.3%。① 由此可见，定义的改变也是随着科学技术的进步而与时俱进的。时代的发展，不仅带来名词术语定义的变革，也必将为文献信息机构服务智库（曾经的脑库、思想库）带来服务方式与方法的变革。

二 信息联盟与图书馆联盟的异同

（一）相同点

建立图书馆联盟与信息联盟的目的都是在有限的资金使用范围内，通过联盟框架获取更多的信息使用权限和机会，达到信息资源利用的最大化。图书馆联盟与信息联盟有很多共同点，很多时候连联盟内的单位都会分不清自己到底是信息联盟还是图书馆联盟。其实，信息联盟就是迭代后的图书馆联盟，它是在图书馆联盟的基础上融入更多图书馆以外的机构，使信息形式更加多样、内容更加丰富。

（二）不同点

1. 理念不同

图书馆联盟是想通过共建达到共享，信息联盟是想通过联盟内的信息共享达到共赢。目前图书馆联盟多是由同一系统、同一类型、同一性质的图书馆通过多方协商并签署共建共享协议建立的；也有"在一定的行政区域内，不同类型、不同性质、不同系统图书馆之间按照协议通过多方合作建立了跨系统图书馆联盟"②。建立图书馆联盟的目

---

① 中国互联网络信息中心：《第 44 次〈中国互联网络发展状况统计报告〉》，2019 年。
② 严愿萍、石媛、赵乃瑄：《区域跨系统图书馆联盟参与新型智库服务研究》，《新世纪图书馆》2018 年第 8 期。

的就是实现各图书馆之间文献信息共享。信息联盟是先有一个文献信息机构想要服务于一个主题或一个课题，或者是一件事，也就是我们常说的有信息需求，然后，围绕此信息需求，各相关文献信息机构以互助合作、资源共享、利益互惠的方式，为满足信息用户对不同类型、不同内容信息的需求而建立联盟，并通过联盟内的信息共享达到共赢。

2. 对服务对象信息需求的了解不同

在图书馆联盟建设的过程中，联盟内各单位并不知道服务的对象需要什么，共建共享的目的只是要把信息更全面地收集起来，因为收集信息需要资金保障，没有钱就无法购买大量的文献信息资源，文献信息的完整性就得不到保障。而涉及钱的共享就会涉及博弈，联盟内各单位在资源建设的过程中，就会想到如何使自己的利益最大化，这也是图书馆联盟的建设相对困难的原因之一。信息联盟是在有明确的信息使用方向的前提下建立起来的，比如说东北亚信息联盟、东盟信息联盟，目的就是要充分利用研究东北亚和东盟方面的各种信息资源，这种联盟的建立，更多是建立在想知道智库需要什么信息的前提下，寻找联盟不是从资源共建开始，而是从哪些单位或部门有资源入手。涉及的是谁的信息可以被联盟内成员利用，加入联盟的成员从中又能得到哪些自己可用的信息。

3. 侧重点不同

图书馆联盟注重的是怎样多收集信息资源以备将来之需，信息联盟注重的是某一专题信息的系统性、全面性和完整性。图书馆联盟组建的时候不知道自己服务对象具体要什么信息，只是希望所有图书馆都加入联盟，把所有资源进行整合，让资源共享达到最大化。这样，无论服务对象需要什么信息，图书馆联盟都可以及时提供信息。所以图书馆联盟注重的是如何才能尽可能多地集中所有信息资源，如何做才能尽可能多地满足读者需求，图书馆联盟可能会更多地追求信息资源量的大而全和互补。信息联盟知道自己的服务对象最想要哪些内容，信息联盟组建时要保证服务对象所需信息的系统性、完整性，注重信息提供的准确性、及时性。信息联盟更需要联盟体内对某一专题信息进行完整搜集，更加注重内容的互补、研究的精深，有的联盟成员可能还会将自己的研究心得与思路提供给信息需求者。

4. 参与者的选择上有差别

图书馆联盟参与者的选择基本都是以图书馆为主，而信息联盟的参与者的选择是把所有能够提供信息的单位或部门都考虑在内，这些单位可以是图书馆、档案馆，也可以是文化馆、博物馆、纪念馆或政府的某些职能部门等。

5. 管理模式的差异

图书馆联盟作为一种特定的组织形式，经历了出现、普及、成熟等发展阶段，逐步形成了以资源共建、共享为目的的特有的管理模式。信息联盟与图书馆联盟有相近的地方，但信息联盟内部机构的涵盖要大于图书馆联盟。我们更倾向于认为信息联盟是在图书馆联盟的基础上发展起来的，以信息为媒介，通过文献信息机构之间互助合作、资源共享、资源互惠等方式，为满足信息用户对不同类型、不同内容信息的需求而建立的联合体。它由一个或多个单位牵头，把各类图书馆、博物馆、档案馆、展览馆、纪念馆、文化馆等一切拥有文献、数字资源的部门组织联合起来，它可以是同一系统的合作，也可以是跨界合作；可以是围绕智库大的宏观需求而建立的长期合作机制，也可以是以单一信息需求为主题而组建的临时联盟；可以有资金的投入与分配，也可以是与钱无关的纯信息服务。

国内图书馆联盟多是图书馆之间为合作和资源共享而建立的联盟，因缺少与其他非图书馆机构的联合，尚不能完全适应中国特色新型智库建设的需要。与真正意义上的信息资源共享还存在一些差异，而这看似不起眼的差异，放到智库服务上，可能就会使智库的判断决策和分析产生偏差。

实践证明，凡是文献信息机构服务智库成绩显著的案例，多是图书馆、档案馆、博物馆、各文化展馆、艺术馆等共同服务的结果。这些不同类型的文献信息机构之间的资源共享、协作联动，促进了文献信息机构各类文献信息资源的有效利用，保证了智库成果的准确性与可靠性，有利于智库成果的有效利用和转化。比如前面提到的《关于在东北商船学校旧址设立冯仲云纪念馆的建议》的案例。起初，两位作者之一是对哈尔滨历史和古迹感兴趣，在看到东北商船学校旧址时感到好奇，通过查找档案史料，了解到东北商船学校与冯仲云的关系，稿件写完后，投到设在院文献数据中心的《要报》编辑部。作为中心的研究馆员兼《要报》编辑部的责编，图书情报专业的职业习惯，使笔者不自觉地想对文中的一些说法进行查证。为核实一些叫不准的地方，在了解到冯仲云的爱人薛雯曾任东北烈士纪念馆副馆长的情况后，进一步了解到东北烈士纪念馆副书记、研究馆员闻德峰一直从事冯仲云研究。于是联系了闻副书记，并通过他使作者与省党史研究室专家取得联系，共同对文中的一些提法进行了修改补充。在文章修改过程中，又了解到在黑龙江省档案馆藏有一套珍贵文献《东北地区革命历史文献汇编》，这批文献共计 70 本，3 万多页，其中就包含了大量关于冯仲云的资料。正是这些文献信息机构里一、二、三次文献及相关信息的共享，才使这篇文章成为一份。内容翔实、资料准确、可信度高的建议。因此，该文章报送之后很快受到省市主要领导及有关部门的关注，纷纷去江北商船学校遗址所在小岛了解情况。2021 年 7 月 1 日，为庆祝中国共产党成立 100 周年，发掘松花江北岸红色历史，弘扬革命精神，哈尔滨新区出品的党史故事系列专题片《松江北岸 红色记忆》正式上线，第一集和第二集重点介绍了商船学校和冯仲云夫妇。这里涉及的文献信息机构就包括图书馆、文献数据中心、档案馆、烈士纪念馆、党史研究室等多个单位和部门。再如，中国社会科学院及各省、自治区、直辖市的社会科学院智库为本省、自治区、直辖市有关领导部门撰写了很多反映本地区政治、经济、文化、社会、生态、旅游等方面的内容，资料的搜集查找不仅涉及图书馆，有时也会涉及省市各级文化馆、文联、教委、统计局、城调队、发改委、文化和旅游局以及农业农村部等相关单位和部门。这些蓝皮书大多由社会科学文献出版社出版。

从上面的例子我们可以看出，要想为智库提供信息服务，单靠一个或几个图书馆提供的信息资源是不够的；要想信息全面、翔实、可靠，必须有多系统、多部门的信息汇总；而要想把这些部门凝聚在一起，必须以信息为主线，将不同系统、不同部门联结起来，组成信息联盟。

第二节 信息联盟理论基础

无论是图书馆联盟还是信息联盟，其宗旨都是要通过合理的组织形式使文献信息机构的信息资源最大、最合理地被联盟内所有单位共享，使所有联盟单位都能达到效益最大化。因此资源共享、互利共赢是信息联盟建立的重要理论基础。

一 资源共享理论

（一）信息资源共享理论国外发展情况

1. 美国

资源共享概念最早起源于19世纪末期美国的流动图书馆。为提高农村居民对图书馆服务的使用意识，图书馆工作人员将图书装箱，并定期用马车将其运送至农村的各个图书存放点，如农村商店或者邮局，以供农村地区的居民借阅。其后，还出现了邮寄图书服务和需要付费的图书传递服务。上述服务的发展历程所呈现的思想和理念奠定了资源共享理论诞生的基础。1901年，美国正式提供图书资源共享服务，向其他图书馆提供馆际外借服务，它还向四百多家图书馆提供图书目录卡片。[1] 美国国会图书馆在二战期间还倡议实施"战时出版物合作采

---

[1] 王超湘：《现代图书馆理念论纲》，北京燕山出版社2005年版，第187页。

集计划"。在美国国会图书馆的推动下，于1942年10月在美国康涅狄格州法明顿召开会议，商讨图书馆之间的合作问题，并推出法明顿计划①，使美国的馆际互借进入有组织、有计划、成规模的资源共享模式。法明顿计划于1948—1972年涵盖美国50个大学图书馆和60多个其他图书馆，其中包括美国国会图书馆、美国国立农业图书馆、美国国立医学图书馆、纽约公共图书馆等著名的图书馆。该计划是这些图书馆合作收集外国出版物的自愿协定。其任务是收集各国各类出版物，目标是为美国研究人员提供便利，不必出国，在本国图书馆内就能找到所需要的外国出版物，力争做到每种外国出版物至少在本国有一个图书馆有一份馆藏，并尽快登记到《全国联合目录》中，有需求的人可以通过馆际互借或照相的方式使用。因资金问题，主要是购书经费削减和对承担计划任务较多的图书馆的补助费减少，法明顿计划于1972年终止执行。②美国于20世纪60年代后期出台了《美国高等教育法》。根据此法还逐步形成了地区图书馆协作的自主性图书馆协作共同体。在20世纪70年代，美国图书馆基本实现图书编目自动化以及图书编目资源共享。在20世纪80年代中期，基于电子计算机网络的第二代地区图书馆协作共同体逐步形成。③美国联机图书馆中心OCLC（On-line Computer Library Center）创建于1967年，是目前世界上最大的图书馆和信息中心网络。它在世界范围内拥有43559个图书馆用户和信息中心，遍及世界86个国家和地区。

2. 日本

1902年，美国的"流动图书馆"被日本秋田县立图书馆馆长佐野友三郎引入日本，命名为"巡回文库"，"在秋田县四所郡立图书馆间提供巡回文库服务"。④张法、邓菊英从对日本同系统图书馆信息资源

---

① Metcalf K. D., "The Farmington Plan", *Harvard Library Bulletin*, No. 3, 1948.
② Metcalf K. D., "The Farmington Plan", *Harvard Library Bulletin*, No. 3, 1948.
③ 王超湘：《现代图书馆理念论纲》，北京燕山出版社2005年版，第187页。
④ 张法、邓菊英：《日本图书馆信息资源共享研究》，《图书馆论坛》2015年第6期。

共享及跨系统图书馆信息资源共享的角度,通过对神奈川县立图书馆、东海地区和福井县公共图书馆通过建立图书馆情报网和图书馆网等方式与不同系统的高中、大学图书馆和科研单位合作进行参考咨询服务协作,及图书馆服务的信息交流和馆员培训等的案例进行分析,可以得知日本图书馆信息资源共享的主要模式,有馆际互借、电子信息资源共享和联合编目等,特点为政策法律保障健全、共享理念明确,表现形式为形成总分馆服务体系和建立联盟。① 第二次世界大战后,在日本图书馆界开展了多样化的协作活动,借此在各图书馆之间形成资源共享的协作组织或网络。但当时日本图书馆之间信息资源共享的方式和内容较为单一,也较为分散,未能形成全国性较大规模,与欧美国家相比较为落后。在 20 世纪 80 年代中期,日本建立了学术信息中心(NACSIS),该体系以计算机网络为基础,促进了全国性信息资源共享体系的迅速发展。随后,仅历时十多年,日本图书馆信息资源共享体系就与欧美国家水平持平。②

3. 苏联

馆际互借是图书馆实现信息资源共享的重要形式。苏联领导人列宁对馆际互借和图书馆网都非常重视。在《致教育人民委员部》的信中,列宁提出"是否和其他图书馆、阅览室交换书报?"③ 的询问。列宁时期,苏联图书馆建设的一项重大成就,就是建立了地区性的国立中心图书馆。其任务之一就是利用藏书为行政中心的居民直接服务(阅览室、借书处),并且还要满足整个居民活动地带不断增长的图书需要(特别是馆际借书)。④ 列宁还十分重视图书馆网的建设。他认为图书馆网是馆际互借的基础。从资源共享角度看,馆际互借是资源共享理论得以发展的前提条件,图书馆网是资源共享的保证。因此,

---

① 张法、邓菊英:《日本图书馆信息资源共享研究》,《图书馆论坛》2015 年第 6 期。
② 王超湘:《现代图书馆理念论纲》,北京燕山出版社 2005 年版,第 187 页。
③ 《列宁全集》第 35 卷,人民出版社 1985 年版,第 467 页。
④ [苏] 丘巴梁:《普通图书馆学》,徐克敏等译,书目文献出版社 1983 年版,第 156 页。

列宁应是较早将馆际互借理论与实践相结合的领导人。而开展馆际互借，建立图书馆网络这一理论也在苏联早期图书馆学中形成了基本论点。

4. 德国

早在德国正式统一之前，联邦德国图书馆体系中已有专门的联邦及州专家组成的工作组，负责图书馆之间资源共享工作的开展，直至1992年。统一后的德国对本国图书馆体系的现代化予以高度重视。其图书馆分为学术性图书馆和公共图书馆两类，馆际互借是德国资源共享的主要方式。①

5. 丹麦

2000年，丹麦通过了《图书馆服务法》，法案规定将政府主导下的合作和共享作为图书馆服务体系建立的基本原则。法案及相关文件对有关合作和共享方面的问题进行了以下阐述。基于网络，建立可以免费获取的全国联合书目数据库 Dan Bib；将全国所有图书馆视为一个整体，以此建立馆际互借系统；最大可能地结合学术馆和公共馆资源，创建全国性的研究型电子学术资源数据库；法案所规定的学术机构的研究型图书馆和公共图书馆中的主干馆必须加入馆际互借，所涉资金由中央政府提供补贴。② 为推动发展图书馆之间的协作与共享，丹麦专门成立了监管机构，由丹麦国家图书与媒体管理局 DALM 联合组建。③ 到21世纪初，丹麦的图书馆书目共享系统（Dan Bib）成功涵盖丹麦全部图书馆的书目及馆藏信息，该系统中还含有美国国会图书馆、英国国家图书馆的书目数据，以及北欧五百多个图书馆的期刊数据。④

---

① 王超湘：《现代图书馆理念论纲》，北京燕山出版社2005年版，第188页。
② 梁启东：《阅读天堂与童话王国：丹麦图书馆的推广阅读与终身学习》，《图书馆杂志》2013年第11期。
③ 符勤：《丹麦模式的图书馆资源共享服务体系探析》《图书馆》2012年第3期。
④ 王超湘：《现代图书馆理念论纲》，北京燕山出版社2005年版，第188页。

6. 澳大利亚

澳大利亚建立了一种开放式电脑系统——国家文献信息服务系统WORLD1，这个服务系统依托国家书目数据库，并联通国外数据库，向全国各类图书馆提供联机编目馆际互借和产品服务，在查询文献信息并对其快速传递方面提供一条龙服务。[1]

7. 北欧四国

挪威、丹麦、瑞典和芬兰常被称作北欧四国。北欧四国将图书馆事业的发展视为国家文化教育事业和社会福利事业的重要组成部分，对其发展的重视程度惊人一致。四国政府为图书馆颁布律法，在财政上予以大力支持。北欧四国在图书馆和信息服务领域的合作始于1914年，当时由北欧四国共同编辑出版了《图书管理员》，这算是北欧最老的图书馆杂志了。20世纪60年代北欧图书馆开始应用计算机发展其图书流通、图书编目及图书采购系统，并于1974年采用分组交换方式建立了北欧数据通信网络。80年代中期，北欧的公共图书馆与研究图书馆开始联网，统一进行标准化著录，实施全文检索。早在20世纪70年代初期北欧图书馆界就非常重视合作，他们在签订的合作协议中规定，任何一国召开图书馆年会，北欧其他国家的图书馆都要派代表参加。北欧四国的皇家图书馆、国家图书馆、区域性的中心图书馆在实现四国图书馆间信息资源共享的合作、参与国际范围的图书馆合作方面都发挥了十分重要的作用，诸多项目的实施及协调都以这些图书馆为中心进行。[2]

(二) 信息资源共享理论国内发展情况

我国的图书馆馆际互借初始于民国时期，然而，我国对馆际互借的理论研究却晚于馆际互借的实践。屠蒙在《民国时期馆际互借发

---

[1] 王超湘：《现代图书馆理念论纲》，北京燕山出版社2005年版，第188页。
[2] 钱丹丹、高波：《北欧四国的图书馆信息资源共享模式》，《大学图书馆学报》2008年第5期。

考述》中指出，我国馆际互借的开端始于1919年京师图书馆馆际互借实践工作的开展。①1923年，杨昭悊的专著《图书馆学》中介绍了馆际互借，同时，该书指出为做好馆际互借工作，各个图书馆之间一定要做好统一管理和相互协商，该书为我国馆际互借的理论研究和实践奠定了基础。1927年，杜定友在《图书馆学概论》等专著中，对馆际互借的诸多论述，引起了学界对馆际互借的研究高潮，很多学者的论著中都涉及馆际互借的内容。如，金敏甫在其专著《中国现代图书馆概况》（1929）中介绍当时世界各国进行馆际互借的办法。严文郁在其论文《美国图书馆概况》（1931）中介绍了美国馆际互借发展历程。吕绍虞在其译著《世界图书馆史话》（1936）中向中国图书馆人介绍了英国、德国等国图书馆开展馆际互借工作的情况。李继先的译文《大学圕适用之圕互借规则》（1935），将国外大学图书馆馆际互借规则推介给了国内业界。②1936年顾家杰在《文华图书馆学专科学校季刊》上发表的四篇关于馆际互借的论文，梳理了国外馆际互借工作发展历史，③成为将国外研究成果引入我国图书馆界最有代表性的学者。

民国时期，我国的馆际互借服务对象单一，仅限于知识分子群体，并且范围十分有限，仅限于同城或一定的区域内。真正意义上的理论与实践相结合的研究应该是在当代。1999年，《情报资料工作》刊登了范并思的论文《文献信息资源共享理论的新视野》，该论文指出，"我国的文献信息资源共享理论的基础存在于两个领域，一个是宏观文献资源建设理论，一个是图书馆协作或图书馆网理论"④。对于文献资源建设，全国科学技术名词审定委员会的定义是"根据信息服务机构的任务与对

---

① 屠蒙：《民国时期馆际互借发展考述》，《湖北科技学院学报》2019年第6期。
② 屠蒙：《民国时期馆际互借发展考述》，《湖北科技学院学报》2019年第6期。
③ 黄雪婷：《顾家杰民国时期图书馆生涯、著述及贡献》，《新世纪图书馆》2019年第5期。
④ 范并思：《文献信息资源共享理论的新视野——兼评〈上海地区文献信息资源共享问题研究〉》，《情报资料工作》1999年第4期。

象以及整个社会的文献信息需求，系统地规划、选择、收集、组织管理文献资源，建立具有特定功能的、可资利用的文献资源体系的过程及活动"①。范并思指出，我国宏观文献资源建设理论的起点颇高。20世纪80年代前期，许多图书馆学理论家提出将"藏书建设"思想变为"文献资源建设"的新思想，并采取措施让人们意识到文献资源建设理论对我国图书馆事业未来发展的重要性，使文献资源共建共享、馆际协调、一行业或地区分工协作等一系列宏观文献资源建设理论，进入图书馆人的视野。②根据范并思的研究，20世纪80年代初，肖自力在一系列理论文章中阐释了"我国文献资源建设理论的核心是提高国家文献资源的保障率"，"在一个文献资源购买能力有限的国家达到这一目的，则必须通过宏观管理与分工协调，实现文献资源的合理布局，减少不必要的重复"③等观点，1984年发表的《我国文献资源建设和高校图书馆的使命》，更是"为我国文献资源的建设构建了理论基点与理论框架"④。之后，图书馆界一直在为将来实现文献资源共享而努力进行着文献资源共建。

随着信息技术的进步及信息产业的发展，文献资源共享理论也发生了根本性变化。在1998年11—12月，上海地区文献资源共享协作网与华东师范大学信息学系联合课题组共同协作，完成了《上海地区文献信息资源共享问题研究》，提出了以下全新文献资源共享的理论框架。首先，在确立文献信息资源共享的目标时，应该以文献信息资源的可获知能力和文献信息资源的可获得能力取代原有宏观文献资源建

---

① 图书馆·情报与文献学名词审定委员会编：《图书馆·情报与文献学名词》，科学出版社2019年版，第49页。
② 范并思：《文献信息资源共享理论的新视野——兼评〈上海地区文献信息资源共享问题研究〉》，《情报资料工作》1999年第4期。
③ 冯玲、黄文镝、韩继章：《全国文献资源调查与布局期间图书馆协同协作活动特征研究》，《图书馆理论与实践》2010年第6期。
④ 范并思：《文献信息资源共享理论的新视野——兼评〈上海地区文献信息资源共享问题研究〉》，《情报资料工作》1999年第4期。

设理论的文献资源保障率。① 其次，在进行文献资源共享问题研究时，新的文献资源共享的理论指出一个完善的文献信息资源共享体系的构成必须有以下三个方面：一是文献资源体系；二是书目信息存取体系；三是文献传送体系。②

进入 21 世纪，文献信息机构大量引入现代信息技术，数字化、自动化、网络化使建立了合作关系的文献信息机构可以很方便地结合在一起，组成非常强大的网络信息资源库，打破空间对信息资源共享的禁锢，文献资源可以不受其拥有单位的限制，在更大范围内被利用、被共享。

二 博弈论思维

一百多年来，人们一直讨论在图书馆建设中通过共建共享建立图书馆联盟来实现文献信息资源的共享，却很少讨论共建共享遇到的困难及其解决办法。因为图书馆在为实现共建共享而建立联盟的时候，实际上都是想达到自身利益的最大化。由于各个图书馆间自身实力相差悬殊，在资源共建共享中，那些资源涉及面广、资金充足的图书馆通常是资源提供方，而那些资源不充足的图书馆几乎总是受益方，长此以往，处于文献资源共享联盟内的图书馆之间的合作关系就会产生很多不确定性，而这种不确定性很容易引发人们的博弈思维。

博弈论是在平等对局中，博弈双方利用对方的策略来变换自己的对抗策略，目的是使自己获胜。中国古代的《孙子兵法》就是最早的博弈论著作。最初，博弈论只是被用来思考游戏中个体的预测行为和实际行为，以及如何优化自己的策略。1928 年，冯·诺依曼论证了博弈论的基本原理，标志着博弈论正式诞生。历经百年发展，博弈论越

---

① 袁俊华、易红：《我国图书馆文献信息资源建设研究源发展之概述》，《图书与情报》2006 年第 2 期。

② 李刚、倪波：《文献资源建设研究进展》，《情报学报》2001 年第 6 期。

发深入人心。如果以博弈论的思维来考虑图书馆之间的共建共享，个体图书馆可能就会从自己是否会获利、会不会吃亏的角度来思考要不要加入图书馆联盟，并用博弈论中"智猪博弈"来解读或者寻找解决方案。

图书馆联盟概念刚兴起时，大家常常会用"囚徒困境"和"智猪博弈"来讨论图书馆之前的共建共享，因为大家认为这两种境况与图书馆当时的情形非常相似。当两个或两个以上的图书馆建立联盟，实施共建共享时，若没有强有力的约束存在，那么各个图书馆为使自己馆的利益最大化，就可能选择背叛初衷，或是坐收渔翁之利，以达到自己利益最大化的目的。当其他合作方发现这种合作不但没有给自己带来利益最大化，而且还要被人依赖时，就会不舒服，从自身立场考虑合作时也就不会再采取积极参与的态度，最终结果肯定是与预期相悖的。

三　互利共赢新思维

进入21世纪，网络化促进了图书馆编目工作的社会化和高效化。图书馆检索目录的编辑已经由21世纪初的联合编目发展为目前的联机联合编目。"联合编目"也叫"合作编目""共享编目"，是指一些文献信息机构按自愿联合的原则签署合作协议，建立起书目信息交换关系，按照共同制定的编目条例和工作规程分担编目任务、共享编目成果的编目方式。[①]"联机联合编目"也叫"联机共享编目""联机合作编目"，是文献信息机构借助互联网或其他互联互通设备与技术实现若干个文献信息机构联合编目的方式。[②]

21世纪初，图书馆及其他文献信息机构，只要能够依托互联网加

[①] 图书馆·情报与文献学名词审定委员会编：《图书馆·情报与文献学名词》，科学出版社2019年版，第125页。

[②] 图书馆·情报与文献学名词审定委员会编：《图书馆·情报与文献学名词》，科学出版社2019年版，第125—126页。

入相关联盟或通过相关协议接入以国家图书馆为中心建立的全国联合编目中心或以中国高等教育数字图书馆为核心的中国高等教育文献保障系统，就可以共享这两个联合编目数据库中的所有书目资源。但是在互联网以及信息技术飞速发展的今天，已经彻底改变了二十几年前刚刚被人们所接受的信息资源共享的方式和方法。过去因为网络不畅，人们不得不通过一根网线或亲自到图书馆去了解一家图书馆有哪些馆藏资源是自己可以使用的；而现在，不必有网线，只要有信号，人们就可以通过电脑，更多的是利用手机就可以很轻松地查询到自己所需要的信息，想使用哪个图书馆的馆藏，只要进入该图书馆官网的馆藏检索页面就可以查询到有没有自己需要的馆藏信息资源。以前人们想要一个自己没有办过借阅证的图书馆的图书或电子文献，必须通过馆际互借的方式才能获得。网络的发展，使读者不必亲自到图书馆，就可以在各图书馆的官网上查到所需资料，如果有需要可以用身份证进行同城借阅或电子版传输购买等方式获得相应文献。

在图书馆自动化建设之前，各图书馆采编部对文献进行编目的系统软件是不同的。图书馆进行自动化网络建设之后，文献信息的编目工作成为一个图书馆实现描述与揭示馆藏资源，将自身融入整个文献资源网络的必备条件。很多图书馆纷纷加入全国联合编目中心或中国高等教育文献保障系统，享受资源共建共享带来的优惠。随着信息技术的迅速发展，现在除个别资金紧张的图书馆因购书经费少而不能进行大批量图书采购外，多数高校图书馆、公共图书馆和经费较充裕的专业图书馆等可以大批量购买图书的文献信息机构，基本上都能享受到书商打包赠送的加工好的图书编目信息。这不仅将采编部从繁重的图书分类编目工作中解放出来，使图书馆可以有更多的人从事信息服务智库和科研及一般读者的工作，而且便于全国信息资源的统一检索，避免了之前各图书馆因为对图书理解不同而对图书分类出现差异的情况，为馆际互借和资源共享打下了良好的基础。比如过去要找一本书，不同的图书馆可能会给出不同的分类号，这样每到一个新的图书馆都要进行新的书目检索，而现在通过联合目录的编写以及图书馆的加入，在查找图书资料的时候只需要在一个图书馆找到此书的分类号等信息，就可以迅速将此信息传到另一个图书馆进行相应信息资源的查找。也就是说，文献信息机构与图书供应商的关系发生了变化，不是之前的谁求谁，而是文献信息机构因为出版商可以为其提供现成的图书编目，使本单位工作人员可以将更多的精力投入读者服务工作中。出版商也因为增加了为图书馆提供图书编目，可以吸引更多的文献信息机构购买它的图书。这让人联想到"互利共赢"这个词。

四 互利共赢与"一带一路"

互利共赢这一理念，源自我国改革开放战略。2005年，在经济全球化背景下，党的第十六届五中全会首次明确了把互利共赢作为对外开放战略的指导方针。随后，在党的十八大报告和"十二五"规划中，又多次强调互利共赢。如党的十八大报告中指出"中国将始终不渝奉行互利共赢的开放战略，通过深化合作促进世界经济强劲、可持续、平衡增长"[1]。由此，我国以互利共赢为指导方针的对外开放战略逐渐明确，并逐渐将这一方针应用到中国国际合作实践中。互利共赢成为中国以大国眼光审视全球的智慧结晶。

2013年9月，习近平主席在哈萨克斯坦纳扎尔巴耶夫大学发表有关共建"丝绸之路经济带"倡议演讲时说，"两千多年的交往历史证明，只要坚持团结互信、平等互利、包容互鉴、合作共赢，不同种族、不同信仰、不同文化背景的国家完全可以共享和平，共同发展"，"要大力加强务实合作，做互利共赢的好伙伴"，"要将政治关系优势、地缘毗邻优势、经济互补优势转化为务实合作优势、持续增长优势，打

---

[1] 吴志成、袁婷：《互利共赢的开放战略论析》，《外交评论》2014年第3期。

造利益共同体"。① 随后，2013年10月，习近平主席在出访东南亚期间倡议共建"21世纪海上丝绸之路"，此倡议与"丝绸之路经济带"共同构成"一带一路"倡议。

五 "一带一路"与智库联盟

"一带一路"倡议催生了各种智库联盟，使我国的智库从单打独斗逐渐走向跨省界、跨国界的省域联盟和国际区域联盟。

东北亚智库联盟。2016年6月，为了整合东北亚区域内智库资源，中国、俄罗斯、韩国、日本、蒙古等国家的政府智库和50余家科研机构、高校作为首批共同发起者，在中国哈尔滨市成立了东北亚智库联盟，提出以智库合作推动东北亚地区双边和多边的相互理解，营造有利于合作的顶层思维、企业共识、社会推动的氛围，各国智库团结协作，服务区域东北亚智库联盟。

工信智库联盟。为提高智库的决策、咨询服务能力，2018年在北京成立了工信智库联盟。该联盟以工业和信息化部附属研究机构和高校智库为主体，联合地方、高校、企业、社会、学会协会等不同类型智库，整合工业和信息化领域的智库资源，形成了一个共同参与的开放型、公益型、服务型合作平台。

湖南智库联盟。该联盟是一个兼具开放性、咨询性的非营利性组织，成员包括湖南省参事室、湖南省社会科学院、湖南省委党校（湖南行政学院）及湖南省内的六所大学，是典型的由省政府机构、科研机构、党校、高校等不同系统机构组成的独立智库联合体。

南京智库联盟（Nanjing Think – Tank Coalition）。该联盟是由国家、省、市级智库机构和专家学者、社会各界精英所形成的联合性和非营利性的社会团体法人，其目的在于整合社会智库力量，发现并解决经

---

① 《习近平在哈萨克斯坦纳扎尔巴耶夫大学发表重要演讲：弘扬人民友谊 共同建设"丝绸之路经济带"》，《光明日报》2013年9月8日第1版。

济社会发展中所展现的问题，促进社会、经济、科技及文化等各项事业的发展。

上述智库联盟都是基于互利共赢理念而建立的。信息时代，任何单位和联盟都离不开信息，智库离不开信息，智库联盟同样离不开信息。以智库联盟为基础，围绕智库联盟的需求建立信息联盟，将是智库与信息机构的互利共赢。

第三节 智库与信息联盟

一 智库联盟与信息联盟的内涵

（一）智库联盟

智库是党和政府的智囊团，是思想生产和智力传播的平台。智库通过对信息机构为其提供的文献和数据的分析，整理出对策建议和研究报告，为政府决策提供智力支持和信息保障。2015 年中央印发的《关于加强中国特色新型智库建设的意见》中指出，"中国特色新型智库是以战略问题和公共政策为主要研究对象、以服务党和政府科学民主依法决策为宗旨的非营利性研究咨询机构"[1]。其应当具备的标准包括，"特色鲜明、长期关注的决策咨询研究领域及其研究成果；具有一定影响的专业代表性人物和专职研究人员；多层次的学术交流平台和成果转化渠道；功能完备的信息采集分析系统"等[2]。在此之后不久，各省也都根据自己的实际情况制定了本省关于加强特色新型智库建设的策略，确立了各自的省级试点智库，打造了自己的智库联盟。从 2015 年起，中央与地方各级相关部门大力提供政策支持，为智库发展

---

[1] 《中共中央办公厅国务院办公厅印发〈关于加强中国特色新型智库建设的意见〉》，《中华人民共和国国务院公报》2015 年第 4 期。

[2] 《中共中央办公厅国务院办公厅印发〈关于加强中国特色新型智库建设的意见〉》，《中华人民共和国国务院公报》2015 年第 4 期。

创造良好制度环境，中国智库数量呈井喷式增长，并出现联盟化、网络化趋势。具体分为以下几种类型。

区域性智库联盟。如：山东智库联盟——2015年7月挂牌成立，由山东社会科学院发起，邀请省内各类智库和各市社会科学院加盟，至今已举办多场"泰山智库论坛"，与潍坊市人民政府、中国（海南）改革发展研究院等地市政府、研究机构签署战略合作协议，并与美国兰德公司合作开展课题研究，与新加坡国立大学签署研究合作备忘录。宁镇扬智库联盟——2015年9月在南京揭牌，是江苏省第一家区域性智库联盟，是南京、镇江、扬州三市社科联、区域内社科类科研院所、社会组织自愿结成的开放性智库联盟体。安宁智库联盟2015年7月成立，为甘肃省委、省政府制定相关政策提供智力支持。

行业性智库联盟。如：包括中国运输与物流智库联盟，由中国交通运输协会携手交通运输部规划研究院、科学研究院、公路科学研究院以及中国铁道科学研究院、清华大学、北京交通大学等单位共同成立，为交通运输业及物流业发展献智献策是其核心职能。长三角高校智库联盟，是在复旦大学成立的智库联盟，成员是来自长三角高校、智库机构、自贸区研究领域的专家学者，集聚智力资源响应国家需求、支持国家战略、服务地方发展。

主题类智库联盟。如：中国语言智库联盟，由31所高校、23个科研机构共同成立中国语言智库联盟，形成并发表了《中国语言智库联盟倡议》。中国科技金融智库网络，由天津财经大学科技金融研究院、科技部中国科学技术发展战略研究院科技投资研究所等12家机构共同发起成立。互联网治理智库联盟，由中山大学互联网与治理研究中心发起，14家互联网智库单位联合组成，为国内第一家互联网治理智库联盟。中国城乡发展智库联盟，由国务院研究室中国言实出版社和中国科学院地理科学与资源研究所发起成立。[①]

---

① 《中国城乡发展智库联盟在京成立》，《中国科学报》2015年12月29日第4版。

近年来，我国积极推进国际智库间的合作，构建国家智库网络。国际性智库沟通网络，可以促进各国政策沟通，增强信息交流，促进共同制定推进区域合作的规划和措施，协商解决合作中的问题，进而实现国家间政治互信、政策协调。

中俄蒙智库合作联盟。2015年10月，为落实三国元首共识，俄罗斯科学院远东研究所，蒙古国科学院，中国国务院发展研究中心、中国科学院、中国社会科学院、国家发改委宏观经济研究院以及内蒙古、新疆、辽宁、吉林、黑龙江、上海等省市区的30多家智库机构联合成立了中俄蒙智库合作联盟。

蓝迪国际智库平台。由中国社会科学院、中国（海南）改革发展研究院、巴基斯坦中国研究院、清华大学国际传播研究中心、商务部五矿化工商会、中国宋庆龄基金会和埃森哲公司等机构共同发起设立；丝路国际智库网络，在西班牙马德里成立，由国务院发展研究中心发起，成员来自27个国家的主要智库，以及经合组织发展中心、亚行学院等国际机构，三家伙伴机构分别是联合国开发计划署、联合国工业发展组织、英国48家集团；中国—中东欧国家智库交流与合作网络，由中国社会科学院牵头组建，致力于打造中国与中东欧国家"16+1合作"框架下二轨交流的智库平台。

（二）信息联盟

我们所说的信息联盟与智库联盟在理念、组成和空间上有很多相似、相通甚至是重合的地方。智库联盟是出思想的，而信息联盟是为智库提供理论支撑、提供信息服务的。信息联盟，以信息为主线，任何加入这个联盟的信息机构都可以成为有用线索或有价值情报的来源。

文献信息机构要以互利共赢的思维方式来组建信息联盟，为智库提供信息服务。信息联盟的各成员有共同的目的，共同的信息使用需求和有共同的研究领域。信息联盟内各成员平时在一起讨论的可能就是同一个问题，是建立在共赢的基础之上的。以共赢思维组建信息联盟，以共赢理念来实现文献信息资源共建共享，从在联盟中投入多少、获利多少的思维模式中脱离出来，才能在联盟的框架内得到更多的共赢机会。

二 信息联盟服务智库的必要性

（一）推动智库建设的需要

一方面，为智库提供信息服务的文献信息机构，无论在拥有的信息资源种类以及收集方向和保存数量方面，还是人员的知识面及服务智库能力的侧重方面，都存在较大的差异。另一方面，由于缺乏合理规划，信息资源配置不合理，导致信息不能完整、准确及时地传递给智库，不仅制约了智库判断分析的效率，而且增加了智库服务政府决策的风险，使智库较难做出准确且富有预见性的研判。因此，构建一个跨领域、跨系统的信息联盟，以确保信息完整、准确、及时，是非常重要的。组建信息联盟，可以对不同地域、不同系统的文献信息机构的所有资源进行整合，可以通过互联网利用大数据和云存储等技术手段，更全面、更完整、更准确、更及时地将智库所需信息存储和挖掘出来。智库也可以利用相应技术，对获取的数据和信息进行分析，编制出更多的可利用的二次、三次信息资源。

（二）加强哲学社会科学和智库建设的需要

2016年5月17日，习近平总书记在《在哲学社会科学工作座谈会上的讲话》中指出："智库建设要把重点放在提高研究质量、推动内容创新上。要加强决策部门同智库的信息共享和互动交流，把党政部门政策研究同智库对策研究紧密结合起来，引导和推动智库建设健康发展、更好发挥作用。"[1] 哲学社会科学注重基础研究，智库侧重的是决策咨询，总书记的这段话明确地指出了哲学社会科学发展与智库建设

---

[1] 习近平:《在哲学社会科学工作座谈会上的讲话》,《人民日报》2016年5月19日第2版。

不可分割，哲学社会科学理论创新和学科发展都与智库密不可分。习近平总书记还强调"中国特色哲学社会科学应该涵盖历史、经济、政治、文化、社会、生态、军事、党建等各领域，囊括传统学科、新兴学科、前沿学科、交叉学科、冷门学科等诸多学科，不断推进学科体系、学术体系、话语体系建设和创新，努力构建一个全方位、全领域、全要素的哲学社会科学体系"，并指出"下一步，要突出优势、拓展领域、补齐短板、完善体系"①。特别提出"一是要加强马克思主义学科建设。二是要加快完善对哲学社会科学具有支撑作用的学科，如哲学、历史学、经济学、政治学、法学、社会学、民族学、新闻学、人口学、宗教学、心理学等，打造具有中国特色和普遍意义的学科体系。三是要注重发展优势重点学科。四是要加快发展具有重要现实意义的新兴学科和交叉学科，使这些学科研究成为我国哲学社会科学的重要突破点。五是要重视发展具有重要文化价值和传承意义的'绝学'、冷门学科。这些学科看上去同现实距离较远，但养兵千日、用兵一时，需要时也要拿得出来、用得上。还有一些学科事关文化传承的问题，如甲骨文等古文字研究等，要重视这些学科，确保有人做、有传承"②。这些学科是我国哲学社会科学的重点学科，也是关系我国政治、经济、社会发展及人民生活福祉的关键学术领域，学科覆盖范围广，涉及领域多，学科交叉也多，因此其学科的发展单靠某一类型的图书馆和信息机构是难以满足其信息需求的，必须是多种类型的文献信息机构相辅相成、信息共享、资源共享、相互补短、相互促进。因此，建立信息联盟是非常必要的。

(三) 智库建设的需求

智库是为政府提供决策咨询和对策建议的部门。智库善于分析问

---

① 习近平:《在哲学社会科学工作座谈会上的讲话》,《人民日报》2016年5月19日第2版。
② 习近平:《在哲学社会科学工作座谈会上的讲话》,《人民日报》2016年5月19日第2版。

题，但不擅长搜集、查找资料。虽然网络的发展，使人们通过各文献信息机构公开的书目检索系统就可以很方便地查询文献信息机构有哪些资源。但是智库需要的不仅仅是公开的出版物，可能更需要一些灰色文献，所以从公开的网站检索到的信息远远满足不了智库的信息需求。而对于各文献信息机构非公开的信息资源和一些灰色文献，只有联盟内的人员使用起来才方便。另一种情况，智库对于一些问题并不是非常了解，尤其是学术理论性较强的问题，为了避免提供决策信息时出现偏差，文献信息机构有责任为智库提供相应信息。由于信息的丰富性和多样性，每个智库内部的文献信息机构不可能收藏齐全智库所需的全部信息，因此，建立服务智库的信息联盟就显得非常必要。也许参与组建信息联盟的文献信息机构并没有太多、太丰富的馆藏信息资源，甚至很长时间可能都帮不上智库的忙，但是只要有一个可以为智库建议提供佐证的资料图片，有时就可以改变或提升智库建议的质量或性质。也就是说服务智库的信息联盟对于智库制定相关的对策建议，不仅是一个补充完善，而且可以从深度和广度为智库提供更详细的解决方案。所以，文献信息机构工作人员应尽快转变理念，在努力提高自己馆藏水平和信息人员服务水平的前提下，只要有信息、肯分享、肯为智库服务，加入信息联盟就是双赢、多赢、共赢。

三　信息联盟服务智库的可行性

（一）文献信息机构拥有多元化的信息资源优势

文献信息机构部门涵盖范围广，不仅包括公共图书馆、高校图书馆、党校图书馆、社会科学院图书馆以及各类专业图书馆，而且还包括文化馆、档案馆、博物馆等各种类型的文献信息机构，它们的信息资源储备丰富，可以满足不同层面、不同类型智库的信息需求。

1. 以国家图书馆为领头羊的公共图书馆系统信息资源涉及面广泛

正如美国国会图书馆第六任馆长斯波福德（Ainsworth R. Spofford）

认为的那样,"国家图书馆应当保存所有领域的书籍以满足人们对其智力资源的需求"①。他在小型公共图书馆选书的九个原则中指出,"应当认真搜集科学的广泛领域以建立每一个学科良好的教材体系"。他认为,"最好的参考性图书应该成为每一个图书馆馆藏中最重要的部分;……应当加强某些文献的选择,而历史则是首当其冲;……传记在兴趣和重要性方面仅次于历史;……在法学、神学、政治学、社会学、经济学、艺术、建筑、音乐、修辞学、语法学等领域,图书馆应该提供最主要的现代著作"。他还提到,"所有的图书馆证明,小说是四分之三的读者喜爱的精神食粮"②。关于这一点,正好与美国著名图书馆学家贾斯汀·温沙(Justin Winsor)的观点不谋而合。贾斯汀·温沙是美国著名作家和历史学家,是19世纪末美国图书馆运动的杰出领袖。他指出,"图书馆必须收藏相当多数量的最高审美素养、智慧的小说和故事书籍,以此培养读者良好的阅读习惯"③。约翰·科登·达纳是美国著名图书馆学家。他认为,公共图书馆应当购买可以满足商人对商业信息需求的书籍、资料,并进行必要的分类以方便检索。④ 被英国学者尊称为"20世纪的帕尼兹"的赫伯特·普特南是美国公共图书馆运动的杰出领袖。他指出,"国会图书馆应该正确地履行国家图书馆应当履行的职责,收集所有的文献资料,因为国家图书馆是全国文献的最终诉求馆"⑤。由于美国公共图书馆思想对中国公共图书馆建设、管理和服务理念都有较深的影响,因此,中国公共图书馆的馆藏建设既融合了几位美国专家的思想精髓,又根据中国国情有所侧重与不同。

---

① 郑永田:《美国国会图书馆馆长斯波福德思想初探》,《中国图书馆学报》2011年第5期。
② 郑永田:《美国国会图书馆馆长斯波福德思想初探》,《中国图书馆学报》2011年第5期。
③ 郑永田:《美国图书馆学家贾斯汀·温沙思想初探》,《大学图书馆学报》2010年第3期。
④ 郑永田:《美国图书馆学家达纳思想初探》,《图书馆建设》2010年第11期。
⑤ 郑永田:《从明尼阿波利斯到华盛顿:赫伯特·普特南与美国图书馆事业》,《国家图书馆学刊》2011年第1期。

中国国家图书馆是世界最先进、规模最大的国家图书馆之一，是国内文献信息收藏最全的图书馆。而中国各地方公共图书馆因经费差异较大，馆藏情况参差不齐，但基本上都有很强的地方特色，且几乎每家图书馆都有自己的镇馆之宝。各地方公共图书馆收藏的很多研究地方文化的重要史料及政府文件基本都是智库研究所需要的。

2. 以社会科学院为代表的科学院系统图书馆学术研究特征明显

社会科学院的文献信息机构主要是为我国哲学社会科学研究和智库提供重要信息保障与服务。20世纪90年代之前，由于纸质图书价格较低，各地方社会科学院的文献信息机构每年十万或几十万元的经费可以轻松购买和收藏大量可供人文社会科学研究的国内外图书和报刊。其中包括人大报刊复印资料（如当时黑龙江省社会科学院图书馆是全省人大复印资料收藏最全的图书馆）和很多由正规出版社出版的内部发行图书。所以，当时高校许多从事人文社会科学研究的学者都会到社会科学院图书馆查找资料。那个年代，各社会科学院几乎都有情报所从事社会科学情报信息研究分析工作，因此，社会科学院的文献信息机构也会收藏很多外文及港台地区原版图书资料，这些资源是我国科研人员了解世界和港台地区的窗口，也是当时公共图书馆和高校图书馆很难搜集到的。20世纪末至21世纪初，许多社会科学院图书馆与情报所合并成立文献信息中心或文献数据中心，此前经情报所研究人员整理、翻译和分析后，以文摘、索引、论文及专著等不同形式向本院科研人员推荐的国内外社会科学研究现状、发展动态及发展趋势等二、三次文献也成为社会科学院文献信息机构收藏的重要内容。文献信息机构服务定位也由以前单纯的为科研教学服务变为以信息研究的形式为科研服务、为领导决策服务、为社会公众服务。

3. 党校的资源优势体现在每一位学员的调研报告中

党校每一期培训班都会要求学员撰写调研报告。因为学员来自不同地区、不同领域，学员职务包括科、县处、厅局等不同层级，所以他们的调研报告包含各个地区经济、社会、政治、文化等领域各个时期的发展情况。这些来自工作实践的调研报告正是新型智库所需要的，而且也是其他类型文献信息机构所不具备的。① 由于党校图书馆有收藏学员调研报告的义务，所以在相关党史事件记录和回忆方面，它比其他类型图书馆更有得天独厚的资源优势。它们有许多由校党史研究室根据党校相关资料编辑的由正规出版社出版的内部资料，是研究我党历史的重要资源。如 1980 年前后，为纪念古田会议五十周年和红四军入闽创建革命根据地，由中共福建省委党校党史研究室编辑，福建人民出版社出版的《红四军入闽和古田会议》及其续编，明确标出供内部研究参考之用。在建党百年的今天，这些书已经成为研究党史的重要资料。

4. 高校图书馆馆藏丰富，所收藏的信息资源学科门类齐全，内容更加多元化

上至天文地理、气候气象，下至农业农村、土地海洋。20 世纪 90 年代末，鉴于全国文化共享工程的开启和高校评估要求，各个公共图书馆和高校图书馆的购书经费开始呈现百万元，甚至上千万元的大幅增长。曾经不被高校和公共图书馆作为收藏重点的人文社会科学图书，随着国家对哲学社会科学的重视程度提高得到不断提升，也开始被高校图书馆广泛收藏，有些高校近 20 年人文社会科学图书的收藏甚至比一些地方社会科学院还要多、还要全。人大报刊资料的电子期刊库更是成为高校收藏的重点数字资源。这恰好弥补了社会科学院系统因经费不足多年无法购买人大报刊复印资料电子版和大批量购买其他社科图书的不足。

这些为大家熟知的各类型图书馆，不仅可以为智库提供所需的马克思主义基本理论、哲学、社会学、历史、文化、文学、国情研究、中国共产党党史、党建、地方史志等公开发表的信息资源，更可因其

---

① 姜晓婷：《新时代党校图书馆服务新型智库建设路径研究》，《图书馆工作与研究》2018 年第 6 期。

主题的多元性，为智库能有足够的资源保驾护航。但智库许多时候还需要一种非公开的文献类型，这就需要档案馆、博物馆及其他一些信息机构的配合。

5. 档案馆收藏有大量一手史料，信息最为真实可靠

在纪念建党百年活动中，新中国成立前的很多资料由于战乱等原因在图书馆很难找到，但在档案馆却可以找到其已经编印好的珍贵党史资料。如20世纪80年代，中央档案馆编辑的一套丛书《中共党史资料》，由中共中央党校出版社出版，丛书中收录了大量中央档案馆保存的新中国成立前中国共产党中央委员会的政治报告等珍贵档案资料，如《中共中央政治报告选辑（一九二二——一九二六）》等，当时就标注了仅供党的领导干部和党史工作者研究与教学使用，是内部资料，现在已成为宝贵的信息资源。

6. 博物馆、展览馆等收藏有大量历史图片、实物，可以将信息以更加真实、更加立体的方式传递给人们

现代化的技术设备可以制造出各种高仿、惟妙惟肖的场景，易使人产生灵感，智库人员在此或可以借古鉴今作出相应判断，或可寻根溯源找到某些证据佐证自己的观点，进而为政府提出相应的对策建议。

文献信息机构服务智库，主要着眼点是直接或者间接为政府决策提供智力服务，服务过程中用到的很多重要的信息资源就是政府出版物，而政府出版物中有大量的灰色文献，多属于内部发行和内部读物。我国图书馆等文献信息机构对政府出版物中灰色文献部分不是很重视，而且采集渠道也不畅通。但是政府出版物中的灰色文献是有一定史料价值的，对其收集和保存是非常必要的。这种灰色文献大多来源于政府机构、文化和教育机构、公司企业等。其他文献信息机构虽然有订当时灰色文献的，但由于种种原因未能保存下来，如黑龙江省社会科学院文献信息中心，当年也曾订阅过《大参考》《改革内参》等，但因受保密条例限制每年年底都会送有关单位

集中销毁，甚是可惜。另一方面，有些公共图书馆因为很早就肩负着为政府查阅资料的重任，因此会制定一些细则，征集和保存与自己所服务智库相关的灰色信息资源。如早在 20 世纪 90 年代，哈尔滨市图书馆就制定了《哈尔滨市图书馆地方文献征集公告》和《哈尔滨市图书馆接受捐赠文献细则》，2019 年 9 月对《哈尔滨市图书馆地方文献征集公告》进行了修订。随着智库服务的功能转型，哈尔滨市图书馆对灰色文献进行了典藏，在所藏灰色文献中计有各类书籍 3092 种 4657 册，各个时期的期刊 221 种 2206 册，各时期报纸 43 种 299 册，哈尔滨历史明信片 177 件，23 位作家手稿共计 177 份。这些灰色文献无疑是今后开展智库服务的宝贵文献信息资源。在灰色文献搜集收藏上比较占优势的是国家发展和改革委员会及各省、市、自治区的发展研究中心，因为它们肩负着研究国家和各省、市、自治区国民经济和社会发展主要目标以及统筹规划，监测预测预警宏观经济和社会发展态势趋势，向政府部门提供研究报告和咨询建议，为政府重要决策提供依据和参考的重任。所以它们多与政府部门关系密切，可以更早获取一些没有公开发表的灰色文献，方便了解各地方政府对于当地社会经济文化生活发展的真实愿景，可以有目标有针对性地撰写领导所需的对策建议。这种资源优势也是其他类型图书馆、档案馆、博物馆等所不具备的。

因此，上述各类文献信息机构若能组成信息联盟，必可全方位、多角度地向智库工作者展示相关信息，使智库可以写出高站位、全景式的对策建议，为政府决策服务。

(二) 文献信息机构拥有丰富的人才优势

人才是服务能力和水平的重要体现。学者初景利指出，文化信息机构工作人员需要具备以下新型核心能力，即学科服务、知识咨询、情报分析与研究、数据管理与服务、出版服务、智库服务等，只有具备这些能力，才能满足用户需求，并向用户提供知识性、创造性、增值性服务。① 人员学历层次、实践经验、知识储备、检索能力、综合分析水平，以及职业知识积累、专业结构、数据搜集、分析研究等方面的能力，都直接影响文献信息机构服务智库的能力和水平。从历史角度看，文献信息机构是藏龙卧虎的地方，古今中外很多名人都是从文献信息机构起步的。

在我国古代，《史记》的撰写者——西汉时期的太史公、最伟大的史学家、文学家和思想家司马迁，曾在汉朝担任"图书管理员"，开创了古文经学。编制了世界上最早的天文年历雏形《三统历谱》的西汉后期著名学者刘歆（又名刘秀），是中国第一个国家图书馆的创立者，致力于先秦古籍的搜集和流传，促使图书由官府收藏走向民间普及。南宋文学家、史学家、爱国诗人陆游也曾做过图书管理员。近代，有多位名人在北京大学图书馆工作过，如毛泽东当过图书馆助理员，李大钊任职图书馆主任，章士钊、顾颉刚、向达、袁同礼等名人学者也曾在图书馆任职。被称为中国近代图书馆学奠基人和创立者的一代宗师梁启超更是在诸多学科领域都有建树。数学界的传奇师徒——华罗庚、陈景润都分别在清华大学数学系图书室和厦门大学图书馆做过图书管理员。中国现代文学最伟大的印象主义作家沈从文，仅受过小学教育，因为爱书，年轻时就到北京香山慈幼院当图书管理员，后又进入武汉大学图书馆当图书馆员，在图书馆自学成才，连续两年入围诺贝尔文学奖。

在国外，魏玛古典主义最著名的代表，德国杰出的思想家、小说家、诗人歌德曾就职于魏玛图书馆和耶拿大学图书馆，并就保护图书馆的馆藏和书籍、管理图书目录和图书馆设备等问题提出了很多宝贵意见，使魏玛图书馆的馆藏在 19 世纪初就已经居德国第三位。那时的歌德已经在做建立图书馆联盟的工作，如在他的提议下建立了魏玛图

---

① 吴瑾、刘偲偲、王磊等：《从资源驱动走向服务主导——2017 年全国图书馆新型服务能力建设学术研讨会综述》，《图书情报工作》2017 年第 13 期。

书馆与耶拿大学图书馆联合目录,并组织多馆之间、地区之间的馆际互借。

美国杰出的科学家、政治家、思想家和科学家本杰明·富兰克林被誉为"美国之父",其头像被印在百元美钞上。他创办了美国第一所公共图书馆(富兰克林城图书馆)和美国首都费城的第一个凭证图书馆(费城图书馆公司)。相对论的提出者阿尔伯特·爱因斯坦旅居瑞士时,曾当过伯尔尼专利局图书馆管理员。微软公司创立者比尔·盖茨也曾在美国西雅图景岭学校担任图书馆管理员。

由于文献信息机构要服务的读者众多,图书馆工作人员应该是对各领域都有涉猎,且能熟练运用图书馆学、情报学相应的检索技能找到自己或读者需要的信息资源的"杂家"。所以,文献信息机构对人员专业要求并没有局限在是否是图书馆学或情报学专业毕业,毕竟不同专业人员拥有的文化底蕴不同,多学科人员在一起,可以更加全面和充分发挥学科优势。如,外语人才可以发挥语言优势,快速查阅翻译外文资料,有利于智库人员及时掌握国际本领域最新研究动态;计算机专业人才可以保证文献信息机构数字化系统正常运行,能力强的还可以自己开发建设数据库系统。其他学科毕业的人,因其有其他学科的知识储备,只要在图书馆业务工作上稍加指导,在实际工作中有意多加锻炼,让其可以快速掌握信息服务技能,充分运用此技能,深挖某一学科信息资源,就可以为智库提供精准服务。

(三) 文献信息机构具有平台优势

文献信息机构拥有基于移动互联网、全媒体技术尤其是大数据、云计算技术的各系统数字资源保障平台。[①] 文献信息机构大多有自己独立的基于信息资源导航、检索的服务门户网站,可为智库提供信息保障。智库人员可以直接通过网站了解其拥有的丰富的文献资源和独具

---

① 姜晓婷:《新时代党校图书馆服务新型智库建设路径研究》,《图书馆工作与研究》2018年第6期。

特色的自建专题数据库或购买的专题数据库。各文献信息机构均有如Melinets、Interlib、ILAS、DATATRANS等基于网络信息技术的图书馆业务集成管理系统，可以保证文献信息机构搜集、整理、保存、开发、利用、整合各种信息资源，为方便智库利用文献信息机构的各种信息资源提供了强大的技术支撑。有的文献信息机构还拥有自己的微博和微信公众号，不仅方便智库了解查找馆藏资源，而且智库也可以借助文献信息机构的服务平台宣传自己的观点和看法。这些信息平台为服务新型智库建设所需的数字资源大数据整合提供了必要条件。

(四) 信息联盟建设的现实基础

1. 先进的网络基础

2021年4月25日发布的《数字中国建设发展报告 (2020)》显示，我国已建成全球的规模最大的光纤网络和4G网络，5G商用全面提速，信息技术创新指数在全球的排名，从2015年的第29位跃升至2020年的第14位。[1] 北京、浙江、上海、广东、江苏、天津、山东、湖北、四川、福建10个省（市）的信息化发展水平位居全国前10名。北京、上海和广东在信息技术产业水平方面排名前三；浙江、广东和山东在产业数字化水平方面排名前三；北京、浙江和上海在信息服务应用水平方面排名前三。[2] 2021年2月，中国互联网络信息中心发布的《第47次中国互联网络发展状况统计报告》显示，截至2020年12月，我国网站数量为443万个；网页数量为3155亿个；全国网民规模为9.89亿；互联网普及率达70.4%，全国手机网民9.86亿，网民使用手机上网比例达99.7%；网民使用台式电脑上网的占比为32.8%，笔记本电脑上网的占比为28.2%，电视上网的占比为24%，平板电脑上网的占比为22.9%；光纤接入用户规模达4.54亿户，占固定互联网宽带接入

---

[1] 国家互联网信息办公室等：《数字中国建设发展报告 (2020)》，国家互联网信息办公室，2021年4月25日。

[2] 国家互联网信息办公室等：《数字中国建设发展报告 (2020)》，国家互联网信息办公室，2021年4月25日。

用户总数的 93.9%。① 2020 年，我国电子政务发展指数已上升至全球第 45 位，固定宽带和手机流量平均资费水平相比 2015 年下降幅度超过 95%，平均网络速率提升 7 倍以上。② 这些都为信息联盟的建设提供了良好的网络基础。

2. 新基建和 5G 保驾护航

"区别于传统'基建'，'新基建'主要发力于科技端的基础设施建设"。早在 2018 年年底召开的中央经济工作会议上就明确了 5G、人工智能、工业互联网、物联网等"新型基础设施建设"的定位，此后中央多次会议强调推动 5G 网络、工业互联网等加快发展，并在 3 月 4 日提出要加快 5G 网络、数据中心等新型基础设施建设进度。③

3. 《图书馆法》保驾护航

2017 年 11 月 4 日第十二届全国人民代表大会常务委员会第三十次会议通过的《中华人民共和国公共图书馆法》第三十条规定，公共图书馆应当加强馆际交流与合作。国家支持公共图书馆开展联合采购、联合编目、联合服务，实现文献信息的共建共享，促进文献信息的有效利用。第四十条规定，"国家构建标准统一、互联互通的公共图书馆数字服务网络，支持数字阅读产品开发和数字资源保存技术研究，推动公共图书馆利用数字化、网络化技术向社会公众提供便捷服务"。"政府设立的公共图书馆应当加强数字资源建设、配备相应的设施设备，建立线上线下相结合的文献信息共享平台，为社会公众提供优质服务。"④

---

① 中共中央网络安全和信息化委员会办公室等：《第 47 次〈中国互联网络发展状况统计报告〉》，中共中央网络安全和信息化委员会办公室、中华人民共和国国家互联网信息办公室、中国互联网络信息中心，2021 年。

② 国家互联网信息办公室等：《数字中国建设发展报告（2020）》，国家互联网信息办公室，2021 年 4 月 25 日。

③ 赵东元：《除了特高压，电网企业在新基建中更应该干什么?》，2020 年，清华大学能源互联网创新研究院，http://www.eiri.tsinghua.edu.cn/kycg/yjbg/a08ccc91bb4d4f65a-2432d36cf7c93af.htm。

④ 《中华人民共和国公共图书馆法》，《中国文化报》2017 年 11 月 6 日第 2 版。

4. 信息联盟建设的环境保障

在外部环境上，为了加深和拓展网络空间的国际合作，我国发起多项国际合作倡议，其中包括2016年的《二十国集团数字经济发展与合作倡议》、2018年的《"一带一路"数字经济国际合作倡议》、2020年的《全球数据安全倡议》等。

国内信息化发展环境也在不断优化，最突出的就是信息化发展法律政策框架已经初步形成，知识产权保护力度以及服务能力不断加强。根据《国民经济和社会发展第十个五年计划纲要》，2002年起，我国开始实施全国文化信息资源共享工程，截至目前已实现图书文献、影片、音乐作品、地方特色剧目、美术作品、珍贵文物等多种优秀文化资源的数字化，并通过覆盖全国的文化信息资源网络最大限度地服务社会公众。从各地的发展情况来看，全国31个省市自治区和新疆建设兵团有25个建立了大数据中心，4个直辖市均建立了大数据管理中心（北京市大数据中心、上海市大数据中心、重庆市大数据应用发展管理局、天津市大数据管理中心）。其他省份大数据中心名称虽然不同，如政务服务数据管理局、大数据管理局、数字经济发展中心、大数据中心、省人民政府发展研究中心、大数据局、大数据发展局、省政务大数据中心、政务服务和数字化建设管理局等，但所起的作用是相同的，这些都为信息联盟建设提供了良好的环境保障。

5. 图书馆联盟打下的现实基础

图书馆联盟为信息联盟建设打下了现实基础，做出了示范。从某种意义上讲，信息联盟构建成功，很大概率是因为它是站在图书馆联盟这个"巨人的肩膀上"。如，上海地区的上海市文献资源共建共享协作网。1994年由上海地区公共、科研、高校、情报四大系统图书馆组成的上海市文献资源共建共享协作网，当年在上海图书馆举行《上海地区文献信息资源协作网工作条例》等三个文件的签字仪式时只有19个图书情报机构参加，1999年上海市文献资源共建共享协作网提出了《上海市文献资源共建共享计划》，确定了"信息平台""文献采购协调""实施信息服务与人才培养"等三个具体方案。其成员包括高校图书馆、公共图书馆、区县图书馆等各类型图书馆数十家。由广东省公共图书馆以及高校图书馆和科研图书馆等共同建立的珠江三角洲数字图书馆联盟，是跨系统资源免费共享服务平台。访问不仅不受IP限制，而且文献类型多样，学术资源数以万计亿计。该联盟打破了传统图书馆的局限，把检索范围从一个图书馆馆藏扩展到全球主要图书馆馆藏，同时建立了文献资源共享机制，使文献传递的保障率大幅提升。也有一些地市级小型图书馆，因加入图书馆联盟而得到改观。如2008年，得益于吉林省的图书馆联盟，吉林省乾安县图书馆不仅有了很多新书，还添了电脑，建了网站。

全国党校系统大力推行信息化和数字化建设，使党校图书馆为新型智库提供信息服务的技术手段更具优势。首先，党校系统已基本形成网络联盟体系，实现资源共建共享、网络互联互通，并打通不同层级、不同地域，建立起统一的一站式资源检索和服务平台，目的是实现资源共享、服务共享。例如四川、江苏等省已在省委党校建起涵盖全省各级党校的虚拟专网，在全省党校系统实现了共享数字信息资源。其次，各级党校都是党委的专属单位，与党委的宣传部门及政府部门关系密切。因此党校更易于和党委宣传部门的舆情中心、政府部门的市长热线等负有数据统计职能的部门建立智库战略合作联盟。通过这个联盟相关各方可以分享数据，进行集中研究，还可以进行深度的信息采集、挖掘、关联、揭示与知识发现，共同服务于政府的决策层。①

综上可见，在我国现阶段，以信息为主线建立信息联盟服务智库，更有利于降低各文献信息机构的成本，实现利益互惠、资源共享。

---

① 姜晓婷：《新时代党校图书馆服务新型智库建设路径研究》，《图书馆工作与研究》2018年第6期。

第四节 信息联盟建立的路径选择

各种国际智库联盟、区域性智库联盟、主题类智库联盟、行业性智库联盟的涌现，为信息联盟的建立提供了可资借鉴的经验。但是，相比智库联盟，想要建立信息联盟还是有一定的难度的。智库联盟更多的是思想层面的共鸣，而信息联盟则涉及联盟内的经济利益，很多时候，信息联盟的建立，联盟内部各单位和部门其实都存在一种博弈的心态。比如，如果以智库联盟的形态，建行业性智库联盟应该不是太难的事，但若想建服务智库的行业性信息联盟则会有一定难度。因为各地区无论是人文环境还是经济差异都比较大，如果以行业来建信息联盟，肯定会有不平衡的单位。就像目前，如果我们想把社会科学院系统的图书情报部门联合起来建立信息联盟，就存在一定难度。有些条件好的馆，每年信息资源购置费大概是几百万元甚至上千万元，而当地经济条件差的馆每年只有几十万元甚至有的少的只有十几万元。如果再没有独具特色的资源，连与人家博弈的资格都没有。但这并不等于说没有建信息联盟的可能。如，现在基本可以达到同一系统使用统一著录标准对各自的馆藏信息资源进行建设。各地方社会科学院的图书馆及情报机构可按统一标准先自建和完善本家的馆藏信息资源，再由各馆根据自身条件寻找条件相当、最好是信息资源可以互补的单位，按地域、区域自治形式、馆藏特色资源及资源互补等形式共建信息联盟。形成纸质文献与电子文献相结合、馆藏实体资源与网络虚拟资源相互补充，可以及时、准确、完整地为某一区域或某一专题研究提供系统、完整、准确的最真、最佳的基于大数据等多源数据融合的资源共享的信息联盟。可以先分别建立小范围的信息联盟，待时机成熟后，再由中国社会科学院等权威机构将所有小的相对成型的信息联盟再联合起来，形成完整的社会科学信息联盟，服务我国社会科学智库。

一 按地区建立信息联盟

可以将区域位置相近，经济、文化、外交特色相近的文献信息机构组织起来，结成信息联盟。如，可以建立"东北亚信息联盟"，因为东北三省一区与东北亚各国无论在历史上还是地理环境上都有着千丝万缕的联系，黑龙江、吉林、辽宁、内蒙古三省一区的省级社会科学院的图书情报机构、公共图书馆、档案馆等文献信息机构都收藏有大量与东北亚各国相关的文献信息资源。可以先将东北三省一区的文献信息机构联合起来，由他们负责本省（自治区）及与俄罗斯、日本、韩国、蒙古、朝鲜等东北亚各国相关合作伙伴信息联盟的构建，组成"东北亚信息联盟"。也可以借助已有的"东北亚智库联盟"成员，与其协商建立信息联盟。目前来看，与智库联盟内各单位合作建立信息联盟的做法，应该很适合在已有的区域性智库联盟的现有成员里进行推广实施。依此模式可以建立东亚信息联盟、长三角信息联盟、珠三角信息联盟、东南亚信息联盟等。

二 按区域自治形式建立信息联盟

内蒙古、新疆、宁夏、西藏、广西等自治区社会科学院图书馆，以收藏古今中外与地域相关的少数民族文献资料为重点，形成了具有鲜明民族特色的藏书体系。如，内蒙古自治区社会科学院图书馆收藏的金泥写本《甘珠尔》、北京版蒙古文《大藏经》和《阿勒坦汗传》等均为具有极高学术价值的稀世珍本和孤本；新疆社会科学院图书馆收藏有卷轴装、蝴蝶装、册页装等装饰华丽美观、材质和装饰版本丰富多样的少数民族古籍；宁夏社会科学院社科图书资料中心藏有宁夏地区旧方志、民国时期宁夏文献等；西藏自治区社会科学院文献信息管理处收藏有在内地基本失传的藏文古籍和多卷不同版本的珍贵《大藏经》等。几个自治区可联合起来建立少数民族信息联盟。

三　按馆藏特色资源建立信息联盟

按馆藏特色资源建立信息联盟，可根据各社会科学院图书情报机构馆藏特色相同、馆藏特色互补等归类方法建立信息联盟。如，江西省社会科学院图书馆以收藏革命根据地文献史料为特色；重庆社会科学院图书馆特色馆藏以抗战文件、重庆地方文献为重点；四川省社会科学院文献信息中心有很多民国时期影印本，这些图书情报机构可以联合收藏相关资料的馆建立抗战信息联盟。湖南省社会科学院图书馆有29部古籍入选《国家珍贵古籍名录》，在全国社科院系统中排名第一；广东省社科院图书馆的《广东贡士录》为海内孤本，是其"镇馆之宝"；湖北省社会科学院图书情报中心入藏最早的明嘉靖七年的刻本《唐文粹》等；浙江省社会科学院图书馆特色馆藏文渊阁影印的《四库全书》等291部古籍；贵州省社会科学院图书信息中心藏有元刻本2部，明刻本6部，清初至中期刻本23部及一定数量的民国时期文献；云南省社会科学院图书馆有抄写于1052年的宋代大理国写经《护国司南抄》，是世界仅见的作者、时间、内容均齐全的宋代大理国时代写本佛经；山西省社会科学院图书馆收藏的家谱资料居全国前列。这些单位可联合起来建立古籍信息联盟等。

四　按资源互补的形式建立信息联盟

信息时代，信息传播高度发达，为信息互动、信息整合带来极大便利。各单位之间可以通过彼此合作，借助互联网，利用对方的资源达到信息共享、资源互补。这种合作可以是体力合作或脑力合作，也可以是信息交流合作或资金合作。每个单位先盘点自己的优势资源，找出自己的稀缺资源，通过寻找盟友的方式来让自己更强大。这种信息联盟的每个图书情报机构都可以自己的利益为标准，与其他单位通过利益妥协的方式做出一定让步，从而达成信息共享的目的。如，可以通过建立"一带一路"信息联盟的机会，尽可能地将我国北部和南部、东部和西部的社会科学院图书情报机构联合起来，达到"一带一路"信息资源的最大互补。

五 联合其他系统建立信息联盟

如果跨省建立信息联盟不方便，还可以采取与省内高校、党校等建立跨系统信息联盟。例如，2010年福建社会科学院文献信息中心成为中国高校人文社会科学文献中心CASHL联盟成员，这样它就与全国重点高校文献信息资源体系建立起共建共享平台，服务于福建省经济社会发展和两岸交流与合作。

通过以上几种方式建立信息联盟，每个单位可以同时参加几个联盟，联盟之间也可以有交叉。作为国内公认的专业文献收集最全的中国社会科学院的图书情报机构，若能牵头带领社会科学院系统的图书情报机构建立信息联盟，并在建设过程中利用云计算、云存储、移动网络等技术，不仅可以弥补社会科学院图书情报机构资金紧缺的现状，也有利于提升社会科学院情报信息机构服务智库的能力。

第五节 信息联盟服务智库的尝试

组建智库联盟容易，但信息联盟的组建因为涉及各单位资源的再分配等，做起来还是有一定难度的。因为有为科研、为智库服务的理念的支撑，文献信息机构从来没有停止以信息联盟服务智库的尝试，大的联盟可能无力组建，但可以从课题入手，以信息为主线，以资源共享、互利共赢的理念，通过利用小的信息联盟，共同完成某一课题，逐步积累经验。笔者所在的黑龙江省社会科学院曾与哈尔滨市图书馆及相关企业进行过一些有益尝试。

一 文献信息机构以信息联盟的方式参与"一带一路"课题研究

2018年，我院东北亚研究所和院文献信息中心共同与省委宣传部合作承担了马克思主义理论研究和建设工程年度重大项目《对接"一带一路"中蒙俄经济走廊建设实践研究》。该研究立足于服务"一带一路"中蒙俄经济走廊对接实践,侧重"一带一路"中蒙俄经济走廊建设、黑龙江省对接国家战略的内涵与外延的辩证统一理论与实践的相互印证经验与对策的相互支撑,旨在推动地方对外开放及经济社会发展,突显学术和学理价值,并从理论总结、学术创新角度服务黑龙江省的新型智库建设。为确保信息的科学性、权威性和真实性,课题除大量参阅纸质图书外,为推动学术界和智库建设进一步服务经济社会发展现实的需要,课题组还与黑龙江省发改委和哈尔滨市图书馆进行了信息交流与合作。如从发改委获取最准确的相关数据;与图书馆相关人员合作,通过查找外交部网站、中华人民共和国驻俄罗斯联邦大使馆、中华人民共和国驻蒙古国大使馆等国内外权威机关、传媒或网站获取信息。因此,该课题不仅是政府机关、智库、文献信息机构合作的成功案例,也是一次信息联盟实践的案例。

文献信息机构工作人员通过参与课题,不仅可以对中蒙俄及东北亚地区政治、经济、文化、旅游等方面情况加深了解,而且通过对资料的查找,了解了更多可用于服务智库的信息源,这不仅有助于文献信息机构工作人员未来资料查找精准度的提高,而且有助于文献信息机构未来在相关学术史梳理、综述撰写等二次文献开发和加工上的能力提高,有助于文献信息机构服务智库水平的提升。这种以课题为核心的跨学科、跨系统合作,事先并不需要固定的图书馆联盟提供特定信息,而是在课题完成过程中,由各权威单位出面提供最权威、最可信、最有价值的信息即可,这种信息联盟比起以前的图书馆联盟形式更加灵活。

二 文献信息机构与企业携手服务智库

2017年,我院智库研究人员撰写了一篇关于借"一带一路"倡议契机,拓展黑龙江省与东盟国家合作的建议。文章建议很好,但有些提法让人感觉作者对黑龙江省与东盟的合作还不是很了解。不由想到在之前看过一篇介绍中国已成为印尼第一大贸易伙伴、成为土耳其第二大贸易伙伴的文章中曾提到了哈电集团国际工程公司，于是联系哈电集团国际工程公司的有关领导，向他们了解我省在参与"一带一路"建设中与东盟进行了哪些合作。从哈电集团国际工程公司我们了解到，这家公司凭借先进的技术、精细化的管理、完善的服务，已在巴基斯坦、菲律宾、越南、柬埔寨、伊朗、苏丹、印度、印度尼西亚、土耳其等全球 30 多个国家和地区承建了 50 多个大型电站交钥匙工程和提供电站成套设备，我们咨询他们的时候，其海外在建项目 18 个，分布在 10 个国家和地区，与"一带一路"沿线国家共签约 8 个项目，累计合同额约 46.8 亿美元，连续 6 年实现逆增长式发展。当我们把这些信息提供给智库的研究员时，他们非常激动，认为这可以极大增强他们对策建议的说服力。

在上述文献信息机构服务智库的案例中，不但有图书馆与图书馆的合作、文献信息机构与智库的合作、文献信息机构与政府部门的合作、研究部门与高校的合作、研究部门与智库的合作，而且完成了自然科学与社会科学的跨学界合作及国内外智库的跨国界合作。这些合作，对信息联盟服务智库有以下启示。

一是加深了文献信息机构之间的联系，使彼此对于对方的信息储备有了相应的了解，在未来服务智库的过程中清楚相关信息去哪里查找更准确、快捷，也为信息联盟的建设做了一个铺垫。

二是有助于文献信息机构情报信息人才的培养。文献信息机构的人员通过参加这些课题，不仅圆满完成了任务，而且丰富了自己的知识储备、提高了自己的学术积淀，在未来工作中更能从多角度、全方位去观察、认识、思考问题，更好地服务智库。

三是充分运用网络大数据资源，实现纸质文献信息与电子文献信息的有机结合。

四是为文献信息机构打开了一扇了解省情、国情及国际局势的新视窗，使文献信息机构服务智库的眼界得到了提升。

五是证明构建信息联盟服务智库的理念不仅正确，而且可行。

综上，信息联盟就是有着相同信息需求的文献信息机构，以服务智库为宗旨，以资源共享、互助共赢的理念，遵循信息共享、人员共享、成果共享的原则，针对某一问题、某项课题或某一研究领域的信息需求，临时或长期组建的以信息为主线的联盟。联盟的参与机构可以是智库、文献信息机构、政府部门、企事业单位。参与的资本可以是思想，也可以是纸质文献、电子文献、出土文物、唱片、磁带、图片甚至是一个物件或一句话等。任何加入这个联盟的信息机构都可以成为有用线索或有价值情报的来源机构。

联盟可以是某一地区多系统多部门的联盟；也可以是区域性联盟，也包括城际联盟、跨省联盟、跨国联盟；可以按馆藏特色资源建立联盟；可以按资源互补的形式建立联盟。

联盟合作可以是长期合作式联盟，可以是短期合作式联盟，可以是一次性合作式联盟，也可以是多次合作式联盟。

第十章　文献信息机构服务智库人才的培养

文献信息机构服务智库的功能是指文献信息机构具有哪些服务功能，如借阅功能、参考咨询功能、定题服务功能、舆情监测分析功能、立法决策服务功能、竞争情报服务功能和以信息联盟服务智库的功能等，但这些都需要文献信息中心的人具备相应的能力，这是文献信息机构的软实力。这种软实力称为文献信息机构服务智库的能力。文献信息机构服务智库能力的高低与文献信息机构工作人员驾驭信息、判断信息真伪的能力和运用现代化技术服务智库的能力密不可分。文献信息机构工作人员对文献信息的获取能力、挖掘能力及创新能力更是直接关系到信息服务效果。研究文献信息机构服务智库的能力就是研究文献信息机构在服务智库过程中能干什么，怎么干。

第一节　文献信息机构服务智库人才匮乏及其原因

一　人才匮乏制约了文献信息机构的智库服务

传统文献信息机构的服务功能是基于馆藏文献，向读者提供参考咨询、信息检索、互联网服务、情报信息等方面的帮助，工作重点在于信息的收集、整理、储存等方面。现代技术的发展，为文献信息机构通过智慧服务对文献信息进行深度加工，并根据事实、数据和资料做出深度分析，为用户提供帮助、解答问题等提供了可能。但实际工作中我们却发现，现阶段我国信息服务业信息稀缺和信息过剩同时存在的现象，各类信息机构对信息资源进行深层次挖掘、开发、利用的能力较弱，为智库提供前瞻性、预测性信息的深度服务缺乏，服务层次肤浅。究其原因是不少文献信息机构受传统服务理念制约，思维固化，不愿转变，更缺少创新。主要表现在三个方面。

（一）服务意识落后

大数据、云计算为信息获取带来便利，但这需要文献信息机构的工作人员借助相应工具或软件来完成。文献信息机构工作人员要学会借助互联网、大数据进行知识挖掘、数据挖掘、大数据分析、情报分析等工作，以担起服务智库的重任。但受传统服务模式的影响，我国目前仍有不少文献信息机构的读者服务处于看书守堆的状态，认为买了电子资源就实现了现代化，平时看好书，做好防火、防水、防盗，守好镇馆之宝，来人借书能找到就行。读者服务处于消极应对的状态，缺乏主动服务意识，更缺乏情报信息服务的敏感意识、观察意识和方向意识，服务呈现出明显的同质化、碎片化和平庸化特征。

（二）专业人才匮乏

以往文献信息机构工作人员的专业结构已不能满足现代情报信息服务的需求。随着文献信息机构信息服务业务的不断拓展，数字图书馆、特色数据库逐渐成为图书馆建设的大趋势，这就要求文献信息机构工作人员专业背景多样化，才能够适应大数据、云计算等现代化技术的飞速发展。因此，计算机、外语等专业人才与图书情报专业人才一样成为图书馆必备人才。但是因为缺乏激励机制，导致计算机、外语专业人才不愿意来文献信息机构，而文献信息机构工作人员在这两方面的能力提升又非常缓慢，这种现象在社会科学文献信息机构尤为突出，严重制约了文献信息机构服务智库的脚步。因此，应制定相应的机制加速促进文献信息机构工作人员服务智库能力的提升。

(三) 现代技术对文献信息机构人才的挑战

文献信息机构是建设高质量智库的重要保障，文献信息机构想在服务智库中发挥作用，需要人力资源的保障。信息化、网络化为信息服务带来便捷的同时，也对文献信息机构的信息服务方法提出了挑战。传统的信息挖掘与信息分析是文献信息机构的优势，但现代化技术，尤其是网络通信技术与数字化、云计算的融合，使人们获取情报信息的渠道比以往更多，方式更加便捷和多样化，这必然会使文献信息机构曾经的资源优势弱化。政府和研究机构数据的公开获取，使智库人员数据获取更加便捷；数据集市商务模式的出现，更加剧弱化了文献信息机构数据枢纽的作用。大数据环境下，如何熟练运用现代化技术手段为用户快速查找和提供有价值的信息，是文献信息机构亟待解决的问题。

二 原因分析

信息技术促进了大数据的产生和数量规模的急剧膨胀。国际数据公司监测显示，2013年全球大数据储量只有4.3ZB，2019年则达到41ZB。其中，中美两国在大数据储量方面占据重要地位。这些数据规模巨大，形态多样，需要采用大规模数据采集技术、高效信息处理技术和智能分析技术对所获取数据进行分析、加工和整理。可见，大数据对传统信息服务工作的影响是直接的、全面的、深刻的，甚至可以说是革命性的，主要表现在三个方面。

(一) 信息资源迅速向网络新媒体拓展

新媒体信息最早被情报机构重视和利用，并逐渐受到文献信息机构的关注。但是，新媒体资源规模庞大，结构复杂，稍纵即逝，传统的信息采集、处理和储存技术难以快速将其捕捉，使得极具情报价值的新媒体资源无法成为文献信息机构搜集信息的主渠道。文献信息机构建立涵盖传统文献资源和新媒体资源的信息搜集储存体系迫在眉睫。

（二）信息处理迅速向精细化知识化跃升

持续增长的数据量和多元化的数据格式，推动了一大批新型数据处理技术的发展。

美国开发的 NELL 系统，可以从不规范、有噪声的网页中不间断地自动优化抽取知识，构建知识库。以其 2018 年 9 月的数据统计，其高可信知识条目占其抽取备选知识总条目的 5% 以上。

谷歌于 2012 年 5 月推出知识图谱，直接为用户提供问题的答案。2014 年谷歌在知识图谱的基础上，推出了 Knowledge Vault 知识库，实现了知识可信程度的自动判断。

随着网络新媒体的引入，文献信息机构的信息资源在规模、类型等方面将大为扩展，迫切需要我们运用现代化的手段对这些信息进行处理和知识化组织。

（三）情报研究手段逐步向自动化智能化发展

目前很多文献信息机构的图书情报服务人员还停留在人工搜集、整理分析和研判信息资料准确性及内容的阶段，要从海量信息中发现规律，这种方式既慢又难。若能有效利用云计算技术，让计算机完成初步的情报整编与分析工作，为智库研究的脉络分析、情报预警、趋势预测等提供高效的信息支撑，可让智库专家聚焦于高智力活动，从而大幅提高智库研究工作的效率和质量。

第二节 文献信息机构工作人员应具备的素质及培养方式

为智库提供信息服务离不开信息资源、信息技术，更离不开信息人才。信息资源是智库研究的基础保障，只有不断丰富信息资源总量，扩大信息资源覆盖面，才能为智库研究提供多样化可持续的信息。信息服务人员获取信息、挖掘信息的能力及创新能力更是直接关系服务效果。因此，文献信息机构工作人员既要学会运用现代化信息技术，根据智库建设的具体需求,通过各种渠道搜集、整理、分析相应文献,也要具备脚踏实地甘为他人作嫁衣的情怀;既要提高自身信息素养,也要提升数据素养。正如联合国教科文组织发布的《媒介与信息素养策略与战略指南》中所言:信息素养、数据素养等素养之间存在着相互渗透、相互贯通、相互转化的成长规律。①

一 情怀培养

情怀是一种发自内心的责任感、自豪感、使命感。在实际工作中,情怀比任何技术都重要。情怀是个人修养的体现,也是每个人做好本职工作的基础。2020年开始的新冠疫情的预防和管控,不仅是一场全民阻击战,也是一场信息战、情报战。从信息工作者应有的责任意识出发,各文献信息机构工作人员积极发声,在疫情期间借助互联网+电脑、大数据、云计算等现代技术建言献策;同时,积极推介网上办公、网上读书等云模式;并通过互联网搜集到中国知网、维普网、万方数据等一系列在疫情期间可以免费使用的信息资源,通过网站平台、微信公众号等渠道介绍给智库人员,弥补了智库人员居家办公查找资料的不便,有效满足了智库的信息需求。"凭借自己的专业技能,突破时间和空间的限制,在互联网上承接并完成可以数字化的工作"②的云工作模式,也为文献信息机构工作人员创立了一个可以通过"互联网+平台"收集信息服务智库的新模式。其实,早在疫情发生前的很长时间里,社会科学院的图书情报工作人员就经常通过"互联网+平台"的方式查找、发现并向科研人员推荐一些公益性的与哲学社会科学相关的学术信息平台和免费数据库,如:深受科研人员喜欢的国家哲学社会科学文献中心、国家图书馆、各省市公共图书馆的学习中心,以

---

① 焦海霞:《由信息素养馆员向数据素养馆员转型:动因、模式与路径》,《图书馆学研究》2018年第23期。

② 王建国、吴斌:《云工作时代》,中信出版社2016年版,第46页。

及国内外开放数据库等。有些社会科学院的文献信息机构还自建了一些数据库和平台服务本院智库。如：上海社会科学院通过"建设上海市人文社科智库数字信息平台打造社科研究信息资源共享和知识创新服务网络，提升了社会科学创新水平和智库工作水平"[1]；北京市社会科学院图书馆完成了北京市社会知识库系统和国内外社会科学热点追踪及分析系统的建设[2]；浙江省社会科学院图书馆自建了包括国内外主要研究机构、学术期刊简介链接等的社会科学虚拟图书馆[3]；湖南省社会科学院图书馆与重庆维普资讯公司合作，联合开发了"湖南省社科研究大数据平台"[4]；广东省社会科学院图书馆承担了广东智库信息化平台——理论粤军网的开发建设[5]；贵州省社会科学院图书信息中心开发建设了"贵州省社科云服务平台"[6] 等。这些数据库和平台既凝聚了文献信息机构工作人员信息搜集推介的辛勤和智慧，在信息采集、储存、服务智库等方面都发挥了积极作用；同时，也体现了他们为智库提供服务的情怀。

二 沟通能力培养

文献信息机构工作人员要具备一定的沟通能力，要善于与智库进行互动。正常情况下，决策建议的撰写与论文撰写是有很大不同的，习惯为一般读者、学生及科研人员服务的文献信息机构工作人员应学

---

[1] 王海良、王立伟：《地方社科院信息文献服务创新初探——以上海社科院创新工程数字文献信息平台为例》，《图书馆工作与研究》2016年第7期。
[2] 王京清主编：《笃行致远 砥砺前行：改革开放40年全国社会科学院图书馆发展历程》，中国社会科学出版社2018年版，第190页。
[3] 王京清主编：《笃行致远 砥砺前行：改革开放40年全国社会科学院图书馆发展历程》，中国社会科学出版社2018年版，第292页。
[4] 王京清主编：《笃行致远 砥砺前行：改革开放40年全国社会科学院图书馆发展历程》，中国社会科学出版社2018年版，第354页。
[5] 王京清主编：《笃行致远 砥砺前行：改革开放40年全国社会科学院图书馆发展历程》，中国社会科学出版社2018年版，第366页。
[6] 王京清主编：《笃行致远 砥砺前行：改革开放40年全国社会科学院图书馆发展历程》，中国社会科学出版社2018年版，第407页。

会及时与智库人员进行沟通，了解他们想要些什么，也让智库人员了解文献信息机构能为智库提供什么，让他们相信文献信息机构有能力找到他们想要的内容。因此，沟通能力对文献信息机构工作人员来说非常重要，只有两者互相了解，才能相互信任，文献信息机构才能够将自己的信息资源推荐给智库，而智库也可以更大胆地向文献信息机构提出自己的信息需求，进而获得文献信息机构有针对性的帮助。

　　文献信息机构工作人员与智库人员最好的沟通方式就通过精准信息推送来互相了解。目前我国大多数文献信息机构及知识平台虽已开展信息推送服务，但尚未开展个性化的精准服务，推送内容仅仅围绕个别关键词，尚未建立用户行为分析体系，这是不足，却也为文献信息机构工作人员增加了与智库沟通的机会。一是文献信息机构工作人员可以在大数据的帮助下，对智库文献数据、用户需求和偏好进行整理分析，在深入挖掘有效信息的基础上，通过沟通了解自己找到的重点与智库人员关注的重点是否吻合，在聆听智库反馈意见的同时，修正自己对智库信息需求的认知，及时补充有用的信息，将用户明确表示"不感兴趣"的信息进行剔除，完善推送服务。二是文献信息机构工作人员可以通过与智库人员沟通，了解智库人员兴趣的延续性，预判智库人员的下一步研究，提前进行信息搜集，进而通过建立数据库，为智库人员的研究提供理论和数据支撑。三是文献信息机构工作人员可以通过沟通，了解智库人员对信息需求的层次、时效和数量，不可无休止地重复推送信息，以免引发智库人员的排斥情绪。四是文献信息机构工作人员可以通过沟通，了解智库人员的阅读习惯，选择不同的推送模式，比如有些用户经常使用手机，可以通过微信公众号向其推送消息；有些用户喜欢通过邮箱下载阅读，就要通过邮箱进行推送消息。同时也要通过沟通了解用户上线情况，避免用户错失信息。总之，文献信息机构的工作人员需要通过沟通，了解用户需求，精准提炼整合资源，帮助客户剔除重复冗杂的信息，灵活调整推送模式，提升用户的使用体验，实现个性化精准服务。

三 信息素养培养

置身于大数据时代，文献信息机构工作人员要培养更自觉、更敏锐、更快捷地发现大数据中的情报信息的能力。可以通过参观学习、参加培训、浏览智库网站等方法，提升文献信息机构工作人员的信息素养，培养他们尽快掌握信息服务及信息处理的最新技术，培养他们处理信息的能力，进而提升他们服务智库的能力。

（一）分析能力培养

文献信息机构工作人员在得知智库的研究课题或所需要的信息之后，一方面通过与智库人员交流，了解对方已经掌握文献信息的情况、想要什么样的信息，如，是论文还是专著，是音频、磁带还是图片录像等。另一方面，要了解需要查找的信息所属的学科或主题。在检索前向读者询问得越细，找到的信息的准确度就会越高，从中分析筛出符合智库人员要求的信息的速度也就会越快，这将大大缩短信息推送时间。

（二）信息检索能力培养

信息检索，又称情报检索，广义为"信息存储与检索"，狭义为利用适当的方法和手段从信息集合中查出需要的信息的过程。[1] 与信息检索相关的词还有检索、查询。检索是指运用某种工具，按照一定的方法，从信息集合中查检、寻找所需信息的过程。[2] 查询是指在检索系统中通过导航、浏览、搜索、选择等一系列步骤，获得所需信息的操作过程。[3] 在这个过程中，确定检索词是成功检索的第一步。检索词"过

---

[1] 图书馆·情报与文献学名词审定委员会编：《图书馆·情报与文献学名词》，科学出版社2019年版，第160页。

[2] 图书馆·情报与文献学名词审定委员会编：《图书馆·情报与文献学名词》，科学出版社2019年版，第160页。

[3] 图书馆·情报与文献学名词审定委员会编：《图书馆·情报与文献学名词》，科学出版社2019年版，第160页。

泛"会影响查准率,"过专"则会影响查全率。正确的检索词是个性化定题服务的关键,确定检索词首先要找出智库科研人员课题的关键词或主题词。[①] 还应在此基础上准确分析课题内容,抓住课题的实质,提炼出准确、精练并能充分体现课题主旨的检索词。[②] 为此,信息人员要具备检索词选取能力,要掌握选词技巧,学会选用特定词汇或与该主题相关且更具体的词汇,学会使用多个含义相近的检索词进行检索。

(三) 信息选择能力培养

智库所需信息注重时效性和实用性,信息泛滥造成的资源重复及漏检,会导致智库人员很难及时收到最有价值的准确信息。要做到有针对性(会选择)、及时准确为智库提供信息,要求文献信息机构工作人员在快速准确了解领会智库人员需求的基础上,能够快速确定信息查找的切入点,包括发现与选取素材、关键词、主题词等,确定选用哪种检索工具,在哪个平台寻找信息。此外,文献信息机构还应了解其他众多研究所和同行机构信息资源收藏情况,以便随时选取相应数据库或机构补充自身缺乏的信息资源。因此,较强的信息选择能力,不仅有助于文献信息机构工作人员采集学科内的基础性数据,还有助于其对学术领域内的最新科研成果进行归纳整理,深入阅读文献,对信息内容进行筛选分析,筛掉多余的、滞后的信息,帮助用户有效获取学术前沿动态,调整研究方向,优化研究内容,为智库提供高质量的信息服务。

(四) 情报分析研究能力培养

情报分析研究是对文献情报进行分析与综合的过程,指对反映一定时期某一研究专题领域进展情况的文献情报进行分析和归纳后,形

[①] 周献红:《专业图书馆个性化定题服务探析》,《南阳师范学院学报》2009年第8期。
[②] 沈想明:《高校图书馆如何利用电子学术期刊做好定题服务》,《现代情报》2006年第3期。

成研究报告等可以提供给读者的专题情报或系统化的浓缩情报，满足其全面了解该领域的现状和发展趋势的需要。① 智库所需信息往往并非单纯某一领域的信息，可能还会涉及边缘学科和交叉学科等多领域的内容。文献信息机构工作人员必须具备从大范围、多角度、多层次、多领域检索文献信息，并对众多信息进行专题分析和研究的能力。包括对政府和企业的政策进行情报研究的能力、为正确决策而进行决策情报研究的能力、为长期或全局的战略目标而进行战略情报研究的能力、为解决当前的或具体的问题而进行战术情报研究的能力。

四 数据素养培养

智库所依赖的数据信息各有特色，包括社会数据、经济数据、科学数据。智库对于客观数据、客观环境、事实数据、国际比较和深度分析等方面的信息和数据的需求更强烈一些。目前文献信息机构能提供的服务与智库需求差距较大。

文献信息机构在传统的文献信息资源和数字资源方面有着巨大优势，但是在大数据时代，面对复杂的海量数据，文献信息机构从业人员数据素养的弱势逐渐显现出来。但国内各类文献信息机构对从业人员专门进行数据素养培训的并不多，必须引起文献信息机构的足够重视。运用数据思维增强数据敏感性，借助现代化技术手段对数据进行搜集，用专门的数据分析工具进行数据分析和处理，这些都是文献信息机构工作人员的必备素养。

（一）培养对数据的敏感性

同样查找数据，有的人一天都找不到，有的人却能很快找到；有的人找到的数据并非智库所需，有的人却能找到智库想要却没有想到或无法找到的数据，差别就在于个人的数据敏感性。数据敏感性是指

---

① 图书馆·情报与文献学名词审定委员会编：《图书馆·情报与文献学名词》，科学出版社2019年版，第176页。

对数据和数据问题的感受力，及对数据价值的洞察力和判断力，它决定了文献信息机构工作人员获取、判断和利用数据的自觉度。[1] 它同样需要信息数据检索人员的知识积累。

（二）培养数据的收集能力

数据收集能力是指文献信息机构工作人员知道以什么检索工具、通过什么样的方式、从何处获取所需要的数据和资料的能力，如网站搜集、数据库搜集等。它需要图书情报工作人员了解相关网站及知识归类。

（三）培养数据的分析、处理能力

数据的分析、处理能力指文献信息机构工作人员凭经验或通过一些分析软件判断分析搜集到的信息是否有用，可以归为哪类，提供给什么样的人使用的能力，具体包括"判断数据的有用无用、对各类数据进行分类组织管理、对数据进行准确的解读并加以分析利用"[2] 的能力。

（四）培养数据分析工具使用能力

信息化时代，人人都可以是数据分析师，一个优秀的文献信息机构工作人员更应该具备熟练运用一定的数据分析工具的能力。如 Excel、SQL、Smartbi、Tableau、SPSS、SAS、Python 等可视化分析工具都是信息机构服务智库过程中常用的数据分析工具。

（五）培养利用数据的能力

利用数据的能力就是文献信息机构工作人员结合智库需求对数据进行处理、分析、统计和解释，并最终决定利用哪些数据、如何利用这些数据为智库提供信息服务的能力。

---

[1] 郝媛玲、沈婷婷：《高校文理科研究生数据素养比较》，《图书馆论坛》2016 年第 8 期。
[2] 黄如花、王春迎：《面向学科的数据素养现状及需求调查——以〈信息检索〉MOOC 学生为例》，《图书馆论坛》2016 年第 6 期。

五 利用现代信息技术的能力

文献信息机构工作人员应该是多面手。万物互联时代,"信息化具有全域的渗透性、交织性和融合性特征"。应用现代信息技术,以信息化驱动现代化,就是要利用信息化的全域赋能作用[1],以现代通信、网络、数据库技术为基础,通过情报计量、社会网络分析等手段,使情报学与图书馆学、信息学相融相辅,全方位、多领域、多渠道搜索信息,更好地为智库提供服务。

(一) 运用现代化技术采集检索信息的能力

利用"互联网+人工智能"赋能图情机构信息采集需要具备一些现代技术使用技能。如:图书情报工作人员要服务各学科门类的专业智库,他们在专业知识上比不了专攻某一方面知识的科研人员,也没必要过多参与某一学科研究,他们需要的是依靠自己的学术研究眼光和学术关怀,处理、甄别海量信息。但面对因信息过载与信息失真并存而导致的信息泛滥的状况,仅凭文献信息机构工作人员个人力量极易造成信息误判。这就需要借助专业的数据分析工具,充分挖掘数据背后的信息价值,建立完备的数据信息库。而人工智能的认知技术"不仅可以及时发现线索、发现信息、发现热点,也可以结合场景通过计算去做深度的分析和判断"[2],更重要的是,人工智能芯片的计算能力增长迅速,据统计,其在 2019 年前的 6 年间增长了 30 万倍[3],而且速度仍在增长。如果以"互联网+人工智能"赋能文献信息机构的信息搜集、检索、筛查、选取,则可以缩短对海量信息进行筛查、甄别的时间、提高信息审阅效率,使信息服务真正做到准确、及时,进而

---

[1] 王世伟:《信息化具有全域赋能作用》,《人民日报》2019 年 4 月 12 日第 9 版。
[2] 林松涛:《AI 赋能智媒时代 人工智能在媒体行业的场景服务》,《互联网经济》2019 年第 7 期。
[3] 连诗路:《AI 赋能:AI 重新定义产品经理》,电子工业出版社 2019 年版,第 340 页。

提升文献信息机构服务智库的水平。因此，要积极开展针对文献信息机构工作人员专业领域知识及专业软件使用方式的系统培训，提高文献信息机构工作人员借助现代技术设备进行信息检索、采集、挖掘、处理，以及选择分析等的能力，进而提升文献信息机构的服务质量。

（二）计算机编程及数据库设计使用的能力

除传统纸质藏书、专题书库外，数据库已成为现代信息储存的最佳选择。在了解智库建设基本需求的基础上，建设特色数据库能够有效提高文献信息机构服务智库的质量。我国许多地区的文献信息机构已经运用专业软件针对机构的具体工作建立了相应主题的特色数据库，有条件的单位还可以辅助用户建立私人数据库。私人数据库能够满足用户的个性化信息需求，用户可以根据自身需求和主题偏好，从浩瀚的资源库中获取自己需求的信息，将自己搜寻到的信息保存起来，随时可以通过访问数据库阅读。此外，系统还会根据私人数据库的设置，自动为用户推送相关领域的最新内容。这就需要文献信息机构培养一批会编程及其他计算机技术的人员。

（三）跟踪新兴技术发展的能力

信息技术对于文献信息机构各项信息服务的发展十分重要，因此文献信息机构工作人员要时刻保持对信息技术的敏锐性，跟踪新兴技术发展，关注信息技术在服务智库中的应用。5G、人工智能（AI）、增强现实（AR）、虚拟现实（VR）、云计算、区块链等技术的出现，不仅会对文献信息机构信息搜集、组织、传播带来影响，其沉浸式体验也会为智库、为决策者带去感官冲击，对提升决策建议可读性，提升文献信息机构数字智能化建设产生意想不到的作用。

六　注重人才积累

党政军部门、社会科学机构、高等院校研究所，或民间智囊公司，都需要逐步培养起一支服务于现代化智库的专业人才队伍。近年来不少文献信息机构通过大力引进博士、海外留学人员等方式,初步组建了高学历、专业化、技术型的高水平智库服务队伍,为文献信息机构服务智库的建设奠定了坚实基础。但是还有很多文献信息机构面临着人才不足的困境,有必要通过以下途径引才、留才。

(一) 制定留人政策

可以通过制定一系列人才优惠政策,保住现有专业人才。除给予文献信息机构工作人员与智库研究人员相等待遇外,在职称评聘上,也应给予文献信息机构优秀人才与智库人员相同数量或比例的指标等。

(二) 加强人才培养

为保证服务智库的专业人才队伍可持续发展,一是可以通过传帮带等形式,让文献信息机构的老同志向年轻人教授文献信息机构已有的做法和经验,使文献信息机构的先进经验可以得到传承;二是文献信息机构各系统可加强学术交流、人才交流,为人才知识和能力的提高创造条件。

(三) 人才梯队建设

智库的各学科都有自身的人才梯队,文献信息机构也应建设自己的人才梯队。在人才选拔上不仅应注重知识机构、年龄结构,更要注重人员的创新服务意识。

(四) 以先进的工作环境留人

应努力建设一个资源丰富、设施先进、高水平、现代化、标准化的文献信息机构。如果文献信息机构基础设施跟不上,即使引进了人才,最终也会因英雄无用武之地而导致其另择高枝。

参考文献

一 中文文献

（一）专著

陈建龙、申静：《信息服务学导论》，北京大学出版社2017年版。

郝晓伟：《网络舆情监测：理论与实践》，国家行政学院出版社2015年版。

蒋永福编著：《图书馆学基础简明教程》，知识产权出版社2012年版。

金彩红、黄河等：《欧美大国智库研究》，上海社会科学院出版社2016年版。

荆林波：《全球智库评价报告（2015）》，中国社会科学出版社2016年版。

李振华：《数字信息环境下图书馆信息资源建设与共享》，九州出版社2012年版。

李忠昊主编：《1912—2012四川省图书馆百年馆庆纪念文集》，四川人民出版社2013年版。

连诗路：《AI赋能：AI重新定义产品经理》，电子工业出版社2019年版。

刘萌：《文书与档案管理》（电子版），电子工业出版社2010年版。

芦珊主编：《网络舆情监测与研判》，人民邮电出版社2021年版。

彭国莉：《政府信息资源的图书馆开发利用模式研究》，中国社会科学出版社 2013 年版。

戚志芬编:《参考工作与参考工具书》,书目文献出版社 1988 年版。

图书馆·情报与文献学名词审定委员会编:《图书馆·情报与文献学名词》,科学出版社 2019 年版。

王建国、吴斌等:《云工作时代》,中信出版社 2016 年版。

王京清主编:《笃行致远　砥砺前行:改革开放 40 年全国社会科学院图书馆发展历程》,中国社会科学出版社 2018 年版。

王绍平、陈兆山、陈钟鸣等编著:《图书情报词典》,汉语大词典出版社 1990 年版。

王世伟:《专业智库研究》,上海社会科学出版社 2018 年版。

吴洁霞主编:《广西重点产业专利竞争情报实践案例研究》,知识产权出版社 2015 年版。

谢新洲主编:《竞争情报进展 2014》,华夏出版社 2016 年版。

徐明友:《文书与档案管理》,电子科技大学出版社 2014 年版。

曾忠禄:《21 世纪商业情报分析:理论、方法与案例》,中国经济出版社 2018 年版。

赵冰峰:《情报学:服务国家安全与发展的现代情报理论》,金城出版社 2017 年版。

朱旭峰:《改革开放与当代中国智库》,中国人民大学出版社 2018 年版。

[美] W. A. 卡茨:《参考工作导论:基本参考工具书》,戴隆基等译,书目文献出版社 1986 年版。

[美] 罗伯特·克拉克:《情报分析:以目标为中心的方法》,马忠元译,金城出版社 2013 年版。

[美] 罗伯特·克拉克:《情报搜集技术》,陈烨、步凡译,金城出版社 2015 年版。

[美] 杰罗姆·劳泽著,[美] 简·戈德曼改编:《情报研究与分析入门》,辛昕等译,金城出版社 2016 年版。

(二) 期刊论文

艾霞、邹艳秋:《发挥馆藏作用 服务小康社会》,《质量天地》2003年第12期。

安海宁、程子彧、王瑞峰:《网络环境下数字档案馆的新型信息服务》,《兰台世界》2008年第16期。

毕煜、刘文云:《基于机构知识库系统构建学科决策智库——以山东理工大学科技信息研究所为例》,《情报理论与实践》2016年第6期。

碧莲:《古代的中央参谋机关与文秘单位》,《文史杂志》2020年第3期。

蔡晨风:《美国国会研究部:议员的思想库》,《人大研究》2001年第7期。

蔡晨风:《解读西方议会⑤国会研究部:美国议员的思想库》,《浙江人大》2005年第9期。

蔡雯、蔡秋芃:《媒体办智库:转型期的实践探索和理论发展——对2008—2018年媒体智库及相关研究的分析》,《国际新闻界》2019年第11期。

曹晨晨、卢章平:《美国国会图书馆立法服务路径启示》,《图书馆学研究》2019年第23期。

曹树金、岳文玉:《国内外支持创新的情报学研究主题与趋势分析》,《现代情报》2021年第12期。

陈安洲、许玉梅:《国家图书馆建立竞争情报数据库平台的可行性研究》,《图书馆理论与实践》2010年第4期。

陈贝:《公共图书馆智库建设冷思考》,《智库时代》2019年第20期。

陈彬、高亚光:《基于文献计量的国内高校图书馆竞争情报研究解析》,《图书情报导刊》2018年第4期。

陈成鑫、曾庆华:《情报研究视角下智库情报能力建设路径》,《图书情报工作》2018年第21期。

陈春英:《浅谈知识经济时代图书馆功能的转变》,《现代医院》2004年第3期。

陈凤娟、卞海波、张浩:《副省级及以上城市公共图书馆立法决策服务研究》,《现代情报》2012年第9期。

陈凤娟:《公共图书馆立法决策服务现状及平台构建研究——以省级公共图书馆为例》,《情报探索》2014年第12期。

陈根喜、张吉满:《谈档案三次文献的选题》,《陕西档案》1999年第1期。

陈华、徐琰、沈婕:《关联数据环境下的图书馆智库服务模式研究》,《图书馆学研究》2017年第15期。

陈华、徐琰:《高校图书馆智库的系统动力学模型》,《图书馆》2018年第1期。

陈凌、辛立艳:《面向政府危机决策的信息保障体系研究》,《情报科学》2013年第3期。

陈南仿:《高校科研活动与高校图书馆的科研竞争情报服务》,《内蒙古科技与经济》2017年第21期。

陈茜:《公共图书馆为党政机关提供立法决策服务的思考——以福建省图书馆为例》,《福建图书馆学刊》2021年第1期。

陈琴、蒋合领、王晴:《基于CSSCI的我国智库研究态势可视化分析》,《情报杂志》2015年第7期。

陈琴、蒋合领:《基于WoS核心合集的国际智库研究可视化分析》,《情报资料工作》2016年第1期。

陈素梅:《加强公共图书馆定题服务的实践与思考》,《现代情报》1999年第3期。

陈威龙:《德国科学和政治基金会创新研究与成果管理经验启示》,《智库理论与实践》2019年第4期。

陈晓红、考红:《高校图书馆科研定题服务工作理论与实践探讨——以华北科技学院图书馆为例》,《现代情报》2009年第7期。

陈燮君:《知识经济的"信息动力"与图情一体化的信息研究和开发——三论上海图书馆新馆社科功能的深层开发年》(下),《图书馆杂志》1999 年第 1 期。

陈学艳:《县(市)公共图书馆应发挥智囊团作用,为领导决策服务》,《图书馆学研究》1990 年第 1 期。

陈炎:《图书馆立法决策信息服务用户定位探析》,《图书馆建设》2015 年第 2 期。

陈炎、李月明:《图书馆立法决策信息服务文献研究综述》,《河南图书馆学刊》2015 年第 9 期。

陈炎:《图书馆立法决策信息服务的问题及对策探析》,《图书馆工作与研究》2016 年第 2 期。

陈英爽:《俄罗斯议会图书馆文献信息服务与资源建设》,《传播与版权》2017 年第 8 期。

陈媛媛、李刚:《智库网站影响力评价指标体系研究》,《图书馆论坛》2016 年第 5 期。

陈媛媛:《智库学术影响力评价研究》,《图书馆论坛》2017 年第 12 期。

陈哲:《国内外图书馆联盟信息资源共享模式比较研究》,《现代情报》2012 年第 1 期。

陈振英、黄晨:《浙江大学图书馆智库服务实践与思考》,《图书馆杂志》2019 年第 5 期。

陈卓然:《定题服务是高校情报工作的突破口》,《情报学刊》1988 年第 3 期。

程宏、刘志光:《省思中国智库建设中的知行关系》,《智库理论与实践》2021 年第 1 期。

程焕文、刘佳亲:《挑战与回应:中国高校图书馆的发展方向》,《中国图书馆学报》2020 年第 4 期。

程结晶、熊冬萍:《省级公共图书馆为企业提供信息服务的调查与分析》,《国家图书馆学刊》2012 年第 1 期。

程娟、裴雷:《图书馆数字信息资源联盟发展策略——以湖北高校数字图书馆建设为例》,《大学图书馆学报》2008年第3期。

初景利、唐果媛:《图书馆与智库》,《图书情报工作》2018年第1期。

储节旺、曹振祥:《创新驱动发展的专利情报战略研究》,《现代情报》2017年第9期。

戴大鸿:《大数据环境下的高校图书馆员数据素养研究》,《科技创新导报》2020年第7期。

戴建陆、金涛:《基于智库服务的地方社科院网络公共资源开发研究》,《河南图书馆学刊》2018年第5期。

邓金霞:《网络环境下高校图书馆期刊工作探讨》,《农业网络信息》2011年第9期。

刁霄宇:《我国图书馆联盟特色数据库建设现状研究》,《四川图书馆学报》2018年第2期。

刁羽:《基于小数据的高校图书馆智库型信息咨询服务模式研究》,《图书馆工作与研究》2019年第8期。

丁波涛:《中国—东盟信息化合作现状与发展前景》,《东南亚纵横》2017年第4期。

丁立宁、刘海昕:《智库视角下图书馆信息服务模式发展研究》,《黑龙江科学》2019年第1期。

丁明磊、陈宝明:《建设中国特色科技创新智库体系的思路与建议》,《科技管理研究》2016年第5期。

丁晓宇、熊彬:《信息机构的信息服务质量分析》,《技术与市场》2010年第5期。

丁炫凯、徐致远:《我国互联网企业智库成果量化分析——以百度、阿里巴巴、腾讯(BAT)为例》,《图书馆论坛》2016年第5期。

丁莹:《提升高校图书馆科研竞争情报服务质量的研究》,《中国管理信息化》2016年第3期。

丁祖峰:《公共图书馆为政府新型智库建设提供决策信息服务的思考》,

《新世纪图书馆》2016 年第 12 期。

董润丽：《推进吉林联盟建设 实现区域性信息资源共享》，《图书馆学研究》2008 年第 11 期。

杜锦绣、蔡静：《网络舆情监测的数据采集与文本分类技术分析》，《无线互联科技》2019 年第 15 期。

段爱龙：《美国智库产生的时代背景及传播路径研究》，《现代交际》2017 年第 6 期。

段欣然、黄丽霞：《高校图书馆开展企业竞争情报服务的策略研究》，《农业图书情报学刊》2016 年第 5 期。

顿珊珊：《例谈历史教学情境的创设》，《教育研究与评论》（中学教育教学）2014 年第 5 期。

[喀麦隆] 恩科罗·福埃、曾珠：《"一带一路"倡议与非洲一体化》，《中国非洲学刊》2020 年第 1 期。

凡庆涛、肖雯、杜赟：《智库视角下科技情报机构转型发展的研究》，《天津科技》2017 年第 1 期。

樊合成、陈树宁、王守宏：《试论公开情报研究》，《现代情报》2004 年第 1 期。

范并思：《文献信息资源共享理论的新视野——兼评〈上海地区文献信息资源共享问题研究〉》，《情报资料工作》1999 年第 4 期。

费晶：《面向新型智库建设的高校图书馆服务与发展研究》，《图书与情报》2017 年第 1 期。

冯惠玲：《学科探路时代——从未知中探索未来》，《信息资源管理学报》2020 年第 3 期。

冯杰、冯湜：《中小城市的高校图书馆要为发展乡镇企业服务》，《吉林教育科学》1995 年第 3 期。

冯玲、黄文镝、韩继章：《全国文献资源调查与布局期间图书馆协同协作活动特征研究》，《图书馆理论与实践》2010 年第 6 期。

符福峘：《论管理决策科学化与综合性情报研究工程》，《情报理论与实践》2004 年第 5 期。

符勤：《丹麦模式的图书馆资源共享服务体系探析》，《图书馆》2012 年第 3 期。

高波：《日本图书馆文献信息资源共享的历史与现状》，《图书馆理论与实践》2004 年第 1 期。

高虹：《高校图书馆科研定题服务研究》，《农业图书情报学刊》2017 年第 4 期。

高静：《新疆图书馆决策咨询服务发展现状研究》，《办公室业务》2019 年第 14 期。

高燕：《网络环境下高校图书馆图书情报定题服务研究》，《许昌学院学报》2018 年第 10 期。

龚花萍、高洪新、胡媛：《功能型图书馆智库服务模式及发展研究》，《图书馆学研究》2017 年第 8 期。

龚绍裘：《图书馆与思想库》，《情报资料工作》1997 年第 2 期。

龚绍裘：《图书馆与思想库》，《图书馆杂志》1996 年第 2 期。

龚雪竹：《全球高校智库发展对图书馆服务的启示》，《现代情报》2018 年第 10 期。

官凤婷、高波：《我国高校图书馆信息资源共享现状研究》，《图书情报知识》2012 年第 3 期。

郭爱菊：《公共图书馆嵌入新型智库服务研究》，《图书馆工作与研究》2018 年第 3 期。

郭华、宓一鸣、袁正光等：《新型智库服务政府决策能力的创新思考》，《图书馆理论与实践》2018 年第 6 期。

郭华、史健勇、曹如中等：《情报机构向智库转型发展的契合关系研究》，《图书馆理论与实践》2017 年第 7 期。

韩冬临、吴亚博：《中国互联网舆情热点与地方政府回应——基于〈中国社会舆情年度报告〉（2009—2013）的分析》，《公共行政评论》2018 年第 2 期。

郝丽阳：《我国互联网政务服务能力建设扎实推进》，《网络传播》2021年第5期。

何健、王岩：《科研定题服务工作的策略研究》，《科技信息》2009年第27期。

贺淑琴：《我国公共图书馆智库建设和服务的调查与思考》，《河南图书馆学刊》2019年第7期。

贺晓丽、杜芳：《中国特色新型智库的信息保障机制构建——基于美国智库信息保障经验的启示》，《行政与法》2019年第8期。

贺志刚、隋银昌：《竞争情报服务——高校图书馆信息咨询服务的新课题》，《图书馆论坛》2002年第6期。

侯林丽：《高校图书馆智库服务现状的调查与分析》，《兰台内外》2021年第7期。

胡胜男、敬卿：《面向军队院校智库的图书馆文献情报服务转型研究》，《智库理论与实践》2017年第3期。

胡薇薇：《大数据时代高校图书馆信息服务的智库功能定位研究》，《河南图书馆学刊》2018年第6期。

胡晓梅、单瑞芳：《省级公共图书馆立法决策服务评价体系探究》，《农业图书情报学刊》2017年第11期。

胡燕：《智库馆员素养能力发展路径研究》，《图书馆工作与研究》2018年第12期。

黄琛：《国家博物馆宣教模式的新思考》，《中国博物馆》2011年第1期。

黄红梅：《基于智库资源的学科服务实证研究——以大连外国语大学为例》，《图书馆》2016年第3期。

黄晋鸿、曲海燕：《新时代中国特色新型智库的行为评价研究——基于2016—2019年全国31家省级社会科学院的调查数据》，《情报理论与实践》2021年第7期。

黄静：《图书馆在舆情监测分析中的优势》，《学园》2018年第15期。

黄静:《国家图书馆舆情监测工作浅析》,《河南图书馆学刊》2019 年第 3 期。

黄开木、樊振佳、卢胜军等:《基于链接分析法的中美智库网站比较研究》,《情报理论与实践》2014 年第 11 期。

黄力:《图书馆与公共决策》,《图书馆论坛》2006 年第 4 期。

黄琳皓:《高校图书馆竞争情报服务新论》,《图书馆界》2015 年第 4 期。

黄平:《大数据环境下的图书馆竞争情报服务发展对策研究》,《科技与创新》2016 年第 24 期。

黄倩:《政策分析视角下的中国特色新型高校智库建设》,《扬州大学学报》(高教研究版) 2017 年第 4 期。

黄如花、李白杨、饶雪瑜:《面向新型智库建设的知识服务:图书情报机构的新机遇》,《图书馆》2015 年第 5 期。

黄唯:《发挥高校图书馆的智库功能 推进本地企业发展》,《图书情报工作》2011 年第 S1 期。

黄晓斌、林菁:《面向新型智库的情报服务创新策略》,《科技情报研究》2020 年第 1 期。

黄晓斌、罗海媛:《国内竞争情报研究主题的演化与热点发展——基于中国科技情报学会竞争情报分会年会论文分析》,《现代情报》2019 年第 1 期。

黄晓斌、彭佳芳:《广东地方特色新型智库建设现状调查与分析》,《图书馆论坛》2020 年第 8 期。

黄晓斌、王尧:《地方文献与地方特色新型智库建设》,《图书情报知识》2016 年第 1 期。

黄晓斌、王尧:《我国智库建设的情报保障研究进展》,《情报理论与实践》2017 年第 5 期。

黄晓斌、王尧:《国外图书情报机构服务智库的做法及其启示》,《现代情报》2018 年第 3 期。

黄晓斌：《试论图书馆决策的科学艺术化》，《图书馆学研究》1989 年第 4 期。

黄秀满：《大数据环境下的图书馆竞争情报服务发展对策研究》，《图书与情报》2016 年第 1 期。

黄雪婷：《顾家杰民国时期图书馆生涯、著述及贡献》，《新世纪图书馆》2019 年第 5 期。

黄悦深：《美国流动图书车服务研究》，《图书馆建设》2010 年第 12 期。

黄长伟、曲永鑫：《高校图书馆智库能力建设探究》，《现代情报》2016 年第 11 期。

黄长伟、曲永鑫：《高校图书馆智库平台建设探究——以哈尔滨商业大学图书馆为例》，《图书馆学研究》2016 年第 12 期。

黄长伟、陶颖、孙明：《高校图书馆参与智库信息服务保障体系建设研究》，《图书馆工作与研究》2018 年第 7 期。

黄长著、霍国庆：《我国信息资源共享的战略分析》，《中国图书馆学报》2000 年第 3 期。

黄长著：《对情报学学科发展的几点思考》，《信息资源管理学报》2018 年第 1 期。

黄长著：《用发展的视角观察发展中的图书馆学情报学》，《情报资料工作》2010 年第 1 期。

黄正良、卜子俊：《新时期图书馆服务创新论》，《大理学院学报》2003 年第 4 期。

黄宗忠：《对图书馆定义的再思考》，《图书馆学研究》2003 年第 6 期。

吉亚力、田文静、董颖：《基于关键词共现和社会网络分析法的我国智库热点主题研究》，《情报科学》2015 年第 3 期。

计宏亮、赵楠、缐珊珊：《构建智库型国防科技情报研究能力体系的探索》，《情报理论与实践》2017 年第 7 期。

季婉婧、曲建升：《国际典型科技智库的类型及其产品特点分析》，《图书与情报》2012 年第 5 期。

贾秀芳：《基于决策机构需求的分布式共享档案信息平台搭建》，《兰台世界》2019年第6期。

贾旭楠：《高校图书馆智库建设SWOT分析及策略研究》，《图书馆工作与研究》2019年第3期。

江彦、娄冬：《定题信息服务质量的影响因素及提升策略研究》，《图书馆学研究》2016年第19期。

姜晓婷：《当前中国图书情报机构服务智库建设的路径探究》，《农业图书情报学刊》2018年第3期。

姜晓婷：《新时代党校图书馆服务新型智库建设路径研究》，《图书馆工作与研究》2018年第6期。

蒋敏：《中国图书馆联盟的建设与信息资源共建共享的发展》，《图书馆研究与工作》2006年第4期。

蒋勋、张志祥、朱晓峰等：《大数据驱动智库应急决策的情报架构》，《情报理论与实践》2019年第8期。

焦海霞：《由信息素养馆员向数据素养馆员转型：动因、模式与路径》，《图书馆学研究》2018年第23期。

金波、晏秦：《数据管理与档案信息服务创新》，《档案学研究》2017年第6期。

金朝阳：《省级及副省级公共图书馆立法决策咨询服务现状调查》，《农业图书情报学刊》2012年第9期。

金嘉毓：《在线调查应当成为图书馆读者问卷调查的重要手段》，《图书馆建设》2009年第1期。

金卫东：《浙江省公共图书馆信息服务联盟建设研究》，《图书馆学研究》2013年第24期。

金晓东：《公共图书馆对中小企业竞争情报服务策略研究》，《河南图书馆学刊》2016年第11期。

金学慧、付宏：《情报与智库对比研究——基于理论研究视角》，《图书情报工作》2017年第7期。

孔志军：《国外信息资源共建共享研究现状及发展趋势》，《图书馆建设》2008年第5期。

邝婉玲、高波：《国外图书馆联盟组织管理模式研究》，《图书情报工作》2019年第9期。

赖龙扬：《教育变革和学校图书馆的使命》，《中小学图书情报世界》2008年第10期。

兰月新、张丽巍、王华伟等：《面向风险监测的网络舆情异常感知与实证研究》，《现代情报》2022年第3期。

蓝开辉：《基于人工智能技术的高校体育智慧系统研究》，《西安文理学院学报》（自然科学版）2021年第2期。

李爱华、蔡宏、蔡越蠡：《新信息环境下高校图书馆智库能力建设研究——以吉林特色新型智库为例》，《图书情报工作》2016年第22期。

李灿：《高校图书馆联盟研究对广东高校图书馆联盟建设的启示》，《图书馆学研究》2011年第8期。

李承鑫：《相互结合，为领导决策服务》，《图书馆理论与实践》1992年第4期。

李纯、张冬荣：《科技智库的社会经济数据需求及其建设模式案例分析》，《图书情报工作》2015年第11期。

李纯、张冬荣：《科技智库数据信息服务模式研究》，《情报理论与实践》2016年第6期。

李方：《陕西公共图书馆"两会"服务现状与思考》，《内蒙古科技与经济》2015年第14期。

李芳菊、陈峰：《专业图书馆开展竞争情报服务的调研分析》，《中国科技资源导刊》2017年第6期。

李刚、倪波：《文献资源建设研究进展》，《情报学报》2001年第6期。

李纲、李阳：《情报视角下的智库建设研究》，《图书情报工作》2015年第11期。

李纲、李阳：《面向决策的智库协同创新情报服务：功能定位与体系构建》，《图书与情报》2016年第1期。

李国强、徐蕴峰：《学习习近平"智库观"，推动中国智库建设健康发展》，《智库理论与实践》2017年第2期。

李国强：《对"加强中国特色新型智库建设"的认识和探索》，《中国行政管理》2014年第5期。

李会艳、周秀泉：《高校图书馆提供竞争情报服务研究》，《兰台世界》2015年第5期。

李嘉璐：《大数据环境下行业高校图书馆面向企业情报服务模式研究》，《现代情报》2016年第4期。

李健：《浅谈中外博物馆异同》，《中国纪念馆研究》2013年第2期。

李景峰、任煦、毋江波：《我国竞争情报研究的动态及热点分析——基于中国竞争情报年会会议论文的计量统计》，《高校图书馆工作》2016年第5期。

李铭：《高校图书馆信息资源共享发展的若干思考——基于区域性高校图书馆联盟信息资源共享现状的调查》《图书馆研究》2014年第2期。

李南凯：《探索中国特色新型科技创新智库建设的思考》，《安徽科技》2015年第3期。

李楠、张莉：《国家图书馆竞争情报服务发展策略》，《国家图书馆学刊》2013年第5期。

李楠：《国家图书馆竞争情报服务发展历程概述》，《办公室业务》2014年第8期。

李宁、赵亚芝、赵兴荣：《科技信息扩散进程中潜在信息吸纳者演化博弈分析》，《情报科学》2016年第2期。

李品、杨国立：《智库建设中情报的功能定位与功能实现》，《图书情报工作》2018年第8期。

李少鹏：《公共图书馆主题图书馆建设探索——以广州图书馆立法分馆

为例》,《图书馆学刊》2018 年第 5 期。

李苏:《基于云计算的多源信息服务系统研究综述》,《数码世界》2019 年第 7 期。

李伟:《社科智库信息服务联盟建设研究》,《知识经济》2015 年第 21 期。

李杏丽:《中国企业竞争情报研究地图(1987～2016 年)》,《情报科学》2017 年第 10 期。

李祎:《基于图书情报机构智库建设的知识发现系统构建研究》,《图书馆工作与研究》2017 年第 2 期。

李勇:《"双高计划"背景下高职院校图书馆资源建设研究——以湖南省 11 所高职院校图书馆为例》,《湖北职业技术学院学报》2021 年第 1 期。

李月明:《基于新型智库理念的公共图书馆决策咨询服务研究——以湖南图书馆工作实践为例》,《图书馆工作与研究》2018 年第 6 期。

李韵婷、郑纪刚、张日新:《国内外智库影响力研究的前沿和热点分析——基于 CiteSpace V 的可视化计量》,《情报杂志》2018 年第 12 期。

李宗富、杨莹莹、王晓燕:《综合档案馆参与国家智库建设的 SWOT 分析与策略选择》,《山西档案》2021 年第 2 期。

廉立军:《学科化服务支撑特色智库建设创新集成运行机制构建研究》,《图书馆工作与研究》2016 年第 11 期。

梁启东:《阅读天堂与童话王国:丹麦图书馆的推广阅读与终身学习》,《图书馆杂志》2013 年第 11 期。

梁宵萌:《美国顶级高校智库的信息服务调查》,《图书馆论坛》2017 年第 8 期。

梁宵萌:《图书馆智库功能探析》,《图书馆》2018 年第 1 期。

梁宵萌:《哈佛大学图书馆面向智库的服务策略与启示》,《图书馆论坛》2019 年第 7 期。

梁宵萌：《美国高校图书馆智库馆员服务调查与启示》，《图书馆论坛》2019 年第 9 期。

廖迅：《图书馆的智库型专报服务——以国家图书馆〈食药决策参考〉为例》，《图书馆论坛》2019 年第 6 期。

林琳：《国内外信息安全现状研究分析》，《信息安全与技术》2015 年第 9 期。

林松涛：《AI 赋能智媒时代 人工智能在媒体行业的场景服务》，《互联网经济》2019 年第 7 期。

林赞声、陈干全、刘鑫：《面向政府决策服务的新型智库建设：重点、问题与路径——兼以高校智库为例》，《皖西学院学报》2017 年第 4 期。

林章武、傅文奇：《博弈论视角下图书馆联盟应对数据库商的制衡策略》，《图书馆学研究》2011 年第 13 期。

林志华：《我国图书馆智库建设服务研究综述》，《图书馆工作与研究》2017 年第 6 期。

刘爱华：《智库建设背景下党校图书馆服务转型思考》，《中共福建省委党校学报》2015 年第 12 期。

刘爱华：《在新型智库建设中提升党校图书馆服务能力》，《中共福建省委党校学报》2016 年第 7 期。

刘爱荣：《迎接知识经济挑战 拓展图书馆服务功能》，《甘肃社会科学》1999 年第 2 期。

刘春艳、赵丽梅：《我国智库知识管理与情报服务创新研究现状与展望》，《现代情报》2018 年第 2 期。

刘丹：《医学图书馆竞争情报服务》，《医学信息学杂志》2015 年第 1 期。

刘德勇：《美国国会图书馆版权局职能探析》，《内蒙古科技与经济》2015 年第 16 期。

刘风光、柴韬、李海红等：《大数据环境下智库信息服务能力探究——

以河北省智库建设为例》,《图书馆工作与研究》2018年第7期。

刘凤侠、潘香岑:《"双一流"建设背景下高校图书馆新型智库服务实证研究——以沈阳农业大学图书馆为例》,《图书馆工作与研究》2018年第9期。

刘昊、张志强、田鹏伟等:《美国一流智库在网络安全领域的研究成果分析——基于文本量化的视角》,《图书与情报》2017年第3期。

刘纪刚:《区域图书馆联盟服务现状与比较分析》,《图书馆界》2012年第2期。

刘建强:《曾国藩幕府的演变、特色与影响》,《湖南工程学院学报》(社会科学版)2005年第4期。

刘梦洁:《信息时代图书、档案、情报的合作共建》,《文史月刊》2012年第8期。

刘秋萍:《基于现代档案管理的档案馆建筑设计探讨》,《兰台世界》2012年第17期。

刘如:《面向智库转型的科技情报机构知识服务体系构建》,《农业图书情报学刊》2018年第1期。

刘速、刘妍序:《试析我国图书馆智库服务策略》,《图书馆工作与研究》2017年第5期。

刘伟东:《社会科学院图书情报机构服务智库研究》,《情报资料工作》2020年第5期。

刘细文:《开放创新战略与技术竞争情报服务》,《造纸信息》2016年第12期。

刘晓亮:《网络舆情监测分析中的实践与思考》,《新媒体研究》2016年第21期。

刘学:《博物馆知识共享:理论内涵、生成逻辑与实施路径》,《传播与版权》2020年第11期。

刘亚敏:《早期形态大学的精神面貌》,《大学》(研究与评价)2007年第 2 期。

刘岩、刘宝瑞、刘伟东：《面向科技创新智库的信息资源保障体系建设研究》，《现代情报》2017 年第 2 期。

刘英赫：《国家图书馆法律咨询服务的实践与思考》，《图书馆学刊》2018 年第 2 期。

龙宇：《西部公共图书馆信息服务实践与智慧化发展的思考》，《图书馆学刊》2018 年第 9 期。

娄亚莉：《面向生态文明建设的图书馆服务创新》，《图书馆学刊》2015 年第 5 期。

卢海燕、李嘉：《英国议会图书馆立法决策服务解析与思考》，《国家图书馆学刊》2011 年第 1 期。

卢海燕等：《历史与现实的对话：国家图书馆立法决策服务工作史档案整理初述》，《国家图书馆学刊》2019 年第 5 期。

卢海燕：《国家图书馆部委分馆模式探析》，《图书馆杂志》2002 年第 5 期。

卢海燕：《拓展业务发展空间　强化立法决策服务职能——访问美国国会图书馆的启示与思考》，《国家图书馆学刊》2008 年第 3 期。

卢敏：《公共图书馆"两会"服务文献计量分析》，《河南图书馆学刊》2016 年第 10 期。

陆桂军、唐青青：《新时代推进科技情报机构智库建设的实践与思考——以广西科技情报研究所为例》，《创新科技》2018 年第 5 期。

陆雪梅：《高校图书馆服务新型智库建设的思考》，《图书馆学研究》2016 年第 8 期。

鹿遥、张旭：《我国高校图书馆智库职能调查与分析》，《图书馆》2017 年第 7 期。

路燕、于晓东：《基于改进 K – Means 算法的企业竞争情报研究——以社会网络分析为方法》，《情报科学》2017 年第 12 期。

栾巧芝：《试论新时期文献信息服务的创新》，《济宁师范专科学校学报》2004 年第 3 期。

骆礼：《省级公共图书馆立法决策服务的探索与创新——以四川省图书馆十年实践为例》，《四川图书馆学报》2018 年第 6 期。

吕长红、陈伟炯、梁伟波等：《高校图书馆信息智库构建研究——以上海海事大学图书馆为例》，《新世纪图书馆》2014 年第 2 期。

马波：《大数据背景下精准信息推送在移动图书馆中的应用研究》，《图书馆工作与研究》2017 年第 2 期。

马芳珍、李峰：《高校图书馆智库型服务探索实践及思考——以北京大学图书馆为例》，《图书馆杂志》2018 年第 9 期。

马海群、李英剑：《美国图书馆数字参考咨询服务成功因素探析》，《图书馆论坛》2006 年第 6 期。

马江宝、高波：《台湾图书馆联盟信息资源共享模式研究》，《图书情报工作》2009 年第 5 期。

马晓雯：《论高校图书馆联盟信息资源共建共享的构建——以山东高校图书馆为例》，《现代情报》2011 年第 6 期。

马学林：《论省级图书馆为地方立法决策的咨询服务》，《图书馆》2004 年第 2 期。

马艳妹：《试论图书馆为立法决策服务的合作构想》，《兰台内外》2020 年第 19 期。

马英芝：《图书馆在线问卷调查与纸质问卷调查的比较》，《黑龙江科技信息》2011 年第 32 期。

麦淑平：《图书馆竞争情报服务调查研究——以广东省高校图书馆为例》，《图书馆理论与实践》2013 年第 3 期。

孟亚波：《胡佛战争、革命与和平研究所》，《国际资料信息》2003 年第 9 期。

缪其浩：《图书馆如何为决策服务——访日本国会图书馆调查与立法参考局》，《图书馆杂志》1998 年第 3 期。

牛金虎：《谈高校教学中的电子期刊支持》，《山西高等学校社会科学学报》2003 年第 10 期。

庞莉：《智库型图书馆知识服务的需求分析及优化策略》，《图书与情报》2018 年第 4 期。

裴雪芬：《高校图书馆联盟建设研究》，《图书馆工作与研究》2004 年第 2 期。

彭俊玲、陈峰：《日本"末次资料"对图书馆生产竞争情报公共产品的启示》，《情报杂志》2021 年第 12 期。

溥德书：《构建中国特色哲学社会科学的着力点》，《中共云南省委党校学报》2016 年第 4 期。

齐欣、杨建林：《美国智库对华军事研究的信息源分析——以兰德公司 2000～2013 年报告的引文分析为例》，《图书与情报》2014 年第 3 期。

钱铖：《试论网络环境下定题跟踪服务的发展》，《图书情报导刊》2020 年第 2 期。

钱大军、苏杭：《人工智能视阈下我国立法决策模式之转变》，《湖南科技大学学报》（社会科学版）2018 年第 6 期。

钱丹丹、高波：《北欧四国的图书馆信息资源共享模式》，《大学图书馆学报》2008 年第 5 期。

钱丹丹、李林：《基于大数据技术的高校网络舆情监测与分析》，《厦门理工学院学报》2019 年第 4 期。

钱茜、于青：《山东省图书馆信息服务联盟建设的探讨》，《科技情报开发与经济》2014 年第 14 期。

钱媛媛：《面向智库需求的高校图书馆信息服务研究》，《佳木斯职业学院学报》2021 年第 3 期。

乔红丽：《高校图书馆社会化智库服务的可行性实证研究》，《山西档案》2018 年第 6 期。

饶丽莉、徐军华：《图书馆参与智库建设调查研究》，《新世纪图书馆》2019 年第 11 期。

任福兵、李玲玲：《基于主客体信息需求的智库信息资源保障体系构建》,《现代情报》2018 年第 4 期。

任福兵、张宇:《智库的情报学研究现状分析与趋势展望》,《现代情报》2016 年第 6 期。

任恒:《国内智库研究的知识图谱:现状、热点及趋势——基于 CSSCI 期刊（1998—2016）的文献计量分析》,《情报科学》2018 年第 9 期。

任全娥:《图书情报机构智库服务的不同实施路径研究》,《智库理论与实践》2018 年第 6 期。

戎军涛、李华、乔伟荣:《数据与智慧双轮驱动下的新型科技智库知识服务机制研究》,《图书馆》2018 年第 7 期。

单伟、陈淑平:《国内图书馆联盟云计算服务研究现状与问题分析》,《现代情报》2014 年第 11 期。

商丽媛、谭清美、夏后学:《大数据环境下科技智库信息服务模式研究》,《图书馆工作与研究》2017 年第 7 期。

上海地区文献资源共享协作网、华东师范大学信息学系联合课题组:《日本图书馆信息资源共享的现状》,《图书馆杂志》1999 年第 11 期。

上海社会科学院智库研究中心:《2013 年中国智库报告——影响力排名与政策建议》,《中国科技信息》2014 年第 11 期。

尚博、何美珍:《探访英国最古老的公共图书馆——曼彻斯特切萨姆图书馆》,《兰台世界》2021 年第 4 期。

申蓉:《社科图书馆的思想库功能研究——关于信息咨询服务的调查》,《天津党校学刊》1998 年第 3 期。

沈红丽:《基于 SPSS 问卷调查的高校图书馆读者满意度影响因素分析》,《图书馆工作与研究》2012 年第 1 期。

沈静:《美国智库发展轨迹对我国科研智库的经验借鉴》,《青年与社会》2020 年第 16 期。

沈鑫、冯清云:《东盟年第二轨道外交智库——东盟战略与国际问题研究所的缘起、成就与挑战》,《东南亚纵横》2011 年第 5 期。

施静:《党校智库建设视域下图书馆文献信息支撑研究——以西部地区省级党校图书馆为例》,《智库理论与实践》2021年第3期。

时保吉:《信息化对图书馆学研究的冲击与刷新》,《安阳师范学院学报》2002年第3期。

史学彬:《"图书馆"定义简评与探讨》,《图书情报知识》1987年第1期。

史雅莉、葛琳琳:《"百度知道"与"知乎社区"智库建设模式比较研究》,《图书馆理论与实践》2018年第1期。

宋颖、慕春晖:《科研型事业单位人力资源结构现状分析及对策研究——以贵州省科学技术情报研究所为例》,《内蒙古科技与经济》2021年第4期。

宋忠惠、郑军卫:《支撑智库研究的信息源建设策略》,《智库理论与实践》2016年第3期。

宋忠惠、郑军卫:《图书情报类期刊中的智库相关研究评价与分析》,《情报杂志》2016年第8期。

苏超、周蕊:《问卷调查法在图书馆学研究中的应用》,《图书馆学研究》2012年第12期。

苏晗:《全国图书馆参考咨询联盟的信息服务现状调研报告》,《内蒙古科技与经济》2019年第3期。

苏敏:《高校图书馆问卷调查与统计分析的研究》,《农业图书情报学刊》2008年第6期。

隋莹莹:《浅议新型智库建设中的知识服务在图书情报机构的应用》,《赤子(上中旬)》2016年第17期。

孙波、刘万国、房玉琦:《联盟视角下社会科学信息资源的建设和服务》,《图书馆学研究》2017年第22期。

孙红霞:《基于CNKI核心期刊数据库的我国智库研究文献计量分析》,《内蒙古科技与经济》2021年第4期。

孙虹:《大数据视野下的政府网络舆情监测与分析》,《中国管理信息化》

2016 年第 15 期。

孙继周、郭韫丽、王小雄：《高校图书馆竞争情报研究综述》，《农业网络信息》2015 年第 12 期。

孙建军、李阳、裴雷：《"数智"赋能时代图情档变革之思考》，《图书情报知识》2020 年第 3 期。

孙艳红：《国家社科基金项目视域下"十三五"时期图书情报学研究态势可视化分析》，《图书馆工作与研究》2022 年第 4 期。

孙嫄媛：《高校图书馆期刊的开发与服务》，《图书馆学刊》2012 年第 1 期。

谭玉、张政、田思阳：《美国高校图书馆服务智库建设的探索及启示》，《图书馆工作与研究》2018 年第 6 期。

汤妙吉、邱跃：《面向大数据的政府舆情监测分析可视化模型与方案设计》，《图书情报导刊》2021 年第 1 期。

唐果媛：《中美三份智库评价报告的比较分析》，《智库理论与实践》2016 年第 2 期。

田冬冬：《竞争情报的图书馆和企业合作研究》，《兰台内外》2020 年第 4 期。

田贺龙：《美国国会图书馆的立法决策服务》，《国家图书馆学刊》2011 年第 1 期。

田玲玲：《由美国图书馆事业发展引发的思考》，《图书馆学刊》2011 年第 5 期。

田文英：《高校图书馆应强化竞争情报服务意识》，《图书馆建设》2000 年第 6 期。

铁峰：《高校图书馆参与智库建设和服务的调查与分析》，《中外企业家》2020 年第 19 期。

童云娟、郑萍：《图书馆读者问卷调查方案设计与统计技巧探讨》，《农业图书情报学刊》2005 年第 4 期。

涂湘波、黄筱玲：《省级高校图书馆联盟信息资源的优化配置研究》，

《图书馆》2008 年第 3 期。

屠蒙：《民国时期馆际互借发展考述》，《湖北科技学院学报》2019 年第 6 期。

万文娟：《我国图书馆智库服务的现状、障碍与对策分析》，《图书馆工作与研究》2018 年第 3 期。

万文娟：《面向高校智库的高校图书馆信息资源建设探讨》，《现代情报》2018 年第 6 期。

汪向明：《维护信息平等，图书馆能做什么？》，《情报资料工作》2008 年第 5 期。

王冰洁、肖希明：《公共图书馆提供政府决策信息服务探究——以南京图书馆为例》，《图书馆工作与研究》2016 年第 12 期。

王兵：《谈谈如何提高省级公共图书馆的参考咨询服务水平——赴上图、国图、NSTL 调研、考察参考咨询服务综述》，《新世纪图书馆》2011 年第 12 期。

王兵：《从年会看全国省级馆参考咨询工作的协同发展》，《新世纪图书馆》2015 年第 7 期。

王兵：《图书馆立法决策服务中的信息反馈研究》，《图书馆建设》2012 年第 4 期。

王婵：《我国省级公共图书馆政务舆情服务现状及建议》，《四川图书馆学报》2019 年第 4 期。

王婵：《国家图书馆政务舆情服务探索与实践》，《山东图书馆学刊》2021 年第 3 期。

王婵：《国家图书馆智库型服务产品现状及建议》，《传播与版权》2021 年第 4 期。

王婵：《省级公共图书馆智库型信息服务产品调研》，《图书馆理论与实践》2021 年第 4 期。

王超湘：《网络环境下地方社科院图书馆的定题服务》，《江西行政学院学报》2009 年第 S2 期。

王东升、卢克建：《图书馆信息资源共享模式研究——信息资源共享理论反思》，《南华大学学报》（社会科学版）2005年第2期。

王栋臣：《高职图书馆定题服务的特点和原则探析》，《科学大众（科学教育）》2018年第10期。

王芳、齐引敬、孙明婧：《高校图书馆定题服务流程研究》，《石家庄学院学报》2011年第2期。

王凤满：《我国高校图书馆智库型服务体系研究》，《图书情报工作》2015年第23期。

王桂侠、万劲波：《智库运行机理和信息运行机制研究》，《情报科学》2016年第5期。

王海良、王立伟：《地方社科院信息文献服务创新初探——以上海社科院创新工程数字文献信息平台为例》，《图书馆工作与研究》2016年第7期。

王红：《图书情报机构在国家智库建设中的使命担当与服务创新》，《图书情报工作》2015年第14期。

王洪娟：《近10年来国内图书馆智库前沿演进与趋势分析》，《出版广角》2018年第23期。

王欢：《基于〈中华人民共和国公共图书馆法〉的总分馆体系发展研究》，《图书馆研究与工作》2018年第11期。

王杰：《加强公共图书馆定题服务的实践与思考》，《河南图书馆学刊》2015年第1期。

王井、明文彪：《全面深化数字政府建设——浙江省数字政府建设舆情监测分析》，《浙江经济》2019年第14期。

王均林：《定题情报服务的原则和方法》，《图书馆论坛》2001年第3期。

王磊、卢海燕：《国家图书馆立法与决策服务十年历程回顾与思考》，《国家图书馆学刊》2008年第1期。

王丽华、嵇云、卓建霞：《高校图书馆开展企业竞争情报服务质效提升路径研究——以小微文化企业为例》,《图书馆理论与实践》2018年第4期。

王丽华:《图书馆联盟理论基础探寻》,《大学图书馆学报》2010年第6期。

王莉:《公共图书馆如何为党政机关立法决策服务——以湖北省图书馆为例》,《科技情报开发与经济》2014年第18期。

王琳、刘英赫:《IFLA〈议会图书馆指南〉的启示与思考——以美国国会图书馆立法决策服务为视角》,《新世纪图书馆》2014年第5期。

王琳:《国家图书馆政务舆情服务浅析》,《农业图书情报学刊》2014年第8期。

王启云:《学科馆员琐谈》,《高校图书馆工作》2019年第1期。

王世伟:《建立思想库是当代图书馆管理与服务的重要思想》,《图书馆杂志》1998年第4期。

王世伟:《试析情报工作在智库中的前端作用——以上海社会科学院信息研究所为例》,《情报资料工作》2011年第2期。

王世伟:《加强网络安全和信息化专业智库建设》,《社会科学文摘》2016年第4期。

王世伟:《智库专报五大要素探析》,《情报资料工作》2017年第4期。

王思铭、赵慧明:《标准信息服务平台的建构及服务模式研究——基于吉林省标准信息平台的实证分析》,《科技信息》2012年第31期。

王苏义:《试论知识经济时代图书馆功能的转换》,《图书馆理论与实践》2001年第2期。

王鑫平、黄弋芸:《昌北高校图书馆联盟成员馆的网络信息资源服务的现状分析及对策》,《科技广场》2016年第9期。

王秀华:《高校图书馆在发展社会经济中的地位和作用》,《滨州师专学报》2004年第1期。

王延飞、闫志开、何芳:《从智库功能看情报研究机构转型》,《情报理论与实践》2015年第5期。

王延芹：《特色信息服务：高校图书馆的出路》，《山西煤炭管理干部学院学报》2004年第3期。

王怡：《国外参考资源分析与研究》，《科技创新导报》2010年第6期。

王颖、邵桂芳、陶继平：《运筹学课程思政的设计与探索》，《高教学刊》2021年第16期。

王玉芹、续玉红：《数字时代定题服务的实践与探讨》，《农业图书情报学刊》2005年第12期。

王月堂：《面向公共文化服务体系的城市图书馆信息联盟建设研究》，《中国中医药图书情报杂志》2020年第6期。

王召辉：《新媒体时代做好网络舆情监测与分析的思考》，《新闻研究导刊》2022年第3期。

王臻：《我国公共图书馆立法决策服务研究》，《图书馆学刊》2013年第4期。

韦祺：《图书馆为立法决策服务的实践与探索》，《兰台内外》2020年第16期。

韦晓青：《发挥高校档案功能　促进校园文化建设》，《攀登》2011年第2期。

魏东原、王春明：《区域科技图书馆科技智库建设探索》，《图书馆论坛》2016年第12期。

魏蕊、孙一钢、刘云漫：《美国国会图书馆立法决策智库服务策略及启示研究》，《图书馆杂志》2020年第12期。

魏玉山、黄晓新、刘建华等：《十八大以来党的新闻出版理论十大创新成果》，《传媒》2017年第19期。

吴凡：《面向行业需求的高校图书馆智库信息服务研究》，《科技视界》2019年第23期。

吴敏、汪育文：《中国高校智库研究主题领域及发展态势分析》，《图书馆工作与研究》2018年第12期。

吴慰慈：《定题服务简说》，《图书馆工作与研究》1990年第3期。

吴筱君、陈超群、苏竣:《发挥高校综合优势　提升信息参谋辅政水平》,《秘书工作》2021年第3期。

吴欣怡、汤静:《新时代网络舆情的大数据技术应用与研究》,《计算机产品与流通》2018年第9期。

吴玉、刘苏宁、王玉香:《基于地方民营企业情报需求的高校图书馆智库服务》,《情报科学》2013年第2期。

吴育良、潘志良、韩松林:《基于智库理念的图书馆信息服务研究——以社科院图书馆为例》,《情报资料工作》2014年第3期。

吴育良:《从胡佛研究所的转型谈地方社科图书情报机构在智库中的前端作用》,《四川图书馆学报》2012年第6期。

吴育良:《从胡佛研究所的转型谈地方社科院图书馆在智库中的新定位》,《新世纪图书馆》2012年第11期。

吴育良:《国外智库信息服务的分析及启示》,《情报杂志》2015年第2期。

吴育良:《谈我国地方社科院图书馆在智库中的新定位》,《河北科技图苑》2012年第6期。

吴育良:《国外智库决策信息支持研究及启示》,《图书馆理论与实践》2015年第10期。

吴育良:《图书情报机构在智库中的前端作用》,《图书情报工作》2012年第S2期。

武慧娟、秦雯、韩林丛等:《国内外智库研究态势知识图谱对比分析》,《现代情报》2016年第11期。

习琴琴:《合作数字参考咨询服务系统比较分析》,《新世纪图书馆》2012年第2期。

向洪、曹如中、赵宗康:《大数据背景下智库情报服务平台构建研究》,《图书馆理论与实践》2017年第10期。

谢康:《国际经贸信息源(之二)》,《社科与经济信息》1995年第1期。

谢岩岩、毛瑞：《国家图书馆立法决策服务档案编研初探》，《河南科技学院学报》2019 年第 3 期。

谢岩岩：《基于业务实践的图书馆立法决策服务体系构建》，《图书馆学研究》2017 年第 16 期。

谢岩岩：《从历史档案看国家图书馆立法决策服务发展》，《国家图书馆学刊》2020 年第 1 期。

谢耘耕、李丹珉：《网络舆情监测分析的十大趋势》，《新闻记者》2020 年第 12 期。

辛秋珍：《三次文献开发与社会科学研究》，《黑龙江社会科学》2004 年第 5 期。

邢燕晨子：《网络舆情分析——近年中国互联网的舆情报告研究》，《山西青年》2020 年第 10 期。

熊伟：《充分发挥图书情报机构的专业智库功能——以陕西省图书情报界专家参与宝鸡市公共图书馆服务体系制度设计课题研究为例》，《当代图书馆》2013 年第 1 期。

胥文彬：《国外图书馆智库服务现状与启示》，《图书馆工作与研究》2019 年第 6 期。

徐奔：《面向产业竞争情报的图书馆服务模式研究》，《内蒙古科技与经济》2015 年第 15 期。

徐桂莲：《如何提高图书馆咨询和信息功能，使之成为开放的信息中心》，《考试周刊》2016 年第 77 期。

徐国娟：《地方高校图书馆发展新型智库的可行性分析》，《文山学院学报》2018 年第 2 期。

徐艳芳、李健捷：《面向新型智库的信息保障及服务》，《智库时代》2020 年第 14 期。

徐燕：《图书馆立法决策服务的自觉》，《文化月刊》2017 年第 13 期。

轩银梓：《关于公共图书馆人才队伍建设的几点思考——以郑州图书馆为例》，《河南图书馆学刊》2019 年第 8 期。

薛新波、周中林：《新型智库战略下图书情报机构的服务重点探究》，《情报科学》2017年第9期。

荀丽芳：《以信息联盟促进新型智库建设》，《黑龙江社会科学》2017年第2期。

严毅：《以培训为手段提升公共图书馆立法决策服务人员素质》，《科学咨询（科技·管理）》2017年第10期。

杨安、蒋合领、王晴：《基于知识图谱分析的我国智库研究进展述评》，《图书馆学研究》2015年第10期。

杨彪：《智囊团与高校图书馆领导体制》，《图书馆学研究》1989年第1期。

杨波：《新时期党校图书馆定题服务刍议》，《中共郑州市委党校学报》2010年第2期。

杨丽、高波：《西欧四国的图书馆信息资源共享模式》，《大学图书馆学报》2008年第5期。

杨丽华、谢桂珍：《试论定题服务的原则》，《图书馆学研究》1996年第5期。

杨琳：《图书馆智库研究现状与展望》，《图书馆工作与研究》2019年第6期。

杨群、莫再峰、刁羽：《大数据视角下高校图书馆智库型信息咨询服务模式浅析》，《图书馆学研究》2018年第12期。

杨蓉蓉：《高职院校图书馆数字参考咨询服务调查分析及发展对策——以100所国家示范性高职院校图书馆为例》，《图书馆研究》2015年第2期。

杨瑞仙、权明喆、魏子瑶：《国外一流智库运行机制现状调研及启示》，《情报理论与实践》2017年第12期。

杨思洛：《区域信息资源共享研究的现状及趋势》，《图书馆论坛》2010年第3期。

杨婷、张仲华：《高校图书馆科研竞争情报服务设计——以昆明理工大学图书馆为例》，《情报科学》2013年第9期。

杨蔚琪：《现代智库建设视域下党校图书馆的服务创新研究》，《现代情报》2014年第9期。

杨小兰：《美国流动图书馆的盛衰——流动图书馆为移居农业工人服务》，《广东图书馆学刊》1990年第3期。

杨友清、陈雅：《基于智库理念的图书馆咨询服务模式研究》，《图书馆杂志》2012年第10期。

杨友清、陈雅：《基于智库理念的图书馆知识库服务模式研究》，《新世纪图书馆》2012年第11期。

杨云：《大数据环境下科技智库战略情报研究》，《数字图书馆论坛》2018年第4期。

易守菊：《科技创新券与科技公共服务平台融合之可行性探析》，《图书情报工作》2015年第S1期。

于丰园、于群英：《中国高校智库研究进展及启示——基于文献计量分析》，《情报杂志》2017年第1期。

于加新：《同享农业网络资源　共建农业信息体系——农业网站信息联盟让资源共享让信息互通》，《计算机与农业·综合版》2003年第3期。

余才忠、熊峰、陈慧芳：《舆情民意与司法公正——网络环境下司法舆情的特点及应对》，《法制与社会》2011年第12期。

余丽君：《图书馆建立智囊机构刍议》，《图书馆学刊》1988年第1期。

袁建霞、董瑜、张薇：《论情报研究在我国智库建设中的作用》，《情报杂志》2015年第4期。

袁阳、肖洪：《知识管理视野下OKMS平台智库建设探索》，《科技与出版》2017年第5期。

袁烨、孙瑞英：《图书馆联盟信息资源共享的博弈分析及激励策略研究》，《图书馆研究与工作》2018年第10期。

原嘉唯、李夏藩：《打造头部，从技协到联盟》，《当代工人》2019年第 10 期。

曾建勋：《推进图书馆智库服务》，《数字图书馆论坛》2016 年第 5 期。

曾敬：《图书馆智库建设与服务调查及思考》，《情报探索》2018 年第 4 期。

曾小莹：《高校图书馆科研定题服务实例与分析》，《农业图书情报学刊》2015 年第 27 期。

张朝川：《图书情报服务在新型智库建设中的作用》，《河南图书馆学刊》2019 年第 8 期。

张春杨、张亚南：《面向新型智库建设的高校图书馆服务与发展研究》，《河南图书馆学刊》2018 年第 11 期。

张丹丹：《智库建设视阈下的地方社科院图书馆决策信息服务》，《图书情报导刊》2019 年第 7 期。

张东华、杨帆：《协同创新环境下跨系统档案馆信息联盟建设研究》，《档案管理》2018 年第 5 期。

张法、邓菊英：《日本图书馆信息资源共享研究》，《图书馆论坛》2015 年第 6 期。

张海玲：《高校图书馆竞争情报服务现状与对策研究》，《兰台世界》2017 年第 11 期。

张海涛、张念祥、王丹：《大数据背景下智库情报的服务创新——基于协同理论视角》，《现代情报》2018 年第 9 期。

张红：《图书情报服务新型智库建设探析》，《新西部》2018 年第 32 期。

张焕敏、黄晨：《研究图书馆的智库职能与实践——以浙江大学图书馆为例》，《大学图书馆学报》2019 年第 1 期。

张家年、卓翔芝：《融合情报流程：我国智库组织结构和运行机制的研究》，《情报杂志》2016 年第 3 期。

张家年：《情报视角下我国智库能力体系建设的研究》，《情报资料工作》2016 年第 1 期。

张靖庚、王琛：《图书馆开展竞争情报服务的分析研究》，《甘肃科技》

2012 年第 15 期。

张丽：《国家图书馆部委分馆筹建与运维探析——以最高人民法院图书馆为例》，《图书情报研究》2020 年第 2 期。

张丽：《台湾"立法院"图书馆的立法咨询服务》，《办公室业务》2020 年第 4 期。

张莉、辜军：《国家图书馆科技参考咨询服务定位的再思考》，《新世纪图书馆》2013 年第 7 期。

张明、张莹、李艳国：《高校图书馆智库的组织架构及职能定位研究》，《图书馆工作与研究》2016 年第 4 期。

张娜、翟东航：《网络环境下高校图书馆图书情报定题服务的变革》，《科技资讯》2017 年第 3 期。

张鹏、王铮：《基于新型智库建设的党校图书馆转型路径研究》，《图书馆工作与研究》2018 年第 1 期。

张日新、杨松青、李韵婷：《高校智库异质性和影响力评价研究——基于 58 家高校人文社科智库数据的检验》，《情报杂志》2018 年第 3 期。

张善杰、陈伟炯、陆亦恺：《面向产业智库需求的行业特色高校图书馆信息保障策略研究》，《图书馆建设》2016 年第 1 期。

张善杰、陈伟炯、吕长红：《行业特色型高校图情机构建立产业信息智库的思考》，《现代情报》2014 年第 10 期。

张曙光、陈颖艳：《日本国立国会图书馆立法决策服务考察》，《国家图书馆学刊》2011 年第 1 期。

张曙光：《为国家立法决策服务的现状与改进》，《国家图书馆学刊》2001 年第 4 期。

张素敏：《吉林省公共图书馆面向"两会"的立法决策服务协作构想与实施方案》，《科技资讯》2014 年第 14 期。

张心源、赵蓉英、邱均平：《面向决策的美国一流智库智慧产品生产流程研究》，《重庆大学学报》（社会科学版）2016 年第 2 期。

张旭、张向先、李中梅：《信息生态视角下高校图书馆智库信息服务能力影响因素研究》，《图书馆工作与研究》2019 年第 2 期。

张旭、张向先：《高校图书馆智库信息服务模式研究》，《图书馆学研究》2017 年第 14 期。

张旭、赵彬、卢恒：《高校图书馆智库服务能力成熟度模型及评价研究》，《图书馆》2019 年第 7 期。

张雅芳、卢海燕、王磊：《履行国家图书馆职能，为国家立法与决策服务——国家图书馆为中央国家机关立法与决策服务八年回顾》，《国家图书馆学刊》2005 年第 3 期。

张雅男：《社科院图书馆智库建设服务研究》，《新世纪图书馆》2016 年第 7 期。

张燕蕾：《智库：图书馆发展的新机遇》，《图书馆学研究》2009 年第 11 期。

张燕萍：《高校图书馆信息资源整合现状及发展策略分析》，《现代情报》2007 年第 8 期。

张颖、苏瑞竹：《中国图书馆东盟信息资源建设现状及趋势》，《农业图书情报学刊》2014 年第 7 期。

张真一、杨爱君：《图书馆在西部开发中大有作为》，《兰州商学院学报》2000 年第 4 期。

张忠秋：《十年来我国图书馆资源共享理论与发展趋势热点述评》，《图书馆学刊》2006 年第 5 期。

章小童、阮建海：《2006—2015 年高校图书馆竞争情报服务研究领域主题演化分析》，《情报科学》2016 年第 11 期。

赵爱国：《也谈馆藏结构——向方习之先生请教》，《档案》1991 年第 6 期。

赵东：《论图书馆联盟》，《图书情报工作》2008 年第 S1 期。

赵豪迈：《"一带一路"新型智库信息资源开发问题及策略研究》，《智库理论与实践》2019 年第 5 期。

赵怀忠：《关于21世纪文献信息资源共享的思考》，《渭南师范学院学报》2002年第4期。

赵洁：《定题服务：情报信息服务面临的新课题》，《天津市经理学院学报》2010年第1期。

赵蕾霞、钟永恒、史海建：《国际权威智库中定量分析工具的应用及特点研究》，《情报杂志》2014年第5期。

赵蓉英、王晴：《近20年来国内竞争情报研究的结构特征与热点透视——基于CNKI的文献计量及可视化分析》，《情报科学》2016年第3期。

赵蓉英、魏明坤：《基于CiteSpace的智库建设研究可视化分析》，《重庆大学学报》（社会科学版）2016年第3期。

赵蓉英、余波：《中外近五年智库研究演进脉络与热点主题对比分析》，《情报科学》2018年第11期。

赵蓉英、张心源：《基于知识元抽取的中文智库成果描述规则研究》，《图书与情报》2017年第1期。

赵珊珊：《基于项目制的图书馆参与高校智库建设研究——以上海对外经贸大学图书馆为例》，《图书馆》2019年第3期。

赵炜霞、冯丽雅、张淑芬：《"双一流"建设背景下图书馆服务高校智库建设的路径》，《图书馆研究与工作》2019年第6期。

赵雪岩、彭焱：《高校图书馆参与高校智库建设与服务的优势及路径研究》，《图书情报工作》2016年第22期。

赵雪岩、彭焱：《高校图书馆智库服务的多维度思考》，《图书馆工作与研究》2018年第2期。

赵雪岩、彭焱：《高校图书馆智库服务的内涵解析及策略研究》，《河北科技图苑》2018年第6期。

赵宗康、向洪、曹如中：《智库研究与情报研究的互动关系与差异性辨析》，《情报杂志》2017年第5期。

郑建萍、陈惠娟：《医学查新咨询工作在科研管理中的作用》，《广后医学》1994 年第 3 期。

郑梅玲:《面向政府新型智库建设需求的公共图书馆信息服务模式研究》,《农业图书情报学刊》2017 年第 10 期。

郑荣、孙筠:《面向新型医疗行业的竞争情报智库联盟构建研究》,《情报科学》2017 年第 8 期。

郑荣、王洁、杨冉:《合作联盟视角下图情机构与智库的协同创新与保障机制建设》,《图书情报工作》2018 年第 19 期。

郑书娟:《大数据背景下精准科研信息服务体系的构建研究》,《情报杂志》2021 年第 5 期。

郑永田:《从明尼阿波利斯到华盛顿:赫伯特·普特南与美国图书馆事业》,《国家图书馆学刊》2011 年第 1 期。

郑永田:《美国国会图书馆馆长斯波福德思想初探》,《中国图书馆学报》2011 年第 5 期。

郑永田:《美国图书馆学家达纳思想初探》,《图书馆建设》2010 年第 11 期。

郑永田:《美国图书馆学家贾斯汀·温沙思想初探》,《大学图书馆学报》2010 年第 3 期。

中共宜昌市委党校课题组、高青:《中外智库的起源及发展演进》,《学习月刊》2015 年第 15 期。

《中共中央办公厅 国务院办公厅印发〈关于加强中国特色新型智库建设的意见〉》《中华人民共和国国务院公报》2015 年第 4 期。

周炜:《高校图书馆的"智囊团"建设》,《档案管理》2006 年第 3 期。

周献红:《专业图书馆个性化定题服务探析》,《南阳师范学院学报》2009 年第 8 期。

周晓英:《全国高等教育自学考试辅导材料——情报学概论自学指导》,《档案学通讯》1999 年第 2 期。

周洋、郑彦宁、刘志辉:《国内外竞争情报研究的比较研究》,《情报杂志》2011 年第 10 期。

朱蓓：《中央国家机关新媒体技术服务的研究与实践——以国家图书馆立法决策触屏系统建设为例》，《知识管理论坛》2019年第6期。

朱蓓：《面向立法决策的中央国家机关数字信息服务平台构建研究——以国家图书馆立法决策服务平台建设为例》，《图书馆研究与工作》2020年第2期。

朱蓓：《公共图书馆立法决策服务历程的回顾与思考——以国家图书馆服务实践为例》，《图书馆理论与实践》2020年第4期。

朱虹青：《决策与图书馆的作用》，《曲靖师专学报》1991年第2期。

朱娜娜、景东、张智钧：《面向图书馆数字参考咨询的人机对话模型》，《图书情报工作》2019年第6期。

朱前东、黄兰秋、高波：《中外图书馆联盟技术管理模式比较研究》，《图书馆学研究》2021年第8期。

朱晓萍：《论网络环境下地方社科院图书馆的信息服务》，《图书馆工作与研究》2003年第5期。

朱晓霄：《高校图书馆应充分发挥三次文献在学科建设中的引导作用》，《图书馆理论与实践》2012年第2期。

朱一红、周卫华、徐翠等：《基于CSSCI的国内图书馆联盟研究分析》，《情报探索》2014年第4期。

朱蕴辉、李雪溶：《中国特色新型高校智库的文献信息服务——以南京大学"中国南海研究协同中心"为例》，《高校图书馆工作》2016年第6期。

祝娜、王效岳、白如江：《科技创新路径识别研究进展：方法与工具》，《图书情报工作》2014年第13期。

宗燕燕：《高校图书馆竞争情报系统建设研究》，《科技情报开发与经济》2015年第23期。

《钱学森智库的缘起、形成和发展》，《中国航天》2018年第2期。

《全国公共图书馆立法决策服务合作共识》，《国家图书馆学刊》2011年第1期。

《全球农业大数据与信息服务联盟简介》,《农业大数据学报》2020年第1期。

《上海科学技术情报研究所》,《竞争情报》2021年第5期。

《省、市、自治区博物馆工作条例》,《江西历史文物》1980年第1期。

《信息,现代管理者的思想库和聪明的"外脑"——现代管理者最关注哪些信息?》,《图书馆学通讯》1988年第4期。

(三) 学位论文

毕良军:《档案馆信息联盟建设研究》,硕士学位论文,安徽大学,2019年。

曹晨晨:《面向地方立法的图书馆服务模式研究》,硕士学位论文,江苏大学,2020年。

陈海贝:《情报视角下智库能力体系构成与建设》,硕士学位论文,淮北师范大学,2020年。

党岗:《图书情报机构对国家智库建设的支持研究》,硕士学位论文,山西财经大学,2016年。

霍瑞娟:《我国国家图书馆社会职能定位研究》,博士学位论文,武汉大学,2013年。

蒋琳瞳:《中科大、合工大、安大图书馆服务工作调查与分析》,硕士学位论文,安徽大学,2017年。

李素巧:《网络舆情监测、分析及治理策略研究》,硕士学位论文,郑州航空工业管理学院,2018年。

梁秀娟:《中美国家竞争情报体系比较研究》,硕士学位论文,湘潭大学,2010年。

刘阳:《地方智库联盟信息服务平台构建研究》,硕士学位论文,黑龙江大学,2019年。

吕东:《提升中国智库对公共政策影响力的对策研究》,硕士学位论文,湖北大学,2013年。

苏晗：《图书馆联盟信息资源共建共享的激励策略研究》，硕士学位论文，黑龙江大学，2019 年。

苏蓉：《基于大数据的数字图书馆信息服务研究》，硕士学位论文，华中师范大学，2014 年。

仝年：《山东大学图书馆面向企业开展竞争情报服务的质效提升策略研究》，硕士学位论文，山东大学，2021 年。

王栋：《权力关系视角下的政社分开研究》，博士学位论文，苏州大学，2015 年。

王玉霞：《公共图书馆"两会"咨询服务研究》，硕士学位论文，湘潭大学，2021 年。

武伟冉：《基于网格的信息资源共享模式研究》，硕士学位论文，河北大学，2009 年。

余文雯：《体育院校图书馆体育竞争情报服务研究》，硕士学位论文，北京体育大学，2016 年。

钟宇：《我国高校智库建设创新和机制优化研究》，硕士学位论文，湖北大学，2016 年。

左武娟：《面向新型智库的信息服务机制改革的思考》，硕士学位论文，云南大学，2016 年。

（四）研究报告

李刚、王斯敏、关琳：《中国智库索引 CTTI 来源智库发展报告（2017）》，南京大学中国智库研究与评价中心、光明日报智库研究与发布中心，2017 年。

上海社会科学院智库研究中心：《2017 年中国智库报告：影响力排名与政策建议》，2018 年。

四川省社会科学院中华智库研究中心：《中华智库影响力报告（2017）》，2017 年。

(五) 报纸

丁雅诵：《高校智库，如何与国家发展同步》，《人民日报》2017年8月10日第18版。

李雪昆：《微博、社群新兴舆论载体作用突出》，《中国新闻出版报》2010年12月23日第3版。

习近平：《在哲学社会科学工作座谈会上的讲话》，《人民日报》2016年5月19日第2版。

习近平：《为建设世界科技强国而奋斗》，《人民日报》2016年6月1日第2版。

习近平：《决胜全面建成小康社会 夺取新时代中国特色社会主义伟大胜利——在中国共产党第十九次全国代表大会上的报告》，《人民日报》2017年10月19日第2版。

《国图为中央国家机关立法决策服务》，《图书馆理论与实践》2001年第5期。

《李克强作的政府工作报告（摘登）》，《人民日报》2018年3月6日第2版。

《立法决策服务将成图书馆工作亮点》，《中国文化报》2010年12月30日。

《中办国办印发〈意见〉：加强中国特色新型智库建设》，《光明日报》2015年1月21日第1版。

《中共中央国务院关于深化体制机制改革 加快实施创新驱动发展战略的若干意见》，《人民日报》2015年3月24日。

《中共中央关于制定国民经济和社会发展第十四个五年规划和二〇三五年远景目标的建议》，《光明日报》2020年11月4日第1版。

《中共中央国务院印发〈国家创新驱动发展战略纲要〉》，《人民日报》2016年5月20日。

《中华人民共和国公共图书馆法》，《中国文化报》2017年11月6日第2版。

（六）论文集

雷蕾：《论舆情展望的价值——基于中国互联网舆情分析报告的视角》，Proceedings of 2016 International Conference on Education, Management and Applied Social Science (EMASS 2016), 2016.

（七）互联网资料

结缘霍金：《创立现代系统论的贝塔朗菲：整体大于部分之和》，https://www.jianshu.com/p/b20240c0461a，2019年6月1日。

《七部门：促进"互联网+社会服务"发展》，https://mp.weixin.qq.com/s/LSkceGbq1mKTmtZlxAblag。

《七部门联合出台新政，推动"互联网+"为社会服务赋能》，https://mp.weixin.qq.com/s/kdH-EtJdTq0Jt1pAJ6ESXQ。

浙江大学图书馆：《关于全球智库发现系统的开通试用通知》，http://libweb.zju.edu.cn/2017/1121/C39479a1668856/page.htm，2017年11月21日。

《中国智库综合评价AMI研究报告（2017）在京发布》，https://mp.weixin.qq.com/s/GgbUUq7UuCDwLu3EJkRdEA。

《重磅！2019年度中国图情档学界十大学术热点条目征集活动开始啦！》，https://mp.weixin.qq.com/s/QBLzU2Y1HpJCPKMxvvn1_A。

39青年学者沙龙：《图情档39青年学者沙龙2020年新年论坛在河北大学举行》，https://mp.weixin.qq.com/s/McjoEk242G4ocqfOSaxJHA，2020年1月17日。

二 外文文献

Adrian Pop, "Avoiding Common Mistakes in Think Tank and NGO Training", *Procedia - Social and Behavioral Sciences*, No. 46, 2012.

Ahmed K. Rashid, "Efficacy of Think Tanks in Influencing Public Policies: The Case of Bangladesh", *Asian Journal of Political Science*, No. 21, 2013.

Ahmed Khaled Rashid, "The Dynamics of Relationship between Media and Think Tanks in Bangladesh", *Asia Pacific Media Educator*, No. 23, 2013.

Anonymous, "Idea Bank", *The Science Teacher*, No. 76, 2009.

Castillo – Esparcia, Almansa – Martínez, Smolak – Lozano, "East European Think Tanks in Social Media – Towards the Model of Evaluation of Effective Communication/PR Strategies: Case Study Analysis", *Catalan Journal of Communication & Cultural Studies*, No. 7, 2015.

Frank Louis Kwaku Ohemeng, "Civil Society and Policy Making in Developing Countries: Assessing the Impact of Think Tanks on Policy Outcomes in Ghana", *Journal of Asian and African Studies*, No. 50, 2015.

Geo Saura, "Think Tanks and Education. FAES Neoliberalism in the LOMCE", *Education Policy Analysis Archives*, No. 23, 2015.

Hartwig Pautz, "The Think Tanks behind 'Cameronism'", *The British Journal of Politics and International Relations*, No. 15, 2013.

Hartwig Pautz, "Think Tanks in the United Kingdom and Germany: Actors in the Modernisation of Social Democracy", *The British Journal of Politics & International Relations*, No. 12, 2010.

Howard J. Wiarda, "Think Tanks and Foreign Policy in a Globalized World: New Ideas, New 'Tanks', New Directions", *International Journal*, No. 70, 2015.

Ian Marsh, "The Development and Impact of Australia's 'Think Tanks'", *Australian Journal of Management*, No. 19, 1994.

Iuliana Pop, "Developing Suitable Methods in Think Tank and NGO Training", *Procedia – Social and Behavioral Sciences*, No. 46, 2012.

John de Boer, "Think Tanks Exist to Influence: A Conversation with Rohinton Medhora", *International Journal*, No. 70, 2015.

Julie E. Miller – Cribbs, Brent E. Cagle, Anthony P. Natale, et al.,

"Thinking about Think Tanks: Strategies for Progressive Social Work", *Journal of Policy Practice*, No. 9, 2010.

Mahmood Ahmad, "US Think Tanks and the Politics of Expertise: Role, Value and Impact", *The Political Quarterly*, No. 79, 2008.

Marybel Perez, "EU Think Tank Fora as Transaction Cost Reducers: A Study of Informal Interest Intermediation in the EU", *Journal of Contemporary European Research*, No. 10, 2014.

Metcalf K. D. , "The Farmington Plan", *Harvard Library Bulletin*, No. 2, 1948.

Michael B. Teitz, "Analysis for Public Policy at the State and Regional Levels The Role of Think Tanks", *International Regional Science Review*, No. 32, 2009.

Ohemeng Frank Louis Kwaku, "Civil Society and Policy Making in Developing Countries: Assessing the Impact of Think Tanks on Policy Outcomes in Ghana", *Journal of Asian and African Studies*, No. 50, 2015.

Ohemeng Frank Louis Kwaku, "Civil Society and Policy Making in Developing Countries: Assessing the Impact of Think Tanks on Policy Outcomes in Ghana", *Journal of Asian and African Studies*, No. 50, 2015.

Patti Manolis, "Joins International Public Library Think Tank", *Incite*, No. 32, 2011.

Peter T. Leeson, Matt E. Ryan, Claudia R. Williamson, "Think Tanks", *Journal of Comparative Economics*, No. 40, 2012.

Rachel Frick, Tessa L. H. Minchew, "Who, What, Where, and Why", *Serials Review*, No. 39, 2013.

Rahul Singh, N. N. Sharma, Uday Jha, "Think Tanks, Research Influence and Public Policy in India", *Vision: The Journal of Business Perspective*, No. 18, 2014.

Sara E. Shaw, Jill Russell, Trisha Greenhalgh, et al. , "Thinking about Think Tanks in Health Care: A Call for a New Research Agenda", *Sociology of Health & Illness*, No. 36, 2014.

Антон Юрьевич Барсуков, "Transformation the Role of Think Tanks in the Process of Government Policy Formation in the Context of World Financial Crisis in 2008 – 2010", *Sovremennye Issledovaniâ Social'nyh Problem*, 2013.

附　　录

关于文献信息机构服务智库的调查问卷

1. 您所在单位属于_____ ［单选题］
   A. 高校　　　B. 专业智库　　C. 公共图书馆　　D. 研究机构
   E. 企业　　　F. 博物馆　　　G. 纪念馆　　　　H. 政府机关
   I. 其他_____

2. 您所在部门是_____ ［单选题］
   A. 图书馆　　B. 档案馆　　　C. 情报中心
   D. 文献信息（数据）中心　　E. 博物馆　　　F. 研究所（室）
   G. 政策研究室　　　　　　　H. 其他_____

3. 您的年龄是_____ ［单选题］
   A. 30 岁以下　B. 30—40 岁　C. 40—50 岁
   D. 50—60 岁　E. 60 岁以上

4. 您的学历是_____ ［单选题］
   A. 大专　　　B. 本科　　　　C. 硕士研究生
   D. 博士研究生　　　　　　　E. 其他_____

5. 您认为文献信息机构包括哪些部门？［多选题］
   A. 图书馆　　B. 档案馆　　　C. 情报所
   D. 文献信息（数据）中心　　E. 博物馆　　　F. 纪念馆

G. 以上都包括　　　　　　　H. 其他_____

6. 贵单位开展过下列哪些信息服务？[多选题]

A. 定题服务　B. 科技查新　C. 专题文献开发　D. 参考咨询

E. 信息素养培训　　　　　　F. 其他_____

7. 您认为智库具有哪些功能？[多选题]

A. 公共政策　B. 战略规划　C. 公众认知　D. 其他_____

8. 您认为文献信息机构与智库是什么关系？[单选题]

A. 文献信息机构服务智库　　B. 文献信息机构就是智库

C. 文献信息机构和智库是相互交融的一个整体

D. 两者没关系　　　　　　　E. 不清楚

9. 您认为文献信息机构会成为智库吗？[单选题]

A. 会　　　B. 不会　　　C. 部分会

D. 具有智库的部分功能　　　E. 成为智库的一部分

10. 您认为以下哪些机构可以做智库服务？[多选题]

A. 图书馆　　B. 档案馆　　C. 情报中心　　D. 博物馆

E. 研究机构　F. 以上都可以　G. 不清楚　　H. 其他_____

11. 您所在的部门做过智库服务吗？[单选题]

A. 做过　　　B. 没做过　　　C. 正在做

12. 您认为文献信息机构服务智库有哪些优势？[多选题]

A. 文献资源优势　　　　　　B. 学科服务优势

C. 情报分析优势　　　　　　D. 参考咨询优势

E. 大数据优势　　　　　　　F. 技术优势

G. 没有优势　　　　　　　　H. 其他优势_____

13. 您认为文献信息机构不具备服务智库能力的原因是_____[多选题]

A. 资金不足　　　　　　　　B. 人员能力较弱

C. 理念落后　　　　　　　　D. 缺少现代技术设备

E. 以上都包括　　　　　　　F. 其他_____

14. 您认为下列哪些内容属于智库服务？［多选题］

A. 政策咨询　B. 学术研究　C. 数据库建设　D. 信息平台建设

E. 文献信息保障　　　　F. 舆情分析　　G. 市场调研分析

H. 管理咨询　I. 战略咨询　J. 前沿热点信息分析

K. 其他_____

15. 您认为文献信息机构开展智库服务的路径有哪些？［多选题］

A. 通过馆藏文献提供智库信息服务

B. 面向政府决策机构为智库提供信息集成及推送服务

C. 以大数据为智库研究提质增效

D. 从文献信息机构向智库转型

E. 其他_____

16. 您觉得文献信息机构服务智库最好采用何种方式？［多选题］

A. 面对面咨询　　　　　B. 电话咨询

C. 网络咨询　　　　　　D. 提供研究报告

E. 以上都采用　　　　　F. 其他_____

17. 您所在单位年购置文献信息资源经费情况如何？［单选题］

A. 10 万以内　　　　　　B. 10 万—20 万

C. 20 万—50 万　　　　　D. 50 万—100 万

E. 100 万—300 万　　　　F. 300 万—500 万

G. 500 万—1000 万　　　 H. 1000 万以上

I. 不清楚

18. 您希望文献信息机构具备哪些服务智库的功能？［填空题］

　　_____

19. 您希望文献信息机构具备哪些服务智库的能力？［填空题］

　　_____

后 记

2012年11月,党的十八大报告提到"思想库",2013年习近平总书记明确提出加强建设"中国特色新型智库"的战略目标,它是党和政府科学民主依法决策的重要支撑。信息资源是智库开展研究的基础和保障,智库只有在了解掌握分析研判大量信息的基础上,才能把握经济社会发展趋势,提出正确的决策咨询建议。历史上的门客、军师、谋士、翰林,以及现代意义上的参谋、顾问、智囊团,都具有实质上的"智库"作用。一些图书馆、档案馆、情报机构,或多或少也具备了一定的智库功能。但是,智库是综合生产知识和思想的组织,其独特的功能和特殊的作用,并不是普通文献信息机构所能具备的。因此,本书撰写的目的就是明确在中国特色新型智库建设中我国绝大多数文献信息机构都是为智库提供信息支撑与服务的,文献信息机构只有厘清自身有哪些服务智库的功能,才能更好提升自身服务智库的能力。

本书为笔者2016年6月荣获的国家哲学社会科学基金一般项目(16BTQ014)的最终成果。撰写中虽然在吸收借鉴前人的研究成果基础上尽可能多地结合自己三十多年的工作经验及研究心得,但毕竟自身学识水平有限,难免存在错误及不足,恳请读者批评指正。

本书在写作过程中,得到许多领导、同仁的鼓励与支持。黄长著老师在病榻上仍关心着本书的写作,并给予了很多中肯的意见和建议;梁俊兰、马海群、冯海英、杨一虹、王凤满、秦亚欧、于浪川、刘宝瑞、梁世敏、黄华美、荀丽芳、蔡颖等老师对本书给予了大力支持和鼓励，提供了很多有益信息，推荐了许多有用的资源；刘岩对绘制知识图谱提供了无私帮助；臧鸿、孙鸿鹤、海军拨冗校对；李冬梅、冉秀萍、李琪参与撰写第六章第二节；黄长伟、张跃、温闻参与撰写第六章第三节；赵博雅协助查找翻译了大量相关的外文资料，并对部分章节进行了校对，在此一并表示真诚感谢！

  本书的出版得到黑龙江省社会科学院创新工程成果文库的出版资助，中国社会科学出版社同意接受出版本书，在此一并献上诚挚的谢意！

刘伟东

2023 年 4 月 17 日